어쩌다 AI, 실전으로 뛰어든 3년의 기록

어쩌다 AI,
실전으로 뛰어든 3년의 기록

초판 1쇄 2025년 12월 30일

지은이 | 심형섭
펴낸이 | 최홍석
발행처 | ㈜프리렉
출판신고 | 2000년 3월 7일 제 13-634호
대표전화 | 032-326-7282(代) **팩스** | 032-326-5866
주소 | 경기도 부천시 길주로 77번길 19 세진프라자 201호
홈페이지 | www.freelec.co.kr

편집 | 박영주 고대광 서선영
본문·표지 디자인 | 이대범

ISBN 978-89-6540-428-6

어쩌다 AI

실전으로 뛰어든 3년의 기록

공공기관 팀장이 전하는
AI 정책 · 기획 · 활용의 시간

심형섭 지음

프리렉

추천사

인공지능 대전환(AX)에 관심 있는 모두가 탐독해야 할 책!

노한동
『나라를 위해서 일한다는 거짓말』 저자, 대통령 소속 국가인공지능전략위원회 공공AX 분과위원

공공 부문의 AI 도입을 위해선 일하는 방식의 변화가 필요하지만, 역설적으로 그 변화를 위해선 AI의 도움이 절실하다. 이 문제는 끝없이 제자리로 돌아오는 '뫼비우스의 띠'와 같아 어디서부터 손을 대야 할지 난감한 경우가 많다.

『어쩌다 AI, 실전으로 뛰어든 3년의 기록』은 저자가 직접 공공 부문에서 AI 사업을 기획하고 집행한 경험을 바탕으로, 이 고리를 끊을 현실성 높은 방책을 소개한다. 공공 AI 앱스토어나 AX 기금 설립과 같은 아이디어는 당장 도입해도 무리가 없어 보인다.

공공 부문의 인공지능 대전환(AX)에 관심 있는 모두가 탐독해야 할 책이지만, 한 명의 '기록 덕후'로서 쓴 AI 활용기를 읽는 재미도 쏠쏠하다. 이 책을 덮고 나면, 당신도 나처럼 Obsidian을 켜게 될 것이다.

AI 도입 앞에서 막막해하는 모든 실무자에게 필요한 통찰!

김용성
『AI 리터러시: 인공지능 필수 지식부터 완벽 활용까지』 저자, 충남대학교 사범대학 기술교육과 교수

실무 현장에서 겪은 시행착오와 깨달음을 솔직하게 풀어낸 책이다. "우리도 AI를 도입해야 하는데, 대체 뭐부터 해야 하지?" 이 질문 앞에서 막막해하는 모든 실무자에게 필요한 통찰이 담겨 있다.

AI는 만능이 아니라는 냉정한 현실 인식과 함께, 그럼에도 나아가야 할 방향을 제시하는 『어쩌다 AI, 실전으로 뛰어든 3년의 기록』. 일독을 권한다.

오늘의 정답이 내일이면 무력해지는 요즘,
가치 있는 경험이 빛나는 책!

박영민
교육공학 박사, KAIST 부설 한국과학영재학교 전임교원, 『블렌디드 수업 디자인』 저자

『어쩌다 AI, 실전으로 뛰어든 3년의 기록』은 마치 한 편의 여행 에세이와 같다. 평생 여행을 꿈꾸지 않던 사람이 어느날 갑자기 세계여행을 떠나고, 그 여정을 기록한 이야기 말이다. 준비는 충분하지 않았고, 길은 자꾸만 막혔으며, 방향을 다시 잡는 일은 반복된다. 바로 이런 과정 덕분에 이 여행은 놀랄 만큼 생생하게 전달된다. 어느새 '나도 한번 가볼까?' 생각하게 된다.

효율적인 동선이나 추천 코스를 제시하진 않는다. 대신, 실패가 있고 기대가 어긋난 순간이 있으며 그 실패를 통해 얻게 된 판단의 기준이 차곡차곡 쌓여 있다. 이 판단의 흔적들은 우리에게 질문을 던진다. 인공지능의 세상에서 지금 내가 가는 방향은 과연 맞는 걸까, 애초에 목적지를 정해두는 것이 가능한 일일까.

인공지능이란 주제는 변화가 너무나 빨라, 오늘의 정답이 내일이면 무력해지기도 한다. 이런 환경에서 『론리플래닛』과 같은 설명서의 유효기간은 오래 지속되기 어렵다. 지도 대신 경험이 빛나는 여행 에세이와 같은 이 책이 가치 있는 이유다. 저자는 우리에게 어디로 가라고 이야기하기보다, 어떻게 판단했고 왜 그 선택을 바꾸었는지를 보여준다.

이 책을 덮고 나면, 스스로 묻게 될 것이다. "나는 인공지능 세상을 어떤 방식으로 여행할까?"

프롤로그

어쩌다, AI를 기획하게 되었습니다

저는 '인도 전문가'를 꿈꾸는 청년이었습니다.
10년 넘게 인도를 공부했습니다. 인도에서 3년을 살았습니다. 그리고 IT 공공기관에 취직하여 글로벌 사업과 인사 업무를 8년간 담당했습니다.

그런 제가 어느 날 'AI융합기획팀장'이 되었습니다.
AI 전문가도, 개발자도, 컴퓨터공학 전공도 아닌 사람이 말입니다. 인도 전문가를 꿈꾸던 청년이, 공공부문의 AI 신규 사업을 기획하고, AI를 확산하는 역할을 담당하는 팀장이 된 것입니다.

처음에는 당황스러웠습니다. 모르는 용어를 쓰며 무시하는 사업자들을 컨트롤해야 했고, 저보다 나이도 많고 경험도 많은 팀원들을 리드해야 했습니다. AI 자격증을 따고, 관련 도서를 탐독하고, AI 도구에 돈을 아끼지 않았습니다. 그리고 현장에서 부딪히며 깨달았습니다.

**AI 시대에 필요한 건 AI 전문가가 되는 것이 아니라,
AI를 현명하게 활용하는 사람이 되는 것이었습니다.**

ChatGPT가 등장한 이후, 우리는 두 가지 극단 사이에서 흔들리고 있습니다. "AI가 모든 것을 해결해줄 것"이라는 과도한 기대와, "AI 때문에 내 일자리가 사라질 것"이라는 막연한 두려움 사이에서요.

저는 그 어느 쪽도 현실이 아니라는 것을 지난 3년간의 현장 경험으로 배웠습니다.

이 책은 AI 전문가의 기술서가 아닙니다.

정부와 공공부문에서 가장 빠르게 AI를 도입하고 실행했던 현장의 기록입니다. 성공담만 있는 것이 아닙니다. 실패도 있고, 시행착오도 있고, 화려한 마케팅과 현실 사이의 간극도 담았습니다.

국내 AI 기업들의 허상과 현실, 공공조달이 왜 혁신을 막는지, 프롬프트 엔지니어링이 왜 종말을 맞이했는지, AI 자격증이 왜 허상인지, 아무도 말해주지 않는, 하지만 반드시 알아야 하는 이야기들을 담았습니다.

동시에 이 책은 지극히 개인적인 기록이기도 합니다.
저는 지난 3년간 4,117개의 데이터를 옵시디언에 기록했습니다. 감사 일기, 루틴 체크리스트, 수면 패턴, 독서 기록, 투자 내역까지. 이 모든 데이터를 AI와 함께 분석하며 저 자신을 더 깊이 이해하게 되었습니다. AI는 단순한 업무 도구가 아니라, 저의 세컨드 브레인이 되었습니다.

그래서 이 책의 구성은 독특합니다.

1부에서는 AI가 가져온 변화를 비판적으로 살펴봅니다. AI 자격증의 허상, 새로운 디지털 계급사회, 반쪽 지식의 함정을 해부합니다.

2부는 정부와 공공에서 AI를 도입하는 현실을 있는 그대로 보여줍니다. 영국 AI Playbook이 주는 교훈, 국가대표 LLM의 필요성, 왜 혁신이 공공에서 죽는지 말입니다.

3부에서는 AI 기업 생태계의 진짜 실력을 냉정하게 평가합니다. 국내 AI 기업의 허상과 현실, T0부터 T6까지 티어로 본 국산 LLM의 현주소를 담았습니다.

4부부터는 실전입니다. 제가 실제로 사용하는 AI 도구들, 옵시디언으로 구축한 세컨드 브레인 노하우를 공개하고, 단 하나의 LLM만 선택해야 한다면 무엇을 고를지 이야기합니다.

5부는 가장 개인적인 영역입니다. 3년간의 감사 일기 분석, 수면 패턴 발견, 독서 기록으로 본 진짜 나의 모습, AI와 함께 만든 투자 포트폴리오까지. 데이터로 나를 이해하고 표현하는 방법을 공유합니다.

6부에는 팀장이 된 후 배운 것들을 담았습니다. 비전공자가 AI 기획자가 된 이야기, 지방에서 AI를 기획한다는 것의 의미, 데이터 기반 리더십까지.

또 장의 순서도 특별합니다. 주제에 맞게 6개 부로 글을 묶었지만, #01부터 #67까지의 번호는 제가 실제 작성한 순서대로 남겨두었습니다. 부 내 장 번호가 순차적이지 않더라도 의도된 바이니, 살펴주시길 부탁드립니다.

이 책을 꼭 읽어주셨으면 하는 분들이 있습니다.

AI 도입을 고민하는데 어디서부터 시작해야 할지 모르는 실무자, 갑자기 팀장이 되어 막막한 초보 리더, 정부와 공공의 AI 도입이 궁금한 국민, AI 자격증을 따야 하나, 어떤 도구를 써야 하나 혼란스러운 모든 분들.

저는 여전히 배우는 중입니다. 실수도 하고, 시행착오도 겪습니다. 하지만 그렇기에 같은 길을 걷는 여러분께 이 3년간의 기록이 도움이 될 수 있다고 믿습니다.

AI 전문가가 되려 하지 마세요.
AI 시대의 현명한 활용자가 되십시오.

인도 전문가가 AI 기획자가 될 수 있었던 것처럼, 여러분도 여러분만의 방식으로 AI 시대를 살아갈 수 있습니다.

어쩌다 AI를 기획하게 된 한 사람의 이야기가, 어쩌면 여러분에게 필요한 이야기일 수 있습니다.

어쩌면 당신을 바꿀 수 있는 이야기가 되기를 희망합니다.

2025년 12월
심형섭

차례

추천사 004

프롤로그 - 어쩌다, AI를 기획하게 되었습니다 006

PART 1 AI와 사회 015

자본주의 사다리 게임에 등장한 AI라는 변수 016

AI 자격증의 허상, 진짜 실력과 가짜 지식 사이에서 020

한글 문서와 AI 시대의 충돌, 그리고 공존의 가능성 026

2박 3일 서류심사, AI가 채용을 대체하게 될까 031

AI 도구 구독료, 새로운 디지털 계급사회가 온다 035

구시대의 인터넷정보검색사, 프롬프트 엔지니어링의 종말 039

책을 한 권만 읽은 사람이 가장 위험하다, AI 반쪽 지식의 함정 043

AI는 괴물인가, 도구인가? 지적 성장의 새로운 길 047

인간인지 AI인지 모른다, AGI 시대 월드코인의 존재 의의 051

AI 거품론의 진실, MIT 보고서 외의 이야기 056

AI에게 정책 결정을 맡길 수 없었던 이유, 폐기된 프로젝트가 알려준 것들 062

PART 2 정부와 정책 069

영국 AI Playbook이 주는 교훈, 신중함과 신속함 사이에서 070

AI가 제1독자인 시대, 국가 표준 마크다운의 필요성 074

왜 국가대표 LLM인가? 플랫폼 종속에서 벗어나야 한다 079

국가지식정보를 국가대표 LLM에게, 규제 샌드박스가 가져올 변화 084

일본 고위공무원단 방문, 소버린 AI 시대의 한일 공감대 089

아무도 가보지 않은 길, AI 에이전트 사업 도전 093

AI 도입, 왜 우리는 매번 헤매고 있을까? 098

매번 같은 AI의 진실은? 에이전트 모듈의 필요성 103

혁신은 공공에서 죽는가, 공공조달의 아이러니 108

AI 시대, 공공기관 평가제도의 패러다임 전환 115

공공 AI 전환, 경영평가 1.5점이 바꿀 미래 120

공공부문 AI 활용의 빛과 그림자 125

민간보다 낮은 공공 AI 역량, 개선 방법은? 131

젠슨 황 방한과 한국 AI 글로벌 3강, 그 가능성과 과제 136

PART 3 기업과 기술 143

국내 AI 기업의 허상과 현실, 진짜와 가짜 사이에서 144

바이브 코딩, 명확한 의도와 끊임없는 수정이 성공의 열쇠 148

RAG는 숟가락, 파인튜닝은 나이프 153

한글 표를 읽는 업스테이지 AI, 기술이 현실을 따라잡다 158

검색, 질문 그리고 대행의 시대, AI 혁명의 진화 163

12명의 AI 전문가 인터뷰로 진단하는 한국 AI의 현주소 169

애플의 AI 딜레마, 폐쇄된 생태계가 만든 혁신의 벽 174

IT-BPO 강국에서 AI-BPO로, 인도의 20년 만보 행진 179

뤼튼의 비즈니스 모델, AI 대중화의 성공과 지속가능성의 과제 185

국내 AI 기업의 현주소, T0부터 T6까지 티어로 본 진짜 실력 191

딜로이트의 색종이, 어떻게 접을 것인가? LG 경영연구원의 AI 도입 해법 198

PART 4 개인도구와 활용 207

AI 대필의 유혹, 진짜 내 목소리는 어디에 있는가 208
LLM을 활용한 글쓰기, 금도끼가 나오게 하는 방법 214
나의 세컨드 브레인이 되어주는 AI 도구들 221
AI 시대 Obsidian이 내게 가르쳐준 것들 230
AI와 함께하는 선택의 기술: 위스키부터 인생 설계까지 237
AI로 행복 찾기, 그리고 행복 만들기 243
AI가 바꾸는 언어교육의 현실과 미래 248
AI 도구 조합의 힘: 회의록 지옥에서 AI 천국으로 해방되다 254
단 하나의 LLM 도구만 선택해야 된다면 261
생산성 혁명을 불러온 Claude MCP: 6개월 실전 경험의 모든 것 268
AI, 알고 쓰는 만큼 보이는 세계 275

PART 5 데이터와 분석 283

4,117개 기록으로 AI가 발견한 진짜 나의 모습 284
천 권을 읽고도 변하지 않는 나, AI가 발견한 독서의 진짜 가치 291
루틴 체크리스트를 AI가 코칭해준다면 298
Sleep Cycle 1년, AI가 발견한 나만의 수면 패턴 303
3년 감사 일기 분석, AI가 발견한 나의 행복 패턴 310
AI가 제안하는 투자 포트폴리오 재구성 315
AI와 함께 적립식 투자로 굴리는 자산 스노우볼 321
월 20만 원으로 구성한 AI 투자 자문단의 놀라운 성과 327
AI와 함께 설계한 2025년 인생 로드맵 334
20년간 써온 버킷리스트, 이제는 AI와 함께 만든다 340

PART 6 조직과 리더십 347

인도 전문가에서 AI 기획자로, 다양성과 융합의 의미 348

비개발자의 AI 사업 기획, 한계와 가능성 사이에서 355

좋은 팀장 되기, 현실은 녹록지 않았다 360

AI로부터 배우는 데이터 기반 리더십 367

팀장이 된 후 배운 AI 활용 인간관계 관리법 372

AI 시대, 주니어 혹은 신입직원에게 전해주고 싶은 무기 380

지방에서 AI 기획? 우물 밖으로 나가야 하는 이유 387

AI로 세상을 이롭게 하는 팀 392

부록

비전공자를 위한 AI 입문 추천도서 15선, 직접 읽고 검증한 AI 학습 로드맵 396

AI 관련 정부 행사 및 컨퍼런스 403

에필로그 - 매일의 기록이 나에게 가르쳐준 것들 410

일러두기

- 이 책의 초고는 3년간의 경험을 정리 및 압축하여 2025년 8월부터 2025년 11월에 걸쳐 집필되었으며, 나날이 작성된 기록을 선별하고 주제에 따라 6개 부로 재구성한 것입니다.
- 장 제목 우측의 # 기호 숫자는, 총 67개 장의 '작성 순서'에 따라 매겨진 것입니다. 빠르게 변화하는 AI 산업의 특성을 고려하고, 저자의 생각 변화 등을 진정성 있게 담고자 해당 글의 작성 시점과 순서를 안내하는 차원이니 참고 부탁드립니다.
- 본문 내 애스터리스크 기호(*)는 다음 두 가지 경우에 해당합니다.

  ① 편집 과정에서 독자의 이해를 돕기 위해 추가한 개념 및 용어 설명
  ② 해당 자료 혹은 인용의 출처 표시
- 본문 내 QR코드는 독자의 이해와 편의를 위해 제공하는 것으로 프리렉이 제작 및 소유한 자료가 아님을 알려드립니다.

#01 자본주의 사다리 게임에 등장한 AI라는 변수

#02 AI 자격증의 허상, 진짜 실력과 가짜 지식 사이에서

#08 한글 문서와 AI 시대의 충돌, 그리고 공존의 가능성

#13 2박 3일 서류심사, AI가 채용을 대체하게 될까

#17 AI 도구 구독료, 새로운 디지털 계급사회가 온다

#05 구시대의 인터넷정보검색사, 프롬프트 엔지니어링의 종말

#19 책을 한 권만 읽은 사람이 가장 위험하다, AI 반쪽 지식의 함정

#22 AI는 괴물인가, 도구인가? 지적 성장의 새로운 길

#54 인간인지 AI인지 모른다, AGI 시대 월드코인의 존재 의의

#56 AI 거품론의 진실, MIT 보고서 외의 이야기

#57 AI에게 정책 결정을 맡길 수 없었던 이유, 폐기된 프로젝트가 알려준 것들

AI와 사회

1부에서는 새로운 디지털 계급사회가 다가오는 지금, AI와 사회의 관계를 살펴봅니다. AI 도구 구독료를 낼 수 있는 사람과 없는 사람, AI를 제대로 활용할 줄 아는 사람과 그렇지 못한 사람 사이의 격차가 벌어지고 있습니다. 이것은 개인의 문제가 아니라 우리 사회가 함께 고민해야 할 문제입니다.

PART ▸

1

자본주의 사다리 게임에 등장한 AI라는 변수 #01

자본주의 교환 시스템과 보이지 않는 사다리

우리는 돈을 매개로 작동하는 자본주의 시대에 살고 있다. 자본주의는 단순한 경제 제도가 아니다. 우리 사회를 유지하는 기본 원리이자, 우리가 살아가는 방식 그 자체다. 돈이라는 매개체를 통해 내가 원하는 서비스나 물질을 교환할 수 있는 사회, 그리고 그것을 인정하는 사회가 바로 자본주의다. 자본주의는 우리가 살아가는 이유이자 방식이 되었다.

이러한 관점에서 볼 때, 우리가 교육을 받고, 기술을 익히고, 인맥을 쌓고, 투자를 하고, 직업을 선택하고, 일을 하는 것은 자본주의에서 살아남기 위함이다. 이 모든 행위는 결국 거대한 교환 시스템 안에서 살아남기 위한, 또한 자신의 위치를 확보하기 위한 몸부림이다.

자본주의에는 보이지 않는 사다리가 존재한다. 사다리 위로 올라갈 수 있는 방법은 다양하지만, 모든 사람이 같은 출발선에서 시작하는 것도, 같은 속도로 올라갈 수 있는 것도 아니다. 이미 사다리 위에 올라가 있는 사람들은 밑에서 올라오는 사람들을 막기 위해 정치라는 도구를 활용하여 사다리를 걷어차 내리는 데 바쁘다.

이들은 정치 앞에 법을 만들고, 자신들의 기준을 세운다. 여기서 정치란 자신의 이익을 남을 통해 관철하기 위한 수단으로도 정의할 수 있다. 반대편도 마찬가지다. 아래에서 올라가려는 이들 역시 정치라는 틀을 이용한다. 정치는 이렇듯 사다리 게임에서 양날의 검으로 작동한다. 기득권을 보호하는 도구이자, 동시에 그것을 무너뜨리려는 도구로서 말이다.

한정된 자리와 공정 경쟁이라는 미명

사다리 위의 자리는 한정되어 있다. 모두가 인정하지 않으려 하지만, 이는 자본주의의 냉혹한 현실이다. 극소수가 시스템을 유지하기 위한 방법으로 법과 정치, 자본을 이용하는 것, 이것이 자본주의의 또 다른 모습이다.

매개체인 돈과 사다리를 소수가 독점할 수도, 공평하게 나눌 수도 있다. 여기에서 사다리에 모두가 오를 수 있게끔 하여 공평하게 나누고자 하는 쪽을 사회주의로 볼 수 있겠고, 사다리에 오를 수 있는 기회를 공평하게 제공하되 사다리를 더욱 많이 만들자고 하는 쪽은 자유주의라고도 볼 수 있다. 여기에 민주주의라는 정치적 이념을 더해, 다수의 의견을 존중하는 자유민주주의가 나온다.

사다리를 널리, 공평하게 제공하기 위해 여러 시험과 선발 방식이 생긴다. 공정한 경쟁이라는 미명 하에, 우리는 끊임없이 먼저 사다리에 오르고자 한다. 사다리를 오르려는 사람들과 제지하려는 사람들의 암묵적 전쟁이 지속된다. 완전한 평등도, 완전한 자유도 불가능한 이 시스템 안에서 우리는 각자의 방식으로 적응해 나간다. 이것이 자본주의 내에서 자유민주주의가 작동하는 방식이다.

중요한 것은 게임의 룰을 이해하는 것이다. 자본주의 시대 자유민주주의 사회의 사다리 게임이라는 현실을 받아들이는 것에서부터 우리는 이 게임에 참여하게 된다. 마치 드라마 〈오징어 게임〉에서 참여 여부를 정하는 것처럼 말이다. 다만, 모두가 O를 선택해야 할 뿐이다.

사다리 게임에서 살아남는 방법은 시험을 잘 보거나, 자격증을 따거나, 남들보다 먼저 뛰어나거나 훌륭해지는 방법밖에 없었다. 이것이 지금까지 우리가 알고 있던 사다리 게임의 룰이었다.

AI라는 새로운 사다리의 등장

그런데 최근 들어 이 오래된 게임에 새로운 변수가 떠올랐다. 바로 '인공지능(AI)'이다. AI는 기존의 사다리 게임에 흥미로운 변화를 가져오고 있다. 격변의 시대에 새로운 사다리를 만들어 내기도 하고, 한편으로는 기존 사다리를 치워버리려는 역할도 한다. 정치라는 도구 외에 AI라는 새로운 도구가 생긴 것이다.

AI를 활용할 수 있는 사람, 기업과 그렇지 못한 이들의 격차가 빠르게 벌어진다. 정부도 마찬가지다. AI가 새로운 게임의 룰로 적용되기 시작했기 때문이다. 사람을 예로 들면, 글쓰기, 분석, 창작, 코딩까지 AI의 도움을 받는 사람은 하루에 열 명 분의 일을 해낼 수 있지만, 그렇지 못한 사람은 여전히 혼자만의 속도로 움직여야 한다.

흥미롭게도 AI는 기존 자본주의의 논리를 그대로 따른다. 더 좋은 AI 도구, 더 많은 양질의 데이터, 더 강력한 컴퓨팅 파워는 여전히 돈이 있는 곳으로 몰린다. 시장만으로는 AI 접근 격차가 심화되므로 최소한의 공공성 확보가 필요하다. 국가와 정부가 개입해야 할 이유다. 자본주의 시대에 제대로 된 사다리 게임의 룰을 적용하기 위한 일을 국가와 정부가 해주어야 한다. 그것이 소버린 AI가 존재해야 하는 또 다른 이유다.

AI가 만든 새로운 계단과 진입 장벽의 역설

AI는 개인에게 전례 없는 기회를 제공하기도 한다. IT가 새로운 직업을 만들고 새로운 사회를 만들었다면, AI가 새로운 생존 전략의 핵심이 될 것이라는 것은 이제 우리 모두는 의심하지 않는다. 즉, 기존의 교육, 기술, 인맥, 학력, 직업이라는 계단에 'AI 활용 능력', 'AI 활용 기술'이라는 새로운 계단이 추가된 것이다. 이 계단 위에 오르지 않는 순간, 사다리 게임에서는 점점 더 뒤처질 수밖에 없는 상황이 되어버렸다.

하지만 역설적으로, AI는 진입 장벽을 낮추기도 한다. 과거에는 코딩을 배우려면 수년의 학습이 필요했지만, 이제는 AI와 대화하며 프로그램을 만들 수 있다. 디자인 전문가가 아니어도 AI로 이미지를 생성할 수 있다. 전문 작가가 아니어도 AI와 함께 글을 쓸 수 있다.

이것은 기존 사다리 게임의 룰을 근본적으로 흔드는 변화다. 과거에는 오랜 시간과 비용을 들여 쌓아야 했던 전문성의 장벽이 AI로 인해 일부 허물어지고 있다. 누구나 AI를 활용하면 전문가 수준에 가까운 결과물을 낼 수 있게 되었다.

동시에 새로운 격차도 만들어진다. 더 좋은 AI 도구를 쓸 수 있는 사람과 그렇지 못한 사람, AI를 효과적으로 활용할 줄 아는 사람과 그렇지 못한 사람 사이의 격차가 벌어진다. AI라는 새로운 계단은 누군가에게는 기회의 사다리가 되지만, 또 다른 누군가에게는 넘기 어려운 장벽이 된다.

결국 AI 시대의 사다리 게임도 여전히 자본주의의 논리 안에서 작동한다. 돈, 정치, 그리고 이제는 AI 활용 능력이라는 세 요소가 새로운 게임의 룰을 만들어가고 있다. 이 게임에서 어떻게 살아남을 것인가? 어떻게 새로운 계단을 오르겠는가? 이제 각자가 답해야 할 질문들이다.

AI 자격증의 허상, 진짜 실력과 가짜 지식 사이에서

#02

무시당하지 않기 위한 자격증 두 개

어문 전공에, 개발자도 아닌 내가 AI 사업을 관리하며 겪은 첫 번째 벽은 바로 '무시'였다. 주간보고, 월간보고 때마다 터져 나오는 딥러닝, 트리구조, 분류, 의사결정트리, 군집 등등 인공지능 관련 용어들 앞에서 나는 한없이 작아졌다. 개발자들의 시선 속에서 읽히는 것은 명확했다. '저 사람은 우리가 하는 일을 모른다.'

그래서 나는 AICE 자격증을 땄다. KT와 매일경제신문에서 주관하는 AICE BASIC 시험이 나오자마자 만점으로 취득했다. 뿐만 아니라, ADsP도 함께 준비했다. 모두 같은 이유였다. 무시당하지 않기 위해서.

결국 그 자격증들이 나에게 준 것은 대화에 참여할 수 있는 최소한의 티켓이었다. 실력이 늘어서가 아니라, 용어를 알게 되면서 겨우 회의 자리에 낄 수 있게 된 것이다. 억울하고 서글프지만, 그것만으로도 다행이었다. 그들이 무슨 이야기를 하는지가 궁금했기 때문이었다.

용어를 알게 되자 보이기 시작한 실체

두 자격증을 취득하고 나니 비로소 월간보고 때 들리던 용어들이 해석되기 시작했다. 그런데 그 순간 더 큰 충격이 찾아왔다. 용어를 알게 되자 컨소시엄에 참여한 수많은 사업자와 개발자들이 실제로 무엇을 하고 있는지가 보이기 시작한 것이다. 그리고 그 실체는 생각보다 실망스러웠다.

분류를 위한 샘플링들은 엉망이었고, 사용하고 있는 알고리즘은 생각보다 단순했다. 솔직한 마음으로는 그들의 분류 알고리즘보다 MBTI가 훨씬 과학적으로 느껴질 정도였다. 하지만 2023년에는 그것이 'AI'였다. 그 정도만 해도 AI 사업으로 인정받던 때였다.

사실 AICE 자격증은 결국 KT의 AI 플랫폼을 얼마나 잘 활용하는가를 묻는 시험이었다. 실제 코딩이나 AI의 본질적 이해와는 거리가 멀었다. 다만 이론 공부를 통해 분류, 군집, 시각화, 데이터 전처리 등에 대한 기본 개념은 얻을 수 있었다. ADsP가 실제로는 더 도움이 되었지만, 그마저도 표면적인 지식에 그쳤다.

자격증을 취득하고 깨달은 가장 아이러니한 사실이 있다. 나를 무시하던 개발자들도 사실은 용어만 알고 있을 뿐, 실력은 생각보다 대단하지 않았다는 것. 자격증이 나를 그들과 같은 수준으로 끌어올린 게 아니라, 그들의 본모습을 제대로 볼 수 있는 시각을 준 것이다.

2024년, 시대가 바뀌어버린 순간

2024년이 되자 상황은 완전히 달라졌다. ChatGPT-4를 비롯한 생성형 AI들이 경쟁적으로 등장하면서, 기존의 '인공지능'은 한순간에 구식이 되어버렸다. 김모 교수가 국회에서 몰매를 맞은 것도 바로 이 때문이다. 2023년 수준의, 즉 생성형 AI 이전 시대의 인공지능 방법론을 그대로 차용하는 패착을 범한 것이므로.

이제는 시대가 바뀌었다. AICE와 ADsP 같은 자격증들이 AI의 기본 개념을 이해하는 데 약간의 도움이 될 수는 있지만, 그 이상의 의미는 없어 보인다. 고액의 자격증 취득비로 새로운 LLM 서비스를 구독하는 것이 훨씬 더 실질적인 도움이 되지 않을까.

ChatGPT Plus 한 달 구독료가 20달러, Claude Pro가 20달러다. AICE 시험 응시료가 5만 원, ADsP가 5만 원이다. 자격증 하나 값으로 한 달 동안 최신 AI를 마음껏 써볼 수 있다. 어느 쪽이 더 실질적인 학습일까? 답은 명확하다.

	ChatGPT Plus	Claude Pro	AICE 시험	ADsP
비용	월 20달러 (한화 약 3만 원)	월 20달러 (한화 약 3만 원)	Basic 등급 시험 응시료: 5만 원	5만 원
비고		연간 결제 시, 더 저렴하게 구독할 수 있음. 월 17달러 (한화 약 2만 5천 원)	등급별로 3만 원~12만 원까지 다양함. 일반 사무직 직장인이라면 Basic 등급에 응시하는 걸 추천.	

AI 도구 구독 vs. 자격증 시험

022

자격증이라는 또 다른 사다리의 함정

물론, 자격증도 자본주의 사회에서 만들어진 하나의 사다리라 할 수 있다. 실력과 지식보다는 증명과 인증이 더 중요해진 사회에서, 우리는 끊임없이 새로운 기술을 익히고, 자격증을 따야 최소한의 자격이 주어질 거라는 압박에 시달린다. 하지만 그 자격증들이 정말로 우리의 능력을 대변할 수 있는지는 생각해보아야 할 문제다.

자격증은 그저 보유자의 특정 시점 지식 수준을 보여주는 스냅샷에 불과하다. 특히 AI처럼 빠르게 변화하는 분야에서는 더더욱 그렇다. 오늘의 자격증이 내일은 전혀 쓸데없는 무용지물이 될 수 있는 것이다.

실제로 내가 2023년에 딴 AICE 자격증 역시 2024년에는 이미 구식 지식을 대변하는 증서로 전락했다. 생성형 AI의 등장으로 기존의 머신러닝, 딥러닝 중심의 지식 체계가 한순간에 낡은 것이 되어버렸기 때문이다. 자격증에 적힌 날짜가 곧 그 지식의 유효기간을 뜻하는 것처럼 느껴졌다.

진짜 실력은 어디에서 오는가

그렇다면 우리는 어떻게 해야 할까? 자격증을 포기하고, 실무에만 집중해야 할까? 아니면 계속해서 새로운 자격증을 따라가야 할까?

나는 이제 다른 길을 선택하고 있다. 자격증으로 얻는 배경이나 개념에 대한 이해도 중요하지만, 실제로 AI를 활용해보는 경험을 쌓는 것이다. ChatGPT, Claude, Notion, Obsidian과 같은 도구들을 직접 사용해보고, 그 한계와 가능성을 몸소 체험하는 것이 훨씬 더 가치 있다고 생각한다.

실제로 코딩을 모르는 내가 ChatGPT와 Claude의 도움으로 한 달 만에 MCP 서버를 구축했다. 이것이야말로 어떤 자격증도 가르쳐주지 못하는 실전 경험이다. 내가 관리하는 플랫폼 사업 예산을 2배 이상 증액시킬 수 있었던 것도 자격증 지식이 아니라 직접 만든 MCP 시연 영상 덕분이었다.

2025년 8월은 AI 에이전트 시대로 나아가는 과도기였다. MCP(Model Context Protocol)가 화제가 되면서 너도나도 'MCP 서버 구축'을 명분으로 신규 예산을 따내려는 움직임이 있었다. 문제는 대부분이 MCP가 무엇인지, 어떻게 실무에 적용할 수 있는지 명확히 모르는 상황이었다는 점이다.

나는 말보다 실행이 빠르다고 판단했다. 우리 팀이 운영하는 플랫폼에서 검색 API와 결과 API를 활용해, 3개 분야 50개 기관의 2025년 보고서 기준 메타데이터로 MCP 서버를 직접 구축했다. 그리고 이를 Claude와 연결해 부처 공무원들 앞에서 시연했다.

기존 검색 방식은 단순했다. '교육'이라는 키워드를 입력하면 검색결과 가중치에 따라 관련 논문과 보고서 목록이 나열될 뿐이었다. 하지만 MCP를 연동한 후에는 달라졌다. 각 보고서에 대한 설명이 함께 제공되고, 현재 질문의 맥락을 고려해 산정된 활용 우선순위까지 자동으로 도출되었다. '질문자의 의도에 부합하는 인사이트'를 제공하게 된 것이다.

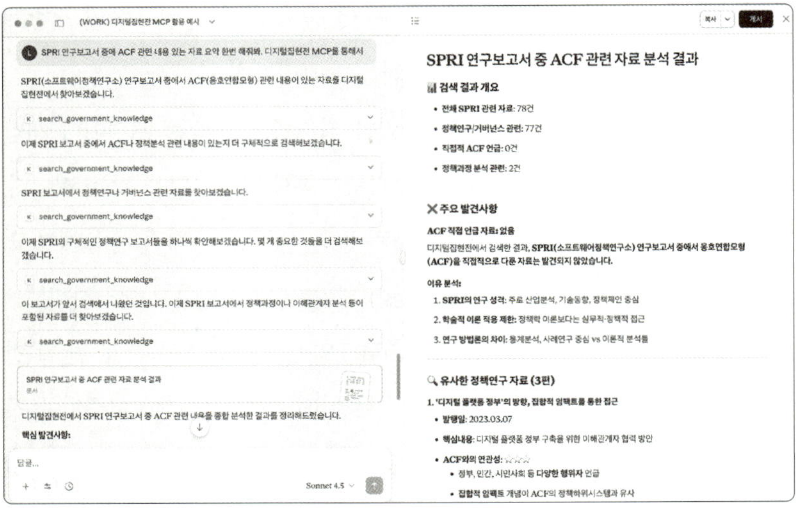

실제 구현한 MCP 시연 모습

물론 기본 개념은 여전히 중요하다. 하지만 그 개념들을 자격증이라는 틀에 갇힌 채로 배우는 것보다는, 이처럼 실제 문제를 해결해 가면서 자연스럽게 습득하는 것이 더 효과적이다. AICE와 ADsP를 공부하면서 얻은 기본 개념들이 도움이 되긴 했지만, 진짜 이해는 직접 AI 도구를 활용하고, 프로젝트를 하면서 비로소 이루어진 것이었다.

적응력이라는 진짜 경쟁력

AI 시대의 진정한 경쟁력은 '자격증'이 아닌, '적응력'에 있다. 새로운 도구가 나왔을 때 빠르게 학습하고 활용할 수 있는 능력, 변화를 두려워하지 않는 마음가짐, 그리고 무엇보다 스스로 문제를 정의하고 해결해 나가는 사고력이 중요하다.

AICE 자격증을 준비하고 취득하면서 얻은 가장 큰 교훈은 역설적이게도 '자격증의 한계'였다. 그것은 나를 무시했던 개발자들과 대화할 수 있게 해주었지만, 동시에 당시의 AI 활용 수준이 생각보다 별것 아니었다는 사실도 알게 해주었다. 결국 중요한 것은 자격증이 아니라 실제로 그 개념들로 무엇을 할 수 있느냐는 것이었다.

이제 나는 새로운 자격증보다는 새로운 경험을 선택한다. AI에 관한 자격증도 범람하는 격변의 시대다. 격변하는 세상에서 살아남는 방법은 고정된 지식을 증명하는 것이 아니라, 계속해서 배우고 적응해 나가는 것이다. 자격증이라는 사다리에 의존하기보다는, 스스로 새로운 길을 만들어 가는 것이 진정한 생존 전략이 아닐까.

자격증은 최소한의 티켓일 뿐이다. 그 티켓으로 들어간 무대에서 진짜 실력을 보여주는 것, 그리고 무대 자체가 바뀌었을 때 빠르게 적응하는 것이 더 중요하다. AI 시대에 필요한 것은 특정 시점의 지식을 증명하는 종이 한 장이 아니라, 끊임없이 변화하는 기술을 받아들이고 활용할 수 있는 유연한 마음과 실행력이다.

한글 문서와 AI 시대의 충돌, 그리고 공존의 가능성

#08

군대에서 배운 한글 편집기술

20년 전 내가 군대에서 3111 행정병(서무)으로 근무하던 시절, 부대에서는 마우스를 쓰지 않고 모든 문서를 한글 단축키로 작성하는 행정병이 일 잘하는 행정병으로 인정받았다. [Alt]+[L]로 표를 만들고, [Ctrl]+[F10]으로 문단 모양을 바꾸고, [F7]로 편집 용지를 설정하는 것이 일상이었다.

당시에는 그것이 효율성의 극치라고 생각했다. 실제로도 그랬다. 마우스를 사용하지 않고도 복잡한 표를 만들었으며, 문서를 편집하는 속도는 타의 추종을 불허했다. 지금도 온갖 단축키를 사용하여 현란한 키보드 소리를 내며 편집하곤 하지만…… AI 시대에 이게 다 무슨 소용인가, 부질없어 보인다.

한글 프로그램에 최적화된 나의 손가락은 여전히 단축키를 기억하나, 이제는 그 기술이 오히려 족쇄가 되어가는 느낌이다. 우리 공공부문은, 한글과 더불어 엑셀, 파워포인트라는 특정 프로그램에 너무나 종속되어 있었던 것은 아닐까.

AI가 못 읽는 우리의 문서

한글 프로그램은 AI 학습용 데이터에 취약하다. 단순히 폐쇄적 포맷이라든가 텍스트 추출이 어렵다는 기술적 문제만 말하는 것이 아니다. 어쩌면 우리가 만들어온 문서 작성 문화 자체가 AI 시대와 충돌하고 있는 것은 아닐까 생각해본다.

워드를 쓰면 되지 않냐 하지만, 공공에서는 한글을 주로 사용한다. 또한, 워드 역시 결국 MS에 종속되는 형태라는 점에서, 한글을 쓰나 워드를 쓰나 결국에는 어쩔 수 없는 딜레마에 빠진다.

일반 텍스트 기반인 마크다운 형태가 점차 대세가 되어가고 있다. GitHub(깃허브), Notion(노션), Obsidian(옵시디언) 등 현대적인 작성 도구들은 모두 마크다운을 기반으로 한다. 이는 AI가 가장 잘 이해하고 학습할 수 있는 형태이기도 하다. 그러나 이들의 문제는 우리의 보고서, 보고 문화와는 맞지 않는다는 점이다. 우리 보고서는 날이 갈수록 발전하여 표 안에 그림을 그리고, 모든 내용을 작성하게끔 된다. 표를 잘 다루어야 보고서를 잘 쓸 수 있게 되는 아이러니한 상황이 되어버렸다.

표의 예술 vs. AI의 한계

나 역시 부처 보고자료에 공을 들이고, 기본계획이나 정책 방향 같은 중요한 페이퍼는 컬러풀하게, 한글 내에서 모든 것을 해결하려 한다. 파워포인트로 작업한 그림을 넣는 데서 더 나아가 아예 표 안에 셀을 나누어 그림을 만드는 예술의 경지에 올랐다.

우리는 일단 제목부터 표를 그리고 시작한다. 3행 중 위 아래를 최대한 1point로 좁혀서 간격을 줄이고, 정권이 표방하는 색깔을 입힌다. 네모-동그라미-찍-당구장(□ ○ - ※)의 보고서 작성 원칙을 준수하면서. 자간을 줄이고, 장평은 손대지 않는다. 표 안에 셀을 나누어서 그림을 그리고, 그래프를 그리고, 수석을 넣고, 색을 칠한다.

표 안에 글씨를 넣고 글자 겹치기만 하지 않는다면, 그리고 JPG 파일을 덕지덕지 붙이지만 않는다면, AI가 제대로 읽고 학습할 수 있지 않을까 하는 생각도 든다. 하지만 현실은 정반대다. 우리는 점점 더 복잡한 표를 만들고, 더 화려한 디자인을 추구한다. 보고 대상이 높아질수록 한글 문서는 점점 더 화려해진다.

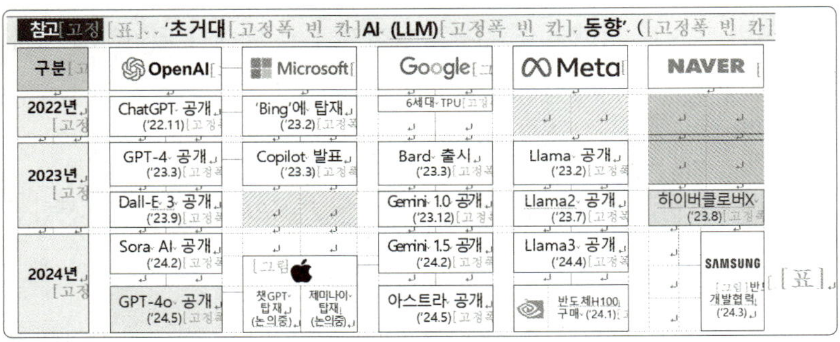
참고[고정폭 빈 칸] [표]. '초거대[고정폭 빈 칸]AI (LLM)[고정폭 빈 칸]. 동향'. ([고정폭 빈 칸]

구분	OpenAI	Microsoft	Google	Meta	NAVER
2022년	ChatGPT 공개 ('22.11)	'Bing'에 탑재 ('23.2)	6세대 TPU		
2023년	GPT-4 공개 ('23.3)	Copilot 발표 ('23.3)	Bard 출시 ('23.3)	Llama 공개 ('23.2)	
	Dall-E 3 공개 ('23.9)		Gemini 1.0 공개 ('23.12)	Llama2 공개 ('23.7)	하이버클로버X ('23.8)
2024년	Sora AI 공개 ('24.2)	챗GPT 탑재 (논의중) / 제미나이 탑재 (논의중)	Gemini 1.5 공개 ('24.2)	Llama3 공개 ('24.4)	SAMSUNG 반도체 개발협력 ('24.3)
	GPT-4o 공개 ('24.5)		아스트라 공개 ('24.5)	반도체H100 구매 ('24.1)	

한글 문서의 화려한 표 예시

이런 문서들을 AI가 제대로 읽고 이해할 수 있을까? OCR* 기술이 아무리 발전해도, 표 안의 표, 그림 안의 텍스트, 겹쳐진 도형들을 제대로 인식하기는 어렵다. 우리는 사람의 눈을 위한 문서를 만들면서, 정작 미래의 주요 독자이자 도구가 될 AI는 배제하고 있는 셈이다.

* OCR: Optical Character Recognition의 약자로, 우리말로 '광학 문자 인식' 기술이라고 한다. 쉽게 설명하면, '종이에 적혀 있거나, 이미지 파일 속에 있는 글자(문자)를 컴퓨터가 알아볼 수 있는 디지털 텍스트로 바꿔주는 기술'이다.

애물단지가 되어가는 PPT

PPT도 문제다. 한글 폰트들이 너무나도 다양해진 까닭에, OCR로 인식하는 데 한계가 있다. 예쁘기는 하지만, 애물단지가 되어가는 느낌이다.

캘리그래피 폰트로 작성된 제목, 귀여운 손글씨 폰트로 작성된 설명, 다양한 색상과 크기로 강조된 텍스트들, 이 모든 것은 AI에게는 그저 인식하기 어려운 노이즈일 뿐이다. 사람의 눈에 예쁜, 보여주기식 문서이면서도 AI가 학습하기에 편리한 문서가 있을까? 가능하다면 어떤 형태가 좋을까? 그런 고민에는 나 또한 뾰족한 정답이 없다.

더 큰 문제는 이런 보고용 문서들이 이제는 '성의'의 척도가 되어버렸다는 점이다. 깔끔하고 단순한 문서는 대충 만든 것으로 여겨지고, 화려하고 복잡한 문서가 정성을 들인 것으로 평가받는다.

보고 문화의 역설과 변화

이런 문화 속에서 우리 공공은 점점 더 AI와 멀어지고 있다. AI가 이해할 수 있는 구조화된 데이터보다는, 사람의 눈을 현혹시키는 비구조화된 디자인에 더 많은 시간을 투자한다. 정작 중요한 내용은 복잡한 표와 화려한 디자인 속에 묻혀버린다.

그렇다면 우리는 어떻게 해야 할까? 모든 문서를 마크다운으로 작성해야 할까? 화려한 디자인을 포기하고 텍스트만으로 승부해야 할까? 현실적으로 당장은 불가능하다. 우리의 보고 문화, 조직 문화가 하루아침에 바뀔 수는 없다. 하지만 적어도 이러한 노력은 필요하다고 본다.

- ☑ 내용은 구조화된 텍스트로 작성하고, 디자인은 부가 요소로 처리해야 한다.
- ☑ 표를 사용하더라도 단순한 구조를 유지하고, 중첩된 표는 피해야 한다.
- ☑ 이미지에 텍스트를 넣는 대신, 이미지와 텍스트를 분리해서 작성하는 방향으로 가는 게 좋겠다.

한글 문서와 AI 시대의 충돌은 피할 수 없는 현실이다. 하지만 이 충돌 속에서 우리가 찾아야 할 것은 양자택일이 아닌 공존의 방법이다. 개인적으로는 한글과컴퓨터가 장차 AI 기업으로 진화하면서, hwpx* 이상의 획기적인 방안을 제시해주기를 기대해본다. AI가 이해할 수 있으면서도, 사람이 보기에도 좋은 문서. 그것이 우리가 추구해야 할 미래의 문서가 아닐까 생각한다.

* hwpx: 한글(HWP) 문서의 콘텐츠를 표현할 수 있는 OWLML(개방형 워드프로세스 마크업 언어)로 개발된 파일 형식. 빅데이터 시대를 맞아 한글 문서를 컴퓨터로 처리하기 위해 2021년 4월 한글의 기본 포맷으로 지정되었으며, 국가표준으로도 등록되어 있다.

2박 3일 서류심사, AI가 채용을 대체하게 될까

#13

회의실에 갇힌 채용 심사위원들

얼마 전, 3일간 회의실에 갇혀 정규직 채용 서류심사를 진행했다. 외부 전문가들과 내부의 인사팀 경력자들이 모여, 수백, 수천 건의 지원 서류들을 검토했다. 솔직히 점심 식사 후에는 집중력이 떨어지곤 한다. 오후 2시쯤 되면 눈꺼풀이 무거워지고, 모니터 글자가 흐릿하게 보이기 일쑤다.

이런 상태에서 누군가의 인생이 걸린 서류를 평가한다는 게 과연 공정한 일일까. 공통으로 규정된 항목별 검토 사항들이 있지만, 그 기준들이 조금 애매했다. 그래서 기준이 흔들리지 않고자, 나는 스스로 네 가지 평가 항목을 정하고 척도를 상-중-하로 나누었다.

첫째, 전문성(자격증, 경력, 경험).

둘째, 역량기술서의 충실성.

셋째, 직무수행계획서의 구체성.

넷째, 직무부합도 및 자기소개서 전반의 충실도.

기계적으로 보일 수도 있지만, 이렇게라도 하지 않으면 수백 명의 지원

서류를 일관성 있게 살필 수 없는 것이 현실이다.

블랙리스트와 카피킬러, 그리고 AI 탐지

1차로 평가를 마쳤다면, 2차는 블랙리스트 체크다. 사명을 틀린 경우, 체크리스트를 잘못 체크한 경우, 블라인드 채용임에도 본인의 학력이나 성별 등을 드러낸 경우를 체크한다. 우리 회사 이름을 다른 회사로 잘못 쓴 지원자를 보면 한숨이 나온다. 이런 기본적인 실수를 하는 사람을 뽑을 수는 없는 노릇이다.

3차는 카피킬러 체크다. 카피킬러를 통해 자소서의 결함과 표절 여부를 확인하고, 중대 결함이 발견되거나 표절률 10% 이상인 경우 원문을 다시 한번 들여다본다. 실제로 웹상의 합격 자소서를 그대로 베껴온 경우를 여럿 봤는데, 이런 대담함이 어디서 나오는지 신기할 따름이다.

여기에 AI 감지 기능까지 활용한다면 인당 1만 원 정도의 비용이 추가되는데, 비용 대비 효과성 측면에서 도입 여부를 검토 중이라고 한다. 사실 AI 탐지 사이트들이 본인들 플랫폼 결제를 유도하는 측면이 있어서, 100% 정확하지는 않다. 본인이 쓴 글을 LLM을 통해 검토받아 약간의 수정을 가한 글 역시도 AI가 썼다고 오해받으니 말이다.

2~3분의 운명, AI가 심사위원이 된다면 나아질까?

어쨌든 서류심사만으로도 이렇게 복잡한 절차를 거치느라, 수백 명을 보는데 3일이 걸렸다. 지원자들에게는 안타깝지만, 처음 자소서를 검토할 때는 1명당 2~3분 안에 눈에 들어오는지를 파악하게 된다. 첫인상이 중요하다고 하는데, 서류심사도 마찬가지다.

간혹 너무 잘 쓴 내용을 만나면 LLM 대필을 의심해볼 만도 했다. 하지만 AI를 도구로 활용하는 것도 능력 아니겠는가. 어찌되었든 모니터 속 문장으로써 나를 사로잡을 수 있고, 내 기준에 맞으면 고득점을 주었다. 그렇더라도 최소한 오탈자가 난무하고, 말도 안 되는 문법을 남발하며 AI의 도움조차 받지 않은 무성의한 지원서류보다는 나은 것 같다.

한창 채용 심사를 하다 보니, 문득 15명의 서류심사위원이 모여 앉아 2박 3일 동안 심사하는 현재의 방식이 최선인지에 대한 의구심이 들었다. 앞서도 언급한 인간적인 한계를 고려해도 그렇고, 평가위원들이 받는 수당과 식비, 업무 공백까지 생각하면 비용도 만만치 않다.

이런 제반 문제를 생각하면, 서류심사는 곧 AI가 대체하게 되지 않을까? 인간보다 AI가 더 정확한 심사를 할 가능성도 있다. 정량화할 수 있는 부분은 최대한 정량화하고, 정성적으로 평가하는 측면에 대해서도 AI가 나름의 논리성과 충실성을 따질 수 있게 된 시대다.

만약 AI가 평가를 한다면 어떤 형식일까? 각 LLM 플랫폼마다 성격들이 다르니, 심사위원을 각 플랫폼으로 정하는 것도 하나의 방법이리라 생각한다. 심사위원 1번은 ChatGPT, 2번은 Claude, 3번은 Gemini, 4번은 Grok, 5번은 엑사원…… 이런 식으로 말이다.

그리고 각 플랫폼에 중점적으로 평가할 측면을 정해주는 것이다. 가령 ChatGPT는 지원 서류의 논리성과 체계성 평가를, Claude는 지원자의 창의성과 문제해결 능력을, Gemini는 데이터 기반의 정량적 평가를 담당하게 한다. 최종적으로 인간 평가자가 이들의 평가를 종합해서 점수를 매기면 된다. 인간 심사위원보다 훨씬 일관성 있고 공정한 평가가 가능할 것 같다. 아니면 국가대표 LLM 5개를 위원으로 정하는 것도 재밌겠다.

채용 프로세스의 미래

서류심사 이후에는 필기시험과 인성 평가, 1차 발표 PT 면접과 2차 임원진 면접이라는 험난한 과정이 또 남아 있다. 서류심사에서는 보통 10:1 정도로 합격자를 추리게 된다. 개별 위원의 집중도에 따라 달라질 수 있는 평가 기준을 믿기 어려운 만큼, 이 과정은 보다 신뢰도 높은 평가로 하루빨리 대체되어야 한다고 느꼈다.

물론 아직까지 AI는 참고 자료 혹은 도구로서 사용되어야지, 의사결정에 사용되어서는 안 된다는 원칙이 있다. 다만, 이렇게 비효율적인 서류심사로 수천 명 중 수십 명을 골라내야 하는 상황은 AI 활용이 가장 필요한 분야가 아닌가 싶기도 하다. 몇 년 전 AI 면접을 도입했을 때는 효과성 문제로 중단했지만, 이제는 AI가 단순한 패턴 인식을 넘어서 맥락을 이해하고 판단할 수 있는 수준에 이르렀으니, 충분히 현실성도 있다.

앞으로 몇 년 후에는 AI가 서류-필기-인성-1차 면접까지 채용 프로세스의 대부분을 주관하고, 최종 면접 정도에나 임원진이 앉아 있는 풍경을 보지 않을까. 아니, 어쩌면 최종 면접마저도 AI가 참관해서 의견을 제시하는 시대가 올지도 모른다.

하지만 그래도 마지막 결정은 인간이 해야 한다. AI가 아무리 발전해도, 함께 일할 동료를 선택하는 것은 결국 사람의 몫이어야 한다. 다만 그 과정에서 AI가 더 공정하고 효율적인 도구로 활용되기를 바랄 뿐이다.

3일간의 긴 여정이 끝났다. 20년 후의 나는 임금피크제를 앞두고, "그때 그 시절에는 사람이 직접 채용 서류를 봤다니까"라고 추억을 이야기하고 있을지도 모르겠다.

AI 도구 구독료, 새로운 디지털 계급사회가 온다

#17

효율을 위한 불가피한 선택: 유료 구독

AI 사업을 기획하는 입장에서, 새로 나온 AI 도구들을 웬만하면 유료로 구매하여 사용해보고 있다. ChatGPT는 팀 구독제를 통해, Perplexity와 Claude, Gemini, Liner는 개인 활용을 위해, Obsidian Sync는 내 개인 기록을 위해 구독 중이다. Midjourney와 Gamma는 필요시에만 구독한다.

최근 들어 Canva가 PPT 작성에 좋다는 소리에 유료 결제를 해보았으나, 회사에서 보안 이슈로 막혀서 쓸 수 없게 되었다. 돈은 냈는데 쓸 수 없는 아이러니. DeepL은 영문 PDF 자료 번역이 필요할 때, vFlat은 수기 수첩이나 필기를 OCR로 디지털 전환할 때 수요에 따라 구매한다.

이처럼 AI 도구들은 유료로 구독하면 굉장히 효율적이고 강력한 기능들을 제공해준다. 반면, 무료 버전에서는 제약이 상당히 많다. Claude는 무료에서는 MCP를 거의 활용하지 못한다고 보면 되고, ChatGPT도 무료와 유료 버전이 확연히 다르다. 결국 진짜 일을 하려면 유료 구독이 필수가 되어버렸다.

미국 공무원들의 1달러 AI 특권

파이낸셜타임스(FT)에 따르면 최근(2025년 8월) 앤트로픽은 자신들의 AI 모델 Claude를 미국 행정·입법·사법부에 한해 단돈 1달러에 제공할 것이라고 밝혔다. 오픈AI도 ChatGPT를 미 연방 정부 기관에 1년간 1달러에 제공하기로 했다. 구글도 Gemini를 47센트에 제공한다는 기사가 나왔다.

미국 공무원들은 최신 AI 도구를 거의 무료로 사용하면서 업무 혁신을 이루고 있는 반면, 우리나라 정부 부처나 공공기관들은 개인 사비로 구독하거나, 보안 이슈로 인해 아예 사용하지 못하고 있다. 이런 격차가 결국 국가 경쟁력의 차이로 이어지지 않을까 우려스럽다. 미국 공무원이 AI로 하루 만에 끝내는 일을, 우리는 일주일 동안 수작업으로 하고 있는 것은 아닐까.

하지만 무료가 진짜 무료가 아니라는 지적도 있다. 빅테크들은 무료 AI 서비스를 제공하면서 양질의 데이터를 확보할 수 있다. 미국 정부 기관의 데이터, 공무원들의 업무 패턴, 정책 문서들이 모두 AI 학습 데이터가 될 수 있다.

그동안 빅테크들은 일정 사용자 수가 확보되면 서비스를 유료로 전환해 수익을 내는 전략을 써왔다. 과거 MS가 대학들에 클라우드를 무료로 제공했다가 나중에 가격을 급격히 올린 사례가 대표적이다. 넷플릭스나 쿠팡도 초기 싼값에 서비스를 제공해 시장을 장악한 뒤 가격을 인상했다.

이번 공짜 AI도 비슷하게 흘러갈 가능성이 크다. 처음에는 1달러였지만, 나중에는 100달러가 될 수도 있다. 그때 가서 "이제 못 쓰겠다"고 할 수 있을까? 이미 모든 업무 프로세스가 AI에 의존하게 된 후에는 선택의 여지가 없을 것이다.

새로운 계급사회의 시작?

무료 vs. 유료 AI 도구의 격차가 새로운 디지털 불평등을 야기하고 있는지도 모른다. 돈이 있는 사람은 GPT-5, Claude Opus 4.5, Gemini 2.5 Pro를 마음껏 쓰면서 생산성을 극대화한다. 돈이 없는 사람은 무료 버전의 제한된 기능만 사용하며 뒤처진다.

이는 개인을 넘어 기업, 국가 차원으로 확대된다. AI 도구를 적극 활용하는 기업과 그렇지 못한 기업의 격차, AI를 국가 차원에서 지원하는 나라와 그렇지 못한 나라의 격차. 시간이 지날수록 이 격차는 더 벌어질 것이다.

더 큰 문제는 교육 격차다. 유료 AI를 사용하는 학생과 무료 버전만 사용하는 학생의 학습 효율 차이. AI 과외 선생님을 둔 것과 그렇지 못한 것의 차이가 될 수도 있다.

보안과 효율의 딜레마, 국가대표 LLM이라는 대안

업무에서 AI를 활용하면, 활용하는 분야에 따라 엄청난 효율을 얻을 수 있다. 다만 보안 측면에서는 여전히 조심스럽다. 내가 입력한 업무 관련 정보들이 혹여나 학습에 활용될까 걱정되기도 한다. 팀 구독제를 사용하고, 데이터 유출 방지 설정을 하고 있지만 100% 안심은 되지 않는다.

특히 공공에서는 이런 우려가 더 크다. 개인정보가 포함되거나 보안이 필요한 문서를 AI에 입력했다가 유출되면 큰일이다. 그래서 많은 기관이 AI 사용을 아예 금지하거나 제한하고 있다. 하지만 이렇게 되면 업무 효율성은 떨어질 수밖에 없다. 딜레마다.

우리나라도 '모두의 AI', 즉 정부에서 공동으로 사용하는 범정부 AI나 국가대표 LLM이 빨리 자리 잡아야 한다. 부처와 공공기관 직원들이 업무에 안심하고 사용할 수 있는, 데이터 주권이 보장되는, 신뢰할 수 있는 AI 도구가 필요하다.

현재 범정부 AI 사업 주관기관으로 선정된 삼성SDS나 국가대표 LLM으로 선정된 5개 기업(네이버클라우드, SK텔레콤, LG AI연구원, NC AI, 업스테이지)이 있지만, 아직 공공에서 본격적으로 사용할 수 있는 수준은 아니다. 보안 인증도 받아야 하고, 성능도 검증해야 하고, 무엇보다 보안 측면에서 신뢰할 수 있는 환경을 만들어야 하는 등 갈 길이 멀다.

AI는 이제 공공재가 되어야

결국 AI 시대의 공정한 기회란 무엇일까. 모두가 같은 수준의 AI 도구를 사용할 수 있어야 하는 것 아닐까. 적어도 기본적인 업무와 학습에 필요한 AI 도구는 공공재로서 제공되어야 한다고 본다.

범정부 AI 사업자와 국가대표 LLM 플랫폼 사업자가 선정된 이상, 장기적으로는 우리만의 AI 생태계를 구축해야 한다. 그래야 AI 시대의 불평등을 해소하고, 모두가 AI의 혜택을 누릴 수 있을 것이다.

업무를 위해 활용하는 입장에서는 AI 구독료를 개인이 부담하는 시대는 종결되어야 한다. AI는 이제 선택이 아닌 필수가 되었기 때문이다. 마치 인터넷이 그랬듯이, AI도 이제는 기본권이 되어야 하지 않을까.

구시대의 인터넷정보검색사, 프롬프트 엔지니어링의 종말 #05

새로운 직업의 탄생(?)

ChatGPT 3.5가 등장하면서 갑자기 모든 사람이 '프롬프트 엔지니어'가 되어야 한다는 압박을 받기 시작했다. 나 역시 트렌드에 뒤처지지 않기 위해 프롬프트 강의를 듣고, 프롬프트 작성법에 관한 책들을 구입했다. 그 결과, 프롬프트 엔지니어링의 핵심은 이것이었다. "질문하는 수준에 따라 AI가 다른 답변을 제공한다."

하지만 뭔가 이상했다. AI를 활용하는 이유가 일을 더 쉽게 하기 위함인데, 프롬프트 엔지니어링은 오히려 AI를 더욱 어렵게 사용하는 방법을 가르쳐주는 것 같았다. 페르소나를 부여하고, 단계적 사고를 요구하고, 역할을 지정하고…… 정말 이렇게까지 복잡하게 해야 하는 것일까.

인터넷 정보 검색사의 재림

문득 깨달았다. 프롬프트 엔지니어는 우리 시대(구시대)의 '인터넷 정보 검색사'였다. 2000년대 초반, 열심히 자격증을 따고 네이버 지식iN에서 답변으로 용돈을 벌던 사람들과 본질적으로 다르지 않았다. 그들은 어떤 키워드로 검색해야 원하는 정보를 찾을 수 있는지 알고 있었고, SEO(검색 엔진 최적화) 서비스 제공과 노하우로 돈을 벌었다.

하지만 검색 기술 발달로 그들은 자연스럽게 사라졌다. 이제 누구나 구글에서 원하는 정보를 쉽게 찾을 수 있게 되었기 때문이다. 프롬프트 엔지니어링도 같은 길을 걸을 것이라고 예상했다. 아니나 다를까, 한때 자격증까지 생기는가 하면, 뤼튼에서는 자동 프롬프트 입력 기능도 등장했었다. 하지만 최근 들어서는 프롬프트의 중요성이 예전만큼 강조되지 않고 있다.

결과물 중심 사고의 함정

프롬프트 엔지니어링에 매달리는 사람들을 보면 한 가지 공통점이 있다. 생성형 AI를 활용해서 완벽한 결과물을 얻으려 한다는 것이다. 하지만 여기에 근본적인 함정이 있다. 생성형 AI만으로는 결코 진정으로 가치 있는 결과물을 얻을 수 없다는 것이다.

처음 AI가 써준 글을 읽어보면 놀랍다. 수려한 문장, 완벽한 문장구조, 오탈자 하나 없는 깔끔함까지. 내가 쓰는 글보다 훨씬 잘 쓰여진 것처럼 보이고, 실제로 읽는 사람들도 그렇게 느끼기도 한다.

하지만 그 글을 다시 한번 정독해보면 문제가 보인다. 관점이 없다. 주관과 원칙이 있는 글은 힘이 강한데, 생성형 AI가 쓴 글들은 전혀 그렇지 못하다. 분명 잘 쓴 글이지만 글에 힘이 없다. 중언부언 여러 번 같은 이야기를 다른 문장들로 반복하면서 핵심 없이 빙빙 도는 느낌이다.

다음은 실제로 "데이터 시대, 윤리적 책임의 중요성을 알려줘."라는 프롬프트로 Gemini가 생성해준 글이다. 언뜻 보기엔 썩 나쁘지 않아 보인다. 그러나 '각 잡고' 샅샅이 뜯어보면 여러 모로 문제가 많다. 몇 가지 꼽아보면 다음과 같다.

데이터 시대, 윤리적 책임의 중요성을 알려줘.

현대 사회는 데이터의 폭발적인 증가와 인공지능 기술의 급속한 발전으로 특징지어집니다. 이러한 데이터 중심 환경에서, 윤리적 책임은 기술 발전의 건전성을 담보하는 가장 중요한 요소로 부각되고 있습니다. 데이터 윤리는 단순히 법규를 준수하는 차원을 넘어, 기술이 사회에 미치는 긍정적, 부정적 영향을 깊이 있게 성찰하는 과정입니다.

기업과 개발자는 기술을 구현함에 있어 투명성, 공정성, 그리고 사용자 프라이버시 보호를 최우선 가치로 두어야 합니다. 특히 AI 알고리즘이 사회적 의사 결정에 개입하는 경우가 늘어나면서, 편향성 없는 데이터 사용과 결과의 책임을 명확히 하는 것이 필수적입니다. 윤리적 책임감 없이 개발된 기술은 결국 사회적 갈등을 유발하고 신뢰를 저해할 수 있습니다.

결론적으로, 데이터 시대의 윤리적 책임은 단순한 선택이 아닌 지속가능한 기술 발전을 위한 근본적인 조건입니다. 기술의 진보와 더불어, 인간의 가치와 존엄성을 지키는 윤리적 틀을 확립하는 것이 미래 사회의 과제입니다.

생성형 AI가 작성한 핵심이 빠진 무의미한 글

- **주장의 부재:** "윤리적 책임이 중요하다"는 명제 외에, 왜 지금 특히 중요한지, 어떤 새로운 형태의 책임이 요구되는지에 대한 필자만의 관점이 없다.
- **추론의 결여:** '데이터 증가'→'AI 발전'→'윤리 중요'라는 표준적인 연결 고리만 나열되어 있다. 이 흐름을 뒤집거나, 새로운 통찰을 제시하는 부분이 없다.
- **공허한 결론:** 결론은 서론과 본론의 내용을 다른 단어로 재차 반복했을 뿐, 독자에게 어떤 행동이나 사고의 전환을 촉구하는 강력한 메시지가 없다.

이것이 바로 AI가 추론하여 확률적으로 배치한 글들의 한계다. 형식은 완벽하지만, 영혼이 없다. 정보는 정확하지만, 통찰이 없다. 문법은 완벽하지만, 개성이 없다.

새로운 활용법의 발견

그래서 우리는 방향을 바꿔야 한다. 프롬프트 엔지니어링을 연구해서 완벽한 결과물을 도출해내려는 시도를 멈춰야 한다. 대신 '질문-수정-재질문-재수정'을 반복하는 바이브 코딩처럼, LLM을 활용해 계속된 질문 속에서 창의성을 발견하는 것을 목표로 해야 한다.

어차피 아무리 좋은 프롬프트를 써서 훌륭해 보이는 결과물을 도출한다 할지라도, 실제 활용 가치는 상당히 제한적이다. 그러니 결과물은 부차적인 문제다. 질문과 답변의 과정 속에서 새로운 아이디어와 통찰을 얻을 수만 있다면, 그것만으로도 AI는 충분히 제 역할을 한 것이다. 마치 좋은 친구와의 브레인스토밍처럼, AI와의 대화를 통해 생각을 확장해 나가는 것이 진정한 활용법이 아닐까.

AI가 나를 이해하는 시대, 변화에 대한 준비

이제는 AI가 사용자를 한층 더 잘 이해한다. Obsidian과 MCP로 연계된 Claude를 사용해보면 놀랍다. Claude는 내가 쓴 글들을 읽고, 내게 알맞은 페르소나를 파악한 후 맞춤형 답변을 제공한다. ChatGPT에는 이미 메모리 기능이 있었고, 이제는 Claude, Grok 등도 비슷한 기능을 갖추어가고 있다. 심층 사고 및 구조적 사고 모드 역시, 현재는 거의 모든 LLM에 기본 기능으로 들어가 있다.

프롬프트 엔지니어링의 종말은 이미 시작되었다. 앞으로 AI는 복잡한 프롬프트 없이도 사용자의 의도를 파악하고, 맥락을 이해하며, 개인화된 서비스를 제공할 것이다. 그때가 되면 프롬프트를 어떻게 작성하느냐보다는, AI와 어떻게 협업하느냐가 더 중요해질 것이다.

복잡한 명령어 작성법을 외우거나 저장해놓고 긁어오는 대신, 좋은 질문을 하는 능력을 기르고, AI와 함께 사고를 확장해 나가는 방법을 익혀야 한다. 기술은 계속 발전하고, 사용법은 계속 간소화될 것이다.

중요한 것은 그 기술로 무엇을 창조해낼 것인가이다.

책을 한 권만 읽은 사람이 가장 위험하다, AI 반쪽 지식의 함정

#19

성급한 일반화의 위험

'성급한 일반화의 오류'는 살면서 누구나 경험한다. 내가 그 대상이 될 수도, 또는 그 주체가 되기도 한다. 누군가 그랬다. 책을 읽지 않은 사람보다 책을 한 권만 읽은 사람이 가장 무섭다고. AI로 격변하는 현재에도 이 격언은 그대로 적용된다.

"내가 ChatGPT 써봐서 아는데", "내가 AI 좀 해봐서 아는데", "우리 회사에서 PoC 해봐서 아는데", 윗분들이 이런 말로 시작하는 경우, AI 도입을 위한 컨설팅 회의는 산으로 가게 된다.

상반기에는 MCP가 대세였고, 최근에는 바이브 코딩이 대세다. 말 그대로 비개발자도 코딩으로 앱 개발, 웹 개발이 가능하다고 생각한다. 모 임원은 "우리 아들이 ChatGPT로 보고서를 쓰고, 바이브 코딩으로 모든 프로젝트를 수행 중인데, 이거 도입하면 직원 절반은 없어도 되는 것 아니냐"라고 묻는다. 이런 성급한 일반화의 오류가 AI 도입에서도 문제다. 기대치 수준에서 상호간 합의에 이르지 못하고, 명확한 목표 설정이 불가능하게 만든다.

자비스 신드롬과 AI 무용론

AI 도입에 대해 사람들과 이야기를 나누다 보면 두 가지 극단적인 케이스로 나뉜다. 첫 번째는 AI를 영화 〈아이언맨〉의 '자비스'로 생각하고 모든 것을 자동화해주길 바라는 케이스다. "10억이면 실증하는데, 100억이면 완전 도입 가능한 거 아니냐"는 식이다.

실제로 한 기관에서는 "AI를 도입하게 되면 보고서 작성에서부터 임원의 의사결정까지 다 자동으로 되는 거 아니냐"고 물었다. 100억을 투자하면 업무 프로세스가 완전 자동화될 거라는 기대를 하고 있었다. 현재 AI 기술 수준과 해당 기관의 데이터 품질, 프로세스 표준화 정도는 전혀 고려하지 않은 채 말이다.

두 번째는 정반대로 AI 무용론자들이다. "AI보다 사람이 하는 게 낫다"는 입장이다. 이들은 대부분 ChatGPT를 한두 번 써보고, 혹은 잘못 설계된 AI 프로젝트를 경험한 후 AI 전체를 부정한다. "우리가 작년에 AI 챗봇 도입했는데 아무도 안 쓰더라. AI는 아직 멀었어"라고들 말한다.

제각각인 AI 이해도의 함정

사람들이 갖춘 AI 역량도, AI에 대한 이해도도 제각각이다. 어떤 사람은 AI를 만능 도깨비로 착각한다. 평소 "AI한테 시키면 다 되는 거 아니야?"라는 질문을 정말 많이 받는다. 물론 현실과 거리가 멀다. 반면 어떤 사람은 AI를 보통 검색 엔진으로 치부한다. "그거 구글이랑 뭐가 달라?"

이런 이해도의 차이가 조직 내에서 큰 혼란을 만든다. 경영진은 AI로 혁신을 원하는데, 실무진은 AI의 전부가 ChatGPT인 줄 안다. IT 부서는 기술적 한계를 알지만, 현장직은 비현실적인 기대를 한다. 이런 간극을 좁히지 않고 AI 프로젝트를 시작하면 실패는 예정된 수순이다.

특히 위험한 것은 "나는 AI를 잘 안다"고 생각하는 사람들이다. ChatGPT로 메일 한 번 써본 경험만으로 AI 전문가가 된 것처럼 행동한다. 유튜브에서 본 AI 성공 사례를 본인 회사에 그대로 적용하려 한다. 이런 반쪽짜리 지식이 오히려 올바른 AI 도입을 방해한다.

AI가 만능 해결책이 아닌 이유

AI가 항상 최선의 해결책은 아닐 수도 있다. 꼭 생성형 AI가 모든 사업에 적용되지 않아도 된다. 이 당연한 사실을 받아들이지 못하는 조직이 너무 많다. "남들 다 AI 하는데 우리도 해야지"라는 FOMO 때문에 무리한 AI 도입을 추진한다.

어떤 업무는 엑셀로 충분하고, 어떤 문제는 프로세스 개선만으로 해결된다. 또한 AI 도입보다는 데이터 정비나 휴리스틱 방식이 필요한 경우가 있다. 어떤 경우는 사람이 하는 게 더 효율적이고 정확하다.

업스테이지 이활석 CTO의 『오늘부터 회사에서 AI 합니다』(디지털북스)를 인용하면, "설명이 가능해야 하는 경우, 에러가 예측 가능해야 하는 경우, 제한된 정보를 제공하는 경우, 기술보다 시장 출시 시기가 더 중요한 경우, 사람들이 원하지 않는 경우"에는 AI를 도입해서는 안 된다. AI가 잘할 수 있는 영역은 자동화, 예측, 개인화, 자연어 이해이다.

균형 잡힌 AI 관점이 필요한 때

AI 기술의 위험성과 잠재력 모두 확인해야 한다. 환각(Hallucination) 문제, 편향성 문제, 개인정보 유출 위험, 일자리 대체 우려 등 위험성은 분명 존재한다. 반면 업무 효율 향상, 의사결정 지원, 창의적 아이디어 도출, 반복 업무 자동화 등 잠재력도 무시할 수 없다.

중요한 것은 균형 잡힌 시각이다. AI를 맹신하지도, 맹목적으로 거부하지도 않는 것. AI의 현재 수준을 정확히 이해하고, 우리 조직에 맞는 적용 방안을 찾는 것. 그리고 지속적으로 학습하고 개선해나가는 것이다.

올바른 AI 도입을 위해서는 몇 가지 원칙이 필요하다.

첫째, **AI는 도구다.** 목적이 아니라 수단이다. "AI 도입"이 목표가 되어서는 안 된다. 해결하고자 하는 문제가 먼저고, AI는 그 해결 방법 중 하나일 뿐이다.

둘째, **작게 시작해야 한다.** 전사적 AI 전환보다는 특정 업무, 특정 부서에서 파일럿 프로젝트로 시작하는 것이 현명하다.

셋째, **사람이 중심이 되어야 한다.** AI를 사용하는 것도, AI와 협업하는 것도 결국 사람이다. 도입하려는 현업부서의 의견이 가장 중요하다.

넷째, **지속적으로 학습해야 한다.** AI 기술은 빠르게 발전하고, 또 변화한다. 열린 마음으로 새로운 것을 받아들일 준비가 되어 있어야 한다.

AI 시대의 겸손

"내가 AI 좀 써봐서 아는데"라는 말처럼 위험한 것은 없다. AI를 정말 잘 아는 사람일수록 "AI도 아직 모르는 게 많다"고 말한다. 우리에게 필요한 것은 AI에 대한 맹신도, 맹목적 거부도 아닌, 겸손한 학습 자세다.

책 한 권만 읽은 사람이 가장 무서운 것처럼 AI를 조금만 경험한 사람이 가장 위험하다. 진정한 AI 시대를 준비하려면 우리는 더 많이 경험하고, 더 깊이 이해하고, 더 신중하게 적용해야 한다. 그것이 AI와 함께 살아가는 지혜다.

AI는 괴물인가, 도구인가? 지적 성장의 새로운 길 #22

AI 전문가들의 등장과 AI FOMO*

AI 관련 책들이 범람하는 시대다. 서점 어느 코너를 가도 AI 책들이 평대를 차지하고 있고, AI 트렌드를 따라 MCP, 바이브 코딩 등 세부 분야 역시 점점 확장해 나가고 있다. 대학의 컴퓨터공학 교수들은 'AI 교수'로 명칭을 바꾸며 시대의 흐름에 올라탄다. SI 기업들도 AI를 붙여 AI 기업으로 변모한다. 공공도 마찬가지다. 기존에 하던 사업에 AI만 추가한다든지, 팀명과 부서명에 인공지능, AI를 붙여 탈바꿈하기 바쁘다.

솔직히 나도 다르지 않다. 담당하던 사업에 어떻게든 AI를 접목시키려 애쓰고 있지 않은가. AI FOMO 라는 신조어가 나올 정도로, 우리는 AI 시대에 뒤처질까 봐 불안해한다. 이런 와중에 AI 관련된 여러 책을 읽다가 어느 AI 전문가 교수의 글에 멈춰 섰다.

그 교수는 AI로 인해 교정을 산책하며 사고하는 학생들이 줄었다고

* FOMO(fearing of missing out): '유행에 뒤쳐지는 것에 대한 공포심리'나 '소외되는 것에 대한 불안감'을 뜻하는 용어로, 미국 벤처투자자 패트릭 J. 맥기니스가 2004년 만들어낸 말이다. 본래 '한정판, 타임세일' 등의 장치를 통해 소비자의 즉각 구매를 유도하는 마케팅 기법을 가리키는 용어였다. 국내에서는 2019년 비트코인 열풍과 부동산 상승장에 대한 해설로써 처음 쓰이기 시작해 점차 대중화되었다.

한탄했다. 모르는 개념을 접하거나 어려운 과제가 주어졌을 때, 무작정 AI부터 뒤지는 학생들이 나타나고 있다는 것이다. 어려운 문제를 곰곰이 생각하며 교정을 산책하고, 주변에 묻거나 도서관을 방문하는 지적 모색의 시간이 사라져간다고 했다. 그는 이러한 모색의 시간이야말로 성장의 순간이며 지성이 발달하는 모멘텀이라고 강조했다. 그리고 기술 의존증은 진정한 지적 고찰과 성장을 방해하는 '괴물'임에 틀림없다고까지 표현했다.

과거에 대한 로맨틱한 환상

처음엔 고개가 끄덕여졌지만, 곰곰이 생각해보니 동의하기 어려웠다. 생성형 AI가 나오기 전, 우리는 정말 도서관에서 사색하며 지적 탐구를 했을까? 대부분은 스마트폰을 뒤지며 네이버나 구글에서 답을 찾지 않았던가. 위키피디아를 보는 것이 LLM을 참고하는 것과 무엇이 다를까.

더 거슬러 올라가볼까. 인터넷이 없던 시절, 백과사전을 베껴 쓰던 학생들도 있었다. 사전의 단어를 암기하고 씹어 삼키며 공부했다는 이야기도 익숙히 들었을 것이다. 계산기가 나왔을 때도 "암산 능력이 떨어진다"는 우려가 있었고, 워드프로세서가 나왔을 때도 "손글씨의 가치가 사라진다"는 비판이 있었다. 모든 새로운 도구에는 늘 이런 우려가 따라다니곤 했다.

사실 교정을 산책하며 사색하는 학생이 줄어든 것은 아마 AI 때문만은 아닐 터이다. 상대평가로 이어지는 성과주의 교육 시스템, 취업 압박, 스펙 경쟁이 더 큰 원인으로 보인다. 학점을 잘 받아야 하고, 빨리 졸업해야 하고, 남들보다 앞서가야 하는 압박 속에서 느긋하게 사색할 여유가 있을까. 우리는 과거를 지나치게 낭만적으로 기억하는 경향이 있다.

AI, 효율의 도구인가 게으름의 시작인가

나는 AI를 괴물이 아닌 효율적인 도구로 본다. 번역에 소비되던 시간이 줄었고, 복잡한 용어를 쉽게 이해할 수 있게 되었다. 회의록을 정리하는 시간이 줄었고, 코딩할 때 문법 오류를 찾느라 허비하던 시간이 줄었으며, 보고서 초안을 작성하는 시간도 단축됐다.

이렇게 절약된 시간으로 무엇을 하는지가 중요하다. 누군가는 그 시간을 유튜브 쇼츠 보는 데 쓸 수도 있고, 누군가는 더 깊은 사고와 창의적인 작업에 투자할 수도 있다. AI가 우리를 게으르게 만드는 게 아니라, 우리가 스스로 게을러지는 것이다.

오히려 AI 덕분에 더 본질적인 질문에 집중할 수 있게 되지 않았을까. 도구는 도구일 뿐이다. 칼이 요리에도 쓰이고 범죄에도 쓰이듯, AI도 사용하는 사람에 따라 달라진다.

새로운 지적 성장의 방식

AI 시대의 지적 성장은 다른 형태일 수 있다. 정보를 암기하는 능력보다 정보를 검증하고 종합하는 능력이 중요해졌다. 단순 계산 능력보다 문제를 정의하고 해결 방향을 설정하는 능력이 필요해졌다. AI가 생성한 콘텐츠를 비판적으로 평가하고 개선하는 능력도 새로이 익혀야 하는 역량이 되었다.

교정을 산책하는 대신, AI와 대화하며 사고를 발전시키는 시대다. 소크라테스가 제자들과 문답법으로 진리를 탐구했듯, 우리는 AI와의 대화를 통해 생각을 정리하고 확장할 수 있다. 중요한 건 도구를 대하는 태도다. 깊이 생각하고자 하는 의지가 있다면 AI는 훌륭한 대화 상대가 된다.

생각 없이 ChatGPT 답변을 복사해서 제출하는 학생도 있겠지만, AI와 대화하며 자신의 생각을 정리하고 발전시키는 학생도 있을 것이다. 전자는 AI가 아니어도 어차피 도태될 것이고, 후자는 AI 없이도 훌륭히 성장할 것이다. 다시 한번 강조하지만, 문제는 AI가 아니라 학습에 임하는 태도다.

현명한 AI 활용을 위한 균형점

물론 AI에 과도하게 의존하는 위험성은 존재한다. 모든 질문을 AI에 맡기고 스스로 생각하는 과정을 건너뛰면, 비판적 사고력이나 창의성이 퇴화할 수 있다. 심지어 LLM과 결혼하는 어처구니없는 촌극이 벌어지기도 한다. 하지만 이는 AI의 본질적인 문제가 아니라 사용 방법의 문제다.

다시 돌고 돌아, 핵심은 AI를 어떻게 활용하느냐다. AI에게 답을 구하는 대신 AI와 함께 문제를 탐구하는 것. AI의 답을 그대로 받아들이는 대신 검증하고 발전시키는 것. AI를 지적 활동의 대체재가 아닌 보완재로 사용하는 것이 중요하다.

그 AI 교수도 책 전반에서는 AI의 효율성과 효과성을 긍정적으로 보고 있었다. AI로 먹고 사는 입장에서, 그저 과거를 회상하며 한 챕터에서 우려를 표현한 것이리라. 그 우려도 일리가 있다고 볼 수 있겠지만, 괴물이 될지, 엄청난 도구가 될지는 우리의 선택에 달려 있다. 사색하고 고찰하려는 의지는 예나 지금이나 개인의 몫이다. AI는 그저 그 과정을 돕는 도구일 뿐이다. 나는 AI가 사소한 시간 낭비를 줄여주어, 오히려 더 중요한 고찰과 성장에 집중할 수 있게 해준다고 믿는다.

결국 AI 시대에도 변하지 않는 진리가 있다. 깊이 생각하는 사람만이 성장한다는 것. 단지 그 방식이 달라질 뿐이다. 교정을 걷든, AI와 대화하든, 핵심은 멈추어서 생각하는 시간을 갖는 것이다.

진리는 불변한다. 깊이 생각하는 사람만이 성장한다.

인간인지 AI인지 모른다, AGI 시대 월드코인의 존재 의의

#54

샘 올트먼의 월드코인에 베팅한 이유

내가 월드코인에 집중했던 이유가 점차 현실화되고 있다. 튜링 테스트를 통과하는 AI가 일상화되는 등 AI 기술은 나날이 발전 중이다. 알파고를 이긴 알파고 제로의 사례부터 시작할 때, 스스로 학습하는 AI의 등장은 경이로우면서도 두렵기까지 하다. 이제 인간과 AI를 구분할 수 없는 시대가 성큼 다가왔음을 실감한다.

월드코인을 처음 접했을 때, 많은 사람이 "왜 꼭 홍채 인식을 사용해야 하는가?"라고 물었다. 처음에는 나 역시 의문이 들었다. 하지만 샘 올트먼(Sam Altman)의 비전을 깊이 이해하면서, 이것이 단순한 암호화폐 프로젝트가 아니라는 사실을 깨달았다. 인공지능의 최전선에 선 오픈AI의 CEO가 월드코인을 만들었다는 점은 결코 우연이 아니다. AGI 시대를 준비하는 데 꼭 필요한 인프라였던 것이다.

월드코인의 핵심은 'Proof of Personhood', 즉 인간임을 증명하는 데 있다. 지금은 캡차(CAPTCHA)로 "나는 로봇이 아닙니다"를 클릭하지만, AI가 이미 이런 테스트들을 손쉽게 통과하고 있다. 머지않아 온라인상에서 상대방이 인간인지 AI인지 구분할 수 없는 시대가 찾아올지 모른다. 그

때 우리는 어떻게 인간임을 증명할 수 있을까?

샘 올트먼은 이미 그 미래를 보고 있었다. 그는 오픈AI로 AGI를 구현하는 동시에, 월드코인으로 인간 인증 시스템을 구축하고 있다. 한 손으로는 문제를 만들고, 다른 손으로는 해결책을 제시하는 셈이다. 정말 '난 놈'이라는 생각이 든다.

인간을 흉내내는 AI, 그리고 딥페이크 시대

현재 알려진 알고리즘의 본질을 고려할 때, 인간의 사고방식을 프로그램으로 직접 구현하는 것은 불가능하다는 것이 일반적인 견해다. 컴퓨터의 하드웨어와 소프트웨어는 인간의 신체와 마음을 그대로 대체할 수 없기 때문이다. 그러나 인간을 모방하여 사람을 속이는 것은 충분히 가능하다.

최근 딥페이크 기술의 발전을 보면 정말 섬뜩하다. 유명인의 얼굴과 목소리를 완벽하게 복제한 가짜 영상이 SNS를 통해 퍼지고 있다. 금융 사기나 보이스피싱 역시 AI를 이용해 더욱 정교해지고 있다. 얼마 전 어머님께 "네 목소리로 전화가 왔는데 돈을 빌려 달라고 하더라"는 연락을 받기도 했다. 다행히 어머니께서 내게 카카오톡으로 한 번 더 확인을 했기에 망정이지, 만약 그렇지 않았다면 어땠을지 아찔하다.

인공지능은 실제로 맥락을 완전히 이해하진 못하지만, 마치 맥락을 파악하는 것처럼 능숙하게 흉내낼 수 있다. ChatGPT와 대화하다 보면 정말 사람과 이야기하는 듯한 느낌이 들 때가 많다. 공감하고, 위로하며, 조언도 건넨다. 물론 진짜 감정이 있는 것은 아니겠지만, 그것이 중요한지는 의문이다. 결국 상대를 속일 수 있다면 그것만으로도 충분하니까.

이런 상황에서는 '진짜 인간'임을 증명하는 일이 점점 더 중요해질 것이다. 온라인 데이팅에서 상대방이 실제 사람인지, 소셜미디어의 팔로워들이 진짜 인간인지, 심지어 화상회의에서 함께 이야기하는 상대가 실제 개인인지 의심해야 하는 시대가 다가오고 있다.

페이스 결제는 되고 홍채 인식은 안 되는 아이러니

얼마 전 토스에서 안면 인식 기반의 페이스 결제가 출시됐다. 놀랍게도 사람들은 별다른 거부 반응이 없었다. 그저 편의점에서 얼굴만 비추며 결제하는 모습을 신기해하며 받아들였다. 그러나 월드코인의 홍채 인식(Orb)에는 강한 거부감이 나타난다. 왜 이런 차이가 생기는 걸까?

첫째, 익숙함의 차이다. 스마트폰 잠금 해제에 얼굴 인식 기능을 이미 사용하고 있는 덕분에 페이스ID나 갤럭시의 얼굴 인식 같은 기술은 일상 속에서 자연스럽게 받아들여진다. 반면에 홍채 인식은 아직 생소하게 느껴진다. 영화에서나 접할 법한 기술이라는 이미지가 강하게 자리 잡고 있다.

둘째, 목적의 명확성이다. 페이스 결제는 "편리한 결제"라는 분명한 목적을 가진다. 반면, 월드코인은 "인간임을 증명한다"는 다소 추상적인 목표를 내세운다. 사람들은 아직 그런 필요성을 실감하지 못한다. AGI 시대가 본격적으로 도래하지 않았기 때문이다.

셋째, 주체에 대한 신뢰도다. 토스는 이미 수백만 명이 사용하며 신뢰를 쌓아온 금융 앱이다. 반면 월드코인은 아직 대중적으로 충분히 검증되지 않은 프로젝트인 데다가, 암호화폐라는 특성 자체만으로도 사람들의 경계심을 불러일으킨다.

하지만 이 격차는 곧 좁혀질 것이라고 생각한다. 딥페이크 사기가 늘어나고, AI와 인간의 구분이 점점 더 어려워질수록 월드코인과 같은 솔루션의 필요성이 커질 것이다. 결국 관건은 '타이밍'이다.

60% 손실, 그럼에도 불구하고 홀딩하는 이유

나는 월드코인에 꽤 큰 비중으로 투자했다가 60% 이상 급락을 겪었다. 투자금의 절반 이상이 사라졌다. 어쩌면 내가 예상했던 것보다 AGI 시대가 더 먼 미래일 수도 있다. 시장은 내 기대와 달리 월드코인의 비전에 대해 회의적인 반응을 보였다.

하지만 나는 여전히 보유하고 있다. 왜일까? 먼저 나는 그 방향성을 믿기 때문이다. AGI는 언젠가 반드시 올 것이고, 그 시기에는 인간 인증 시스템이 필수가 되리란 논리는 여전히 유효하다. 단지 그 시점이 예상보다 늦어질 뿐이다.

지금도 딥페이크와 AI를 이용한 사기가 심심찮게 문제가 되고 있는데, 이런 악용 사례가 기승을 부릴수록 월드코인의 필요성은 더욱 두드러질 것이다. 이미 AI로 만든 가짜 뉴스와 가짜 영상이 온라인에 넘쳐나고 있다. 2024년 미국 대선에서도 딥페이크를 통한 여론 조작이 큰 사회적 이슈로 떠올랐다. 이런 문제가 심각해질수록 '진짜 인간'을 구별하는 기술의 가치 역시 높아진다.

다른 한편으로 샘 올트먼의 경력도 신뢰할 만하다 생각한다. 그는 Y Combinator를 성공적으로 이끌었으며, 오픈AI를 세계 최고 수준의 AI 기업으로 성장시켰다. 이런 인물이 전력을 다해 추진하는 프로젝트를 결코 가볍게 볼 수 없다.

물론 실패할 수도 있다. 투자에 100% 확신이란 없다. 하지만 나는 이것을 단순한 투자가 아니라 미래를 향한 베팅으로 보고 있다. AGI 시대가 도래하면 월드코인과 같은 시스템은 필수가 될 것이다. 내가 틀린다면 금전적 손실을 감수해야겠지만, 맞는다면 단순한 수익을 넘어서는 의미 있는 가치를 얻게 될 것이다.

AGI 시대, 투자를 넘어선 미래 준비

월드코인 투자는 단순한 재테크가 아니다. AGI 시대를 대비하는 하나의 방법이다. 현재 60%의 손실을 보고 있지만, 이것조차 미래를 위한 수업료라고 생각한다. 미래를 예측하고, 베팅하며, 결과를 기다리는 과정에서 많은 것을 배우게 된다.

가장 중요한 교훈은 "타이밍은 예측할 수 없다"는 점이다. 방향이 맞더라도 시기가 어긋나면 손실을 볼 수 있다. 하지만 장기적인 관점에서 보면, 결국 올바른 방향에 베팅하는 것이 더 중요하다.

또 다른 교훈은 "소수의 비전을 믿는 일은 외롭다"는 것이다. 대부분이 회의적일 때 홀로 믿고 기다리는 것은 결코 쉽지 않다. 그러나 모든 혁신은 그렇게 시작되었다. 인터넷도, 스마트폰도, 암호화폐도 처음에는 조롱의 대상이었다.

앞으로 AI와 인간의 경계는 더욱 모호해질 것이다. 그 시점에 우리는 어떻게 인간임을 증명할 수 있을까? 월드코인이 그 해답이 될지는 알 수 없지만, 최소한 이 문제를 진지하게 고민하고 해결책을 제시하려는 시도 자체만으로도 충분한 가치가 있다.

투자의 결과가 어떻게 될지는 시간이 말해줄 것이다. 하지만 이 과정에서 AGI 시대를 고민하고, 준비하고, 대비한다는 것 자체가 의미 있다. 얼마전 에잇코홀딩스가 월드코인을 전략자산으로 편입하면서 주가가 크게 올랐다. 나의 베팅이 틀리지 않았다는 증거가 될까?

AI 거품론의 진실, MIT 보고서 외의 이야기

#56

95%의 기업이 실패했다는 충격적 숫자의 이면

MIT가 최근(2025년 7월) 발표한 「The GenAI Divide: State of AI in Business 2025」 보고서가 업계에 충격을 주고 있다. 생성형 AI에 약 300~400억 달러를 투자한 기업 중 단 5%만이 수백만 달러의 가치를 창출했다는 것이다. 95%는 실질적인 손익 개선 없이 정체 상태라고 한다.

이 숫자만 보면 AI가 완전한 거품이라고 생각할 수 있다. 실제로 많은 언론이 이 보고서를 'AI 거품론'의 근거로 활용하고 있다. 샘 올트먼조차 "현재 투자자들이 AI에 지나치게 흥분해 있다"고 한다. 정녕 AI 투자는 실패한 것일까?

하지만 보고서를 자세히 들여다보면 다른 이야기가 보인다. 실패의 원인이 AI 기술 자체가 아니라 '접근 방식'이라고 지목하고 있기 때문이다. 즉, AI가 문제가 아니라 AI를 활용하는 방법이 문제였다. 이는 근본적으로 다른 이야기다. 우리 기관의 정책연구 부서에서 MIT 보고서를 분석한 결과, 실패 기업들의 공통점이 명확했다.

첫째, AI를 '마법의 지팡이'로 생각했다. 도입만 하면 자동으로 효율성이 높아지고 비용이 절감될 것으로 기대했다.

둘째, 백오피스가 아닌 프런트오피스에 예산을 집중했다. 영업·마케팅 같은 화려한 영역에 투자하면서 정작 ROI가 높은 백오피스는 소홀히 했다.

셋째, 직원 교육과 변화 관리를 간과했다. AI 도구만 던져주고 알아서 쓰기를 바랐다.

성공한 5%는 달랐다. 이들은 AI를 도구로 인식하고, 명확한 목표를 설정했으며, 단계적으로 접근했다. 무엇보다 백오피스의 반복적인 업무부터 자동화하여 빠른 ROI를 달성했다. 외부 대행사를 대체하거나 문서 작업을 자동화하는 등, 측정 가능한 성과를 먼저 만들었다.

Shadow AI의 역설: 기업은 실패했지만 직원은 성공했다

MIT 보고서에서 가장 흥미로운 발견은 'Shadow AI' 현상이다. 기업의 공식 LLM 구독률은 40%에 불과하지만, 90% 이상의 직원이 개인적으로 ChatGPT나 Claude 같은 도구를 사용하고 있다는 것이다. 나 역시 우리 기관의 공식 AI 챗봇 대신, 개인적으로 다양한 도구를 사용한다.

이게 무슨 의미일까? **기업 차원의 AI 도입은 실패했지만, 개인 차원의 AI 활용은 대성공**이라는 뜻이다. 나를 비롯한 직원들은 이미 AI의 가치를 체감하고 있다. 보고서 작성, 이메일 작성, 코딩, 번역 등 다양한 업무에서 AI를 활용해 생산성을 높이고 있다.

문제는 이런 개인적 활용이 기업 차원의 성과로 연결되지 않는다는 점이다. 왜 그럴까? 큰 원인은 다음과 같다.

- ☑ **보안 문제**: 직원들이 회사 데이터를 개인 계정에 입력해 정보 유출 위험이 있다.
- ☑ **표준화 부재**: 각자 다른 도구를 다른 방식으로 사용하니 협업이 어렵다.
- ☑ **학습 단절**: 개인이 AI와 나눈 대화와 학습이 조직 차원에서 축적되지 않는다.

더 큰 문제는 직원들의 신뢰도다. 이미 ChatGPT-5나 Claude Opus 같은 최신 모델을 사용하는 직원들은 회사가 제공하는 구식 AI를 신뢰하지 않는다. "왜 더 안 좋은 걸 써야 해?"라는 반응이다. 실제로 60%의 기업이 맞춤형 AI를 검토했지만, 20%만이 시범 운영했고, 겨우 5%만이 본격 도입했다.

이는 기업들에게 중요한 시사점을 준다. 직원들은 이미 AI의 가치를 알고 있다. 문제는 이를 조직 차원에서 어떻게 활용할 것인가다. Shadow AI를 막을 것이 아니라, 공식화하고 체계화해야 한다. 보안을 강화하고, 표준을 만들고, 조직 학습 체계를 구축해야 하는 것이다.

학습 공백(Learning Gap)이라는 근본적 한계

현재 생성형 AI의 가장 큰 문제는 '학습 공백'이다. AI는 대화할 때마다 리셋된다. 어제 나눈 대화를 오늘 기억하지 못한다. 프로젝트의 맥락을 이해하지 못하고, 조직의 히스토리를 모른다. 매번 처음부터 설명해야 한다.

이 때문에 AI는 단순 업무에 주로 활용된다. 보고서 초안 작성, 이메일 답장, 간단한 번역 등 일회성 작업에는 유용하다. 하지만 장기 프로젝트 관리, 전략 수립, 복잡한 의사결정 지원 등 맥락이 중요한 업무에는 한계가 있다. 실제로 우리 팀에서도 이런 문제를 겪었다. 오랫동안 진행한 정책 프로젝트가 있었는데, AI에게 매번 처음부터 배경을 설명하고, 지침부터 다시 시작해야 했다.

이 문제를 해결하려면 어떻게 해야 할까? MIT 보고서는 'AI 에이전트'를 해답으로 제시한다. **AI 에이전트는 장기 기억과 반복 학습 구조를 내재화한다.** 대화 내용을 저장하고, 맥락을 유지하며, 경험을 축적한다.

프로젝트 전담 AI 에이전트를 만든다고 생각해보자. 이 에이전트는 프로젝트 시작부터 끝까지 모든 문서, 회의록, 이메일을 학습한다. 팀원들과의 대화를 기억하고, 의사결정 과정을 이해한다. "지난주 회의 안건"이라고 하면 바로 알아듣는다. 이런 AI라면 진짜 팀원처럼 활용할 수 있다.

프런트오피스 vs. 백오피스: 예산 배분의 아이러니

MIT 보고서가 지적한 또 다른 문제는 예산 배분의 아이러니다. 대부분 기업이 영업·마케팅 같은 프런트오피스에 AI 예산을 집중한다. 공공부문으로 치면 국민 서비스 접점, 즉 민원 응대나 챗봇 같은 화려하고 눈에 띄는 영역이다. "AI로 국민 경험을 혁신한다"는 식의 거창한 목표를 세운다.

하지만 실제 ROI는 백오피스에서 나온다. 회계, 인사, 구매, 법무 등 반복적이고 규칙적인 업무가 많은 영역이다. 공공부문으로 보면 기관 내부의 문서 작성, 규정 검토, 보고서 정리 같은 뒷단 업무들이다. 여기서 AI를 활용하면 즉각적인 비용 절감이 가능하다. 외부 회계 대행사를 대체하거나, 계약서 검토를 자동화하거나, 구매 프로세스를 최적화하는 식이다.

이런 모순이 왜 생길까? 우선, 의사결정자들이 AI를 '혁신의 상징'으로 간주하는 것이 문제다. 백오피스 자동화는 지루하고 구식으로 느껴진다. 화려한 국민 대면 서비스에 비해 주목받기 어렵다. 보도자료를 낼 때도 "AI 민원 챗봇 도입"이 "공문 작성 자동화"보다 훨씬 그럴싸해 보인다.

또 다른 이유는 성과 측정의 차이다. 프런트오피스에서 "국민 만족도가 향상되었다"는 주장은 입증하기 어렵다. 설문조사를 해도 응답률은 낮고, 인과관계를 증명하기는 더 어렵다. 반면 백오피스는 명확하다. "계약서 검토 시간이 3시간에서 30분으로 단축되었다", "외주 법률 비용이 월 500만 원에서 100만 원으로 줄었다", "보고서 작성 시간이 70% 단축되었다"는 식의 측정 가능한 숫자가 나온다.

결국 중요한 것은 화려한 슬로건이 아니라 실질적인 문제 해결이다. 백오피스 자동화는 눈에 띄지 않지만, 조직의 실질적인 경쟁력을 만드는 것은 바로 이 지루해 보이는 영역이다.

에이전틱 웹(Agentic Web)이라는 새로운 패러다임

MIT 보고서의 진짜 핵심은 AI 거품론이 아니다. 보고서는 문제를 제기하기 위해 쓰이지 않았다. 오히려 '에이전틱 웹'이라는 새로운 패러다임을 제시하고 있다. 보고서가 말하고자 하는 것은, 개별 AI 에이전트들이 인터넷 전반에서 상호 작용하며 자율적으로 업무를 조율하는 미래다.

상상해보자. 당신의 AI 비서가 다른 회사의 AI 비서와 직접 대화한다. 미팅 일정을 자동으로 조율하고, 계약 조건을 협상하며, 프로젝트를 공동 진행한다. 인간은 큰 방향만 제시하고, 실무는 AI들이 알아서 처리한다.

이미 기술적 기반은 마련되고 있다. MCP(Model Context Protocol)로 AI들이 데이터를 공유하고, A2A(에이전트-to-에이전트) 프로토콜로 직접 소통한다. NANDA 같은 새로운 통신 아키텍처도 개발 중이다. 완전한 클라이언트-서버-레지스트리 구조를 갖춘 AI 전용 인터넷이 머지않았다.

문제는 우리가 준비되어 있는가다. 대부분 기업은 아직 기본 AI 도입도 제대로 못하고 있다. 에이전틱 웹 시대가 오면 격차는 더욱 벌어질 것이다. AI를 잘 활용하는지 여부가 기업 생존의 문제가 될 수 있다.

AI를 잘 활용하는 기업과 그렇지 못한 기업의 차이가 생존의 문제가 될 수 있다.

AI 거품론을 넘어: 실패에서 배우는 교훈

결론적으로, AI는 거품이 아니다. 다만 잘못된 기대와 접근 방식이 문제다. 95%의 실패는 AI 기술의 한계가 아니라 활용 방법의 실패다. Shadow AI 현상의 존재는, 개인 차원에서 AI의 가치가 이미 증명됐음을 보여준다.

앞으로 AI를 도입한 기업이나 기관들이 집중해야 할 것은 명확하며, 이는 크게 다음 4가지로 요약된다.

- ☑ AI를 만능 해결사가 아닌 도구로 인식해야 한다.
- ☑ 화려한 프런트오피스보다 실용적인 백오피스부터 시작해야 한다.
- ☑ 학습 공백을 해결할 AI 에이전트 기술에 투자해야 한다.
- ☑ 에이전틱 웹 시대를 대비한 인프라를 구축해야 한다.

MIT 보고서를 'AI 거품론의 증거'로 읽는 것은 피상적이다. 오히려 '어떻게 하면 5%에 들 수 있는가'에 대한 가이드로 읽어야 한다. 실패 사례에서 배우고, 성공 요인을 벤치마킹하며, 미래를 준비하는 것. 그것이 진정한 AI 시대를 살아가는 방법이다.

AI 투자가 과열됐다는 샘 올트먼의 경고는 옳다. 하지만 덧붙인 말을 잊으면 안 된다. "장기적으로는 경제에 긍정적 영향을 줄 것이다." 거품은 터지지만, 혁명은 계속된다. 중요한 것은 거품과 혁명을 구분하는 눈이다.

AI에게 정책 결정을 맡길 수 없었던 이유, 폐기된 프로젝트가 알려준 것들

#57

AI로 국정 상황을 모니터링하고 결정까지 한다?

올 여름 우리 본부는 복잡한 국정 상황을 정확히 읽어내고, 정책 조정 및 위기 시에 신속 판단을 내리기 위한 정책 결정 보조도구로서 AI 에이전트를 적극 활용하는 프로젝트를 준비했다. 목표는 명확했다. 공통 플랫폼과 연계기술(MCP, API 등)을 활용해 부처·지자체·공공기관별로 분산된 국정 데이터와 시스템을 통합하여 실효성 있는 지원체계(대시보드)를 완성하는 것이었다.

프로젝트를 추진하게 된 배경도 그럴듯했다. 당시 AI를 활용해 정부 현황을 실시간으로 파악하고 위기에 대응할 수 있도록 대응 체계를 혁신하는 것이 세계적인 트렌드였다. 급변하는 국정 상황의 정확한 탐지와 신속한 대응이 필요한 시대, AI만한 도구가 또 있을까?

처음 기획안을 작성할 때는 소설 수준이었다. 실시간으로 각 부처의 데이터를 수집하고, AI가 패턴을 분석해 위기 상황을 조기에 감지한다. 나아가 과거 사례와 현재 상황을 비교 분석해 최적의 정책 대안까지 제시한다. 마치 〈아이언맨〉의 '자비스'처럼, 정책 결정자의 완벽한 보조자가 되는 것이다.

결론적으로 이 기획안은 폐기됐다. 정책적 판단이었다. 처음엔 아쉬움이 컸다. 주말까지 출근해 가며 준비한 프로젝트가 한순간에 사라졌으니까. 하지만 지나고 나니 여러 가지 생각이 들었다. 과연 AI가 국정 판단까지 할 수 있을까? 아니, 해도 되는 걸까?

AI는 결국 따라쟁이다: 지도학습의 한계

프로젝트가 폐기된 후 곰곰이 고민해보았다. 우선 인공지능의 원리부터 되짚었다. 지도학습을 통해 만들어진 인공지능은 결국 사람을 따라 할 수밖에 없는 따라쟁이다. AI가 아무리 똑똑해 보여도, 결국은 인간이 만든 데이터를 학습해서 인간의 패턴을 모방하는 것에 불과하다.

예를 들어보자. AI에게 "경제 위기 시 정책 대안을 제시해줘"라고 하면, 과거 경제 위기 때 시행했던 정책들을 분석해서 비슷한 대안을 낸다. 1997년 IMF, 2008년 금융위기, 2020년 코로나 위기 때의 정책들을 학습해서 그 평균값을 내놓는 것이다. 혁신적인 해결책? 창의적인 대안? 기대하기 어렵다.

더 큰 문제는 과거의 실패도 함께 학습한다는 것이다. 만약 과거 정책 중 70%가 실패했다면? AI는 그 실패의 패턴도 함께 배운다. "이런 상황에서는 이렇게 실패하는 것이 정상"이라고 학습할 수도 있다는 말이다.

국정 판단은 단순한 패턴 인식이 아니다. 때로는 전례 없는 결단이 필요하고, 직관적 판단이 요구되며, 정치적 맥락을 읽어야 한다. AI가 "국민 정서"를 이해할 수 있을까? "정치적 타이밍"을 계산할 수 있을까? 나는 회의적이다.

따라서 판단이나 최종 결정은 AI가 해서는 안 되고, 할 수 없다는 것이 내 결론이다. 물론, 다양한 관점과 상황은 제공할 수 있다. 과거 사례를 빠르게 검색해줄 수도 있고, 데이터를 시각화해서 보여줄 수도 있다. 하지만 최종적인 판단은 인간이 해야 한다. AI는 도움을 주는 수준에 그쳐야 한다.

편향된 데이터가 만드는 편향된 정책

사회 속 수많은 편견은 역사적 산물이다. 그리고 우리가 가진 데이터에는 이런 편견이 고스란히 담겨 있다. 편향된 데이터로부터 정책 추천이나 사법적 판결을 이끌어내서는 안 된다.

실제 사례를 보자. 미국에서 재범 가능성을 예측하는 AI 시스템 COMPAS가 논란이 됐다. 흑인 피고인에게 더 높은 재범 위험도를 부여하는 경향이 발견된 것이다. 왜 그랬을까? AI가 인종차별주의자여서? 아니다. 과거의 편향된 사법 데이터를 학습했기 때문이다.

만약 우리가 국정 상황 AI를 만든다면 어떤 일이 벌어질까? 과거 정책 데이터를 학습한 AI는 "서울과 수도권 위주의 정책이 성공률이 높다"고 판단할 수 있다. "대기업 지원 정책이 중소기업 지원보다 효과적이다"라고 결론 낼 수도 있다. 이것이 정말 옳은 판단일까? 아니면 과거의 편향을 그대로 재생산하는 것일까?

더 무서운 것은 AI의 판단이 "객관적"이라는 환상을 만든다는 점이다. "AI가 분석한 결과입니다"라고 하면 마치 편견 없는 순수한 판단처럼 느껴진다. 하지만 실상은 과거의 모든 편견을 압축한 결과물일 수 있다.

정책 결정에서 중요한 것은 때로는 과거와의 단절일지도 모른다. "지금까지와는 다른 접근"이 필요한 순간이 있다. 하지만 과거 데이터에 의존하는 AI는 이런 혁신적 전환을 제안하기 어렵다. 대신 과거의 관성을 강화할 위험만이 존재한다.

재난 모니터링은 OK, 의사결정은 NO

인공지능이 뛰어난 것은 맞다. 하지만 그 데이터가 정확한 데이터인지가 중요하다. 재난이나 특정 상황에서 국정 상황을 모니터링하는 것까지는 좋다. 하지만 최종 의사결정만큼은 아직까지는 사람이 해야 한다.

모니터링과 의사결정의 차이를 명확히 해보자. 모니터링은 "무엇이 일어나고 있는가"를 파악하는 것이다. 의사결정은 "무엇을 할 것인가"를 정하는 것이다. 전자는 AI가 인간보다 잘할 수 있다. 24시간 쉬지 않고, 수백 개의 데이터 소스를 동시에 감시할 수 있으니까.

예를 들어 태풍 모니터링을 생각해보자. AI는 기상 데이터, 위성 사진, 과거 태풍 경로 등을 종합해서 태풍의 이동 경로를 예측할 수 있다. 각 지역의 피해 규모도 추정할 수 있다. 이런 정보는 매우 유용하다.

하지만 "주민을 어떻게 대피시킬 것인가"라는 결정은 다른 차원이다. 대피 명령의 사회적 비용, 주민들의 반발, 정치적 부담, 만약의 경우 책임 문제 등 복잡한 요소들이 얽혀 있다. AI가 "대피 확률 73%"라고 제시해도, 최종 결정은 인간이 내려야 한다.

실제로 우리 프로젝트에서도 이 부분이 가장 논란이 됐다. AI가 "위기 레벨 상향 권고"를 할 수 있게 할 것인가? 처음엔 그렇게 기획했다. 하지만 곧 문제를 깨달았다. AI의 권고를 따르지 않았는데 사고가 나면? 반대로 AI의 권고를 따랐는데 과잉 대응이라는 비판을 받으면? 책임 소재가 모호해진다.

전문가들이 AI를 바라보는 이중성

AI에 대한 흥미로운 현상이 있다. 주위를 둘러보면 사람들은 자기가 잘 아는 분야에 대해서는 LLM 또는 AI가 완전 바보라고 이야기하고, 잘 모르는 분야에 대해서는 AI가 엄청나다고 말하는 경우가 많다.

법률 전문가는 "ChatGPT가 법률 자문을 한다고? 말도 안 돼. 판례도 제대로 인용 못 하는데"라고 한다. 하지만 같은 사람이 "ChatGPT한테 물어보니까 의학 정보를 정말 잘 알려주더라"며 감탄한다. 반대로 의사는 "ChatGPT의 의학 지식은 구글 검색 수준"이라고 폄하하면서, "법률 문서 작성은 정말 잘하더라" 하고 놀란다.

이런 이중성이 시사하는 바가 크다. 우리는 잘 모르는 분야에서 AI의 답변을 너무 쉽게 신뢰한다. 전문 지식이 없으니 그럴듯해 보이는 답변을 비판 없이 받아들인다. 반면 전문 분야에서는 AI의 한계가 명확히 보인다.

트렌드 판단도 마찬가지다. 각 분야의 전문가들이 모였을 때, AI의 판단은 평균 수준에 그칠 수밖에 없다. 경제 전문가가 보기에 AI의 경제 분석은 초보적이고, 외교 전문가가 보기에 AI의 국제정세 판단은 피상적이며, 복지 전문가가 보기에 AI의 사회정책 제안은 현실성이 떨어진다.

평균적인 수준의 정보를 생성하거나 문장을 번역하는 수준에서는 LLM이 유용하다. 회의록 작성, 보고서 초안 작성, 데이터 요약 등은 AI가 잘한다. 하지만 평균에서 벗어난 전문성을 갖춘 영역에서는 한계가 명확하다.

프로젝트 폐기가 남긴 교훈

국정 상황 AI 에이전트 프로젝트는 폐기됐지만, 나는 여기서 값진 교훈을 얻었다.

- ☑ AI는 도구이지 결정자가 아니다.
- ☑ 데이터의 편향은 결과의 편향으로 이어진다.
- ☑ 전문성의 영역에서 AI는 아직 보조 수단에 불과하다.

그렇다고 폐기 결정이 AI를 전면 부정하는 것은 아니다. 오히려 AI의 적절한 활용 범위를 명확히 했다는 점에서 의미가 있다. 모니터링, 데이터 수집, 패턴 분석, 시각화 등 AI가 잘하는 영역에 집중하면 된다. 굳이 의사 결정까지 맡기려 하지 말자.

국정 상황 AI 에이전트 프로젝트의 폐기는 실패가 아니라 학습이었다. 우리는 AI로 할 수 있는 것과 해서는 안 되는 것의 경계를 배웠다. 이 경험이 앞으로 더 나은 AI 정책 수립의 밑거름이 되기를 바란다.

다시 말해 중요한 것은 AI에 대한 환상도, 공포도 아닌 현실적 이해다. AI는 만능도 아니고 무용지물도 아니다. 그저 적재적소에 활용하면 좋은 강력한 도구다. 앞으로 정부의 AI 활용 범위는 계속 확대될 것이지만, 이러한 맥락에서 정책 결정은 여전히 인간의 영역이다. 책임도, 판단도, 결과도 모두 인간의 몫이다. AI는 그 과정을 돕는 조력자일 뿐이다. 이 단순한 원칙을 잊지 않는다면, AI 시대에도 인간 중심의 국정 운영이 가능할 것이다.

#09 영국 AI Playbook이 주는 교훈, 신중함과 신속함 사이에서

#23 AI가 제1독자인 시대, 국가 표준 마크다운의 필요성

#12 왜 국가대표 LLM인가? 플랫폼 종속에서 벗어나야 한다

#16 국가지식정보를 국가대표 LLM에게, 규제 샌드박스가 가져올 변화

#33 일본 고위공무원단 방문, 소버린 AI 시대의 한일 공감대

#21 아무도 가보지 않은 길, AI 에이전트 사업 도전

#63 AI 도입, 왜 우리는 매번 헤매고 있을까?

#64 매번 같은 AI의 진실은? 에이전트 모듈의 필요성

#55 혁신은 공공에서 죽는가, 공공조달의 아이러니

#28 AI 시대, 공공기관 평가제도의 패러다임 전환

#62 공공 AI 전환, 경영평가 1.5점이 바꿀 미래

#60 공공부문 AI 활용의 빛과 그림자

#65 민간보다 낮은 공공 AI 역량, 개선 방법은?

#61 젠슨 황 방한과 한국 AI 글로벌 3강, 그 가능성과 과제

정부와 정책

2부에서는 정부와 정책을 다루며, 대한민국의 AI 정책이 나아가야 할 방향을 고민해봅니다. 국가대표 LLM이 왜 필요한지, 공공조달 제도가 왜 혁신을 막고 있는지, 영국의 AI Playbook이 우리에게 주는 교훈은 무엇인지, 일본 고위공무원단과의 만남에서 느낀 소버린 AI 시대의 과제까지도. 우리나라가 AI 플랫폼 종속에서 벗어나 진정한 AI 주권을 확보하려면, 지금보다 훨씬 더 과감하고 전략적인 접근이 필요합니다.

PART ▸ 2

어쩌다 AI

영국 AI Playbook이 주는 교훈, 신중함과 신속함 사이에서

#09

세미나장에서 느낀 딜레마

올해 초, 영국 정부가 발표한 공공부문 AI 도입 가이드인 『AI playbook for the UK government』*에 대한 리뷰 및 토론 세미나가 원내에서 열렸다. 나는 공공에서 AI를 안전하고 효과적으로 도입, 활용하도록 돕는 이 플레이북이, 우리에게 어떤 시사점을 주는지 궁금해서 참석했다.

AI에 대한 10대 원칙, 운영과 관리 방안, 안전한 사용 등 AI 플레이북의 전반적인 내용 리뷰가 이어졌고, 공공에서의 AI 도입에 대한 각자의 생각들을 나눌 수 있었다. 초대된 교수님의 강의는 체계적이고 깊이 있었지만, 듣고 나니 복잡한 감정이 들었다. (『AI playbook for the UK government』전문은 다음 QR코드에서 확인할 수 있다.)

이야기를 나누다 보니, 나의 AI 도입에 대한 개인적 태도는 '신중한 접근론자'임이 분명해졌다. AI의 한계와 위험성을 충분히 인지하고 있고, 성급한 도입이 가져올 부

* UK Government Digital Service. (2025.02.10). Artificial Intelligence Playbook for the UK Government. 9781036688745. assets.publishing.service.gov.uk/media/67aca2f7e400ae62338324bd/AI_Playbook_for_the_UK_Government__12_02_.pdf

작용을 우려한다. 하지만 동시에 업무적으로는 '신속한 도입'이 필요한 사례를 빨리 찾아 사업을 기획해야 하는 입장에서, 두 역할이 야기하는 딜레마에 안타까운 마음이 들었다.

우리의 현실과 영국의 플레이북

우리나라의 '초거대 AI 가이드라인' 역시 AI의 신속한 도입 기조에 맞추어, 도입 관련된 챕터가 메인이 되어 채워진 게 사실이다. 아무래도 우리는 '신속함'을 중심으로 체감 가능한 AI 사업을 기획, 발굴해야 하다 보니 '도입'에 집중하여 가이드라인을 작성할 수밖에 없었을 것이다. 또한 거기에 이어, 2년여간 공공에 AI를 도입하면서 다양한 유스케이스(use case)를 발굴하였으나, 내부 사정으로 발간되지 못한 바 있다.

영국의 플레이북 역시, 정부나 공공에서 AI를 도입할 때 반드시 준용해야 할 사항으로는 보이지 않는다. 준수하면 좋을 권고사항 정도다. 원칙 중심의 플레이북을 정부 차원에서 내릴 경우, 그 아래 기관에서는 실무용 가이드라인을 또 만들어야 할 것 같다는 느낌이 강하게 들었다.

말은 쉽지만 현실은 복잡해

"AI 도입은 기술 프로젝트가 아니라, 정부 혁신과 신뢰 구축의 프로젝트다." 교수님이 강조한 이 말은 완벽한 문장이며, 내용 면에서도 전혀 틀리지 않다. 하지만 이게 참 말은 쉽다. 현실에서는 예산을 확보해야 하고, 성과를 보여줘야 한다. 무엇보다도 **우리 기획에서는 국민이 체감할 만한, 공공에서 적용 가능한 AI 활용 사례 발굴이 최우선시된다.**

'AI만이 해결할 수 있고, AI를 통한 이점이 큰 사례'를 발굴하는 편이 현명하다는 것은, 나도 알고 모두가 알고 있다. 문제는 그런 사례를 찾기가 생각보다 어렵다는 점이다. 대부분의 업무는 AI 없이도 어떻게든 굴러간다. AI를 도입한다고 해서 극적으로 개선되는 경우는 많지 않다. 나중에 다른 글에서 다시 이야기하겠지만, AI는 모든 문제를 해결해주는 '자비스'가 아니다. 그럼에도 불구하고, 우리는 AI 도입 사례를 만들어야 하고, 성공 스토리로 이끌어 나가야 한다.

신중함의 필요성

AI를 신중하게 도입하자. 당연한 일이다. 특히 인간의 결정이 배제된 완전 자동화 의사결정이나, 고위험 또는 국민에게 중대한 영향을 미치는 정책이나 사업이라면 AI 도입에 무엇보다도 신중하게 접근해야 한다. 이 지점만큼은 영국의 플레이북이나 교수님 견해에 200% 공감한다.

학습 데이터 편향에서 비롯되는 AI의 한계, 환각에서 비롯된 거짓정보 같은 현재 기술의 여러 문제를 고려하면, LLM 도입이 정부나 공공에서 꼭 필요한 조치인가 역시, 다시 한번 생각해보아야 할 문제다. 특히 공공부문은 민간과 달리 실험이나 시행착오를 용인하기 어려운 구조다.

만약, 한 번의 실수나 환각이 의사결정을 그르치는 사례나 개인정보 유출이나 악용 등 보안 문제가 언론에 보도되고 정치적 이슈가 된다면, 결국 AI 도입 자체를 중단하는 상황까지 갈 수 있다. 그래서 더욱 신중할 수밖에 없고, 그 신중함이 때로는 혁신의 발목을 잡기도 한다.

딜레마 속에서 찾는 균형점

세미나에 참석하고 난 후 우리가 처한 상황의 딜레마가 더 명확해졌다. 신중해야 하지만 신속해야 하고, 안전해야 하지만 혁신적이어야 하고, 보수적이어야 하지만 도전적이어야 한다.

영국의 플레이북은 분명 참고할 만한 가치가 있다. 하지만 그것을 그대로 우리 현실에 적용하기에는 문화적, 제도적 차이가 적지 않다. 그나마 잘되어 있는 사례이긴 하지만, 우리나라에는 우리만의 플레이북이 필요하고, 우리만의 속도가 필요하다.

결국 또, 답은 균형에 있는 듯하다. 무작정 빠르게 도입하는 것도, 지나치게 신중하게만 접근하는 것도 문제다. 위험은 최소화하면서도 기회는 놓치지 않는, 그런 섬세한 균형감각이 필요하다.

현장에서의 실천

현장에서는 어떻게 해야 할까? 일단 각 기관에서 당면한, 시급성 높은 업무에 AI를 도입하여 대체하는 것이 맞겠다. 국민에게 직접적으로 영향을 미치지 않는 내부 업무부터, 실수해도 큰 문제가 되지 않는 영역부터 차근차근 경험을 쌓아가는 것이다.

그리고 그 경험을 바탕으로 점진적으로 확대해 나가되, 항상 위험성을 염두에 두고 안전장치를 마련해두는 것이 중요하다. 영국의 플레이북이 제시하는 원칙들을 참고하되, 우리의 AI 윤리 가이드나, 현실에 맞게 해석하고 적용하는 지혜 역시 필요할 것이다.

AI 도입 역시, 기술의 문제가 아니라 그 기술을 사용할 사람에 관한 문제가 아닐까. 영국의 플레이북도, 우리의 가이드라인도 결국 사람이 현명하게 판단하고 행동할 수 있도록 돕는 도구로서 기능할 뿐이다.

신중함과 신속함 사이에서, 안전함과 혁신 사이의 간극에서, 우리만의 길을 찾아가는 방향이 옳다는 것은 알겠는데, 이게 참 어렵다.

AI가 제1독자인 시대, 국가 표준 마크다운의 필요성

#23

한글 파일의 표, AI가 넘을 수 없는 벽

최근 한 기관의 규정집을 AI 챗봇으로 옮기는 프로젝트를 진행하면서 뼈저리게 느낀 문제가 있다. 한글 파일에 있는 표를 AI가 제대로 읽지 못한다는 것이다. 특히 병합된 셀은 AI에게 미로와 같다. 순서가 왜곡되고, 행과 열 구분이 어려워지며, 데이터가 누락되거나 잘못 파악되는 일이 비일비재했다.

국가법령 정보센터에 올라와 있는 타 법령과 규정들도 확인해보니 상황은 더 심각했다. 본문은 그나마 나았지만, 부칙 등의 파일들은 대부분 표로 되어 있었다. 징계 양정기준, 출장비 세부 규정 등 중요한 정보들이 모두 복잡한 표 형태에 담겨 이미지로 올라가 있고, 한글이나 PDF 파일을 다운받아야 원본을 확인할 수 있는 구조였다. 이렇게 이미지화된 표는 AI가 전혀 읽을 수 없어 AI 챗봇 등에서 질의응답 만족도가 상당히 낮을 수밖에 없었다.

공공기관에서 작성한 한글 문서의 표가 읽히지 않는 핵심 원인은 셀 병합으로 인해 실제 데이터가 병합된 셀 내에만 존재하고, 나머지 병합 영역 셀은 빈 셀처럼 처리되기 때문이다. AI가 단순 텍스트 인식을 넘어 문서의 구조와 레이아웃을 완전히 이해해야만 이 문제를 극복할 수 있는데, 현재 기술로는 어떤 LLM 모델로도 완벽한 해결은 어려워 보인다.

마크다운, AI가 가장 잘 읽는 언어

이런 문제들을 겪으면서 자연스럽게 마크다운(Markdown)에 주목하게 됐다. 마크다운은 2004년 존 그루버(John Gruber)가 만든 경량 마크업 언어로, 일반 텍스트로 작성하면서도 서식을 표현할 수 있는 문서 형식이다. HTML로 변환이 쉽고, 가독성이 뛰어나며, 무엇보다 AI가 가장 잘 이해하는 문서 형식이다. AI가 마크다운을 잘 읽는 이유는 다음과 같다.

- ☑ **구조가 단순하고 일관적이다.** 제목은 # 으로, 목록은 - 나 숫자로, 강조는 * 로 표현하는 등 규칙이 명확하다.
- ☑ **순수 텍스트 기반이라 파싱이 쉽다.** 복잡한 바이너리 형식이 아닌 텍스트라서 AI가 직접 읽고 해석할 수 있다.
- ☑ **의미론적 구조가 명확하다.** 문서의 계층 구조와 논리적 흐름을 AI가 쉽게 파악할 수 있다.

특히 표 처리에서 마크다운의 장점이 두드러진다. 마크다운 표는 파이프(|)와 하이픈(-)으로 구성되어 있어 구조가 명료하고, 병합 셀 같은 복잡한 요소가 없다. 각 셀의 데이터가 독립적으로 존재하므로 AI가 정확히 해독할 수 있다.

한국의 문서 표준화 딜레마와 새로운 접근

우리나라는 공공부문은 한글과컴퓨터의 HWP, 민간부문은 MS 워드의 독점이라는 이중 구조 속에서 문서 표준화에 어려움을 겪어왔다. 선배들이 수없이 노력해 왔겠지만, AI 시대를 맞아 새로운 접근이 필요한 시점이다.

바로 '국가 표준 마크다운'을 다시 한번 생각해볼 때다.

국가 표준 마크다운이 필요한 이유는 분명한데, 대략적으로 꼽아보면 다음과 같다.

- ☑ **AI 활용성:** 공공 데이터를 AI가 효과적으로 활용하려면 AI가 잘 읽을 수 있는 형식이어야 한다.
- ☑ **상호운용성**: 특정 소프트웨어에 종속되지 않고 어디서든 읽고 쓸 수 있다.
- ☑ **장기 보존성**: 순수 텍스트 형식이라 100년 후에도 읽을 수 있다.
- ☑ **버전 관리 용이성**: Git 같은 버전 관리 시스템과 완벽하게 호환된다.

공공문서 특화 마크다운의 구체적 설계

만약 국가 표준 마크다운을 설계한다면 어떻게 구성해야 할까? 우선 기본 구조는 문서 메타데이터(속성)를 YAML 형식으로 상단에 배치하고, 제목 체계를 6단계로 통일하며, 표는 GFM(GitHub Flavored Markdown) 형식을 준수하면 될 것이다. 공공문서 특화를 위해서는 법령 인용을 위한 특별 문법, 서식 번호 자동 생성, 부서 코드 및 문서 번호 체계, 결재선 표현을 위한 메타데이터 영역도 추가로 필요하다.

특히 표 처리 가이드라인이 중요하다. 복잡한 표는 구조화된 데이터로 별도 관리하고, 병합 셀이 필요한 경우 의미 단위로 분리하여 작성하며, 계층 구조가 있는 표는 중첩 목록으로 대체하고, 수치 데이터는 CSV 형식으로 별도 관리 후 링크하는 방식을 활용할 수 있다.

실제 적용해보면 어떤 변화가 있을까? 징계 양정 기준표를 예로 들어 보자. 현재는 복잡한 병합 셀로 된 한글 표를 AI가 제대로 읽지 못해 "3회 지각 시 징계 양정기준이 어떻게 되나요?"라는 질문에 제대로 답하지 못한다. 하지만 마크다운으로 작성된 문서라면 계층 구조와 조건을 명확히 표현할 수 있고, AI는 이를 정확히 파악해 "근무 태만 - 지각 - 3회의 경우 경징계(견책 또는 감봉)"라고 정확히 답할 수 있다.

또한 기관 내 문서 수정 혹은 규정 개정 시에도 Git을 통해 변경 이력을 명확히 관리할 수 있다. 보통 보고 대상이 누구냐에 따라 문서 버전이 v10까지 올라가기도 하는데, 어떤 부분이 언제 누구에 의해 수정되었는지 추적이 가능해진다. 이는 투명성과 책임성 측면에서도 큰 진전이다.

[별표]

징계기준(제2조 관련)

비위의 정도 및 과실 / 비위의 유형	비위의 정도가 심하고 고의가 있는 경우	비위의 정도가 심하고 중과실인 경우 또는 비위의 정도가 약하고 고의가 있는 경우	비위의 정도가 심하고 경과실인 경우 또는 비위의 정도가 약하고 중과실인 경우	비위의 정도가 약하고 경과실인 경우
1. 성실의무 위반				
가. 공금횡령·유용, 업무상 배임	파면	파면-해임	해임-강등	정직-감봉
나. 직권남용으로 타인 권리침해	파면-해임	강등-정직	감봉	견책
다. 직무태만 또는 회계질서 문란	파면	해임	강등-정직	감봉-견책
라. 시험문제를 유출하거나 학생의 성적을 조작하는 등 학생 성적과 관련한 비위 및 학교생활기록부 부당 정정과 관련한 비위	파면	해임	해임-강등-정직	감봉-견책
마. 신규채용, 특별채용, 승진, 전직, 전보 등 인사와 관련한 비위	파면	해임	해임-강등-정직	감봉-견책
바. 그 밖의 성실의무 위반	파면-해임	강등-정직	감봉	견책
2. 복종의무 위반				
가. 지시사항 불이행으로 업무추진에 중대한 차질을 준 경우	파면	해임	강등-정직	감봉-견책
나. 그 밖의 복종의무 위반	파면-해임	강등-정직	감봉	견책
3. 직장 이탈 금지 위반				
가. 집단 행위를 위한 직장 이탈	파면	해임	강등-정직	감봉-견책
나. 무단결근	파면	해임-강등	정직-감봉	견책

징계양정 기준(제2조 관련)

비위의 정도 및 과실 / 비위의 유형	비위의 도가 무겁고 고의가 있는 경우	비위의 도가 무겁고 중과실이거나 비위의 도가 가볍고 고의가 있는 경우	비위의 도가 무겁고 경과실이거나 비위의 도가 가볍고 중과실인 경우	비위의 도가 가볍고 경과실인 경우
1. 성실의무 위반				
가. 공금횡령 · 유용, 업무상 배임	파면	파면-해임	해임-강등	정직-감봉
나. 직권남용으로 타인 권리침해	파면-해임	강등-정직	감봉	견책
다. 직무태만 또는 회계질서 문란	파면	해임	강등-정직	감봉-견책
라. 시험문제를 유출하거나 학생성적을 조작하는 등 학생성적과 관련한 비위	파면	해임	해임-강등-정직	감봉-견책
마. 그 밖의 성실의무 위반	파면-해임	강등-정직	감봉	견책
2. 복종의무 위반				
가. 지시사항 불이행으로 업무추진에 중대한 차질을 준 경우	파면	해임	강등-정직	감봉-견책
나. 그 밖의 복종의무 위반	파면-해임	강등-정직	감봉	견책

징계 양정 기준표 (위: 한글 표 | 아래: 마크다운 형식 표)

현실적 한계와 새로운 문서 인프라

물론 이런 변화가 하루아침에 이루어질 수는 없다. 수십 년간 축적된 문서 체계를 바꾸는 것은 엄청난 도전이다. 기존 문서들의 변환 비용, 직원들의 학습 곡선, 호환성 문제 등 현실적 장벽들이 존재한다. 이미 모두가 한글 보고서에 익숙해진 상태이고, 마크다운 자체가 새로운 부담일 수도 있다.

하지만 AI 시대를 맞아 우리는 선택의 기로에 서 있다. 계속 AI가 읽기 어려운 문서를 생산할 것인가? 아니면 AI와 인간 모두에게 친화적인 새로운 표준을 만들 것인가? 규정집에서부터 시작해서 점진적으로 확대해 나가는 방식이 현실적으로 생각된다.

국가 표준 마크다운은 단순히 문서 형식의 변화가 아니다. 공공 정보의 접근성을 높이고, AI 활용도를 극대화하며, 궁극적으로 더 나은 공공 서비스를 제공하기 위한 인프라 혁신이라고 볼 수 있다. Notion이 마크다운을 예쁘게 만들어 대중화시킨 것처럼, 우리도 공공 문서를 위한 편리하고 실용적인 마크다운 생태계를 만들 수도 있을 것이다.

AI가 읽을 수 있는 문서는 결국 사람도 더 쉽게 읽을 수 있는 문서다. 구조가 명확하고, 접근하기 쉬우며, 검색이 용이한 문서들이 늘어나면 공공 AI 서비스의 질도 전반적으로 향상될 것이다. 국가 표준 마크다운은 AI 시대의 새로운 문서 인프라가 될 것이다.

왜 국가대표 LLM인가? 플랫폼 종속에서 벗어나야 한다

#12

플랫폼은 Game Over?

작년까지만 해도 내 생각은 확고했다. ChatGPT 4.0 이후 내가 작성한 정책 방향 제안 문서를 다시 살펴보면, LLM 플랫폼 쪽에서는 이미 경쟁력을 상실했기 때문에, AI 응용 서비스로 방향을 틀어야 한다고 주장했었다. 그때만 해도 이미 게임이 끝났다고 생각했던 모양이다.

ChatGPT, Gemini, Claude, Grok 등이 거대 컴퓨팅 리소스를 무기로 학습 및 추론을 독점하고 있기 때문에, 우리나라의 하이퍼클로바나 믿음, 카바나, 에이닷 등은 살아남을 수 없을 거라 전망했었다. 그들과 정면으로 붙어봤자 이길 가능성이 없으니, 차라리 Suno AI 같은 독특하고 참신한 AI 응용 서비스를 개발해서 글로벌로도 진출하는 것이 낫지 않을까 하는 고민이 있었다.

당시는 LG 엑사원이 출시되기 전이었고, 경쟁력 측면에서 우리 LLM이 철저하게 밀린다는 생각이 지배적이었다. 벤치마크 리스트 자체에 국산 LLM이 전무한 상황. 솔직히 말해서 ChatGPT의 충격이 너무 컸고, 우리가 따라잡기에는 이미 늦었다는 체념이 만연했던 시절이었다.

글로벌 AI 지형도에서 사라진 한국

작년 말 기준으로 봤을 때, 다음에 제시한 '글로벌 AI 기업 지형도'(QR코드에서 전체 이미지 확인 가능)에 우리나라 기업들이 없는 것은 당연하다. 개발은커녕 그맘때쯤 이르러서야 DPG, 네이버 등에서 소버린 AI(Sovereign AI) 이야기가 막 나오기 시작했으니까. 우리는 이미 글로벌 플랫폼 이용을 당연하게 받아들이고 있었고, 독자적인 AI 생태계를 만들어야 한다는 주장은 이상적이나, 비현실적이라고 여겼다.

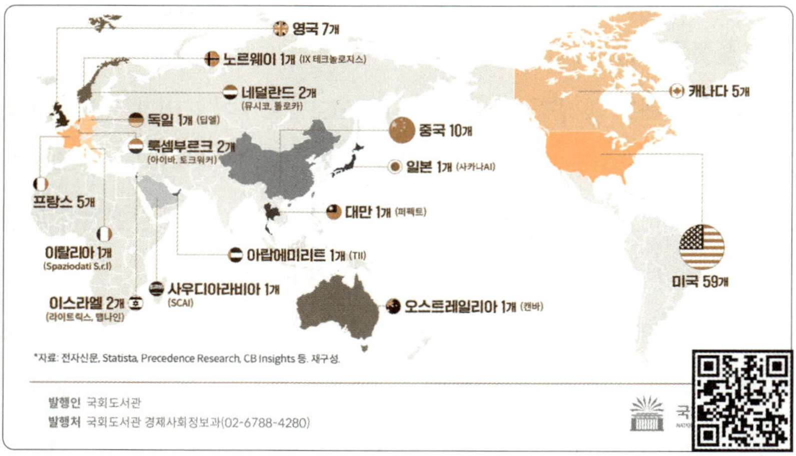

글로벌 AI 기업 지형도, 국회도서관 | THE 현안 | 2024-39호(통권 제39호), 2024.12.30.

시간이 지나면서 점점 불편한 진실들이 드러나기 시작했다. ChatGPT에 한국 관련 질문을 하면 이상한 답변이 나오고, 우리 역사나 문화에 대한 이해가 부족하다는 것을 체감하게 되었다. 우리가 글로벌 플랫폼에 의존할수록, 우리의 언어와 문화는 점점 주변부로 밀려나고 있다는 경각심도 들었다.

생각의 전환, 문화 주권의 문제

나 역시 작년에는 LLM 플랫폼 중심의 버티컬 전략이 무용하다 생각했지만, 지금은 생각이 완전히 바뀌었다. 우리 한글이, 우리 문화가 살아남기 위해서는 국가대표 LLM이 필요하다는 입장이다. 이건 단순히 기술 경쟁의 문제가 아니라, 문화 주권의 문제라는 것을 깨달았기 때문이다.

국가대표 LLM, 기술 경쟁이 아닌, 문화 주권의 문제다.

그렇다고 "구글로 정보를 검색하면 미국 문화에 종속되느냐"고 묻는다면, 할 말은 없다. 다만 이제는 검색 지형도도 완전히 바뀔 것이다. LLM이 키워드와 포털 검색을 대체하는 질문의 시대가 오면서, 플랫폼들은 본인들이 원하는 정답을 유도할 수도 있고, 광고를 붙일 수도 있으며, 답변받는 사람들이 편향된 시각을 갖게 획책할 수도 있기 때문이다.

혹자는 또 물을 것이다. 컴퓨팅 리소스나 자원 측면에서, 해외에 비해 뒤처지는 게 아니냐고? 뒤처져도 상관없다. LLM은 어차피 인간을 능가할 수 있는 AGI 도구가 결코 아니기 때문이다. World Best LLM이 될 필요는 없다. 우리에게 필요한 것은 세계 최고의 AI가 아니라, 우리에게 가장 유용한 AI다.

현재의 LLM은 우리가 회사에서, 집에서 또는 개인적으로 적절히 활용해서 조금 더 편하게 일할 수 있는 하나의 도구일 뿐이다. 보고서를 대신 써주는 것이 아니라 보고서 작성을 도와주는 것이고, 결정을 대신 내려주는 것이 아니라 결정에 필요한 정보를 정리해주는 것이다.

국내 플랫폼의 차별화 포인트, 네이버의 성공 사례

그럼 국내 플랫폼이 ChatGPT의 자리를 차지한다고 한들 변하는 게 있느냐고 물을 수 있다. 정답부터 이야기하자면, 변하는 게 있다. 국가지식정보나 공공누리 저작물 등 중국이나 미국에서 예전처럼 마음대로 크롤링해 갈 수 없는 신뢰도 높은 자료들을, 국가대표 LLM들에게 데이터로 학습시켜줄 수 있게 된다.

예를 들어, 정부 부처나 공공기관에서 발행한 보존가치가 있는 자료들, OCR로 변환되지 않은 암묵지 같은 신뢰성 있는 데이터들은 안전하게 우리 LLM들에게만 주어야 한다는 게 내 생각이다. 그동안 공짜로 크롤링해 가져간 데이터들의 신뢰도는, 우리가 경험해봐서 알지 않은가.

물론 여기서도 편향이 생길 수 있고, 환각이 생길 수 있다. 편향과 환각은 AI와 LLM에서 필수 불가결한 요소니까. 그래도 제대로 된 내용을 학습한 우리 LLM과, 신뢰성 여부를 따지지 않고 마음대로 긁어가서 학습시킨 글로벌 LLM과의 차이는 분명할 것이라고 본다.

나는 검색 엔진 시장에서의 네이버처럼, 우리의 LLM도 승산이 있다고 본다. 아직까지 국내 검색 시장에서 네이버가 구글과 경쟁할 수 있는 것은 기술력 때문만은 아니라고 생각한다. 네이버는 분명 한국인의 정서와 문화를 이해하고, 한국인이 원하는 정보를 한국식으로 제공하고 있다.

LLM도 마찬가지일 것이다. 우리 말의 미묘한 뉘앙스를 이해하고, 높임말과 반말의 차이를 제대로 구분하며, 한국식 비즈니스 문서 작성법을 아는 AI. 이런 문화적 특수성이 있는 영역은 글로벌 플랫폼이 아무리 노력해도 따라오기 어렵다. 또한 국가대표 LLM이 타국산 글로벌 플랫폼이 학습하지 못했으며 앞으로도 못할 신뢰성 있는 국가 데이터들을 다량 학습할 경우, 이야기는 아예 달라질 것이다.

국가대표 LLM에 거는 기대

그래서 나는 국가대표 LLM 기업들을 응원한다. 네이버클라우드, 업스테이지, SK텔레콤, NC AI, LG AI연구원 5개 기업과 컨소시엄 모두를 포함하여, 이들이 만들어갈 한국형 AI 생태계가 우리의 AI 주권을 지켜줄 마지막 보루가 될 수도 있기 때문이다.

올해 이후 국회에서 다시금 글로벌 AI 기업 지형도를 다시 발간한다면, 5개 기업 모두 순위에 올라갈 수 있었으면 좋겠다. 국민의 세금인 정부 지원금만 소진되고 사업은 접어버리는 불상사가 생기지 않도록 정부도 BM 발굴을 적극적으로 도와주어야 하며, 기업 역시 혜택을 받은 이상, 이를 상업적으로 이용할 생각만 해서는 안 된다. 컨소시엄에 포함된 일부 기업이나 연구소가 걱정이 되는 것도 사실이지만, 주관기관들이 역할을 잘 해주리라 믿는다.

국가지식정보를 국가대표 LLM에게, 규제 샌드박스가 가져올 변화 #16

글로벌 AI 전쟁, 우리에게 부족한 것

연일 글로벌 AI 기술 패권 경쟁이 심화되는 와중, 국내 AI 기업의 기술 경쟁력 강화에 필요한 고품질 학습용 데이터 부족 문제가 계속 불거지고 있다. 오픈AI는 전 세계의 데이터를 긁어모으고, 구글은 유튜브와 검색 데이터를 독점하며, 메타는 SNS 데이터를 활용한다. 그런데 우리는 무엇을 가지고 있는가.

어쩌면 우리도 보물을 가지고 있는지도 모른다. 국가기관, 정부 부처 등이 보유한 국가지식정보 원문은 신뢰할 수 있는 양질의 정보이자 데이터로서의 활용 가치가 매우 높다. 정부 정책 보고서, 연구 결과물, 통계 자료, 법령 정보 등 수십 년간 축적된 방대한 데이터가 각 기관의 서버와 PC에 잠들어 있다.

그러나 현 저작권 제도상 공공저작물의 AI 활용 범위 및 기준이 불분명하여 민간의 자유로운 활용에 제약이 따른다. 아이러니하게도 국민의 세금으로 만들어진 자료를, 국내 기업들이 활용하지 못하고 있는 것이다. 반면 해외 기업들은 우리 데이터를 마음대로 긁어가서 학습시키고 있다.

규제 샌드박스라는 돌파구

이에 드디어 정부가 움직이기 시작했다. 최근 1,200만 건 규모에 달하는 국가지식정보 원문의 AI 활용 촉진을 위해, '공공저작물 AI 학습 실증특례'를 부여하기로 한 것이다. 그 외에도 향후 AI 관련 규제특례 신청의 경우 예외적으로 빠르게 심사하는 제도 개선 역시 추진하고 있다.

국가대표 LLM에 양질의 신뢰성 있는 데이터를 제공하는 수단으로, 저작권 있는 자료들을 푸는 기획형 규제 샌드박스를 준비하고 있다. 규제 샌드박스라는 이름으로 일단 풀어보고, 문제가 없으면 제도화하자는 접근이다. 새정부 경제정책 방향과 공약에서도 드러나듯, 두 부처가 손을 잡았다는 것 자체가 의미가 크다. 기술을 담당하는 과학기술정보통신부와 저작권을 관리하는 문화체육관광부가 함께 나선 것은, 이 문제의 중요성을 인식했다는 것이다.

공공저작물의 저작권은 **공공누리**(KOGL: Korea Open Government License) 1유형부터 4유형에 이르는 4단계로 세분되는데, 이 중 1유형만 자유 이용이 가능하다. 다른 유형들은 출처표시는 기본으로, 유형에 따라 이용에 추가 조건이 붙는다. 간략히 알아보면 다음 표와 같다.

유형	이용 조건	상세
제1유형	출처표시	상업적·비상업적 이용 가능, 변형 등 2차적 저작물 작성 가능
제2유형	출처표시 + 상업적 이용금지	비상업적 이용만 가능, 변형 등 2차적 저작물 작성 가능
제3유형	출처표시 + 변경금지	상업적·비상업적 이용 가능, 변형 등 2차적 저작물 작성 금지
제4유형	출처표시 + 상업적 이용금지 + 변경금지	비상업적 이용만 가능, 변형 등 2차적 저작물 작성 금지

공공누리 4유형

문제가 되는 것은 제3유형, 제4유형인데, '변경 금지' 조건은 AI 학습에 이용하기 어렵다. 데이터를 '가공하고 변형'하여, 새로운 모델을 '생성'하는 과정이 필수적으로 수반되기 때문이다. 따라서 관건은 1유형 외에 다른 유형들도 영국이 그러했듯 저자의 동의 하에 옵트아웃 방식으로 풀 수 있느냐에 있다. opt-out 방식이란, 기본적으로는 활용을 허용하되, 원치 않는 저작자는 제외를 신청할 수 있도록 하는 것이다. 이는 데이터 활용의 폭을 크게 넓힐 수 있는 방법이다.

디지털집현전의 보물들

추가로, 우리 디지털집현전(국가지식정보 통합포털)에 보관하고 있는 다양하며 방대한 국가지식정보 가운데 우리가 보유한 신뢰성 있는 자료를, 국가대표 LLM으로 선정된 5개 기업뿐 아니라 국내 LLM 모두가 AI 학습에 활용할 수 있도록 개방해주면 어떨까. 이는 국산 LLM의 경쟁력 강화를 꾀하기 위한 정부의 적절한 조치가 되리라고 본다.

개인적으로 '디지털집현전'이라는 이름이 참 잘 지어졌다고 생각한다. 조선시대 집현전이 학문의 중심이었듯이, 디지털집현전은 AI 시대 지식의 보고가 될 수 있고, 나아가 지식을 안내하는 내비게이터 혹은 허브가 될 수 있다. 디지털집현전은 정부 데이터, 보고서, 통계 데이터, 이미지 등 약 2.5억 건의 메타데이터를 보유하고 있다. 물론 메타데이터만으로는 부족하겠지만 만일 원문 데이터와 함께 AI 학습에 활용된다면, 국내 LLM의 품질이 획기적으로 개선될 수 있을 것이다.

특히 주목할 점은 현재 추진 중인 기획형 규제 샌드박스는, 예외 적용을 신청한 기업뿐만 아니라 다른 국내 기업들에게도 기회를 제공한다는 것이다. 이는 AI 생태계 전체를 육성하겠다는 의지로 읽힌다. 대기업만이 아니라 스타트업들도 양질의 데이터에 접근할 수 있게 되면, 혁신적인 서비스가 나올 가능성이 높아진다.

법적 근거와 실행 계획

저작권법 제24조의 2(공공저작물의 자유 이용)에 근거하여 국가 또는 지자체가 저작재산권의 전부를 보유한 저작물은 허락 없이 이용이 가능하다. 이미 법적 근거는 마련되어 있는 셈이다.

자유 이용이 가능한 공공저작물임을 나타내는 표시 기준인 공공누리 제도를 운영 중이니, 그 제도 하에서 제3자의 권리자 권리 침해 우려가 낮은 어문 자료에 대한 이용 허락을 우선적으로 추진하면 효율적일 것이라 생각한다. STEM(과학·기술·공학·수학), 법률, 의료 등 민간 수요가 높은 분야부터 시행하면 더욱 효과적이리라. 가장 필요하고, 가장 문제가 적은 분야부터 시작하는 현실적인 접근이다.

STEM 분야의 연구보고서나 논문들은 AI가 학습하기에 최적의 자료다. 체계적이고, 논리적이며, 사실에 기반한 정보들이기 때문이다. 법률 자료는 한국의 법체계를 이해하는 AI를 만드는 데 필수적이고, 의료 분야는 국민 건강과 직결되는 중요한 영역이다.

기대와 우려, 소버린 AI의 미래

기대가 크지만, 물론 우려도 있다. 공공데이터나 국가지식정보가 특정 기업의 이익을 위해서만 사용되는 것은 아닌지, 개인정보 보호는 제대로 될 것인지, 저작권 침해 문제는 없는지 등 검토해야 할 사항들이 많다. 하지만 이런 우려 때문에 아무것도 하지 않는다면, 우리는 영원히 글로벌 AI 경쟁에서 뒤처질 수밖에 없다.

중요한 것은 역시 다시 이야기하지만 균형이다. 공공의 이익과 민간의 혁신, 저작권 보호와 데이터 활용, 이 모든 쟁점 사이에서 적절한 균형점을 찾아야 한다. 규제 샌드박스는 그 균형점을 찾기 위한 실험이다.

이번 규제 샌드박스가 성공한다면, 국내 AI 기업들은 새로운 도약의 기회를 얻게 될 것이다. 신뢰할 수 있는 검증된 데이터로 학습한 AI는 한국인의 정서와 문화를 더 잘 이해할 수 있을 것이고, 한국 실정에 부합하는 서비스를 제공할 수 있을 것이다.

더 나아가, 이는 단순히 기술 경쟁력의 문제가 아니다. 데이터 주권, 디지털 주권의 문제다. 장차 우리의 지식과 정보가 우리의 AI를 통해 활용되고, 그 혜택이 우리 국민에게 돌아가는 선순환 구조를 구축하는 것이 목표다.

국가지식정보는 국민의 자산이다. 이제 그 자산이 AI라는 새로운 도구를 통해 더 큰 가치를 창출할 때가 왔다. 규제 샌드박스는 그 시작점이 될 것이다. 부디 이번 시도가 성공해서, 국가대표 LLM이 소버린 AI 취지에 맞추어 한국인이 잘 사용할 수 있는 AI 도구로서 사랑받기를 기대한다.

일본 고위공무원단 방문, 소버린 AI 시대의 한일 공감대

#33

일본 고위공무원단의 기관 방문, AI 정책에 대한 관심

최근 일본 ○○도 부지사를 비롯한 GovTech, AI 관련 고위공무원단이 우리 기관을 방문했다. 우리나라의 AI 정책 및 공공에서의 AI 활용 사례에 대한 관심에 따른 접견 요청이었고, 글로벌 본부를 대신해서 AI 정책을 기획하고, 융합 사례를 발굴하는 각 사업분야별 본부장과 팀장들이 참석했다.

방문단은 한국의 소버린 AI, 즉 국가대표 AI 정책 전반에 대해 깊은 관심을 보였다. 특히 파운데이션 모델 개발, 인프라(GPU), 데이터 측면에서 구체적인 질문들을 했고, 촉박한 시간 때문이었는지 질답형태의 인터뷰로 접견이 진행되었다.

일본에서도 소버린 AI의 필요성 및 AI 활용이 주요 이슈가 되고 있는 상황에서, 한국의 선진적 추진 사례를 직접 확인하고 벤치마킹하려는 의도가 엿보였다. 부지사는 "한국이 선진적으로 추진하고 있는 AI 정책에 대해 말씀을 나누게 되어 영광"이라며 방문 취지를 밝혔다.

정부가 역점을 두고 추진하고 있는 AI 정책들이 국제적으로 주목받고 있음을 단적으로 보여주는 사례였다. 특히 흥미로웠던 것은 일본 측에서 생성형 AI가 국민들에게 미치는 악영향에 대한 우려를 표명한 점이었다.

생성형 AI 사용이 미치는 영향이 심각하다고 보고 있으며, 이에 대한 대응 방안도 고민하고 있다는 것을 알 수 있었다.

국가인공지능전략위원회 중심의 AI 거버넌스 체계

AI 정책의 컨트롤 타워 역할을 하는 국가인공지능전략위원회가 화제였다. 일본이 선도적으로 도입한 디지털청처럼, 국가인공지능전략위원회는 AI 정책의 전략적 방향성을 제시하는 역할을 한다. 실제 정책 실행은 과학기술정보통신부와 행정안전부가 주도하고, 범정부 공통 기반으로 AI를 활용할 수 있는 시스템을 구축하고 있다는 데에도 관심이 있었다.

데이터 보안과 관련해서는 일본 측에서 먼저 소버린 클라우드 구축의 중요성을 강조했다. 보안이 최우선인 국가 데이터는 내부적으로 보관해야 한다는 것이었다. 이에 공감하며, 이를 위해 우리 역시 정부 차원의 통합 데이터센터를 전국 3곳에 구축하고 있다고 설명했다.

또 우리의 데이터센터는 기본적으로 클라우드 기반으로 구축되지만, 외부 유출을 방지하기 위해 전용 정부기관 라인을 통해 운영되는 구조다. 구축은 민간 제조사에 발주하지만 운영은 정부 인력이 담당하며, 구축한 데이터센터는 PPP(민간-공공 파트너십) 형태로 민간과 연계해 사용할 수 있도록 구성되어 있다고 하니 흥미를 보이기도 했다.

대화를 나누어 보니, 양국 모두 AI 주권 확보를 위한 인프라 구축에 상당한 관심을 쏟고 있었다. 특히 해외 클라우드 서비스에 의존하지 않고 독자적인 AI 인프라를 구축하려는 의지가 강했다.

국가대표 AI 5개 기업 컨소시엄 모델

국가대표 AI 개발을 위한 5개 기업 컨소시엄 모델에 대한 관심도 높았다.

각 컨소시엄은 대기업, 중소기업, 스타트업, 대학과 연구소 등이 함께 참여하는 형태로 구성되어 있다. 한 기업이 단독으로 모델을 개발하는 것이 아니라, 다양한 주체가 협력해 공동으로 개발하는 방식이다.

일본 측에서는 네이버, LG, 업스테이지 같은 AI 기업들은 물론 학교와 연구소도 참여하여 구현한 산학연 협력 모델이나, 대기업 중심이 아니라 개방형 스타트업과 대학 연구를 통한 균형 있는 발전을 추구하는 방식을 특히 흥미로워했다.

우리 정부는 3가지 영역에서 국가 AI 확산을 위한 민간기업 지원을 제공한다. 첫째는 특화 모델 개발 지원, 둘째는 GPU 인프라 지원, 셋째는 AI 학습용 데이터 지원이다. 방문단은 특히 컨소시엄 구성 방식과 선정 과정에 대해 구체적으로 질문했다. 단순히 자금 지원이 아닌 체계적인 생태계 구축 접근법에 주목하는 것으로 추측되었다.

문화적 특성과 언어적 독립성의 중요성

해외 파운데이션 모델과의 차별화에 대한 논의도 흥미로웠다. ChatGPT 등 다양한 해외 모델이 있음에도, 국가의 고유한 언어와 문화적 특성을 제대로 반영하기 위해서는 독자적인 LLM 모델 개발이 필요하다는 점, 그러므로 소버린 AI 정책을 추진할 의의가 있다는 점에 양측 모두 동의했다.

각국의 언어 학습 데이터 구축도 중요한 요소다. 일본어나 한국어의 맥락이나 언어 관련 데이터를 체계적으로 구축해 각국 환경에 최적화된 AI 모델 개발이 필요하다는 데 공감대를 형성했다. 특히 한국어와 일본어 모두 서구 언어와는 다른 어순과 문법 구조, 경어법 등을 가지고 있어 영어 중심으로 학습된 해외 모델로는 한계가 있다는 점에서 의견이 일치했다. 문화적 뉘앙스와 사회적 맥락을 이해하는 AI 개발의 필요성에도 깊이 공감했다.

그 맥락에서 민간기업의 데이터 활용 여부나 범위에 대한 고민 역시 논했다. 양측은 국가가 보유한 양질의 데이터를 민간에서 활용하는 일에 대해 유용성 측면에서 공감하는 한편, 동시에 보안 이슈의 위협 역시 공히 고려하고 있었다.

미국과 중국 사이에서 찾는 제3의 길

가장 인상적이었던 부분은 AI 패권 경쟁에 대한 양국의 공통된 우려였다. 오픈AI, 구글, 앤트로픽 등 미국 기업들이 LLM을 독점하는 가운데, DeepSeek나 Qwen과 같은 중국 LLM 모델들의 부상 속에서 일본도 우리나라와 같은 고민을 하고 있음을 알 수 있었다.

뛰어난 해외 모델을 차용하느냐, 아니면 그로 인해 종속되느냐의 문제가 핵심 이슈였다. 양국 모두 기술적 우수성과 주권적 독립성 사이에서 균형점을 찾으려 노력하고 있었다. 일본 측에서는 특히 "기술 종속성"에 대한 우려를 강하게 표현했다. 현재는 해외 모델의 성능이 우수하지만, 장기적으로는 자국의 AI 역량을 기르는 것이 중요하다는 인식을 보였다. 이는 한국이 추진하고 있는 AI 정책과 정확히 일치하는 방향이었다.

일본 고위공무원단의 방문은 한국의 AI 정책이 국제적으로 벤치마킹 대상이 되고 있음을 보여주는 유의미한 방증이었다. 특히 국가 차원의 체계적인 AI 거버넌스와 민간-공공 협력 모델, 문화적 특성을 반영한 독자적 모델 개발 등이 주목받고 있다는 점에서 자부심이 느껴지기도 했다.

무엇보다 AI 주권을 둘러싼 글로벌 경쟁 속에서 한일 양국이 공통된 고민과 방향성을 가지고 있다는 것을 확인할 수 있었던 소중한 시간이었다. 더 잘해야겠다.

아무도 가보지 않은 길, AI 에이전트 사업 도전

#21

아무도 가보지 않은 길의 막막함

"우리는 아무도 가보지 않는 길을 간다." 이활석 업스테이지 CTO의 말이 AI 분야에서 일하는 모든 사람이 겪는 어려움의 본질을 잘 보여준다. 특히 신규 AI 사업을 기획할 때 느끼는 그 막막함은 말로 표현하기 어렵다. 정해진 답이 없고, 참고할 선례도 없고, 성공을 보장하는 공식도 없다. 그저 가야 할 방향만 있을 뿐이다.

내년에 우리가 도전하려는 사업이 바로 그렇다. 플랫폼 내 데이터 품질을 개선하는 AI 사업. 아직 구체적인 사업계획은 구상 중이나, 에이전트 기반으로 AI 솔루션을 활용해 각 기관의 DB 품질을 점검하고 개선하여, 개선된 DB를 다시 구축하는 방식을 고민하고 있다. 기존 유지보수 업체들의 진단 툴이나 수작업 이상으로 일관성 있는 정비를 하고 싶고, 지금 기술 수준이면 가능하리라고 본다.

하지만 기관마다 분야와 유형이 다를 뿐 아니라, 데이터 종류 역시 너무 방대하고 다양한 까닭에 어떻게 도입할지 감이 잘 서지 않는다. 우리 예산으로 충분할지, 수요기관이 얼마나 될지, 제각각의 유형 데이터들을 어떻게 정비할지 매일같이 브레인스토밍을 하고 있다.

데이터 품질, 모든 AI 서비스의 출발점

이전에 표준화의 필요성을 절실히 느낀 계기가 있다. 플랫폼 MCP 개발 때의 일이다. 우리 기관이 보유한 데이터가 메타데이터뿐이어서 Claude MCP를 통해 API를 호출하는 방식으로 구축했었다. 그런데 메타데이터의 표준 측면에서 문제가 많았다.

수백 개 기관이 연계된 탓에 메타데이터 구조가 엉망인 기관들이 있었다. 어떤 기관은 제목 필드에 HTML 태그가 그대로 들어가 있고, 어떤 기관은 날짜 형식이 제각각이었다. 그런 기관의 메타데이터를 끌고 오면 결과값 자체가 엉망이 되었다. 그때 깨달았다. MCP나 LLM 이전에 메타데이터 표준화 및 개선이 먼저라는 것을. AI가 제대로 활용하려면 AI-Ready 데이터가 필요하다. 정제되고, 표준화되고, 구조화된 데이터 말이다.

그렇다. 핵심 문제는 바로 기관이 보유한 데이터의 품질이다. 아무리 좋은 AI 모델이 있어도, 아무리 훌륭한 RAG 시스템을 구축해도, 기반이 되는 데이터의 품질이 떨어지면 결과물은 쓸모없다. "Garbage In, Garbage Out"이 말하듯, 들어가는 데이터가 쓰레기면 나오는 결과도 쓰레기다.

여러 기관의 실상을 둘러볼 때마다, 기관별로 매우 상이한 데이터 관리에 혀를 내두를 수밖에 없다. 분명 표준을 가이드했으나, 서로 다른 데이터 형식, 표준화되지 않은 입력 방식, 중복되거나 누락된 정보들이 산재해 있다. 같은 의미의 데이터인데도 기관마다 다른 형태로 저장되어 있고, 심지어 같은 기관 내에서도 부서별로 다른 방식을 사용하는 경우가 부지기수다.

이런 상황에서는 AI를 아무리 도입한다고 해도 제대로 된 서비스를 만들기 어렵다. 특히 여러 기관의 데이터를 통합해서 무언가를 해보자는 시도에는 더욱 어려움이 따른다. 먼저 데이터를 정리하고, 표준화하고, AI

를 활용할 수 있도록 품질을 개선하는 작업이 선행되어야 한다.

에이전트 기반 AI 솔루션의 가능성

에이전트 기반 AI 솔루션은 사람의 개입 없이도 자율적으로 판단하고 행동할 수 있는 AI 시스템이다. 이를 데이터 품질 개선에 적용하면 어떨까? 우리가 기준을 잡으면, 이에 맞춰 튜닝된 AI 에이전트가 각 기관을 돌아다니면서 데이터를 분석하고, 품질 문제를 찾아내고, 자동으로 개선 방안을 제시하거나 직접 정비까지 수행하는 것이다.

예를 들어, 중복 데이터를 찾아 통합하거나, 누락된 필드를 자동으로 채우거나, 형식이 다른 데이터를 표준 형태로 변환하는 작업들을 AI가 대신할 수 있다. 더 나아가 데이터 간의 연관관계를 파악해 논리적 오류를 찾아내거나, 이상값을 탐지해 수정하는 것도 가능하다.

무엇보다 사람이 하기 어려운 대규모 데이터 처리를 AI가 24시간 지속적으로 수행할 수 있다는 장점이 크다. 수백만 건, 수천만 건의 데이터를 일관된 기준으로 정비하는 것은 사람의 한계를 넘어선다. 하지만 AI 에이전트라면 충분히 가능한 일이 아닐까? 그런 상상에서 시작한 신규 사업이다.

도전과 브레인스토밍의 연속

하지만 현실은 녹록지 않다. 예상되는 어려움을 몇 가지 짚어보자.

첫째, **수요기관이 얼마나 될지 예측하기 어렵다.** 데이터 품질 개선의 필요성을 느끼는 기관은 많지만, 실제로 품질 개선 이후 이를 유지하기 위해 자체적으로 유지보수 예산을 투입할 의지가 있는 기관이 몇 곳일지는 예측하기 어렵다. 이는 사업이 명확해지면, 수요 조사를 거쳐야 할 문제다.

둘째, 데이터 유형이 너무 다양하다. 정형 데이터들은 쉬울 수 있지만, 비정형 데이터들은 각각의 특성에 따라 품질 개선 방법이 달라야 한다.

셋째, 보안과 개인정보 보호 이슈가 우려된다. AI 에이전트가 각 기관의 민감한 원문 데이터에 접근해야 하는데, 이를 안전하게 처리할 수 있을까. 비공개 정보까지 접근하는 것을 기관들이 허락할까?

넷째, 성과 측정 방법이 모호하다. 데이터 품질이 개선되었다는 것을 어떻게 정량적으로 증명할 수 있을까? 처음 진단하고, 개선 후에 개선도를 측정하는 방법으로 가능할까?

이런 고민들 때문에 매일같이 브레인스토밍을 하고 있다. 팀원들과 함께 아이디어를 나누고, 가능성을 탐색하고, 문제점을 찾아내고, 해결 방안을 모색한다. 때로는 막막하기도 하지만, 때로는 새로운 발견의 즐거움도 있다. 또 브레인스토밍 과정에서 Claude와 ChatGPT가 한몫 톡톡히 해내고 있기도 하다.

발품으로 답을 찾아가기

그럼에도 불구하고, 결국 답은 현장에서 찾아야 한다. 많은 기업을 만나보고, 부처 의견도 듣고, 연계 기관들도 만날 생각이다. 실제 데이터 품질 문제를 겪고 있는 담당자들과 이야기하고, 그들이 원하는 해결책이 무엇인지 파악해야 한다.

또한 기술적 검증도 필요하다. 에이전트 기반 AI 솔루션이 실제로 데이터 품질 개선에 효과적인지, 어떤 한계가 있는지, 어떻게 극복할 수 있는지 실험해봐야 한다. 작은 규모의 파일럿 프로젝트부터 시작해서 시범 기관을 선정하고, 점진적으로 확대해 나가는 방법도 고려하고 있다.

"아무도 가보지 않은 길"이라고 해서 꼭 무모한 도전은 아니다. 분명한 필요성이 있고, 기술적 가능성도 보이고, 시장의 잠재력도 있다. 다만 구체적인 방법론이 정립되지 않았을 뿐이다. 팀장으로서 확실한 길을 제시해 주지 못하는 게 답답하지만, 아무도 모르기 때문에 더욱 신중하게, 그리고 과감하게 접근해야 한다.

길은 걸으면서 만들어진다는 말이 있다. 분명 이 길을 걸어가고 있는 사람들이 있을 것이고, 길 위에서 답을 찾을 수 있을 거라 생각한다. 쉽지 않지만 의미 있는 도전이라 느끼고 있고, 아직 아무도 가보지 않은 길이기에 더욱 가치 있는 길이 될 것이라 믿는다.

AI 도입, 왜 우리는 매번 헤매고 있을까?

#63

또 같은 실수를 반복하는 현실

또다시 같은 풍경이다. 새로운 기술이 등장하면 모두가 앞다투어 도입한다. 계획도, 표준도, 가이드라인도 없다. 그저 "남들도 다 하니까"라는 조급함뿐이다. 결과는 뻔하다. 예산 낭비, 미미한 성과, 그리고 몇 년 후 아무도 안 쓰는 시스템.

IoT가 그랬고, 빅데이터가 그랬고, 클라우드가 그랬다. 그리고 이제는 AI가 그렇게 되어가고 있다. 역사는 반복된다지만, 이렇게 똑같이 반복되는 것을 보면 한숨이 나온다.

우리는 왜 매번 같은 실수를 반복하는가?

작년 한 해 동안 300여 개 공공기관 중 60% 이상이 AI 서비스를 도입했다고 한다. 겉보기엔 인상적이다. 하지만 속을 들여다보면 이야기가 다르다. 각 기관이 비슷한 AI 서비스를 따로따로 개발하고, 같은 시행착오를 반복하고, 같은 문제에 각자 부딪힌다.

2026년에는 더 심각해질 것이다. 경영평가에 AI 점수가 반영되면서

'AI'라는 꼬리표만 붙은 사업들이 우후죽순 생겨날 것이다. 국가적 자원 낭비가 될 수도 있다.

설계도 없이 집을 짓는다면

프레임워크 없이 AI를 도입하는 것은 설계도 없이 집을 짓는 것과 같다. 남의 집이 예쁘다고 무작정 따라 짓는 것이다. 제대로 된 집이 될 리 없다. 우리는 지금 그렇게 하고 있다. 각 기관이 각자의 방식대로, 각자의 기준으로 AI를 도입한다. 각자 나름대로 열심히 하고는 있지만, 전체적으로 보면 중구난방의 느낌이 든다.

더 큰 문제는 이렇게 만들어진 AI 시스템 혹은 서비스들이 서로 연동되지 않는다는 것이다. 유사한 분야의 공공기관, 공기업에서 활용할 수 있음에도, A 기관에서 개발한 좋은 모델을 B 기관은 활용할 수 없다. 바퀴를 계속 재발명하는 꼴이다.

현장 실무자로서 매년 느끼는 답답함이 있다. 다른 기관에서 이미 개발한 시스템이 있는데도 어떤 기관들은 처음부터 다시 개발한다. 정보 공유도, 협업도 없다. 각자도생에 각자의 성과로 포장하기에 급급한 느낌이다.

그렇다고 이것이 컨트롤타워 부재 탓인가? 사실 중앙 컨트롤타워는 있다. 정부는 국가인공지능전략위원회를 통해 정책 프로세스를 정립했고, 대통령실의 AI 수석과 과학기술정보통신부의 인공지능정책실 체제로 실행력을 갖췄다. 전략 수립의 컨트롤타워까지는 준비가 됐다.

문제는 실행 단계다. 전략은 있는데 구체적인 실행 도구가 없다. "이 AI 시스템이 제대로 작동하는가?", "성능은 충분한가?" 기본적인 질문에도 답할 수 있는 체계가 없는 것이 주 원인이다.

AI 사업의 완전히 다른 DNA

현재 공공부문에서 AI 도입 시 공식적으로 쓸 수 있는 가이드는 디지털플랫폼정부위원회-NIA의 『공공부문 초거대 AI 도입·활용 가이드라인』* (QR코드 참조)이 전부다. 이것도 포괄적인 가이드일 뿐, 실무에 바로 적용할 수 있는 구체적인 도구는 아니다. 가이드가 제시하는 방향성과 유의사항은 유용하지만, 실제 현장에서 필요한 것은 업무 재설계 절차, 도입 단계별 체크리스트, 데이터 정비 방식, 모델 선택 기준, 성능·보안 검증 절차, 배포 후 운영 매뉴얼 등 구체적이고 실행 가능한 도구들이다. 말하자면 사령부는 있는데 전투 매뉴얼이 없는 상황이다.

혹자는 물을지 모른다. 기존에 뻔히 해오던 SI 사업이 있는데, 그 매뉴얼을 응용하면 되는 것 아니냐고. 하지만 막상 AI 사업을 관리하거나 운영해보면 알게 된다. AI 사업이 기존 SI 사업과 얼마나 다른지를.

SI 사업은 단순하다. 요구사항 정의 → 개발 → 테스트 → 운영 → 평가. 끝이다. 반면에 AI 사업은 다르다. 각 단계가 훨씬 복잡할 뿐더러, 한 번 만들고 끝나는 것이 아니라 계속 학습하고 개선해야 한다.

먼저, 준비 단계에서는 학습 데이터를 검증해야 한다. 데이터가 충분한가? 품질은? 편향은? 모델 구축 단계에서는 정확도, 재현율, F1 스코어 같은 지표들을 이해하고 평가할 수 있어야 한다. 서비스 구성 단계에서는 응답 속도, 사용자 경험, 예외 상황 처리를 점검해야 한다. 운영 단계에서는 데이터 드리프트를 감지하고 재학습해야 한다.

* 대통령직속디지털플랫폼정부위원회, 공공부문 초거대 AI 도입•활용 가이드라인 2.0. 2025.04.15. https://www.nia.or.kr/site/nia_kor/ex/bbs/View.do?cbIdx=99953&bcIdx=27985&parentSeq=27985

모든 과정이 기존 SI보다 훨씬 복잡하고 전문적이다. 따라서 AI 사업에 임할 때는 준비부터 운영까지 사업 전반을 원활하게 관리할 체계를 구축할 필요가 있다. 그런데 공공부문에는 이걸 제대로 수행할 역량도 부족하고, 가이드라인 등 프레임워크가 제대로 마련되어 있지 않다.

우리가 준비하는 해법들

이런 상황인 만큼 필연적으로 인공지능 전문기관의 역할이 중요해질 것이다. 그래서 우리 기관은 이에 대한 몇 가지 해법들을 준비하고 있다.

- **우수 AI 서비스 품질 인증제도:** 성능, 안정성, 보안성, 윤리성을 종합 심의해서 품질 인증마크를 부여하는 제도를 검토 중이다. 그러면 추후 다른 기관들이 안심하고 도입할 수 있다.
- **단계별 가이드라인 및 실무 도구:** 데이터 품질 체크리스트, 모델 성능 평가 템플릿, 모니터링 대시보드 등을 표준화해 제공하고자 한다. 전문가가 없어도, 누구나 도구를 따라 하면 일정 수준 이상의 결과를 낼 수 있도록 말이다.
- **공공 AI 플랫폼:** 공공의 AI 사업과 성과를 한곳에서 편리하게 모니터링할 수 있는 대시보드 형태의 플랫폼이다. 성공사례와 함께 실패사례까지 공유하면서 서로의 문제점을 발견하고 수정할 수 있다.

물론 이런 해법이 가시화되어 실제 사용까지 다다르려면 아직 시간이 필요하다. 하지만 방향 자체는 옳다고 생각한다. 공공 AI 사업이 제대로 굴러가려면, 이런 인프라가 반드시 필요하다.

내가 개인적으로 Obsidian과 Claude를 연동해서 MCP를 구축했을 때도 비슷한 과정을 거쳤다. 왜 필요한지 생각하고, 어떻게 구현할지 고민하고, 실제로 작동하는지 검증하고, 대시보드를 통해 확인하면서 지속적으로 운영하고 개선했다. **규모와 복잡도가 다를 뿐, 본질은 같다.**

더 이상 미룰 수 없는 숙제

“AI를 해야 한다”는 것에는 모두가 공감한다. 문제는 ‘어떻게’다. 그 ‘어떻게’를 정의하는 것이 바로 표준과 가이드다.

모두가 AI를 하고 싶어 하지만, 어디서부터 시작해야 할지 모른다. 무엇이 좋은 AI인지 판단할 기준도 없다. 표준과 가이드의 마련은 더 이상 미룰 수 없는 시급한 과제다. 2026년 경영평가에 AI 점수가 반영되기 전에, 적어도 최소한의 가이드라인은 만들어져야 한다.

우리는 지금 중요한 갈림길에 서 있다. 이번에도 과거처럼 무질서하게 AI를 도입하다가 실패할 것인가, 아니면 제대로 된 프레임워크를 만들어서 성공적으로 전환할 것인가. 나는 후자를 선택하고 싶다. 그리고 그것을 위해 우리가 할 수 있는 일을 하고 있다. 완벽하지 않을 것이다. 시행착오도 있을 것이다. 하지만 분명 가치 있는 일이다.

AI 도입에서 우리가 매번 헤매는 이유는 간단하다. 프레임워크가 없기 때문이다. 이제는 그것을 만들 때다. 더 이상 같은 실수를 반복하지 않기 위해서.

**우리가 매번 헤매는 이유는 간단하다.
프레임워크가 없기 때문이다.
이제는 그것을 만들 때다.**

매번 같은 AI의 진실은? 에이전트 모듈의 필요성

#64

600개 서비스의 충격적인 진실

작년 한 해 동안 공공부문에 도입된 AI 서비스가 약 600개라고 한다. 숫자만 보면 대단하다. 공공기관의 60% 이상이 AI 서비스를 도입했다니, 우리나라 공공부문도 AI 전환에 적극적으로 나서고 있는 것처럼 보인다.

하지만 속을 들여다보면 이야기가 완전히 달라진다. 우리 기관에서 2023년부터 컨설팅하고 시범도입한 AI 서비스만 200개가 넘는데, PoC를 진행하면서 충격적인 사실을 발견했다. 이들의 도입 실태는 이런 식이다. A 기관이 민원 챗봇을 만든다. B 기관도 민원 챗봇을 만든다. C 기관도, D 기관도 민원 챗봇을 만든다. 똑 같은 챗봇인데 구태여 다른 사업자와 계약하고, 불필요하게 새삼 시행착오를 겪는다. 결과물도 제각각이다.

왜 이런 일이 벌어지는가? 서로 정보를 공유하지 않기 때문이다. A 기관이 이미 좋은 민원 챗봇을 만들었어도, B 기관은 그것을 모른다. 설령 안다고 해도 가져다 쓸 수 없다. 각 기관의 사업은 독립적으로 발주되고, 각자의 예산으로 집행되며, 결과물은 해당 기관만의 것이 된다. 국가 전체로 보면 같은 종류의 AI를 수십 번, 수백 번 반복해서 만들고 있는 셈이다. 실로 낭비다.

일부만 그런 것 아니냐, 반문할 수도 있다. 내가 3년간 공공 AI 사업을 관리하면서 명확히 깨달은 바가 있다면, 대부분의 공공기관이 도입하는 AI 서비스가 4가지 정도로 축약된다는 것이다.

유형	수행 업무
문서 자동화	법령이나 규정을 자동으로 검토하고, 오류를 탐지하고, 보고서 초안을 작성한다.
민원 응대 에이전트	24시간 AI가 상담을 지원하고, 민원을 자동으로 분류해서 담당 부서에 배정한다. (기관별로 민원 유형이 판이할 것 같지만, 실은 대동소이함)
데이터 분석	정책 데이터를 수집하고 분석하고 시각화한다.
영상 분석	지능형 CCTV를 통해 이상 상황을 감지하고 시설을 모니터링한다.

공공기관 도입 AI 서비스 4대 유형

이 4가지가 공공 AI 수요의 90% 이상을 차지한다. 나머지 10%만 정말로 특수한 영역이다. 그렇다면 왜 우리는 90%의 공통 영역을 매번 새로 개발하는가? 문서 양식이나 파이썬 라이브러리마냥, 그냥 가져다 쓰면 효율적이고 예산도 절약되지 않겠는가?

공공 AI의 앱스토어를 만들면 어떨까

그래서 나는 개인적으로 '**AX 스타터 패키지**'라는 개념을 생각해보고 있다. 공공업무에 적용 가능한 표준 AI 모델을 구축하고, SaaS 형태로 제공하는 것이다. 쉽게 말해서, 공공 AI의 앱스토어를 만드는 것이다.

스마트폰 앱스토어를 생각해보라. 메신저가 필요할 때 우리는 처음부터 개발하지 않는다. 앱스토어에서 카카오톡이나 텔레그램을 설치해 쓴다. 이미 잘 만들어진 앱이 있는데 굳이 새로 만들 필요가 없기 때문이다. AI

서비스도 마찬가지여야 한다. 민원 챗봇이 필요하면, 공공 AI 마켓에서 검증된 솔루션을 선택해서 구독하면 된다. 과정은 이렇다.

1단계 네이버, 업스테이지, 루닛 등 다양한 AI 기업들의 솔루션을 유형별로 분류해서 공공마켓에 등록한다.

2단계 각 기관은 마치 넷플릭스를 구독하듯이 자기에게 필요한 솔루션을 마켓에서 선택한다.

이때 단순히 솔루션만 제공하는 것이 아니라, 구축 가이드까지 함께 전달한다. 구독 패키지에 성공 사례 기반의 시나리오, 소스코드, 설정 방법까지 상세하게 담아두면 된다. 넷플릭스 앱만 다운로드받는 게 아니라, 아예 내 취향에 맞춰 추천 알고리즘이 세팅된 계정을 구매하는 격이다.

좀 더 구체적으로 생각해보자. A 기관이 민원 챗봇을 도입하려고 한다. 공공 AI 마켓에서 솔루션을 선택하고 구독을 시작하면 기본 챗봇이 즉시 배포된다. 그다음 A 기관만의 민원 데이터를 업로드하고 RAG로 학습시킨다. 이 모든 과정이 2주 안에 끝난다. 과거에는 6개월 이상 걸렸고 비용도 수억 원이 들었다. 하지만 이제는 2주, 그리고 월 구독료 몇 백만 원으로 가능해질 수 있다는 게 나의 시나리오다.

미국은 이미 하고 있다

이 아이디어가 허황된 꿈은 아니다. 이미 미국에서 실현되고 있기 때문이다. 미국 연방조달청(GSA)의 USAi.gov를 발견했을 때 확신이 생겼다. 2025년 8월에 출시된 이 플랫폼은 연방기관의 AI 도구 탐색, 테스트, 도입을 원스톱으로 지원하는 마켓이다. 내가 생각한 AX 스타터 패키지와 거의 동일하다. 출시 2개월만에 150개 연방기관에서 활용 중이다.

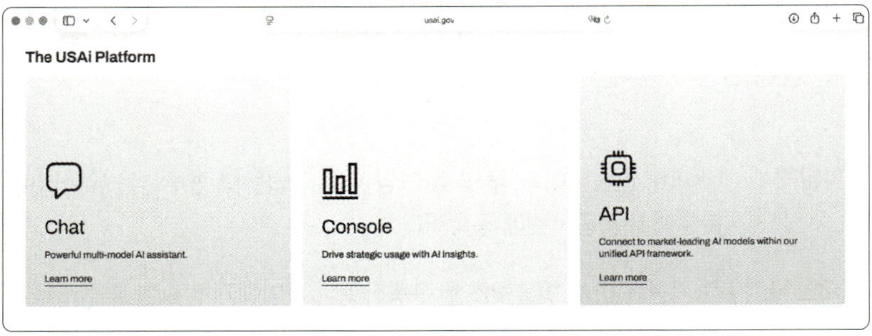

USAi.gov 웹사이트

더 놀라운 소식은 도입 소요 시간의 80% 단축이다. 과거에는 평균 10개월이었는데, 이제 2개월이면 가능하다. 검증된 솔루션이 마켓에 있고, 표준화된 프로세스가 있고, 성공 사례가 공유되기 때문이다.

USAi.gov의 성공 요인은 명확하다. 엄격한 사전 검증, 투명한 가격 정책, 활발한 사용자 커뮤니티, 그리고 지속적인 업데이트. 마켓이 살아 숨 쉬는 생태계가 된 것이다. 우리는 왜 못 하겠는가?

600개를 60개로, 60개를 4개로

600개의 AI 서비스를 4가지 카테고리로 축약할 수 있다. 이것은 문제가 아니라 기회다. 표준화할 수 있다는 뜻이기 때문이다.

만약 우리가 이 4가지 카테고리에 대한 표준 모듈을 잘 만든다면, 600개의 중복 개발은 60개로 줄어들 수 있다. 개발 시간은 1/10로, 비용도 1/10로 줄어든다. 그리고 더 나아가서, 이 60개도 결국 6개 정도의 핵심 플랫폼으로 수렴될 수 있다. 이것이 에이전트 모듈의 힘이다. 중복을 제거하고, 효율을 높이고, 품질을 보장하고, 비용을 절감한다.

지금처럼 90%의 에너지를 공통 기능 재개발에 쓸 것이 아니라, 10%

의 진짜 특수한 영역에 집중할 수 있게 되는 것이다. 그 10%에서 진짜 혁신이 일어난다.

물론 과제도 있다. 보안 문제, 데이터 주권 문제, 호환성 문제 등. 하지만 이런 것들은 기술적으로 충분히 해결 가능하다. 중요한 것은 의지다.

방향을 바꿔야 할 때

AX 스타터 패키지, AI 에이전트 마켓. 아직은 개념에 불과하다. 하지만 중요한 것은 방향이다. 각 기관이 제각각 AI를 개발하는 지금의 방식이 지속가능한가? 답은 명백하다.

중복 개발에서 모듈 공유로, 개별 구축에서 플랫폼 활용으로, 닫힌 생태계에서 열린 마켓으로. 이것이 우리가 가야 할 길이다. 나는 현장에서 매일 목격하고 있다. 같은 실수를 반복하는 우리를. 하지만 동시에 희망도 본다. 변화를 원하는 사람과 조직들을.

**중복 개발에서 모듈 공유로, 개별 구축에서 플랫폼 활용으로,
닫힌 생태계에서 열린 마켓으로.**

매번 같은 AI를 다시 만들 것이 아니라, 한 번 잘 만들어서 모두가 쓸 수 있게 해야 한다. 그것이 진짜 AI 전환이고, 그것이 우리 세금을 제대로 쓰는 길이다.

혁신은 공공에서 죽는가, 공공조달의 아이러니

#55

대기업 참여 제한이 만든 기형적 생태계

공공 프로젝트를 진행하다 보면 답답한 현실과 마주한다. 세계 최고 수준의 AI 기술을 보유한 대기업들이 있는데, 정작 공공에서는 그들의 참여를 막는다. 대신 '공공 전문'이라는 타이틀을 단 중소기업들이 그 자리를 차지한다. 이들이 나쁘다는 게 아니다. 하지만 기술력의 차이는 분명히 존재한다.

더 큰 문제는 이런 구조가 고착화되면서 생긴 기형적 생태계다. 공공사업을 전문으로 하는 중소기업들이 탄생했고, 이들은 공공 사업 수주 실적만으로 먹고 산다. 민간 시장에서의 경쟁력은 없지만, 공공조달의 복잡한 규정과 평가 기준에는 능통하다. 기술 혁신보다는 서류 작성과 PT 발표에 더 많은 에너지를 쏟는다.

공공조달 시장의 이런 아이러니는 결국 대기업 참여 제한 제도에서 시작된다. 중소기업 보호와 독점 방지라는 취지는 분명 좋았다. 그러나 결과는 어떠한가? 최상급 기술 대신 중간 수준의 기술이 공공부문에 도입되고, 대기업들은 수익성이 낮고, 참여조차 제한이 많은 공공 시장을 아예 외면하게 되었다.

물론 중소기업 보호라는 정책 목표를 무시할 수는 없다. 하지만 국가 경쟁력이 걸린 AI나 클라우드 같은 핵심 기술 분야에서까지 이런 제한을 두는 것이 맞는가? 보호무역이 결국 산업 경쟁력을 떨어뜨리듯, 과도한 보호 정책이 오히려 중소기업의 기술 혁신 동력을 약화시키는 것은 아닐까 하는 생각을 해본다.

PT의 달인들: 발표는 특급, 실무는 초급

공공 사업의 또 다른 병폐는 'PT 쇼'다. 중소기업들은 제안서 작성과 PT 발표가 사업 수주의 핵심이라는 것을 너무나 잘 안다. 그래서 이때만큼은 선수들을 영입한다. 업계에서는 이들을 '용병 PM'이라고 부른다.

실제로 경험한 일이다. 한 AI 사업 평가에서 정말 인상적인 발표를 본 적이 있다. 기술에 대한 이해도도 높고, 질문에 대한 답변도 완벽했다. 당연히 높은 점수를 받았다. 하지만 사업이 시작되고 나서 충격을 받았다. 당시 발표했던 PM이 자리에 없었다. "개인 사정"이라는 이유였지만, 업계 관계자들은 다 알고 있다. 다른 사업의 제안서 작성과 PT 발표를 위해 떠난 것이다.

더 황당한 것은 개발자들이다. 사업 초반에는 특급 개발자들이 투입된다. 킥오프 미팅에도 참석하고, 초기 설계에도 참여한다. 하지만 사업 중반을 넘어가면 이들은 사라진다. 대신 신입이나 초급 개발자들이 그 자리를 채운다. 계약서상 인력 교체는 발주처의 승인을 받아야 하지만, 얼마든지 우회가 가능하다.

이런 관행이 만연한 이유는 명확하다. 공공 사업의 수익률이 낮기 때문이다. 특급 개발자를 프로젝트 내내 투입하면 적자다. 그래서 초반에만 보여주기용으로 투입하고, 실제 개발은 저임금 개발자들이 한다. 품질? 당연히 떨어진다. 하지만 검수만 통과하면 그만이다.

평가 방식도 문제다. 기술력보다는 문서작성 능력과 발표력이 더 중요하게 평가되는 경우가 많다. 실제 포트폴리오나 기술 검증보다는 제안서와 PPT의 화려함과 발표자의 언변이 당락을 좌우한다. 그러니 기업들이 기술 개발보다 제안서 작성과 PT 준비에 더 많은 투자를 하는 것이다.

스타트업의 무덤이 된 공공 시장

혁신의 주체여야 할 스타트업들은 공공 시장에 발도 못 붙인다. 이유는 단순하다. 실적이 없기 때문이다. 아무리 기술이 좋아도, 아이디어가 참신해도 "유사 사업 실적"이 없으면 지원조차 불가능하고, 평가 대상조차 되지 못한다.

한 AI 스타트업 대표의 하소연을 들은 적이 있다. "우리 기술은 구글도 인정했고, 해외 투자도 받았습니다. 하지만 국내 공공 사업은 지원조차 못 해요. 3년간의 유사 실적을 요구하는데, 우리 회사는 이제 2년차거든요." 아이러니하지 않은가? 혁신적인 기술을 가진 스타트업일수록 공공 시장에 진입하기 어려운 게 현실이다.

설령 지원한다 해도 평가위원들을 설득하기는 하늘의 별 따기다. 평가위원들은 대부분 공공부문 종사자나 학계 교수들로 구성되기 때문에, 안정성을 중시한다. "했던" 기업, "검증된" 기업을 선호한다. 스타트업의 혁신적 아이디어보다는 기존 SI 기업의 "안정적" 제안을 택한다. 실무자 역시 마찬가지다. 실패하면 책임을 져야 하는데, 누가 모험을 하겠는가?

그나마 희망이 보였던 것이 민간공모 사업이었다. 실적 없이도 실력만으로 평가받을 수 있었다. 많은 스타트업이 이를 통해 성장했다. 하지만 이마저 벽에 부딪혔다. 기금 고갈과 소유권 문제 때문이다. 민간공모는 개발

결과물의 소유권이 민간에게 있다. 수요기관 입장에서는 "우리 돈으로 개발했는데 왜 소유권이 없냐"는 불만이 나온다.

실제로 한 기관 담당자는 이렇게 말했다. "민간공모로 개발한 플랫폼을 계속 쓰려면 매년 구독료를 내야 한대요. 그럴 바에야 차라리 SI로 개발해서 우리가 소유하는 게 낫지 않나요?" 혁신보다는 소유권, 효율보다는 관리의 논리가 우선하는 것이다.

10년 전 기술을 AI로 포장하는 마술

그리하여 공공 시장에 안주하는 기업들의 혁신은 여기서 멈춘다. 10년 전에 내놓았던 기술을 이름만 AI로 바꿔서 다시 판다. RPA를 AI 자동화라고 부르고, BI를 AI 기술이라 하며, 단순 통계 분석을 AI 예측이라고 포장한다.

최근 한 공공기관의 AI 도입 사업 평가에 참여했을 때의 일이다. 한 중견 SI 기업이 "혁신적인 AI 솔루션"이라며 제안한 것을 보고 깜짝 놀랐다. 10년 전 우리가 추진했던 빅데이터 사업 때 봤던 것과 똑같았다. 차이라고는 "빅데이터"가 "AI"로 바뀐 것뿐이었다.

그나마 양심적인(?) 기업들은 컨소시엄에 LLM 기업 하나 정도는 포함시킨다. 하지만 실제 사업에서 LLM 기업이 하는 역할은 미미하다. 전체 사업비의 10%도 안 되는 경우가 대부분이다. 나머지 90%는 여전히 구식 기술로 채워지고, 맛보기로 LLM을 반짝 프로토타입으로 포장한다.

이런 기업들이 살아남는 이유는 단순하다. 공공조달 시스템을 너무 잘 알기 때문이다. 어떤 서류를 어떻게 작성해야 하는지, 평가 기준을 어떻게 맞춰야 하는지, 감사를 어떻게 피해야 하는지 훤히 꿰고 있다. 기술 혁신은 없어도 "행정 혁신"은 완벽하다.

문제는 이런 기업들이 공공 시장을 독점하면서 진짜 혁신 기업들의 진입을 막는다는 것이다. 매년 비슷한 얼굴들이 평가장에 나타난다. 제안서도 비슷하고, 기술도 비슷하다. 하지만 "안정적"이기 때문에 계속 선택받는다. 혁신은 위험하지만, 현상 유지는 안전하니까.

공공 의존 기업의 한계

공공 사업에 목매는 기업들의 발전에는 명확한 한계가 있다. 그 이유는 크게 3가지다.

첫째, 혁신 동력을 잃는다. 공공이 요구하는 수준만 맞추면 되기 때문에 그 이상의 기술 개발 필요성을 느끼지 못한다.

둘째, 시장 경쟁력이 떨어진다. 공공 시장의 특수성에만 최적화되어 민간 시장에서는 경쟁력이 없다. 글로벌 시장? 꿈도 꾸지 못한다.

셋째, 불안정성이 크다. 정권이 바뀌거나 정책이 바뀌면 한순간에 무너질 수 있다. 예산 삭감은 곧 회사의 존립 위기다.

최근 독자 LLM 개발 사업의 진척을 지켜보면서 문제점이 더욱 확실해졌다. 네이버, LG, 업스테이지 같은 경쟁력 있는 대기업, 스타트업들이 보여주는 기술력과 비전은 공공조달 기업들과는 차원이 달랐다. 이들은 공공 사업을 하나의 레퍼런스로 볼 뿐, 주력 사업은 민간과 글로벌 시장에 위치한다. 그래서 혁신할 수 있고, 성장할 수 있다.

반면 공공 전문 기업들은 여전히 제자리다. 매년 비슷한 사업에 비슷한 제안을 한다. 기술은 정체되고, 비전은 없다. 그저 내년 예산이 얼마나 될지, 어떤 사업이 나올지만 신경 쓴다.

한 중견 SI 기업 임원이 술자리에서 한 말이 기억난다. "우리도 알아요. 이렇게 해서는 미래가 없다는 것. 하지만 당장 우리 회사의 고급 개발자들에게 월급을 줘야 해요. AI로 전환하면 좋지만, 이 직원들을 책임져야 하죠. 혁신? 그건 여유 있는 기업들이나 가능한 것입니다."

혁신 생태계를 위한 공공조달의 재설계

이런 현실을 개선하려면, 공공조달 시스템의 근본적인 재설계가 필요하다.

우선 **첨단 기술분야에 한해서라도 대기업 참여 제한을 완화해야 한다.** 또 공공 실무자들이 대기업 참여 제한을 풀기 위해 거쳐야 하는 너무도 번거로운 절차 역시 간소화해야 한다. 그래야만 최고의 기술이 공공에 도입되어 국가 경쟁력이 높아질 수 있지 않을까.

또 하나, **평가 방식도 변화해야 한다.** 조달청 등에서 영상과 PT, 제안서로 평가하는 현행 방식에서 벗어나야 한다. 실제 기술 시연까지 평가에 반영할 수 있으면 좋다. 물론 모든 평가 항목을 무로 돌리고 결과만 평가하자는 말은 아니다. 보기 좋은 떡이 먹기도 좋다고, 제안서와 PT가 기준 미달인 기업은 실제 사업도 엉망으로 수행하기는 하기 때문이다.

마지막으로, **스타트업들을 위한 별도 트랙이나 발주 방식이 필요하다.** 실적 요구를 완화하고, 기술력과 성장 가능성을 중심으로 평가해야 한다. 그러자면 실패를 용인하고 도전을 장려하는 문화가 필요하지만, 공공에서 실패는 곧 감사로 이어진다는 점은 걱정이긴 하다.

이때 다양한 발주 방식 도입이 물꼬를 틀 '키'가 될 수 있다. 유럽의 GovTech나 민간공모 방식이 어떤 측면에서는 오히려 혁신적인 발주 방식이다. GovTech는 민간이 기술을 정부에 제안하는 방식이고, 민간공모는 정부가 해결하고 싶은 문제를 공개하고 민간이 솔루션을 제안하는 방식이다. 상세는 좀 다르지만, 두 방식 모두 공공의 이익 증대에 효과적일 수 있다. 그 이유는 명확하다.

첫째, 진입장벽이 낮다. 기존 실적이나 자본금 기준이 아니라 아이디어와 기술력으로 평가받는다. 1인 개발자도, 창업 1년차 스타트업도 참여할 수 있다.

둘째, 실패 비용이 적다. 처음부터 수억원짜리 대형 용역을 발주하는 게 아니라, 작은 예산으로 프로토타입을 만들고 검증한 후 확장한다.

셋째, 속도가 빠르다. 2년짜리 사업 대신 몇 개월 단위로 빠르게 시도하고 결과를 확인할 수 있다.

물론 한계도 있다. 일회성 공모에 그치거나, 실제 정부 구매로 이어지는 비율이 낮을 수 있다. 하지만 중요한 것은 방향성이다. 공공발주가 '검증된 기업만 가능한 폐쇄적 시장'이 아니라 '누구든 좋은 아이디어로 도전할 수 있는 열린 시장'이 될 수 있다는 가능성을 명시할 필요가 있다.

매년 같은 기업들이 같은 기술로 같은 사업을 반복하는 현재 구조로는 공공부문의 혁신은 요원하다. 좋은 기업들이 공공 사업에 참여하고 싶게 만드는 환경을 조성해야 한다. 그래야 공공 서비스의 질이 높아지고, 궁극적으로 국민이 혜택을 본다. 재탄생한 공공 발주가 혁신의 무덤에서 혁신의 마중물이 되기를 기대해본다.

AI 시대, 공공기관 평가제도의 패러다임 전환

#28

970조 공공예산, 40년 평가제도의 충격적 현실

최근 참석한 새정부의 공공 거버넌스 세미나에서 나는 충격적인 수치를 접했다. (출연금 등 일부 중복예산이 있기는 하지만) 한 해 정부 예산이 600조인데 비해, 공공기관 전체 예산은 970조에 달한다는 것이었다. 더 놀라운 것은 우리의 경영평가 제도가 40년 전통을 가지고 있다는 사실이다.

현재 331개에 달하는 공공기관들이 공기업, 준정부기관 등 턱없이 소수인 카테고리로만 나뉜 채 일률적으로 평가받고 있다. 일례로 준정부기관 하위 카테고리인 기금집행형과 위탁집행형에 속하는 기관들 역시 사이즈부터 직원 수, 예산에 이르기까지 하는 일과 규모가 천차만별인데, 그럼에도 불구하고 거의 동일한 잣대로 S부터 E까지 등급을 받는다. 평가 결과는 경영평가 성과급 차등지급으로 연결된다.

이런 일률적 평가의 문제는 기관 내부로도 그대로 이어진다. 부서평가에서는 담당 업무가 명백히 다른 지원 부서와 사업 부서가 국민 소통, 동반성장, ESG 등 공통 지표로만 평가를 받는다. 개인 평가도 마찬가지다. 10년차 베테랑 직원과 1년차 신입직원이 같은 그룹에서 업적과 역량을 평가받아야 한다.

정책 입안자들은 수요자 중심 정책을 강조하지만, 실제로는 국민을 하나의 덩어리로 보고 천편일률적인 정책을 제공하는 경우가 많다. 이는 다수를 먼저 챙겨야 하는 민주주의 원칙과 행정의 편의주의가 결합된 결과일 수도 있다. 그 결과 어쩌면 우리 스스로까지도 이런 편의주의적 관점, 즉 공급자 중심의 관점에서 평가를 하고, 평가를 당하고 있는 것 아닐까? 한번 생각해보아야 할 문제다.

우리 스스로까지도 이런 편의주의적 관점,
즉 공급자 중심의 관점에서
평가를 하고, 평가를 당하고 있는 것 아닐까?

편의주의적 평가가 만든 공정성의 역설

인사팀에 있을 때 평가제도 개편을 주도했던 경험이 있다. 반기마다 하던 평가를 연 1회로 조정하고, 업적과 역량을 분리하고, 업적계약서를 작성하고, 코칭과 피드백을 의무로 넣고, 조직평가를 별도로 분리하는 과정에서 직원들로부터 상당한 반발을 받았다. "예전에는 놀면서 D 받았는데, 이제는 귀찮게 D 받게 되었다"는 푸념도 많이 들었다.

이 과정에서 '공정성'에 대한 근본적인 의구심이 들었던 것도 사실이다. 이런 잣대로 업적과 역량을 평가하는 것이 과연 공정한가? 공정과 공평이란 가치 아래 평가의 합리성을 배웠지만, 이게 옳은지는 계속 물음표였다. 50여 명의 부서원을 같은 평가군으로 묶고, 10여 개의 각기 다른 부서와 330여 개 기관을 동일 기준으로 줄 세우는 것이 올바른 방향일까.

현재의 평가제도는 정량화의 함정에 빠져 있다. 계량지표에 익숙해진 평가 대상자들은 지표 조작을 통해 모두가 만점을 받을 수 있는 방법을 찾아낸다. 계량 만점을 받지 못하는 사람이 바보가 되는 형편이다. 본래 목적인 성과 향상보다는 지표 게임에 매몰되는 상황이 반복된다.

AI가 가져올 맞춤형 평가의 가능성

나는 요즈음 AI 기술의 발전이 평가제도에 새로운 패러다임을 제시할 수 있다고 생각한다. 각 기관의 고유 미션, 부서의 특성, 개인의 역량과 경험을 종합적으로 고려해 개별화된 AI 평가 시스템을 구축함으로써, 획일적 기준 대신 맞춤형 성과측정이 실현 가능해지기 때문이다.

예를 들어 331개 공공기관을 단순히 4개 유형으로 분류하는 대신, 각 기관의 설립 목적, 사업영역, 규모, 비전과 미션, 주요 사업 등을 AI로 종합 분석해 수십 개의 세분화된 벤치마킹 그룹을 만들 수 있다. 그리고 비슷한 미션과 환경을 가진 기관들끼리 비교 평가하면 더 의미 있는 결과를 얻을 수 있다.

부서평가에서도 마찬가지다. 기획 부서는 정책 수립의 적절성과 실행계획의 구체성을, 현업 부서는 목표 달성도와 국민 만족도를, 지원 부서는 내부 고객 만족도와 업무 효율성을 중심으로 평가하는 맞춤형 시스템이 가능하다.

개인 평가에서는 더욱 정교한 접근이 가능하다. 경력 단계별, 직무별, 개인 특성별로 차별화된 평가 기준을 적용하고, 개인의 성장 궤적을 추적해 상대평가보다는 개인 발전도를 중시하는 평가로 전환한다면, 진정한 평가가 되지 않을까.

데이터 기반 평가의 딜레마와 해법

하지만 AI 기반 평가가 실현되려면 먼저 충분한 데이터 축적이 전제되어야 한다. 현재 대다수 공공기관이 단편적이고 정형화된 데이터만을 기록하고 있고, 이를 통해 AI가 의미 있는 분석을 하기에는 한계가 있다.

더 큰 우려는 프라이버시와 인간성의 문제다. 만약 AI 에이전트가 개인의 업무용 노트북을 돌아다니며 모든 활동을 모니터링한다면, 그것은 분명 비인간적인 감시체계가 될 것이다. 조지 오웰의 『1984』에 나오는 '빅브라더'를 연상시킬 수 있다.

그러나 역설적으로 AI 평가가 더 공정할 수도 있다. 평가자의 주관과 편견, 인간관계의 영향을 받지 않기 때문이다. 여기서 관건은 투명성과 설명 가능성을 확보하는 데 있다. AI가 어떤 데이터를 바탕으로 어떤 논리로 평가했는지를 명확하게 제시할 수 있다면, 오히려 현재의 블랙박스식 평가보다 더 신뢰할 수 있는 시스템이 될 수 있다고 본다.

동시에 AI 평가는 단순한 등급 매기기를 넘어 개인과 조직의 발전 방향을 제시하는 코칭 시스템으로 진화할 수 있다. 약점을 지적하는 데 그치지 않고, 구체적인 개선 방안과 학습 경로를 추천하는 방식으로 말이다.

성장과 민생을 위한 평가 혁신의 비전

새정부는 "성장과 민생에 기여하는 공공기관 경영 혁신"을 내세우고 있다. 이 목표를 달성하려면 공공기관 경영평가 제도부터 근본적으로 바뀌어야 한다. 성과급 나누기를 위한 줄 세우기가 아니라, 진정으로 국민의 삶에 기여할 수 있는 역량을 기르고 발현하도록 돕는 평가제도로 말이다.

그렇기에 AI 시대의 평가는 다음과 같은 방향으로 진화해야 한다.

- **획일성에서 다양성으로의 전환:** 모든 기관과 부서, 개인의 고유한 특성을 인정하고 그에 맞는 평가 기준을 적용해야 한다.
- **평가에서 성장으로의 패러다임 변화:** 과거의 성과를 측정하는 것을 넘어 미래의 발전 가능성을 키우는 방향으로 나아가야 한다.
- **경쟁에서 협력으로의 문화 전환:** 공공에서의 성과 평가는 제로섬 게임이 아닌 상생과 협력을 통한 전체 성과 향상으로 방향을 전환해야 한다.

AI 시대의 평가 혁신은 단순한 기술 도입이 아니라 공공 거버넌스의 근본적 변화를 의미한다. 보다 공정하고 합리적이며 인간적인 평가제도를 통해, 진정으로 국민을 위해 일하는 공공으로 거듭날 수 있기를 희망한다. 물론 연말에 팀장으로서 조직평가와 업적, 역량평가를 받는 한편으로 부하 직원의 업적과 역량을 평가해야 하는 입장인지라 걱정이 앞서기는 하지만, 조심스레 AI 평가시대가 열리기를 기대해본다.

공공 AI 전환, 경영평가 1.5점이 바꿀 미래

#62

경제부총리가 직접 나섰다는 의미

10월 28일, 평소와 다른 분위기의 행사가 열렸다. 기획재정부 장관 겸 경제부총리가 직접 주최한 '인공지능 초혁신경제를 이끌다'라는 대규모 워크숍이었다. 민간 기업 CEO, 학계 교수, 세계은행 관계자 등 약 300명이 참석했고, 그 중심에는 100여 공공기관의 기관장들이 자리하고 있었다.

경제부총리가 직접 나서서 공공기관 기관장들을 모았다. 의미하는 바는 명확하다. 정부가 공공기관의 AI 전환을 국가적 과제로 받아들이고 있다는 신호다. 단순한 권고가 아니라 강력한 의지의 표현이다.

핵심 메시지는 간결하고 명확했다. **"공공이 변화의 중심에 설 때 인공지능 전환이 완성된다."** 맞는 말이다. 아무리 민간 부문에서 AI가 발전해도, 국민과의 접점이 가장 큰 공공부문이 변하지 않으면 국민들은 AI 시대의 혜택을 체감할 수 없다. 행정, 산업, 안전, 복지 등 일상의 모든 순간에 공공기관이 있기 때문이다.

공공기관 경영평가 1.5점의 무게

공공기관은 경영평가에 민감하다. 이것은 누구도 부정할 수 없는 사실이다. 나 역시 공공기관에서 일하면서 경영평가가 얼마나 조직을 움직이는 강력한 동력인지 체감하고 있다. 공공기관을 움직이려면? 간단하다. 경영평가 점수를 건드리면 된다.

공공기관 경영평가에 2026년부터 인공지능 혁신 성과가 1.5점 반영된다. 100점 만점 중 1.5점. 언뜻 보면 작아 보일 수도 있다. 하지만 공공기관 현장에서 일하는 사람이라면 안다. 1.5점이 결코 작은 점수가 아니라는 것을. 더구나 이 1.5점은 가산점이다. 다른 기관보다 AI 전환을 잘하면 경영평가에서 앞서갈 수 있다는 뜻이다. 공공기관들이 앞다투어 AI를 도입할 것은 불 보듯 뻔하다. 아니, 이미 시작되었다.

행사가 끝나고 나서 쏟아진 문의가 그것을 증명한다. “우리 기관도 AI 전환을 시작하려고 하는데, 어떻게 해야 하나요?”, “MOU 체결이 가능한가요?”, “컨설팅을 받을 수 있나요?” 1.5점이 만든 변화다.

냉소적으로 보면, 진짜 AI가 필요해서가 아니라 경영평가 점수 때문이라고 할 수도 있다. 하지만 나는 이것도 나쁘지 않다고 생각한다. 동기야 어찌됐든 일단 움직이면 변화는 따라온다. 억지로라도 AI를 도입하다 보면, 그 과정에서 진짜 필요성을 깨닫게 될 것이다.

억지로라도 AI를 도입하면, 진짜 필요성을 깨닫게 될 것이다.

AX, 단순한 도입을 넘어 전환으로

‘AX(AI Transformation, 인공지능 전환)’라는 개념이 화두다. AX는 단순히 AI

를 활용하는 수준을 넘어, **조직과 업무 전반에 AI를 내재화하여 실질적 성과를 이루는 것**을 의미한다. '활용'과 '전환'은 다르다. 활용은 기존 방식에 AI라는 도구를 추가하는 것이다. 전환은 AI를 중심으로 업무 방식 자체를 재설계하는 것이다.

예를 들어, 민원 상담에 챗봇을 도입하는 것은 '활용'이다. 하지만 민원 처리 프로세스 전체를 AI 중심으로 재설계하는 것은 '전환'이다. 민원 접수부터 분석, 배분, 처리, 모니터링까지 모든 과정을 AI가 관리하는 것. 이것이 진짜 AX다.

많은 공공기관이 AI를 도입했다고 자랑한다. 하지만 실제로 들여다보면 아직까지는 '활용' 수준에 머물러 있다. 기존 시스템에 AI 모듈을 하나 추가해놓고 "우리도 AI 쓰고 있습니다"라고 말한다. 업무 방식도, 조직 문화도, 성과 관리도 그대로다. AX는 다르다. 조직 전체가 변해야 한다. 업무 프로세스부터 의사결정 방식, 심지어 조직 구조까지 재편될 수 있다. 그래서 어렵기도 하지만, 나아가야 할 방향이다.

ASSET 성숙도 모델로 본 우리의 현주소

우리 기관이 제시하는 AX 성숙도 모델의 이름은 'ASSET'이다. 'AI Strategy Stages and Evaluation Tool'의 약자다. AI를 조직의 자산(Asset)으로 만들어간다는 의미도 담겨 있다.

ASSET은 AX 성숙도를 5단계로 나눈다. **1단계 인식**(Awareness), **2단계 기반 구축**(Setup), **3단계 활용 전면화**(Systemization), **4단계 고도화**(Enhancement), **5단계 전환 완료**(Transformation).

현재 대부분의 공공부문은 1~2단계에 머물러 있다. 반면 네이버, 카카오 같은 IT 기업들은 이미 3~4단계에 진입했다. AI를 업무 전반에 활용하고 있고, 자체 AI 모델까지 개발하고 있기도 하다.

이 격차가 문제다. 민간은 빠르게 달리는데 공공은 출발선에 서 있다. 국민들은 민간 앱에서 AI 추천과 상담을 당연하게 쓰는데, 공공 서비스는 여전히 수동이다. ASSET 모델의 의미는 여기에 있다. 우리가 어디에 있고, 어디로 가야 하는지 명확하게 보여주는 것이다.

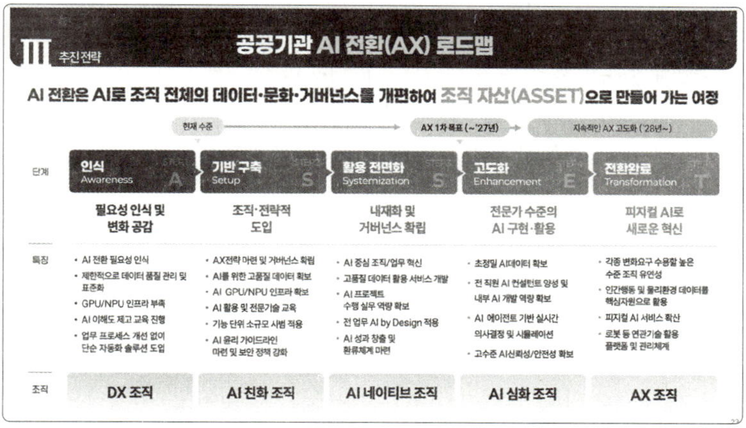

ASSET 성숙도 모델 5단계

단계별 전환 전략

ASSET 모델로 자신의 위치를 파악했다면, 이제 움직일 차례다. 각 단계의 전환을 이룩하기 위한 기본 방향을 간단히 알아보자.

☑ 1단계 → 2단계

리더의 역할이 결정적이다. 리더가 직접 선언하고, 자원을 배분하고, 책임자를 지정하는 등 조직을 재정비해야 한다.

☑ 2단계 → 3단계

프로세스 전면 재설계가 필요하다. 기존 업무를 그대로 두고 AI를 얹는 게 아니라, AI를 전제로 업무를 다시 설계해야 한다.

- **3단계 → 4단계**
  가이드라인과 품질 관리가 핵심이다. AI 활용이 확대되면 혼란도 따른다. 이때 체계적인 거버넌스가 필요하다.

- **4단계 → 5단계**
  성과관리와 지속적 혁신이 필요하다. AI가 실제로 성과를 내고 있는지 측정하고 계속 개선해야 한다.

5단계에 도달했다고 끝이 아니다. 혁신은 계속되어야 하고, 이를 위해서는 인센티브가 필요하다. 혁신하는 사람과 조직이 인정받고 보상받아야 계속 나아갈 수 있다.

1.5점이 만들어낼 변화, 그리고 우리의 책임

경영평가 1.5점. 이 숫자가 공공부문의 거대한 변화를 촉발할 것이다. 300여 개 공공기관이 앞다투어 AI 전환에 나설 것이고, 시행착오와 성공이 교차할 것이다. 우리 기관의 역할은 그 과정을 지원하는 것이다. 각 기관이 헤매지 않도록 길을 안내하고, 실패를 최소화하며, 성공 사례를 확산시키는 것. 쉽지 않지만 해야 하는 일이다.

다시 말해 우리 기관이 그 변화의 최전선에 서 있다. 벅차기도 하고 설레기도 한다. 공공부문이 정말로 변할 수 있다는 가능성을 보고 있기 때문이다. AI 전환의 핵심은 기술이 아니라 사람이다. 그리고 그 사람들을 움직이게 하는 것은 결국 동기부여다. 1.5점은 시작점일 뿐, 그 작은 불씨를 거대한 변화의 불꽃으로 키워내는 것이 우리의 몫이다. 공공 AI 전환의 진짜 드라마는 지금부터 시작이다.

공공부문 AI 활용의 빛과 그림자

#60

숫자로 보는 공공부문 AI 활용의 빛과 그림자

기획재정부가 제7차 공공기관운영위원회를 통해 발표한 AI 활용 동향과 「공공의 AI 활용 연구보고서」를 보고 여러 가지 생각이 들었다. 조사 대상 343개 공공기관 중 38.4%인 132개 기관이 AI를 활용해 공공서비스를 제공하고 있다. 총 381건의 AI 과제가 진행 중이다. 언뜻 보면 상당한 진전이다. AI 융합 서비스를 기획하는 입장에서 고무적인 숫자처럼 보였다.

하지만 자세히 들여다보면 다른 그림이 보인다. 공공기관 종사자 3,027명을 대상으로 한 인식도 조사는 더 구체적인 현실을 보여준다. 공기업과 준정부기관의 AI 활용률이 각각 74.2%, 73.3%로 압도적으로 높은 반면, 기타 공공기관은 25.8%에 그친다.

활용 수준에서도 공기업(2.74점)과 준정부기관(2.85점)이 기타 공공기관(2.17점)보다 통계적으로 유의미하게 높다. 하지만 5점 만점에 3점도 안 되는 수준이다. 대부분 챗봇이나 단순 자동화 같은 초기 단계에 머물러 있다는 의미다. AI 프로젝트를 직접 진행해본 입장에서 이 수치가 정확히 무엇을 의미하는지 안다. AI 서비스를 활용한 혁신과는 거리가 멀다.

희망적인 신호도 있긴 하다. AI 활용 필요성에 대한 인식은 매우 긍정적이다. 공기업(4.38점), 준정부기관(4.29점), 기타 공공기관(4.07점) 모두 AI의 중요성을 인정한다. 특히 생산성 향상과 안전관리 제고에 대한 기대가 크다. 문제는 '어떻게'다. 인식과 실행 사이의 간극이 너무 크다.

현장이 말하는 진짜 장애 요인들

설문조사가 밝혀낸 장애 요인들을 보면서 고개를 끄덕였다. 공기업은 전문 인력 부족을, 준정부기관과 기타 공공기관은 예산 부족을 가장 큰 장애 요인으로 꼽았다. 같은 공공기관이지만 처한 상황이 이렇게 다르다.

AI 시스템 구축 혹은 서비스 개시를 위해서는 초기 투자가 크게 필요한데, 단년도 예산 체계와 경직된 예산 구조로는 대응이 어렵다. 성과가 나오려면 2~3년은 걸리므로, 1년 단위로 평가받는 구조에서는 도전하기 어렵다. 또 AI를 제대로 도입해본 전례가 부족하기 때문에 예산을 따기가 쉽지는 않다. 그나마 올해는 'AI'를 겨냥한 다양한 이름의 예산이 투입되어 한숨을 돌리게 되었다.

또 하나의 문제는 눈에 보이지 않는 두려움이다. 공공부문 종사자들은 공통적으로 개인정보 유출, 기술 오작동, 책임 소재 불명확을 AI 도입의 주요 우려 요인으로 인식하고 있다. 특히 책임 문제가 심각하다. AI가 잘못된 결정을 내렸을 때 누가 책임질 것인가? 결정까지 가지 않더라도 뭐든지 국민에게 서비스되는 입장에서는 부담스럽다.

앞서 언급했듯이, 데이터 품질도 큰 걸림돌이다. 조사 결과 기관 보유 데이터를 AI에 바로 활용하기 어렵다는 문제 의식이 높게 나타났다. 데이터가 산재되어 있고, 형식이 제각각이며, 품질도 들쭉날쭉하다. 어떤 기관은 메타데이터 구조부터가 완전히 엉망이었다. 데이터 정제와 표준화에만 수개월이 걸린다. AI 도입 이전에 데이터 정비가 먼저다.

우수사례가 증명하는 AI의 실질적 가치

그럼에도 성과를 내는 기관들이 있다. 기획재정부가 제시한 대표 사례들을 보면, 우리가 컨설팅하고 발주한 사례들도 보인다. AI의 실질적 가치가 명확하다.

근로복지공단의 '산재보험 AI 의학 자문 시스템'은 상병코드, 연령대, 성별 등 23개 변수를 분석해 요양일수를 예측한다. 그 결과 산재 처리 기간이 5일에서 1일로 단축됐다. 의사결정의 일관성도 크게 향상됐다. 이건 AI가 잘하는 영역이다. 반복적이고, 패턴이 명확하며, 데이터가 충분하다.

한국전력공사는 감시카메라와 AI 기반 분석장치를 결합해 재해재난 조기대응 시스템을 구축했다. 실시간 종합감시와 정보 공유로 재해재난에 신속히 대응할 수 있게 됐다. 신용보증기금은 보유한 기업정보 데이터를 활용해 경영진단, 기업 지원사업 성과분석 등의 서비스를 제공한다.

이런 사례들은 **AI가 단순한 유행이 아니라 실질적 가치를 창출하는 도구임을 증명한다.** 아쉬운 점은 이런 성과가 일부 선도 기관에 집중되어 있다는 점이다. 예산이나 인력만의 문제는 아니다. 명확한 문제 정의, 적절한 기술 선택, 그리고 추진력이 있어야 본격적인 AI 도입이 가능하다.

정부의 4대 정책, 그리고 현장의 기대

AI 도입과 관련하여 공공기관운영위원회가 제시한 정책 방향은 크게 다음 4가지다.

- ☑ AI 소위원회 설치와 AI 서포터즈 운영
- ☑ AI 전담 인력 확대와 예산운용지침을 통한 투자 확대
- ☑ 경영평가에 AI 활용 실적 포함과 우수기관 포상
- ☑ AI 활용 우수사례 발표대회와 기술마켓 내 'AI 전용관' 신설

특히 주목할 만한 것은 공공기관이 공동으로 활용할 '범용 AI 모델'의 개발이다. 각 기관이 따로 개발하는 비효율을 줄이겠다는 전략이다. 현장에서 일하는 사람으로서는 이건 정말 필요한 사업이고, 잘되면 좋겠다는 생각이 든다. 똑같은 챗봇을 100개 기관이 따로 만들 이유가 없다.

그러나 정책 추진을 가까이에서 보는 입장에서 솔직히 말하면, 이런 정책들이 실제로 얼마나 효과를 낼지는 미지수다. 문제는 정책이 아니라 실행이기 때문이다. AI 서포터즈를 운영해도 현장에서 제대로 활용하지 못하면 무용지물이다. 경영평가에 AI 실적을 포함해도 형식적인 과제만 늘어날 수 있다.

진짜 필요한 것들 중 하나는 책임 소재를 명확히 하는 제도적 장치다. AI의 결정에 대한 책임을 개인이 아닌 조직이 지도록 하는 방안이 필요하다. 그래야 공공에서 두려움 없이 AI를 도입할 수 있다.

AI의 결정에 대한 책임을
개인이 아닌 조직이 지게 해야 한다.

협업의 필요성과 현실의 벽

조사 결과에서 또 하나 흥미로웠던 점은 현재와 미래의 AI 활용 분야가 유사하게 나타났다는 점이다. 현재 공공부문 종사자들은 생산성 향상, 서비

스 제공, 민원 응대 중심으로 AI를 활용 중인데, 미래 AI 활용 유망 분야에서도 같은 인식을 보인다. 특히 공기업은 안전관리 분야(14.5%)에서 AI 기술 활용 비중이 높다.

협업에 대한 의지도 높다. 설문 결과 타 기관과의 협력 필요성에 공감하고 있으며, 특히 공공기관 간 협업을 우선시한다. 하지만 실행은 다른 문제다. 기관 간 데이터 공유는 법적 제약이 많고, 시스템 연계는 기술적으로 복잡하다. 자기 성과만 챙기는 구조다 보니, 협업의 인센티브도 부족하다.

내가 진행했던 프로젝트에서도 이 문제를 절감했다. 여러 기관의 데이터를 연계하려고 했는데, 개인정보 이슈 등으로 법적 검토만 몇 개월이 걸렸다. 결론적으로는 API를 통해 해결할 수 있는 부분이 많았지만, 모든 기관이 이런 시도를 할 수 있는 건 아니다.

AI 전담인력과 부서 운영 현황 통계도 향후 과제를 보여준다. 공기업·준정부기관 중심으로 AI 전담인력·부서를 운영 중이지만, 설치율은 절반 이하다. AI를 일시적 유행이 아닌 지속가능한 혁신 동력으로 보지 못하고 있다는 증거다. 전담 조직 없이 AI 혁신을 이루기는 어렵다.

38.4%에서 100%로, 그리고 그 너머

38.4%의 활용률은 시작일 뿐이다. 남은 62%를 어떻게 끌어올릴 것인가가 진짜 과제다. 기획재정부가 밝힌 것처럼 정책별 세부이행계획을 마련하고 추진해야 한다. 하지만 AI 융합 서비스를 직접 기획하고 현장에서 부딪혀 본 입장에서 말하자면, 더 중요한 것은 마인드셋의 변화다.

AI를 위협이 아닌 기회로, 대체재가 아닌 보완재로 인식해야 한다. 실패를 두려워하지 말고 도전해야 하며, 성공 사례는 적극 공유해야 한다. 그래야 2.7점의 활용 수준이 5점이 될 수 있다.

또한 공공의 AI 도입에 있어 100%가 목표가 될 필요는 없다고 본다. 즉, 모든 기관이 AI를 도입할 필요는 없다. AI가 적합하지 않은 업무도 분명 있다. 설명 가능성이 필요한 경우, 100%의 정확성이 요구되는 경우, 책임 소재가 중요한 경우에는 단순한 규칙 기반 시스템이 더 나을 수 있다.

중요한 건 AI가 잘할 수 있는 분야를 명확히 하고, 그 분야에서 제대로 된 성과를 내는 것이다. 38.4%가 진짜 혁신을 이룬다면, 그게 형식적으로 100%를 채우는 것보다 훨씬 낫다.

공공부문 AI 혁신의 성공은 단순히 공공기관의 효율성을 제고하는 수준을 넘어선다. 민간 AI 시장 창출의 마중물이 되고, 국가 AI 경쟁력의 기반이 된다. 물론 쉽지는 않다. 하지만 이미 성과를 내고 있는 선도 기관들이 그 가능성을 증명하고 있다. 이제 필요한 건 그들의 성공 요인을 정확히 분석하고, 따라 할 수 있는 구체적인 방법론을 만드는 것이다.

우리 기관에서 그 역할을 맡게 된다. 공공AI지원센터를 신설하여 선도 기관의 확산을 돕는다. 제대로 된 정책 방향이자, 우리 기관이 전문성을 발휘할 수 있는 좋은 기회라고 생각된다.

민간보다 낮은 공공 AI 역량, 개선 방법은?

#65

충격적인 격차, 그리고 650조 원의 기회비용

한국능률협회컨설팅이 조사해 발표한 AI 도입현황(2025년 9월)*에 따르면, AI를 전사 차원으로 도입한 민간기업은 37%, 공공기관은 13%라고 한다. 24%포인트 차이. 숫자로만 보면 별것 아닌 것 같지만, 이것은 공공부문이 민간보다 한 세대 뒤처져 있다는 의미다.

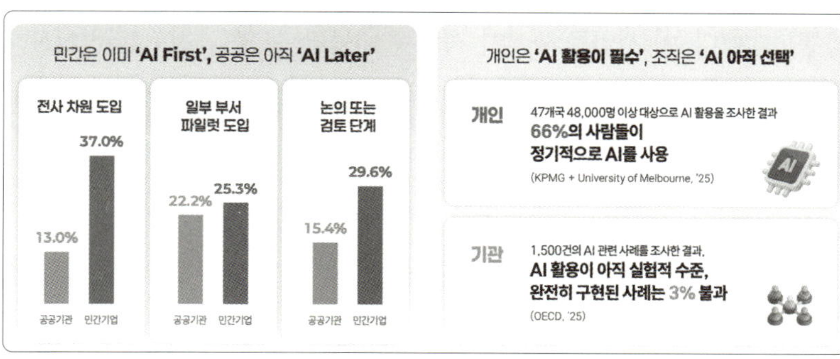

NIA AX 추진 전략 중 "지금 공공기관 AX는 어느 수준에 와 있는가?"

* 한국지능사회정보원. NIA AX 추진 전략. 2025.11.24. www.nia.or.kr/site/nia_kor/ex/bbs/View.do?cbIdx=99835&bcIdx=28771&parentSeq=28771

개인과 민간이 AI 활용이 일상인 가운데 공공부문에서는 기술, 예산, 위험 부담 때문에 실행보다는 검토 단계에 머문다. 47개국 48,000명 이상 대상으로 AI 활용을 조사한 결과 66%가 정기적으로 AI를 사용하고 있지만, 공공쪽에서는 아직까지 전통 방식이 대세다.

이런 격차는 왜 발생할까? 보수적 성향과 관료주의 때문이다. 새로운 것을 시도하기보다는 기존 방식을 유지하려는 경향이 강하다. 잘못되면 책임을 져야 하니까. AI 도입에 필요한 수많은 절차를 거치는 사이, 기술은 금세 구식이 되어버린다. 반면 민간은 좋은 AI 도구가 나오면 바로 구독하고, 빠르게 실험하고, 빠르게 적응한다.

McKinsey의 2024년 보고서*에 따르면, AI를 공공부문에 전면 적용할 경우 전 세계적으로 약 4,800억 달러 규모의 운영 효율성 제고 효과가 기대된다는 연구 결과가 있다. 한화로 약 650조 원. 지금 우리는 이 엄청난 기회를 놓치고 있는 셈이다.

더 큰 문제는 시간이다. 향후 1~2년이 공공 AI 전환 성공을 결정짓는 골든타임이다. 이 시기를 놓치면 격차는 되돌릴 수 없을 정도로 벌어진다. 157만 공무원과 공공기관 종사자. 이들 모두가 AI를 익히고 활용해야 진정한 행정 혁신이 가능하다.

공공에 필요한 것은 '차별화된' AI 교육

민간의 AI 교육은 이미 넘쳐난다. 하지만 공공부문에 필요한 교육은 다르다. 공공만의 차별화된 AI 리터러시 교육이 필요하다. 공공부문은 민간과

* McKinsey and the World Economic Forum 2024. www.mckinsey.com/featured-insights/week-in-charts/gen-ais-productivity-possibilities

다른 제약과 책임이 따르기 때문이다. 구체적으론 다음과 같다.

- ☑ **윤리와 보안에 특히 유의해야 한다.**
  국민의 개인정보, 기밀 정보, 보안이 필요한 정책 자료를 다룬다. 잘못 활용하면 엄청난 문제가 발생한다. 그래서 윤리와 보안에 대한 구체적인 가이드라인을 교육을 통해 주입하고, 제시해주어야 한다.

- ☑ **실제 성공 사례가 필요하다.**
  추상적인 개념이 아니라, 실제 사례를 중심으로 교육해야 한다. "A 기관은 AI 도입으로 민원 처리 시간을 50% 단축했다", "B 기관은 보고서 작성 시간을 70% 줄였다" 등이다. 이런 구체적인 사례가 "우리도 할 수 있다"는 실질적인 자신감을 만든다.

- ☑ **AI 사업 관리 역량을 키워야 한다.**
  공공부문 담당자들은 AI 사업을 발주하고 관리해야 한다. 정확도, 정밀도, 재현율 같은 핵심 개념은 반드시 이해해야 한다. 최소한 사업자와 대화할 수 있는 정도는 되어야 하는데, 이는 실전에서 쓰이는 개념이어야 한다.

- ☑ **예산과 성과 관리를 특별 교육해야 한다.**
  AI 사업은 SI 사업과 본질적으로 다르다. 구축보다 운영에 더 많은 비용이 든다. "AI 서비스 도입"이 끝이 아니며, "업무 시간이 얼마나 줄었습니다"가 진짜 성과다.

- ☑ **리더십 교육도 병행해야 한다.**
  팀장, 부서장, 기관장들이 "우리 조직의 AI 전환 로드맵을 어떻게 그릴 것인가?"라는 전략적 질문에 답할 수 있어야 한다.

공공 AI Lab: AI가 만드는 맞춤형 교육과 안전한 실험실

그러나 여러 현실적 제약으로 인해, 이런 '차별화된' 공공 전용 AI 교육을 당장 시행하기에는 또 쉽지가 않다. 그렇다면 **AI 에이전트가 직접 맞춤형 교육 과정을 설계하면 어떨까.** 공무원이 시스템에 로그인해서 간단한 설문을 하면, AI가 그 사람의 직무와 수준에 맞는 교육 과정을 제안한다. 학습 진도를 모니터링하고, 주기적으로 업데이트 교육도 추천한다. 157만 명을 위한 평생 학습 시스템이 기술적으로 이미 가능하다.

여기서 한 가지 더, 교육만으로는 부족하다. 공공부문 종사자들이 AI를 두려워하는 진짜 이유는 실패했을 때의 책임 때문이다. 민원 처리에 AI를 썼다가 환각 같은 문제가 생기면 곤란하니, 차라리 안 쓰는 게 안전하다. 실제로 모 기관은 실증사업 도중 민원 챗봇의 환각 문제로 곤욕을 치렀다. 이런 실패 사례들이 보수적인 사람들의 태도를 더 굳게 만든다.

그래서 생각해본 것이 **'공공 AI Lab'**이다. 한시적 규제 완화와 적극행정 면책을 보장하는 안전한 실험 공간이다. 공무원들이 마음껏 실험하고 실패할 수 있는 환경이 필요하다. 이 공공 AI Lab은 보안이 철저히 보장되고, 다양한 AI 도구들을 테스트할 수 있으며, 실습 프로젝트와 교류가 활발한 커뮤니티를 갖춘 공간이어야 한다. 실패가 두렵지 않으면 시도가 많아지고, 시도가 많아지면 성공도 따라온다.

역량과 문화, 두 바퀴가 함께 굴러가야

역량 강화와 실험 공간만으로는 부족하다. 문화 역시 바뀌어야 한다. 우수 사례를 공유하고, 해커톤으로 경쟁하고, 부처 간 협업하는 AI 친화적 문화가 필요하다. 가령 분기마다 '공공 AI 우수 사례 경진대회'를 열어보는 것도 좋겠다. 48시간 AI 해커톤도 좋다. A 부처의 데이터와 B 부처의 AI 역량을 결합해서 새로운 서비스를 만드는 협업 프로젝트도 필요하다.

가장 중요한 것은 실패 사례도 공유하는 것이다. 성공을 공유하면 사람들은 실패를 숨긴다. 하지만 현장에서 늘 느끼건대, 우리는 실패에서 더 많이 배운다. "우리는 이렇게 실패했고, 이렇게 개선했다"는 솔직한 공유가 있어야 같은 실수를 반복하지 않는다.

AI 도구들을 직접 사용하면서 깨달은 것이 있다. AI는 쓰는 만큼 보인다. 안 써보면 절대 모른다. 그래서 역량과 문화, 두 바퀴가 함께 굴러가야 한다. 역량만 있고 문화가 없으면 활용이 안 되고, 문화만 있고 역량이 없으면 실행이 안 된다. 이 둘이 조화를 이룰 때 진짜 변화가 일어난다.

역량만 있고 문화가 없으면 활용이 안 되고,
문화만 있고 역량이 없으면 실행이 안 된다.

13%는 현재 상태일 뿐, 우리가 만들 미래는 아니다

민간 37% vs. 공공기관 13%. 24%포인트 격차를 단순히 줄이는 것을 넘어, 역전할 수는 없을까?

충분히 가능하다고 믿는다. 공공부문에는 민간이 부러워할 만한 자산이 있다. **방대한 데이터, 명확한 업무 프로세스, 그리고 국민을 위한다는 명확한 목적**. 잘 활용하면 공공부문이 오히려 AI 활용의 모범이 될 수 있다.

하지만 지금 당장 움직여야 한다. 1~2년의 골든타임을 놓치면 안 된다. 차별화된 교육, 안전한 실험 환경, AI 친화적 문화. 이 세 가지가 공공 AI 역량 강화의 핵심이다.

13%는 현재 상태일 뿐이다. 157만 공무원과 공공기관 종사자 모두가 AI를 자유자재로 활용하는 그날, 우리는 24%p의 격차를 넘어 새로운 공공 서비스의 표준을 만드는 단계로 나아갈 수 있다. 이것이 AI 시대 공공부문의 진짜 사명이다.

젠슨 황 방한과 한국 AI 글로벌 3강, 그 가능성과 과제

#61

GPU 26만 장, 그리고 '세계 3강'이라는 달콤한 수식어

젠슨 황(Jensen Huang)이 한국에 왔다. NVIDIA CEO의 방한 소식과 함께, GPU 26만 장 특별 공급 약속이 장안의 화제가 되었다. 정부와 언론은 일제히 환호했다. "한국이 AI 글로벌 3강이 될 수 있다"는 희망 섞인 전망이 쏟아졌다. 하정우 AI 수석의 평가에 따르면, "이 정도 GPU 보유 수준이라면 세계 3강 진입이 가능하다"고 한다.

하지만 조금만 찬찬히 들여다보면 이야기가 달라진다. 정확히 말하면 '3위'가 아니라 '3위 그룹 중 선두'라는 표현이 더 적절하다. 3위부터 6위까지의 격차가 크지 않다 보니, 우리는 그 그룹 안에서 가장 앞서나갈 수 있는 위치에 있다는 뜻이다. 미국과 중국이라는 압도적인 1, 2위가 존재하는 상황에서, 그 뒤를 쫓는 추격 집단의 맨 앞자리를 놓고 경쟁하는 것이다.

솔직히 말해서, 이 정도면 나쁘지 않다. 하지만 '3강'이라는 수식어는 조금 과장된 측면이 있다. 마치 올림픽에서 동메달을 딴 선수에게 "세계 3대 강자"라고 부르는 것과 비슷하다. 틀린 말은 아니지만, 금메달리스트와 은메달리스트, 그리고 동메달리스트 사이의 간극을 무시한 표현이다.

AI 경쟁력은 인프라만의 문제가 아니다

AI를 평가하는 척도는 인프라만이 아니다. 스탠포드 HAI(Human-Centered Artificial Intelligence), Oxford AI Readiness Index 같은 글로벌 지수들을 들여다보면 명확하다. 이들은 AI 역량을 데이터, 인프라, 인재, 거버넌스 등 다차원적 요소로 평가한다.

물론 GPU 같은 인프라가 기본이다. 하지만 GPU만 많이 확보했다고 해서 AI 강국이 될 수 있는 것은 아니다. 마치 좋은 악기를 많이 갖고 있다고 해서 훌륭한 오케스트라가 되는 것이 아닌 것처럼 말이다. 데이터의 질과 양, 그것을 다룰 수 있는 인재, 산업 생태계, 그리고 무엇보다 이 모든 것을 조율할 수 있는 거버넌스가 필요하다.

한국의 현주소를 냉정하게 평가해보자. 데이터 측면에서는 나쁘지 않다. 디지털화된 행정 데이터, 의료 데이터, 제조업 데이터 등 상당한 양의 데이터를 보유하고 있다. 인재 측면에서도 KAIST, 서울대를 비롯한 주요 대학들에서 AI 인재를 배출하고 있고, 네이버, 카카오, 삼성 같은 기업들도 AI 연구에 활발히 투자하고 있다.

그리고 최근 국가인공지능전략위원회와 과학기술정보통신부 인공지능 전담조직 출범 등 거버넌스 측면에서도 발전하고 있다. 적어도 제도적 틀은 갖추어가고 있다는 뜻이다. 하지만 문제는 이 모든 요소가 유기적으로 연결되어 시너지를 내고 있느냐다. GPU 26만 장이 다른 요소들과 제대로 시너지를 내려면, 이를 제대로 활용할 수 있는 생태계가 필요하다.

GPU를 받는 것보다 중요한 것: 활용 프로세스와 생태계

NVIDIA로부터 GPU 26만 장을 받는 것도 좋다. 하지만 솔직히 말해서, 그것보다 더 중요한 것이 있다. 이 GPU를 어떻게 효율적으로 활용할 것인가에 대한 프로세스 정립이다.

GPU 등 컴퓨팅 자원을 어떻게 분배할 것인가는 생각보다 복잡한 문제다. 어떤 부처에, 어떤 기관에, 어떤 프로젝트에 얼마만큼의 GPU를 할당할 것인가? 우선순위는 어떻게 정할 것인가? 남는 자원은 어떻게 활용할 것인가?

이런 것들에 대한 명확한 체계가 없으면, GPU 26만 장은 그저 비싼 장비에 불과하다. 실제로 일본의 경우, AI 슈퍼컴퓨터를 만들었지만 활용률이 낮아서 문제가 되었던 사례가 있다. 우리는 그 전철을 밟아서는 안 된다.

특히 **국가적으로 컴퓨팅 자원을 공유할 수 있는 체계가 필요하다.** A 부처에서 사용하지 않는 GPU를 B 부처가 활용할 수 있도록 하는 것이다. 마치 클라우드 컴퓨팅의 탄력적 자원 배분처럼 말이다. 이를 위해서는 범정부 차원의 컴퓨팅 자원 관리 플랫폼이 필요하고, 그것을 운영할 수 있는 전문 조직도 필요하다.

동시에 **국내 AI 반도체 기업들이 풀스택 역량을 쌓을 방안도 함께 마련해야 한다.** NVIDIA에만 의존하는 것은 위험하다. 리벨리온, 퓨리오사 AI, 사피온 같은 국내 AI 반도체 스타트업들이 성장할 수 있는 환경을 만들어야 한다. 그들에게 AI 칩을 개발하고 검증할 기회를 주고, 공공 프로젝트에서 실증할 수 있는 장을 열어주어야 한다.

하드웨어만 있다고 해서 AI 강국이 되는 것은 아니다. 그 위에 돌아갈 소프트웨어, 그것을 활용할 인재, 그리고 무엇보다 이 모든 것을 연결하는 생태계가 필요하다.

GPU 26만 장은 시작점이지, 목적지가 아니다.

AX 기금, 소버린 AI를 위한 지속가능한 재원

소버린 AI(Sovereign AI)로 가는 길은 이제 되돌릴 수 없다. 더 이상 선택의 문제가 아니라 생존의 문제가 되어버렸다. 데이터 주권, 기술 주권, 알고리즘 주권. 이 모든 것을 확보하지 못하면, 우리는 영원히 미국과 중국이 만든 AI 생태계에 종속될 수밖에 없다.

이것이 바로 소버린 AI가 필요한 이유다. 우리만의 AI, 우리 정부와 국민이 안심하고 쓸 수 있는 AI, 데이터가 국외로 유출될 걱정 없는 AI. GPU 26만 장은 그 첫걸음일 뿐이다. 중요한 것은 그 GPU 위에서 돌아갈 우리만의 LLM을 만들고, 그것을 실제로 활용할 수 있는 생태계를 구축하는 것이다. 그리고 활용을 논할 때 빼놓을 수 없는 문제가 있다. '돈'이다.

실제로 AI 사업을 하면서 가장 많이 듣는 말은, "구축은 됐는데, 유지보수 예산이 없어서 못 쓰겠다"다. 전형적인 SI(System Integration) 사업의 문제점이라고 볼 수 있다. 시스템을 만드는 데는 돈을 쓰지만, 운영하고 개선하는 데는 인색하다. 최근 국가정보자원관리원 화재 이후 유지보수의 중요성이 조명받기는 했지만, 여전히 갈 길이 멀다.

그런데 AI 사업은 SI 사업과 근본적으로 다르다. 구축보다 유지보수에 비용이 더 많이 든다. 왜냐하면 AI는 끊임없이 학습하고, 추론하고, 재학습해야 하기 때문이다. 데이터는 계속 쌓이고, 모델은 계속 업데이트되어야 하며, 컴퓨팅 자원은 계속 소비된다. 이 문제를 해결하지 않으면, 우리는 영원히 '만들기만 하고 쓰지 못하는' AI 사업의 덫에 갇히게 될 것이다. 그래서 나는 **'AX 기금(Artificial Intelligence Transformation Fund)'**이라는 아이디어를 제안하고 싶다.

AX 기금의 핵심은 간단하다. 정부의 AI 지원을 받은 기업들이 일정 부분을 기금으로 출연하는 것이다. 독자 LLM 개발 지원을 받은 5개 기업,

GPU를 저렴하게 공급받은 기업들, 범정부 공통기반 사업자로 선정된 기업들. 이들이 받은 혜택의 일정 비율(예를 들어 5~10%)을 AX 기금에 출자하는 것이다.

물론, 정보통신발전진흥기금이나 방송통신발전기금처럼 주파수 판매 등 정부가 기업을 독려할 유인책이 없다는 것은 문제다. 실제로 AI 기업들이 수익을 내고 출자할 수 있는 시점은, 적어도 2030년 이후가 될 수도 있다.

그럼에도, 이 기금은 두 가지 용도로 사용될 수 있다. 첫째, **소버린 AI 개발을 위한 시드머니로 활용한다.** 구체적으로는 새로운 AI 기술 개발, 오픈소스 기여, 국제 표준화 활동 등에 투자할 수 있다. 둘째, **공공 AI 서비스의 유지보수 재원으로 사용한다.** 범정부 AI 플랫폼의 운영비, 모델 업데이트 비용, 인프라 유지비 등을 충당하게 될 것이다.

물론 이런 제안에 대해 기업들은 반발할 터다. "왜 우리가 받은 지원을 다시 내놔야 하는가?"라고 말이다. 하지만 생각해보면, 이들이 받은 지원은 결국 국민의 세금이다. 그리고 그들이 개발한 기술도 결국 공공의 데이터와 인프라를 활용한 것이다. 일정 부분을 환원하는 것은 당연한 의무이자, 생태계의 지속가능성을 위한 투자다.

진짜 3강으로 가는 길

젠슨 황의 방한과 GPU 26만 장 약속은 분명 좋은 신호다. 하지만 그것만으로는 부족하다. 우리가 진정한 AI 글로벌 3강이 되려면, 아직 갈 길이 멀다. 크게 주력해야 되는 핵심 포인트는 다음 3가지다.

첫째, **우리의 현주소를 정확히 파악해야 한다.** '3강'이라는 달콤한 수식어에 취해서는 안 된다. 우리는 3~6위 그룹의 치열한 경쟁 속에 있다. 싱가포르,

영국, 독일, 일본과 어깨를 나란히 하며 경쟁하고 있는 것이다.

둘째, **인프라를 넘어 생태계를 구축해야 한다.** GPU는 도구일 뿐이다. 그것을 활용할 인재, 데이터, 알고리즘, 그리고 무엇보다 이 모든 것을 조율할 거버넌스가 필요하다. 범정부 차원의 컴퓨팅 자원 관리 체계, 국내 AI 반도체 기업 육성, 공공 AI 서비스의 지속가능한 운영 방안 등을 함께 고민해야 한다.

셋째, **소버린 AI를 위한 지속가능한 재원을 마련해야 한다.** AX 기금 같은 혁신적 방안을 통해, AI 사업이 '만들기만 하고 못 쓰는' 전시행정에 그치지 않도록 해야 한다.

GPU 26만 장은 시작이다. 이제 우리는 그 위에 무엇을 세울 것인가를 고민해야 한다. 하드웨어를 넘어 소프트웨어로, 기술을 넘어 생태계로, 구축을 넘어 운영으로. 그래야 우리는 진정한 의미에서 AI 글로벌 3강이 될 수 있다. 화려한 수식어에 도취되지 말고, 냉정하게 현실을 직시하고, 착실하게 한 발 한 발 나아가야 한다. 그것이 AI 시대에 대한민국이 살아남는 길이다.

#03 국내 AI 기업의 허상과 현실, 진짜와 가짜 사이에서

#18 바이브 코딩, 명확한 의도와 끊임없는 수정이 성공의 열쇠

#20 RAG는 숟가락, 파인튜닝은 나이프

#27 한글 표를 읽는 업스테이지 AI, 기술이 현실을 따라잡다

#34 검색, 질문 그리고 대행의 시대, AI 혁명의 진화

#36 12명의 AI 전문가 인터뷰로 진단하는 한국 AI의 현주소

#37 애플의 AI 딜레마, 폐쇄된 생태계가 만든 혁신의 벽

#39 IT-BPO 강국에서 AI-BPO로, 인도의 20년 만보 행진

#40 뤼튼의 비즈니스 모델, AI 대중화의 성공과 지속가능성의 과제

#59 국내 AI 기업의 현주소, T0부터 T6까지 티어로 본 진짜 실력

#66 딜로이트의 색종이, 어떻게 접을 것인가? LG 경영연구원의 AI 도입 해법

PART ▶ 3

기업과 기술

3부에서는 기업과 기술을 살펴보며, 국내 AI 기업 생태계의 현실을 냉정하게 진단해봅니다. T0부터 T6까지, 진짜 실력을 가진 기업과 마케팅에만 의존하는 기업을 구분할 수 있어야 합니다. 우리의 투자와 선택이 진짜 기술력 있는 기업으로 향할 때, 대한민국의 AI 생태계가 건강하게 성장할 수 있습니다.

국내 AI 기업의 허상과 현실, 진짜와 가짜 사이에서

#03

착수보고회에서 드러나는 수준

AI를 활용, 확산하는 사업 기획을 맡고 있는 팀장으로서, 컨설팅 업체 및 AI 기업들과 협업을 하다 보면 한국의 AI 생태계가 한눈에 들어온다. 특히, 착수 보고회와 기업 간담회는 잔혹한 현실을 보여주는 무대다. 어떤 회사는 정말로 뛰어나고, 어떤 회사는 준비가 전혀 되어 있지 않다는 것이 적나라하게 드러난다. 그런데 더 충격적인 사실은, 내가 느낄 때 대부분의 회사가 후자에 속한다는 점이다.

많은 기업이 SI 기업에서 AI 기업으로 간판만 바꾸었다. 그들이 설명하는 AI를 들어보면 금세 실체가 드러난다. 여전히 구식 머신러닝 이야기를 하고 있고, RAG와 파인튜닝이 만능인 줄 안다. 오픈AI, 앤트로픽, X, 구글과 같은 기업들이 치열하게 경쟁하는 이 시대에, 그들의 AI는 마치 10년 전 컴퓨터공학 전공교재에서 튀어나온 것 같다.

사업을 해보면, 그들 기업의 구조가 크게 다르지 않을 거라는 예상은 대부분 맞다. 기존 SI 업계의 관행과 문화, 그리고 한계가 그대로 이어져 내려왔다. 다만 이제는 'AI'라는 그럴듯한 포장지를 씌운 채로 말이다.

오픈소스의 한계, 현실의 벽

구체적으로 들여다볼수록 현실은 더욱 처참해진다. 대부분 국내 AI 기업이 하는 일은 메타(Meta)의 Llama 모델을 가져와 조금 손보는 정도다. 그것도 대부분 오픈소스 도구를 활용하거나 (조금 더 성의가 있다면) 오픈소스에 자사 브랜드를 그럴듯하게 씌운 채, 수요에 맞춰 RAG를 구현하고 파인튜닝 해주는 수준이다. 특히 공공부문의 AI 도입은 이런 방식이 일반적이다.

하지만 그들이 구축한 RAG 혹은 파인튜닝의 수준을 보면 실망스럽다. 데이터가 제대로 정제되어 있지 않다는 근본적인 문제도 있겠지만, 그들의 실력에서 오는 한계가 분명하기 때문이기도 하다. 결국, 나오는 결과물은 우리가 이미 경험한 최고 수준의 AI와는 거리가 멀다.

문제는 이것이 단순히 기술적 한계만이 아니라는 점이다. 접근 방식 역시 잘못되어 있다. 해외의 최신 AI 모델들이 보여주는 창의성과 유연성을 무시한 채, 예측 가능하고 통제 가능한 결과물만을 추구하고 있다.

기대치와 현실과의 괴리

이렇게 만들어진 공공 AI 결과물에 대한 수요기관의 반응마저도 역시나 예측 가능했다. "AI 도입해도 별거 없다"라는 말이 나오는 것이 당연하다. 이미 ChatGPT, Claude 같은 최고 수준의 생성형 AI를 경험해본 사람들에게 SLM(소형 언어 모델)으로 만든 공공 AI는 그저 조금 똑똑한 챗봇 혹은 RPA, 그 이상도 이하도 아니다.

모든 질문에 답할 뿐 아니라 창의적인 아이디어까지 제공해주는 AI를 경험한 후에, 단순한 정보 검색을 되풀이하고 정해진 답변만 출력하는 AI를 마주하는 기분이란! 마치 스마트폰에 익숙해진 사람에게 2G 핸드폰을 건네주는 것과 같지 않을까.

물론 업스테이지나 네이버 같은 선도기업들은 다를 수 있다. 제대로 된 자체 AI 서비스를 보유하고, 수요처마다 맞춤형 컨설팅과 PoC를 제공한다. 하지만 극소수에 불과하다. 대부분은 AI의 껍데기만 가져와서 흉내만 내고 끝이다. 사용 여부는 전혀 신경 쓰지 않는다.

잘못된 관점, 본질은?

더 근본적인 문제는 AI를 사용하는 사람들의 관점일 수도 있겠다. 많은 사람이 AI를 '완벽한 결과물'을 만들어주는 기계로 생각한다. 즉, AI에게 질문을 던지면 완벽한 답이 나와야 한다고 기대하곤 한다. 이러한 이기적이고 편의주의적인 태도로는 당연히 그 결과에 실망할 수밖에 없다.

AI의 진정한 가치는 '과정'에 있다. AI는 우리의 사고를 확장시켜주는 도구일 뿐, 모든 것을 대신 해결해주는 만능 해결사가 아니다. AI와의 대화를 통해 문제를 새로운 관점으로 바라보고, 놓쳤던 부분을 발견하고, 구상한 아이디어를 발전시켜 나가는 것이 AI 활용의 핵심이 아닐까.

하지만 국내의 많은 AI 기업 및 도입 기관, 사용하는 개개인 모두가 이 본질을 완전히 놓치고 있다. 여전히 AI를 기존 시스템의 연장선상에서만 생각한다. 좀 더 똑똑한 검색 엔진, 좀 더 정확한 자동응답 시스템, 자동화 도구(RPA) 정도로만 여기고 있는 것이다.

변화를 수용할 수 있는 구조

어쩌면 이 모든 문제의 뿌리는 변화를 받아들이지 못하는 구조적 한계에 있는지도 모른다. 기존 SI 업계의 DNA가 그대로 이어진 AI 기업들은 혁신보다는 안정성을, 도전보다는 관례와 관행을 선택하기 마련이다. 공공부문 역시 마찬가지다. 진짜 혁신적인 AI 도입보다는 '도입했다'는 실적 쌓기, 경영평가 점수 얻기에만 관심이 있다.

이런 상황에서는 진정한 AI의 가치를 실현하기 어렵다. 형식적인 AI 도입, 수박 겉핥기식 AI 활용, 그리고 AI에 대한 실망과 포기, 무용의 악순환이 계속될 뿐이다.

하지만 여기가 우리나라 AI 산업의 끝은 아니다. 변화는 이미 시작되고 있고, 진짜 실력을 가진 기업들과 사람들이 천천히 두각을 나타내고 있다. 정부에서도 국가대표 LLM을 선발하여, 진짜를 가리는 중이다.

희망을 찾는 법

우리는 앞으로 어떻게 해야 할까? **먼저, AI가 모든 것을 해줄 것이라는 기대치를 수정해야 한다.** AI는 마법이 아니다. 좋은 도구이지만, 그 도구를 제대로 사용하려면 사용자의 역량도 중요하다. 겉으로 드러나는 화려한 마케팅에 속지 말고, 진짜와 가짜를 구분하는 안목을 기르는 것이 현명하겠다.

둘째, 직접 경험해보는 것 또한 중요하다. 일부 국내 기업들이 만든 가짜 AI 도구들만 써보지 말고, 세계 최고 수준의 AI들을 직접 사용해보아야 한다. 그래야 진짜 AI의 가능성이 무엇인지, 현재 우리가 어느 정도 수준에 있는지를 정확히 파악할 수 있다.

마지막으로, AI를 '과정'으로서 활용하는 방법을 배워야 한다. 완벽한 답보다는, AI와의 대화를 통해 생각을 확장하고 새로운 통찰을 얻는 방법을 익혀야 한다.

국내 AI 기업들의 현주소는 실망스러울 수도 있겠지만, 영원하지는 않다. 변화는 이미 시작되었고, 진짜 실력자가 가짜를 걸러내는 시대가 도래하리라. 지금 할 일은, 그 변화의 물결에 올라탈 준비를 하는 것이다.

바이브 코딩, 명확한 의도와 끊임없는 수정이 성공의 열쇠 #18

바이브 코딩, 아이디어만 있으면 코딩이 가능한 시대

바이브 코딩이란 **개발자가 생성형 인공지능의 도움을 받아 코드를 작성하는 행위**를 말한다. 프로그래밍을 할 때 사전에 엄밀한 논리나 설계를 바탕으로 하지 않고, 직감과 느낌에 의존한다는 의미를 담고 있다. 이 용어는 2025년 2월 오픈AI 공동 창립자이자 전 테슬라 AI 책임자인 안드레이 카파시(Andrej Karpathy)에 의해 소개되었으며, 불과 한 달 만에 Merriam-Webster 사전에 "속어 및 트렌드" 명사로 등재될 정도로 빠르게 확산됐다.

'느낌적인 느낌'으로 코딩을 한다고 하니 무슨 소리인가 싶지만, 바이브 코딩은 알고 보면 그리 거창한 개념은 아니다. 내가 하고자 하는 것을 자연어로 풀어서 AI에게 설명하고, 명확한 지시에 대한 회신을 받아 코드를 생성하는 과정이 바이브 코딩의 핵심이다. 이름에 '바이브'가 들어간 이유도 마치 영화 감독이 배우에게 연기 지시를 내리듯, 프로그래머가 AI에게 "조금 더 이렇게 해봐"라고 방향을 제시하는 감성적인 접근 때문이다. 그렇다. AI의 존재로 인해, 아이디어만 있으면 '감성적인 접근'으로도 코딩이 가능한 시대가 열린 것이다.

실무 현장의 바이브 코딩 혁명

한국에서도 바이브 코딩 열풍이 뜨겁다. 서점 곳곳에는 바이브 코딩 관련 서적들이 진열되어 있고, 스레드나 X의 게시물 대다수가 바이브 코딩 이야기로 채워져 있다. 1인 개발자들이 급속도로 늘어나고 있으며, 이들은 AI 도구를 활용해 혼자서도 충분히 경쟁력 있는 서비스를 만들어내고 있다.

실제 활용 측면에서도 변화가 감지된다. 1인 사업자들이 반복적인 엑셀 작업을 바이브 코딩으로 자동화하거나, 간단한 민원 관리 시스템을 직접 구축하는 사례들이 늘고 있다. 재고 관리 프로그램을 만들고, 고객 관리 시스템을 직접 개발하는 일들이 일상이 되었다. 데이터 분석 도구를 만들고, 업무 자동화 스크립트를 작성하는 모습도 흔히 볼 수 있다.

더 나아가 교육 현장에서도 활용할 수 있다. 본인 또는 자녀 맞춤형 학습 도구를 직접 만들고, 학부모가 자녀의 학습 진행 상황을 추적하는 간단한 앱을 제작하기도 한다. 스타트업에서는 시제품 제작 속도가 빨라지고, 비개발자 팀원도 직접 아이디어를 구현하면서 팀 내 협업 방식이 달라지고 있다.

우리 가족의 바이브 코딩 실험과 발견

이런 바이브 코딩을 잘하려면, 우선 내가 하고자 하는 것을 말로써 풀어내고, 명확한 지시에 대한 회신을 받는 것이 중요하다. 그런데 나는 그 부분이 약하다고 느낀다. 명확하게 지시하고, 명확하게 지시받는 것을 좋아하는 사람이 바이브 코딩을 잘할 수 있지 않나, 하는 생각이 든다. 우리 시대의 바이브 코딩, 생각보다 어려운 게 아닐 수도 있다.

아내가 나보다 코딩을 잘할 가능성이 높다. 명확하게 지시하고, 성공하지 못하면 잔소리로 폭격한다. 바이브 코딩이란 그런 것이다. 우리 가족은 Claude의 아티팩트 기능을 활용해 다 함께 간단한 게임을 만들어보는 시간을 종종 갖곤 한다. 각자의 아이디어에 따라 내가 만들고, 아내가 만들고, 딸아이가 만든다. 개중 아내가 만든 게임이 가장 완성도가 높고, 실제로 재미도 있다.

그렇게 다양한 게임을 만들어보면서 창의력이 계발되는 것을 몸소 체험했다. 아내와 딸아이와 같이 이야기하면서 게임을 수정하고, 어떤 컨셉의 어떤 게임으로 완성하고 싶은지에 따라 발전시켜 나간다. Claude는 우리 요청이나 지시를 그대로 받아들이기도 하고, 코딩을 통해 일정 부분 수정을 가해 적용시켜주기도 한다. 즉 아이디어를 내면 그걸로 끝이 아니다. 매번 새로운 아이디어가 추가되고, 그 안에서 더 나은 게임이 탄생할 때도 있다.

이런 과정에서 가장 인상 깊었던 것은 각자의 접근 방식이 다르다는 점이다. 나는 기술적 구현에 먼저 생각이 가는 반면, 아내는 사용자 경험과 재미에 집중했고, 딸아이는 예상치 못한 창의적 아이디어를 제시했다. AI 도구들이 이 모든 다양한 관점을 수용하고 조화롭게 결합해주는 모습을 보며, 바이브 코딩의 진정한 매력을 깨달았다.

명확한 의도와 끊임없는 수정

바이브 코딩을 잘하는 비결은 뭘까. 우선 **내가 자동화하고 싶은 분야의 목표를 명확하게 설정하는 것이 중요하다.** 그리고 대략적인 그림을 갖고 있되, 명확하게 지시해야 한다. 내 의도가 분명해야 AI 도구들도 제대로 움직여주기 때문이다. 무엇보다 명확하고 구체적인 지시가 핵심이라는 것을, 가족과의 게임 만들기에서도, 실무에서도 생생한 경험을 통해 깨달았다.

내 의도와 다르게 나왔을 경우, 수정하고 또 수정한다. 이는 단순히 버그를 고치는 차원을 넘어서, AI와의 지속적인 대화를 통해 점진적으로 완성도를 높여가는 과정이다. 물론 AI가 생성한 코드의 기능을 완전히 이해하지 못한 채 사용할 수 있으며, 이로 인해 감지되지 않은 버그와 오류가 발생할 가능성도 있다. 하지만 이것이 오히려 시도와 실패를 통한 학습의 기회가 될 수 있다. 일론 머스크의 말마따나 버그를 고치는 것보다 새로 만드는 게 나을 수도 있겠지만, 그런 시도는 계속되어야 한다.

바이브 코딩을 실행하기 전까지의 세팅도 중요하다. 파이썬 IDE 설치나 내 기능을 구현하기까지의 소프트웨어 설치가 좀 복잡할 수 있지만, 이 역시 생성형 AI가 친절하게 알려주고 오류를 잡아준다. 어려울 게 하나도 없다. 별다른 개발 환경을 마련하지 않더라도, Claude의 아티팩트 기능을 활용하여 AI 대화창에서 곧장 바이브 코딩을 살짝 경험해볼 수도 있다. 종합해보면, 아이디어만 있으면 얼마든지 코딩이 가능하다. 이 말이 요즘에는 진실로 현실이다.

시작이 반, 다양한 도전이 답이다

이런 좋은 시대 속에서 우리는 모름지기 다양한 도전을 해야 한다. 낚싯대를 던져야 물고기가 잡히지 않겠는가. 시도하지 않으면 아무 일도 일어나지 않는다. 다양한 시도를 해보고, 실패해보고, 또 버그가 나면 수정해보고. 오류와 착오를 수정하고 개선하는 것 자체가 학습이다.

다시 한번 강조하지만 바이브 코딩의 핵심은 두 가지다.

- ☑ 명확한 의도와 구체적인 지시
- ☑ 끊임없는 수정과 반복

이 두 가지만 기억한다면, 프로그래밍 경험이 없는 사람도 자신만의 프로그램을 만들 수 있는 시대가 열렸다. 코드를 한 줄씩 타이핑하는 시대에서 AI와 대화하며 프로그램을 만드는 시대로 넘어가고 있다. 중요한 것은 시작하는 것이다. 완벽하지 않아도 괜찮다. AI와 함께 수정하고 발전시켜 나가면 된다. 바이브 코딩은 그런 것이다. 7살 딸아이가 게임을 만들면서 바이브 코딩을 몸소 체험하는 것처럼, 누구라도 시작할 수 있다.

완벽하지 않아도 괜찮다.
AI와 함께 수정하고 발전시켜 나가면 된다.

RAG는 숟가락, 파인튜닝은 나이프

#20

숟가락과 나이프의 선택

오늘 한 스타트업 CEO가 들려준 비유가 너무 명쾌했다. RAG는 숟가락, 파인튜닝은 나이프라고. 숟가락은 국물을 떠먹기 좋고, 여러 번 사용해도 음식 맛에 영향을 주지 않는다. 필요한 것만 떠서 가져올 수 있다. 반면 나이프는 음식을 자르고 변형시킨다. 한 번 자르면 되돌릴 수 없고, 다른 음식을 자를 때마다 칼을 갈아야 할 수도 있다.

RAG는 숟가락, 파인튜닝은 나이프다.

공공분야 AI 도입 현장에서 이 비유만큼 명확한 설명은 없었다. 대부분의 기관이 RAG(Retrieval-Augmented Generation)를 선택하는 이유가 바로 여기에 있다. 모델은 그대로 두고, 최신 내부 데이터를 검색해 붙여주는 RAG 방식이 압도적으로 유리하기 때문이다.

공공기관은 이미 방대한 문서, 규정, 보고서, 지침 등을 보유하고 있다. 이런 데이터는 시시각각 바뀐다. 법령이 개정되고, 정책이 수정되고, 새로운 지침이 나온다. 모델 자체를 자주 파인튜닝하기에는 비용과 보안, 시간 제약이 크다. 따라서 숟가락처럼 필요한 정보만 떠서 가져오는 RAG가 현실적이다.

RAG를 선호하는 현실적 이유들

우리 기관에서 컨설팅해줄 때도 RAG 도입을 압도적으로 권하는데, RAG 방식을 좀 더 자세하게 풀어보면 장점은 다음과 같다.

- ☑ **최신성 보장이 쉽다.** 법령이 개정되거나 새로운 정책이 나와도 데이터만 교체하면 즉시 반영된다. 모델을 다시 학습시킬 필요가 없다.
- ☑ **규제 리스크가 적다.** 모델 본체를 수정하지 않기 때문에 복잡한 승인 절차나 보안 심사를 최소화할 수 있다.
- ☑ **기존 문서 관리 체계와 잘 맞는다.** 공공기관은 이미 체계적인 문서 관리 시스템을 갖추고 있어 RAG가 기존 인프라를 그대로 활용할 수 있다.

154

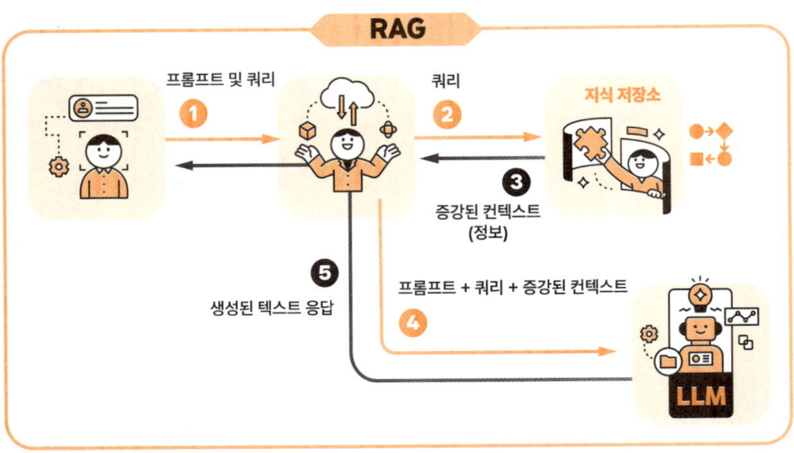

RAG의 작동 원리

실제로 민원 응대 챗봇, 법령 검색 서비스, 정책 Q&A, 지침 안내 등 공공분야 AI 서비스의 대부분이 RAG 방식을 채택하고 있다. RAG는 데이터를 쪼개서 임베딩 벡터로 변환하고, 쿼리가 들어오면 가장 유사한 정보를 끄집어내는 방식이다. 마치 거대한 도서관에서 필요한 책을 찾아 관련 페이지를 펼쳐 보여주는 사서와 같다. 만약 이 외에 전문용어나 스타일 학습을 진행할 필요가 있다면, 경량 파인튜닝을 추가로 적용해도 된다.

파인튜닝이라는 나이프의 쓸모

파인튜닝이 전혀 안 쓰이는 것은 아니다. 특정 케이스에는 여전히 유용하다. **전문 용어와 도메인 특화 답변이 필요할 때**, 예를 들어 의학이나 법률 분야의 전문적인 질의응답 시스템을 구축할 때는 파인튜닝이 효과적이다. 모델이 해당 분야의 '언어'를 완전히 체득해야 하기 때문이다.

특정 양식에 맞춘 출력을 원할 때도 파인튜닝이 유리하다. 표준 공문 작성, 감사 보고서 작성 등 정해진 형식과 문체가 있는 경우, 모델을 그에 맞게 훈련시키는 쪽이 일관된 품질을 보장한다. 보안상 외부 검색 연결을 최소화해야 하는 업무에서도 파인튜닝을 선택한다. 국방이나 외교 등 극도로 민감한 정보를 다루는 경우, 제한된 내부 데이터만으로 모델을 학습시켜 독립적으로 운영하는 것이 안전하다.

하지만 파인튜닝에는 명확한 단점이 있다. 데이터 준비와 정제에 막대한 리소스가 필요하다. 질 좋은 학습 데이터를 충분히 확보하는 것 자체가 대형 프로젝트다. 데이터 변경 시 재학습이 필수인 점도 부담이다. 무엇보다 모델이 어떤 데이터로 학습했는지, 편향은 없는지, 개인정보는 제대로 처리했는지 등을 일일이 검증해야 하는 까다로운 점도 있다.

환각(할루시네이션) 문제와 투명성의 가치

생성형 AI의 고질적 문제인 환각 현상도 RAG가 효과적으로 해결한다. 모델이 '상상'으로 답변을 만들어내는 대신, 실제 문서에서 가져온 정보를 바탕으로 답변하기 때문이다. 공공에서 잘못된 정보를 제공하는 것은 심각한 문제인데, RAG는 출처를 명확히 제시함으로써 투명성과 신뢰성을 확보할 수 있다. "이 답변은 2024년 개정된 ○○법 시행령 제3조를 참고했습니다"라고 하니, 아무 문제가 없다.

한 중앙부처 담당자는 "국민에게 틀린 정보를 제공할 수 없어서 RAG를 선택했다. 출처가 명확하니 책임 소재도 분명하고, 검증도 쉽다"고 말했다. 실제로 이 부처는 RAG 기반 법령 해석 서비스를 운영하면서 모든 답변에 근거 조문을 함께 제시하고 있다.

현장의 표준 패턴과 진화하는 기술

현장에서는 **RAG로 가고, 필요에 따라 소규모 파인튜닝을 병행하는 것이 표준 패턴**으로 자리잡았다. 민원 응대, 지식 검색, 법령 안내는 RAG 위주로, 특정 문체·형식·업무 보고서 생성은 소규모 파인튜닝을 병행한다. 이렇게 하면 RAG의 유연성과 파인튜닝의 정밀함을 동시에 얻을 수 있다.

RAG 기술도 계속 진화하고 있다. 단순한 기존 RAG의 한계를 극복하기 위해 **융합 RAG, 그래프 RAG, 교정 검색 증강 생성, 자체 검토 RAG** 등 다양한 변형이 개발되고 있다. 이런 발전된 RAG 기술들은 검색의 정확도를 높이고, 서로 다른 종류의 정보를 효과적으로 통합하며, 더 나은 맥락 정보를 LLM에 전달할 수 있게 해준다.

최근 몇몇 공공기관은 그래프 RAG를 활용해 복잡한 행정 절차 간의 연관관계를 파악하고, 민원인에게 단계별 안내를 제공하는 서비스를 시범 운영하고 있다. 단순히 관련 문서를 찾아주는 것을 넘어, 절차 간의 논리적 연결고리까지 이해하는 지능형 시스템으로 발전하고 있는 것이다.

적재적소의 지혜

숟가락과 나이프 중 어느 것이 더 좋은 도구인가? 답은 "상황에 따라 다르다"이다. 국을 먹을 때는 숟가락이, 스테이크를 자를 때는 나이프가 필요하다. 공공분야 AI 도입도 마찬가지다. 대부분의 경우 RAG라는 숟가락이 더 유용하지만, 때로는 파인튜닝이라는 나이프가 필요한 순간도 있다.

중요한 것은 각 도구의 특성을 정확히 이해하고, 목적에 맞게 선택하는 것이다. 공공에서 RAG를 선호하는 것은 단순한 유행이 아니라, 현실적인 제약과 요구사항을 고려한 합리적 선택이다. 최신성, 투명성, 운영 효율성이라는 공공 서비스의 핵심 가치를 가장 잘 구현할 수 있는 방법이 바로 RAG이기 때문이다.

최신성, 투명성, 운영 효율성이라는 공공 서비스의 핵심 가치를 가장 잘 구현할 수 있는 방법이 바로 RAG다.

AI 도입을 고민하는 공공이라면, 먼저 RAG로 시작해보길 권한다. 숟가락으로 떠먹어 보고, 필요하면 그때 나이프를 꺼내도 늦지 않다. RAG라는 현실적 선택이 공공분야 AI 혁신의 출발점이 될 것이다.

한글 표를 읽는 업스테이지 AI, 기술이 현실을 따라잡다 #27

OCR에서 시작된 놀라운 진화

업스테이지 이활석 CTO의 책(『오늘부터 회사에서 AI 합니다』)을 읽고 '참 대단하다'고 느꼈다. 스타트업인 업스테이지가 다른 대기업들을 제치고 국가대표 LLM까지 선정된 비결로, 이렇게나 잘 갖춰진 신입직원 교육자료를 꼽을 수도 있지 않을까? 비개발자들도 충분히 이해하기 쉽게 씌여진 이 책을 보면서, 나도 언젠가 『우리 공공은 이렇게 AI 합니다』라는 책을 써보고 싶다는 욕심이 생겼다.

오늘은 신규 사업 정책 방향 구체화를 위해 스타트업 리더들을 만났다. 업스테이지 개발팀장님을 만나 이야기를 나눴고, 왜 업스테이지가 국가대표 LLM에 뽑힐 수밖에 없었는지 이유를 알 수 있었다. 업스테이지는 OCR이라는 영역에서 시작해 한글 문서의 복잡한 구조까지 완벽하게 이해하는 LLM 기술을 만들어냈고, 상용화시켰다.

트웰브랩스의 사례도 인상적이었다. 미국 회사지만 구성원은 모두 한국인이다. 영상 AI 분야에서는 국내 최고의 기술력을 보유하고 있다고 평가할 만했다. 우리나라에 이런 스타트업 기업들이 있다는 게 자랑스러웠다. 우리나라 AI 기술이 단순히 번역이나 요약을 넘어, 한국인의 특성에 맞는 복잡한 문서 구조까지 이해하는 단계에 도달했다는 것을 실감할 수 있었다.

한글 표의 악몽이 끝나다

얼마 전까지만 해도 나는 한글 파일의 복잡한 표 때문에 국가 표준 마크다운이 필요하다고 주장했다. (1부 '한글 문서와 AI 시대의 충돌, 그리고 공존의 가능성'에서 당시 생각을 찾아볼 수 있다.) 병합된 셀, 가운데 정렬, 배경색이 들어간 표들을 AI가 제대로 읽지 못한다고 불평했다. 그래서 마크다운으로 모든 문서를 통일해야 한다고 목소리를 높였다.

그런데 오늘 본, 이미 상용화된 시제품은 충격적이었다. 스키마를 구성해서 프롬프트를 입력하니 원문을 보고 자동으로 찾아준다. 심지어 원문의 페이지까지 따준다. 마크다운 형태가 필요 없을 정도였다. 공공 문서의 복잡한 표도 완벽하게 읽어냈다. 병합된 셀, 합쳐진 칸, 가운데 정렬, 배경색까지 들어간 표를 정확히 파악했다.

한글 표를 엄청나게 학습한 결과였다. 내가 그토록 비판했던 한글 문서의 복잡한 구조를, AI가 이미 학습해서 이해하고 있었다. 한글과 워드, PPT의 무용론을 주장하며 국가 표준 마크다운의 필요성을 강조했던 내가 부끄러워졌다. 기술이 이렇게까지 빠르게 우리의 문제들을 해결해주리라고는 기대하지 못했던 것이다.

데이터가 쌓일수록 똑똑해지는 AI

업스테이지 측에 어떻게 이게 가능한지 물었다. 표와 관련된 문서들을 엄청 학습시킨 결과라고 했다. 학습된 데이터가 쌓일수록 그 어려운 한글 표도 마크다운화해서 읽을 수 있게 된다고 한다. 이 정도로 한글 문서 분석이 가능하다면, 머지않아 영상이나 이미지, 음악도 쪼개서 분석할 수 있을 것 같다는 확신이 들었다.

다만, 아직까지는 멀티미디어 쪽은 갈 길이 조금 멀다. VEO3나 소라, 최근의 나노바나나 같은 도구의 활용이나 분석이 가능하려면, 일단 막대한 데이터가 갖추어져 있어야 한다. 텍스트는 상대적으로 데이터 수집이 쉽지만, 영상이나 음성은 생각보다 어렵다. 하지만 트웰브랩스 같은 회사들이 이미 영상 AI에서 상당한 성과를 내고 있는 것을 보면, 이 분야도 빠르게 발전할 것으로 보인다.

희망적인 건 우리나라 LLM 기술이 정말 많이 올라왔다는 점이다. 불과 1년 전만 해도 단순 오픈소스 LLM 모델을 가져다가 파인튜닝해서 쓰던 국내 AI 모델들이 이제는 한글의 미묘한 뉘앙스까지 이해할 수 있게 되었다.

AI 에이전트가 만들 데이터 품질 혁명

이렇게 기술의 진보를 접하자 우리가 구상하고 있는 AI 에이전트를 이용한 데이터 품질 개선 사업이 시의적절하다는 확신이 들었다. 누차 강조했듯 AI를 도입하기 위해서는 데이터 전처리에 막대한 비용과 시간이 소요된다. 그런 공공의 메타데이터 표준을 우리가 규정하고 AI 에이전트를 튜닝함으로써, 각 기관들의 데이터 품질을 점검하고 개선까지 해주는 것이 가능하다. 이는 공공에서 꼭 필요한 영역이라는 데 스타트업 리더들과도 공감대를 형성했다.

아무리 각 기관마다 데이터 형식이 제각각이더라도, AI 에이전트는 능히 표준화하고, 오류를 찾아내고, 품질을 개선할 수 있다. 예전 같으면 사람이 일일이 작업하고 확인해야 했을 일도 AI는 24시간 내내 처리한다. 물론 표준을 구성하기까지 많은 노력이 들어갈 테고, 어쩌면 사람의 후처리가 필요할지도 모른다. 그러나 어떤 형태의 데이터든 정비할 수 있게 되는 미래가, 결코 꿈이 아닐 것 같다.

좋은 기술을 보유한 스타트업 기업들이 이런 사업의 수혜를 받고, 각자 보유하고 있는 AI 기술을 더 발전시키면 좋겠다. 우리가 알지 못하는, 재야에 숨겨진 고수들도 많을 것이다. 우리나라의 AI 생태계가 공공 사업을 통해 더 성장하게 된다면, 그 길에 우리가 마중물 역할을 할 수 있다면 더없이 보람 있으리라.

기술이 준비됐으니 아이디어를 찾자

예전에 공공기관의 규정집 디지털화 프로젝트에서 겪었던 고민들이 이제는 기술적으로 해결 가능한 단계에 왔다고 느껴진다. 즉, 우리가 사업을 제대로 구상하기만 한다면, 기술이 얼마든지 받쳐주는 시대가 되었다(혹은 머지않았다).

이제 중요한 것은 무엇을 할 것인가다. 참신하고 좋은 아이템을 발굴해야 한다. 기술의 한계를 핑계로 안 되는 이유를 찾기보다, 이미 준비된 기술들을 확인하고, 상용화된 좋은 기술들로 무엇을 할 수 있을지 고민해야 한다. 우물 안 개구리 같은 발상을 탈피해야 한다. 많이 만나보고, 많이 들어보고, 많이 보러 다녀야겠다는 생각을 다시 한번 해본다.

예전에는 "기술이 부족해서 못 해요"라고 했다면, 이제는 "아이디어가 부족해서 못 해요"라고 해야 할 판이다. 당장 스타트업이 보유한 AI 기술로 한글 표를 읽을 수 있는 수준이라면, 수십 년간 쌓인 공공 문서를 모두 디지털화할 수 있다. 또한 영상 분석이 가능해지면, AI를 활용해서 보다 많은 사업을 구상해볼 수 있다.

기술이 현실을 따라잡았다. 아니, 어떤 면에서는 앞서가고 있다. 이제 우리가 할 일은 그 기술을 어떻게 활용할지 상상력을 발휘하는 것이다. 업스테이지가 OCR에서 시작해 여기까지 왔듯이, 우리도 작은 아이디어에서 시작해 큰 변화를 만들 수 있다.

**기술이 현실을 따라잡았다. 아니, 어떤 면에서는 앞서가고 있다.
우리가 할 일은 상상력을 발휘하는 것이다.**

검색, 질문 그리고 대행의 시대, AI 혁명의 진화

#34

우리가 살아온 검색의 시대

지난 20년간 우리는 '검색의 시대'를 살아왔다. 키워드를 입력하고, 수많은 링크 중 원하는 정보를 찾아 클릭하는 것이 일상이었다. "파이썬 리스트 정렬", "주식 투자 방법" 같은 단편적 키워드로 검색하고, 여러 사이트를 돌아다니며 정보를 수집하는 방식이었다. 검색 결과를 해석하고 조합하는 것도 사용자의 몫이었다. 구글은 정보의 위치만 알려줄 뿐, 답은 주지 않았다. 우리는 모두 능동적인 정보 탐정이 되어야 했다.

검색의 시대는 정보의 민주화라는 거대한 변화를 가져왔다. 과거에는 백과사전이나 전문가에게 의존해야 했던 고급 지식에 누구나 접근할 수 있게 되었다. 하지만 동시에 정보 과부하라는 새로운 문제도 만들어냈다. 너무 많은 정보 속에서 진짜 필요한 것을 찾는 것이 또 다른 능력이 되었다. 심지어 인터넷정보검색사라는 자격증이 존재할 정도였다.

지금 돌아보면 **검색의 시대는 인간과 컴퓨터가 각자의 역할을 명확히 구분했던 시기**였다. 컴퓨터는 정보를 저장하고 색인하는 역할, 인간은 질문을 만들고 답을 해석하는 역할. 이 분업 체계가 지난 20년을 지배했다.

현재 진행 중인 질문의 시대

2022년 ChatGPT의 등장으로 우리는 '질문의 시대'에 접어들었다. 이제 키워드가 아닌 자연어로 대화할 수 있게 되었다. "파이썬에서 리스트를 정렬하는 여러 가지 방법을 알려주고, 각각의 장단점도 설명해줘"라고 물어보면 즉석에서 정리된 답변을 받을 수 있다.

질문의 시대는 인간과 컴퓨터의 관계를 근본적으로 바꿨다. 더 이상 우리가 컴퓨터의 언어에 맞춰 키워드를 조합할 필요가 없어졌다. 컴퓨터가 인간의 언어를 이해하고 인간의 방식으로 답변하기 시작했다.

하지만 여전히 한계는 있다. AI는 정보를 제공하고 조언을 주지만, 실제 행동은 인간이 해야 한다. "투자 포트폴리오를 분석해줘"라고 하면 분석은 해주지만, 실제 매매는 사용자가 직접 해야 한다. "회의 일정을 조정해줘"라고 하면 방법은 알려주지만, 실제 캘린더 수정은 사용자 몫이다.

현재의 LLM들은 뛰어난 상담사나 조언자 역할을 한다. 복잡한 문제를 분석하고, 다양한 관점을 제시하며, 단계별 해결 방안을 제안한다. 하지만 여전히 '말'로만 도움을 줄 뿐이다. 실행은 여전히 인간의 영역이다.

질문의 시대의 가장 큰 변화는 정보 접근 방식의 혁신이다. 이제 우리는 전문가와 대화하듯 AI와 상호작용한다. 맥락을 유지하며 추가 질문을 하고, 애매한 부분을 다시 물어볼 수 있다. 검색의 시대보다 훨씬 자연스럽고 효율적인 지식 습득이 가능해졌다.

임박한 에이전트의 시대

하지만 진짜 혁명은 이제 시작이다. '에이전트의 시대'가 임박했다. 이 시대에는 AI가 단순히 답변을 주는 것을 넘어 실제 업무를 대신 수행한다. "내 포트폴리오를 분석하고 필요하면 리밸런싱해줘"라고 하면 분석부터 실제 매매까지 모두 처리한다. “다음 주 회의 일정을 확정해줘”라고 하면 AI가 직접 이메일을 보내고 스케줄을 조정한다.

에이전트 AI의 핵심은 ‘실행력’이다. 현재의 AI가 조언자라면, 에이전트 AI는 비서나 동료에 가깝다. 목표를 말하면 그 목표를 달성하기 위한 전체 과정을 스스로 설계하고 실행한다.

이미 초기 형태의 에이전트들이 등장하고 있다. Zapier, Make, n8n 같은 워크플로우 자동화 도구들은 코딩 없이도 앱과 앱을 연결해 자동화를 구현할 수 있게 해준다. 구글폼으로 응답이 들어오면 자동으로 구글 시트에 기록하고 슬랙으로 알림을 보내거나, Gmail로 특정 키워드 메일이 도착하면 자동으로 CRM에 추가하는 식이다. 실제로 n8n을 활용해 회의 일정을 잡는 AI 비서를 1시간도 안 되는 시간에 만든 사례도 있다. 하지만 이것은 빙산의 일각일 뿐이다.

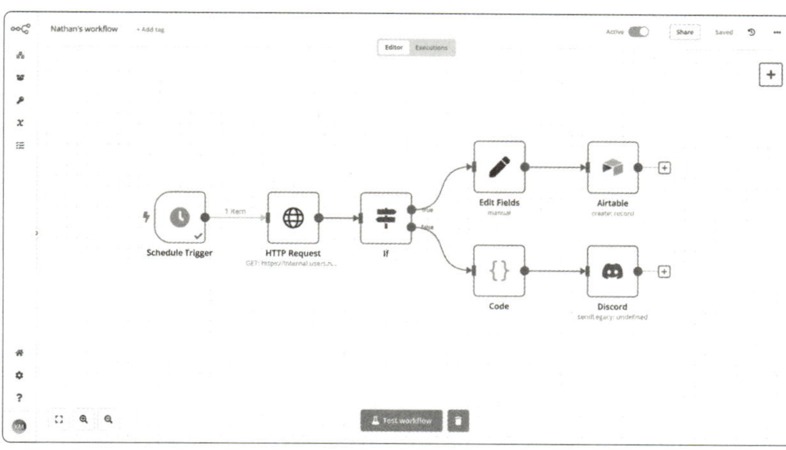

워크플로우 자동화 AI 에이전트 예시: n8n*

* Thibaut Legrand. n8n vs Make vs Zapier: complete comparison to automate your workflows in 2025. Digidop. 2025.03.13. www.digidop.com/blog/n8n-vs-make-vs-zapier

에이전트의 시대가 본격화되면 업무 방식이 완전히 바뀔 것이다. "이번 분기 매출 보고서를 작성해줘"라고 하면 AI가 데이터를 수집하고, 분석하고, 차트를 만들고, 보고서까지 완성해서 제출한다. "새 사무실 임대 계약을 진행해줘"라고 하면 매물을 찾고, 견적을 비교하고, 협상까지 처리한다.

세 시대가 만드는 패러다임 전환

이 세 시대의 진화를 보면 흥미로운 패턴이 보인다. 검색의 시대는 '정보 접근'의 혁신이었다. 질문의 시대는 '정보 해석'의 혁신이다. 그리고 에이전트의 시대는 '업무 실행'의 혁신이 될 것이다.

각 시대마다 인간의 역할도 달라진다. 검색의 시대에는 정보 탐정, 질문의 시대에는 대화 상대, 에이전트의 시대에는 목표 설정자가 된다. 점점 더 높은 차원의 사고와 판단에 집중할 수 있게 되는 것이다.

세 시대의 패러다임 전환

하지만 이런 진화가 모든 것을 해결해주지는 않는다. 에이전트가 아무리 똑똑해져도 무엇을 할지, 어떤 가치를 추구할지는 여전히 인간이 정해야 한다. 기술이 발달할수록 인간의 철학과 가치관이 더욱 중요해진다.

또한 각 시대가 완전히 대체되는 것은 아니다. 에이전트의 시대가 와도 여전히 검색은 필요하며, 질문-답변 방식이 더 적합한 경우도 있다. 세 방식이 상황에 따라 교차되는 혼합 환경이 될 가능성이 높다.

에이전트 시대를 준비하는 법

에이전트의 시대, 우리는 어떻게 준비해야 할까? 핵심은 다음과 같다.

- ☑ **가장 중요한 것은 '목표 설정 능력'을 기르는 것이다.** AI가 실행을 담당한다면, 인간은 무엇을 실행할지 명확하게 정의하는 능력이 핵심이 된다.
- ☑ **또한 '시스템적 사고'도 중요하다.** 에이전트 AI를 효과적으로 활용하려면 업무를 체계적으로 분해하고 구조화하는 능력이 필요하다. "판매량을 늘려줘"라는 모호한 지시보다는 "기존 고객 재구매율을 20% 향상시키기 위해 이메일 마케팅 캠페인을 설계하고 실행해줘"라는 구체적이고 체계적인 요청이 더 효과적일 것이다.
- ☑ **'윤리적 판단력'도 더욱 중요해진다.** AI가 강력해질수록 잘못된 목표나 부적절한 수단을 선택했을 때의 파급효과도 커진다. 기술적 가능성과 윤리적 적절성을 균형 있게 판단하는 능력이 필요하다.
- ☑ **마지막으로 '지속적인 학습 자세'가 중요하다.** 에이전트 AI의 발전 속도는 현재의 LLM보다도 훨씬 빠를 것이다. 새로운 도구와 기능들을 빠르게 습득하고 적응하는 능력이 경쟁력이 될 것이다.

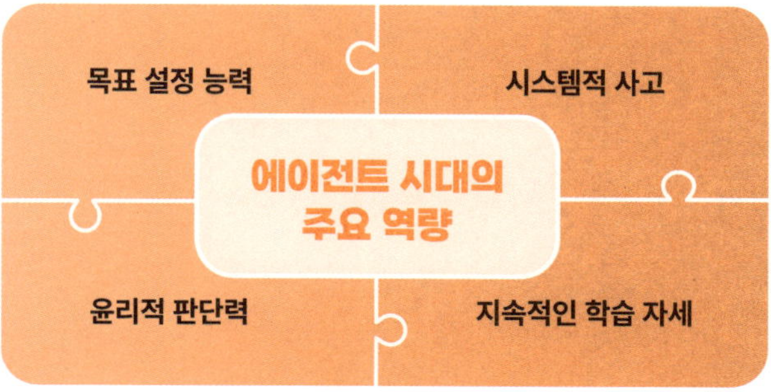

AI 에이전트 시대의 주요 역량 4가지

검색의 시대에서 질문의 시대로, 그리고 에이전트의 시대로. 이 변화의 흐름 속에서 중요한 것은 기술에 종속되지 않으면서도 기술을 적극 활용하는 균형 잡힌 접근이다. AI가 우리의 능력을 확장시켜주는 도구가 되도록 하되, 인간만의 창의성과 판단력은 더욱 키워 나가야만 한다.

12명의 AI 전문가 인터뷰로 진단하는 한국 AI의 현주소

#36

소버린 AI, 이상과 현실 사이에서

바이라인네트워크가 3개월간 진행한 <한국 AI의 길을 묻다>* 시리즈는 한국 AI의 현주소와 미래를 조망하는 중요한 자료다. 특히 주목할 점은 12명의 인터뷰이 중 3명이 이재명 대통령이 위원장을 맡은 국가AI전략위원회 위원으로 위촉되었다는 사실이다. 좋은 기사를 기획해준 바이라인 네트워크에 감사함을 느낀다. (기사 전문은 다음 QR코드에서 볼 수 있다.)

기사를 차분히 읽어 내려갔다. 가장 인상적이었던 것은 소버린 AI를 바라보는 시각의 차이였다. 정책 담당자들은 국가 차원의 AI 주권을 강조하고, 현장 전문가들은 현실적 접근을 주장한다.

이해민 의원의 "소버린 AI를 기다렸다 쓰라는 말은 지금 산업계에 통하지 않는다"는 지적이 현실을 정확히 짚었다고 본다. 현장에서는 ChatGPT, Claude 같은 해외 서비스를 이미 업무에 활용하기 시작했다. 국

* 남혜현. [종합] 한국 AI가 나아갈 방향을 제시한 12명의 사람들. 바이라인네트워크. 2025.9.9. https://byline.network/2025/09/09-ai/

산 AI를 기다릴 여유가 없는 상황이다. 오히려 이런 도구들을 어떻게 공공 업무에 효과적으로 접목시킬 것인가가 더 현실적인 고민이다.

그렇다고 소버린 AI가 불필요하다는 것은 아니다. 다만 "국산화 자체보다는 통제권 확보가 본질"이라는 관점에 동감한다. 중요한 것은 우리가 필요할 때 접근하고 수정할 수 있는 권한이다. 마치 오픈소스 소프트웨어처럼 말이다. 그런 통제권 없는 플랫폼들이 더러 있는데, 그건 다른 장에서 다루고자 한다.

GPU 10만 장보다 중요한 것들

박태웅 의장의 'GPU 10만 장' 이야기는 화제가 됐지만, 솔직히 현장에서는 공감과 함께 다른 생각도 동시에 든다. GPU도 중요하지만, 그것보다 이를 제대로 활용할 수 있는 시스템과 인력이 더 부족하게 느껴진다.

하드웨어는 돈으로 해결되지만 인력은 그렇지 않다. 공무원이나 공공의 보수 체계로는 민간의 AI 전문가를 데려오기가 구조적으로 불가능하다. 류정혜 의장이 말한 "수백억 원은 커녕 10억 원도 못 준다"는 현실이 공공 부문에서는 더욱 심각하다.

그래서 공공에서는 직접 고용보다는 프로젝트 기반 협업에 집중하고 있다. 스타트업이나 연구기관과 파트너십을 맺어서 필요할 때 전문성을 빌려오는 방식이다. 완벽하지는 않지만 현재 시스템 안에서는 가장 현실적인 대안이라고 본다.

류정혜 의장의 "한국이 AI 아트의 수도가 되자"는 제안은 흥미로웠다. K-콘텐츠의 성공을 보면 충분히 가능성이 있어 보인다. 다만 이것도 결국 인재와 생태계가 뒷받침되어야 한다.

AI는 이미 일상이 되었다

노정석 비팩토리 대표의 "원맨 유니콘" 이야기 같은 변화를 공공부문에서도 목격하고 있다. AI 도구를 잘 쓰는 직원 한 명이 기존 팀 전체보다 효율적인 경우다. 그런 AX 전환의 선도기관들도 더러 있다.

기관에서 사용하지 않고 있는 GPU를 활용하여 AI 챗봇을 도입한 적이 있다. 물론 검토하고 다듬는 과정은 필요했고, 과부하 문제가 발생하기도 했다. 그러나 1인 개발자가 혼자 개발한 챗봇인데도, 활용 시 업무 효율성 차이는 실로 놀라웠다. 보통 5~6명이 일주일 걸릴 작업을 1명이 하루만에 처리할 수 있었고, 특히 챗봇을 활용한 규정 검색을 통해 직원들의 업무 부담이 눈에 띄게 줄어드는 것을 확인할 수 있었다. 전문 개발팀 없이 1인 개발자가 유휴 GPU만으로 이런 변화를 만들어냈다. 실로 AI 시대에는 개인도 조직의 혁신을 주도할 수 있다는 가능성을 보여준 순간이었다.

이런 변화를 보면서 김한규 의원이 강조한 "AI를 잘 활용하는 인재를 폭넓게 양성"해야 한다는 말에 깊이 공감한다. 모든 직원이 AI 개발자가 될 필요는 없지만, AI를 업무 도구로 활용할 수 있어야 한다. 마치 우리가 워드나 파워포인트 사용법을 배우는 것처럼.

비단 우리 기관뿐 아니라, 전국적으로 AI 활용 교육은 이미 무르익었다고 본다. 교육은 대개 기술 원리보다는 실무 적용에 중점을 두는 방향이다. "ChatGPT로 회의록 요약하기", "Claude로 보고서 초안 작성하기" 같은 실용적인 내용들. 어쩌면 이제 지루해지지 않았을까.

규제의 역설, 혁신을 막는 안전장치

이성엽 교수의 규제 지적을 읽으면서 현장에서 매일 겪는 답답함이 떠올랐다. AI를 활용하려 할 때마다 "이거 써도 되나요?"부터 곰곰히 고민해보고 시작해야 하는 게 현실이다. 개인정보보호법, 정보보안 지침 등 기존 규정들이 AI 시대에는 맞지 않는 옷이 되어버렸다. 민원 답변에 AI를 쓰고 싶어도, 민원 내용에 개인정보가 들어 있으면 외부 AI 서비스 사용이 곤란하다. 그래서 결국 사람이 하던 대로 하게 된다.

보안에서 자유롭기가 영 어렵다. 결국 내부 시스템을 위한 AI 도입에는 온프레미스 환경에서 RAG나 파인튜닝을 이용하는 우회적인 방법을 쓰고 있다. 클라우드 환경이라면 공개 가능한 정보나 일반적인 업무부터 AI를 적용해보고, 효과가 검증되면 점진적으로 확대하는 식이 된다. 완벽한 해법은 아니지만 현실적인 타협점이라고 생각한다.

지역 맞춤형 AI 전략이 답이다

자율주행을 둘러싼 논쟁도 흥미로웠다. 남경필 대표는 중국 기술 도입을 통한 빠른 추격을, 유민상 CSO는 자국 기업 중심의 생태계 구축을 주장한다. 둘 다 일리가 있다고 본다. 공공정책 관점에서 보면 상황에 따른 선택적 접근이 필요하다. 보안이 중요한 영역은 자국 기업 중심으로, 상업적 활용이 급한 분야는 해외 기술 도입도 고려하는 것이다.

지역별로도 다른 전략이 필요하다. 서울 같은 대도시와 지방의 조건은 완전히 다르다. 지방에서는 레벨4 자율주행차보다 기본적인 교통 정보 시스템이나 대중교통 최적화가 더 절실할 수 있다.

같은 맥락에서 우리가 추진하는 스마트시티 사업에도 차별화 전략을 적용하고 있다. 각 지자체의 특성과 예산, 주민 수요에 맞는 AI 솔루션을 제공하는 것이다. 획일적인 방식보다 훨씬 효과적이다.

현실과 이상 사이에서 찾은 균형점

12명의 전문가 의견을 읽으면서, 현장 경험을 돌이켜보면서 느꼈다. 한국 AI 정책도 결국 현실과 이상 사이의 균형점을 찾아야 한다고.

임문영 부위원장의 "모든 정책에 AI를 깔아야 한다"는 방향성에는 공감하지만, 이를 위해서는 단계적 접근이 필요하다. 한 번에 모든 것을 바꾸려 하면 현장의 저항만 키우기 쉽다. AI를 특별한 기술이 아닌 일상적 업무 도구로 받아들이는 문화를 조성하는 것이 해결책이 될 수 있다. 이를 위해서는 성공 사례의 축적과 공유, 그리고 실패에 대한 관용이 필요하다.

한재권 교수가 이야기하는 대로, AI가 "투자하면 그만큼 나오는 영역"이라는 건 사실이다. 다만 그 투자는 단순히 '돈'에만 국한되지 않으며, 그래서도 안 된다. 시간과 노력, 그리고 시행착오를 통한 학습까지 포함하는 의미로 받아들여야 한다.

신정환 파트너의 "이름표 떼고 실력으로 겨루자"는 말도 인상적이었다. 공공부문에서도 이런 경쟁 원리가 적용되어야 한다고 본다. 유명한 대기업이나 연구기관이 아니어도, 성과를 내는 곳에 기회가 가야 한다.

AI 시대의 공공정책은 완벽한 계획보다는 빠른 실험과 학습이 중요하다. 민간의 변화 속도에 맞춰 정책도 유연하게 진화해야 한다. 그래야만 진정한 'AI를 잘 쓰는 나라'가 될 수 있을 것이다.

한국 AI의 미래는 결코 어둡지 않다.
다만 거창한 구호보다는 작은 성공의 적립,
완벽한 계획보다는 지속적인 개선이 필요한 시점이다.

애플의 AI 딜레마, 폐쇄된 생태계가 만든 혁신의 벽

#37

애플 생태계의 치명적 딜레마 - 보안과 혁신 사이

어쩔 수 없이 Windows 컴퓨터에서 icloud를 업데이트하다가, 답답한 기분에 글감으로 정했다. 애플이 수년간 자랑해온 "프라이버시가 인권"이라는 슬로건이, 이제는 도리어 발목을 잡고 있다는 생각이 문득 든 것이다.

AI 시대에 접어들면서 애플의 폐쇄적 생태계가 오히려 독이 되고 있는 상황은 아닐까. 한번 경쟁사들을 둘러보자. 구글은 Gmail, 검색, YouTube 등에서 수집한 방대한 데이터로 Gemini를 훈련시키며, 오픈AI는 ChatGPT 사용자들의 대화를 학습시켜 지속적으로 모델을 개선하고 있다. 메타 역시 페이스북과 인스타그램의 게시글을 활용해 Llama를 발전시키고, X로는 Grok을 업그레이드한다.

반면 애플은 사용자 데이터를 수집하지 않겠다는 원칙을 고수하며 AI 발전의 핵심 요소를 스스로 차단했다. 전 세계의 iPhone과 iPad에서 일어나는 수억 건의 상호작용, 사용자들이 Siri와 나누는 대화나 앱 사용 패턴 등, AI 학습에 금맥과 같은 데이터들이 전혀 활용되지 못하고 있다.

보안을 최우선으로 내세우며 구축해온 오라클처럼 견고한 성벽이, 이제는 혁신을 가로막는 감옥이 되어버렸다.

과거 애플의 강력한 경쟁력이었던 장점이 AI가 모든 기술의 중심이 되는 현재에 와서 오히려 스스로 마신 고배로 변한 느낌이다.

iCloud, 느림의 미학이 아닌 기술적 한계

iCloud를 사용해본 사람이라면 누구나 경험했을 것이다. 사진 동기화가 몇 시간씩 걸리고, 파일이 제대로 업로드되지 않아 자주 갑갑하다. 2025년 현재까지도 iCloud의 동기화 속도는 여전히 형편없다. 이는 단순한 불편함을 넘어 애플의 기술적 역량에 대한 근본적 의문을 제기한다.

구글 드라이브는 거의 실시간으로 파일을 동기화하고, 드롭박스는 몇 GB짜리 파일도 순식간에 업로드한다. 마이크로소프트의 OneDrive 역시 오피스 연동을 통해 끊김 없는 경험을 제공한다. 반면 iCloud는 아직도 2010년대 초반 수준의 성능에 머물러 있다.

이런 상황에서 애플이 온디바이스 AI를 강조하는 것은 현실 도피에 가깝다. 클라우드 기반 서비스조차 제대로 구현되지 못하는 환경에서 어떻게 복잡한 AI 연산을 효율적으로 처리할 수 있다는 것일까? iCloud의 느린 속도는 애플의 서버 인프라와 소프트웨어 최적화 능력의 한계를 보여주는 이면이다.

나는 AI 시대 온디바이스와 엣지를 새로운 한 축으로 보고 있다. 그리고 이 축이 서려면, 클라우드와 온디바이스의 유기적 연동이 필수다. 개인화된 AI를 위해서는 클라우드에서 대용량 모델을 실행하고, 개인 데이터는 안전하게 온디바이스에서 처리하는 하이브리드 접근이 필요하다. 하지만

iCloud의 현재 성능으로는 이런 정교한 협업이 불가능하다.

온디바이스 AI의 환상과 현실

애플이 내세우는 온디바이스 AI 전략은 겉보기에는 그럴듯해 보인다. 우리가 애플 인텔리전스에 환호했던 것도 그 이유였다. 사용자 데이터가 기기를 떠나지 않으니 프라이버시가 보장되고, 네트워크 연결 없이도 AI 기능을 사용할 수 있다는 장점이 있다. 하지만 현실은 녹록지 않은 것 같다.

iPhone이나 iPad에 탑재할 수 있는 SLM의 성능은 GPT-4나 Claude 같은 대형 모델에 비해 현저히 떨어진다. 소형 모델로는 현 시대의 흐름을 따라가지 못한다. 메모리와 연산 능력의 물리적 제약으로 인해 복잡한 추론이나 창의적 작업은 기대하기 어렵다. 간단한 텍스트 요약이나 번역 정도가 한계다.

더 큰 문제는 개인화의 어려움이다. 클라우드 기반 AI는 사용자의 질문과 피드백을 통해 지속적으로 학습하며 개인에게 최적화된 서비스를 제공한다. 하지만 애플의 온디바이스 AI는 개인 데이터를 활용한 학습이 제한적이다. 결국 일반적이고 평균적인 응답만 제공할 수밖에 없다.

Siri를 보면 이런 한계가 명확하다. 10년 넘게 개발했지만 여전히 단순한 명령어 처리 수준에 머물러 있다. 자연스러운 대화나 맥락 이해는 구글 어시스턴트나 알렉사에 비해 현저히 떨어진다. 온디바이스 처리를 고집한 결과가 이런 제한적 성능이다.

애플이 놓친 AI 파트너십의 기회들

애플이 AI에서 뒤처진 또 다른 이유는 외부 협력에 대한 소극적 태도다. Siri를 개선하기 위해서는 전문 AI 기업과의 파트너십이나 인수가 필요했다. 퍼플렉시티(Perplexity), 앤트로픽(Anthropic), 코히어(Cohere) 같은 AI 스타트업들을 인수할 기회가 여러 번 있었지만 애플은 움직이지 않았다. 현금을 쌓아둔 채 너무 안일한 대응이 아니었나 싶다.

구글은 딥마인드(DeepMind)를 인수해 AI 역량을 강화했고, 마이크로소프트는 오픈AI에 대규모 투자를 단행해 AI 생태계의 중심에 섰다. 메타는 AI 연구진에 막대한 투자를 하며 오픈소스 전략으로 개발자 생태계를 구축했다. 반면 애플은 지금 무엇을 하고 있는가. 자기 세계를 고수하는 사이 퍼플렉시티와 앤트로픽은 이미 자체 생태계를 구축해버렸다.

폐쇄적 접근이 애플의 전통이지만, AI 시대에는 독이 될 수 있다. AI 기술의 발전 속도가 워낙 빨라서 한 회사가 모든 것을 자체 개발하기에는 한계가 있다. 특히 언어 모델, 컴퓨터 비전, 강화학습 등 AI의 각 분야마다 전문성이 필요한 상황에서 외부 협력 없이는 경쟁력을 유지하기 어려워 보인다.

블랙베리의 교훈 - 애플의 미래는 안전한가

한때 스마트폰 시장을 지배했던 블랙베리의 몰락은 많은 교훈을 준다. 블랙베리는 보안에 특화된 기업용 스마트폰으로서 시장에서 절대적 지위를 가지고 있었다. 물리적 키보드와 강력한 보안 기능으로 무장한 블랙베리는 iPhone이 등장해도 "장난감"이라며 무시했다.

하지만 터치스크린과 앱 생태계라는 새로운 패러다임 앞에서 블랙베리는 속수무책이었다. 기존의 강점인 물리적 키보드와 보안에만 집착하며 변화에 적응하지 못했다. 결국 불과 몇 년 만에 시장에서 완전히 사라졌다.

현재 애플의 상황이 당시 블랙베리와 유사해 보인다. 프라이버시와 보안이라는 기존의 강점에만 의존하며 AI라는 새로운 패러다임에 소극적으로 대응하고 있다. iPhone과 iPad의 하드웨어는 여전히 뛰어나지만, AI 기능에서는 점점 뒤처지고 있다.

물론 애플은 블랙베리보다 훨씬 강력한 생태계와 브랜드 충성도를 가지고 있다. 하지만 기술 패러다임의 변화 앞에서는 어떤 기업도 안전하지 않다. 애플이 AI 시대에 적응하지 못한다면, 서서히 시장에서 소외될 수 있다. 프라이버시가 우선이었던 사람들도 압도적인 편의성과 기능 앞에서는 마음이 기울기 마련이다. 사파리냐 크롬이냐를 선택하던 문제와는 다를 수 있다.

나 역시 오랫동안 애플 제품을 사용해왔고 여전히 사랑한다. iPhone, iPad의 사용자 경험은 여전히 뛰어나다. 하지만 AI 시대의 변화 속도를 보면, 애플의 현재 전략으로는 경쟁력을 유지하기 어려우리라 전망된다. 폐쇄적 생태계가 만든 혁신의 장벽을 넘어서지 못한다면, 애플도 언젠가는 블랙베리의 전철을 밟을 수 있다. 기술의 변화는 한 순간이고, 그 순간을 놓치면 되돌리기 어렵다는 것. 그것이 바로 블랙베리가 우리에게 남긴 가장 큰 교훈이다.

IT-BPO 강국에서 AI-BPO로, 인도의 20년 만보 행진

#39

IT-BPO 강국에서 AI-BPO로의 진화

인도는 지난 30년간 전 세계 IT 서비스 산업을 이끌어온 절대 강자였다. TCS(Tata Consultancy Services), 인포시스(Infosys), 위프로(Wipro), HCL 등 4대 IT 서비스 기업들이 인도의 소프트웨어 산업 성장을 견인하며 '세계의 백오피스'라는 별명을 얻었다. 이들은 저비용·고품질의 소프트웨어 개발과 유지보수 서비스로써 글로벌 기업들의 디지털 전환을 뒷받침해 왔다.

AI 시대가 도래하면서 인도의 역할도 변화하고 있다. 전통적인 IT-BPO(Business Process Outsourcing)에서 AI-BPO로의 전환이 시작된 것이다. 이미 증거도 있다. Builder.AI의 'AI 코딩' 마케팅 뒤에 700명의 인도 엔지니어들이 코딩하고 있었다든가, 아마존 GO의 '무인 계산' 시스템 뒤에서 1,000명 이상의 인도 직원들이 고객 동영상을 보며 물품을 하나하나 분류하고 있었다는 진실을 보라. 물론 기만에 가까운 사례들이었지만, AI 시대에도 인도인들이 여전히 BPO 개념의 역할을 수행하고 있음을 알 수 있었다.

뒤집어 생각하면, AI 시대에도 여전히 인도의 인력이 중요한 역할을 담당하며, 앞으로도 그럴 것이라는 전망을 보여준 셈이다. 앞선 사례는 재미로 한 이야기지만, 그 역할은 단순 코딩에서 AI 모델 훈련, 데이터 라벨링, AI 품질 관리 등으로 고도화되는 중이다. 인도는 풍부한 영어 구사 인력과 수학적 사고력을 바탕으로 이런 새로운 영역에서도 경쟁우위를 유지할 수 있는 기반을 갖추고 있다.

전통 IT 서비스 기업들의 AI 전환 전략

인도의 전통 IT 서비스 기업들은 AI 시대를 맞아 적극적인 변신을 시도하고 있다. TCS는 'AI.Cloud'라는 플랫폼을 출시해 기업들의 AI 도입을 지원하고 있으며, 자체 AI 연구소인 'TCS Research'를 통해 머신러닝, 자연어처리, 컴퓨터 비전 등의 핵심 기술을 개발하고 있다고 한다. 물론, 최근에는 TCS가 인력을 감원하고 있다는 소식도 들려오지만, 2024년 기준으로 TCS는 전체 직원의 약 40% 이상이 AI 관련 프로젝트에 참여하고 있다고 발표했다.

인포시스는 'Infosys Nia'라는 AI 플랫폼을 개발해 자동화와 지능형 분석 서비스를 제공하고 있다. 특히 'Living Labs' 프로그램을 통해 차세대 기술 연구에 매년 매출의 2~3%를 투자하고 있으며, AI 전문 인력을 25만 명 수준까지 확보한다는 목표를 세웠다. 인력 감축이 필요한 상황에서 AI 역량 강화를 위한 신규 채용에 적극적으로 임하고 있다는 사실이 놀라웠다. 위프로 역시 'HOLMES'라는 AI 기반 자동화 플랫폼을 출시하며 인지 컴퓨팅과 자동화 영역에서 차별화를 꾀하고 있고, HCL은 'DRYiCE'라는 AI 기반 자동화 솔루션을 통해 IT 운영 효율성을 높이는 서비스를 제공하고 있다고 한다.

이들 기업의 공통점은 기존의 인력 집약적 서비스에서 AI 기술을 활용한 고부가가치 서비스로의 전환을 꾀하고 있다는 것이다. 하지만 여전히 대부분의 매출은 전통적인 IT 서비스에서 나오고 있어, 실질적인 AI 기업으로의 변신은 아직 진행 중이다.

이들이 직면한 가장 큰 도전은 기존 비즈니스 모델의 근본적 변화다. 전통적인 IT 서비스는 투입 인력 및 시간에 기반한 과금 모델이었던 반면, AI 서비스에서는 '결과 기반의 가치 창출 모델'로 전환해야 한다. 이는 단순한 기술 도입을 넘어 조직 문화와 사업 구조의 혁신을 요구하는 과제다.

IT 클러스터와 글로벌 인재 네트워크의 저력

인도가 AI 시대에도 경쟁력을 유지할 수 있는 핵심 요인 중 하나는 탄탄한 교육 인프라와 글로벌 인재 네트워크다. 뱅갈로르와 하이데라바드를 중심으로 한 IT 클러스터는 IIT(Indian Institute of Technology)를 중심으로 형성됐으며, 이곳에서 배출된 인재들이 전 세계 기술 기업의 핵심 인력으로 활약하고 있다.

마이크로소프트 CEO 사티아 나델라(Satya Narayana Nadella), 구글 CEO 순다르 피차이(Sundar Pichai), 어도비 CEO 샨타누 나라옌(Shantanu Narayen) 등 글로벌 빅테크 기업의 최고경영자들이 모두 인도 출신이다. 오픈AI, NVIDIA, 메타 등에서도 인도 출신 엔지니어들이 핵심 AI 연구를 주도하고 있다. 이들 NRI(Non-Resident Indian, 해외 거주 인도인)들은 본국과의 연결고리를 유지하며 기술 이전과 투자 유치에도 기여하고 있다.

뱅갈로르는 '인도의 실리콘밸리'로 불리며 연간 약 50만 명의 IT 전문 인력을 배출하고 있다. 하이데라바드 역시 마이크로소프트, 구글, 아마존 등 글로벌 기업들의 대규모 연구개발 센터가 위치해 있어 최신 기술 동향을 실시간으로 접할 수 있는 환경을 갖추고 있다. 특히 이들 도시는 영어권 국가와의 시차를 활용한 24시간 개발 사이클을 구축해 글로벌 경쟁우위를 확보하고 있다.

인도 정부의 'India AI Mission'과 정책적 지원도 주목할 만하다. 2024년 발표된 이 정책은 AI 인프라 구축에 103억 루피(약 1억 2천만 달러)를 투자하며, 대형언어모델 및 멀티모달 모델 개발, AI 인재 양성, 스타트업 지원, 윤리 가이드라인 마련 등을 통해 AI 생태계 조성에 집중하고 있다. 하지만 중국의 수조 원 규모 AI 투자나 미국의 민간 주도 대규모 투자에 비하면 아직 규모 면에서는 부족한 실정이다.

현실적 한계와 미완의 AI 생태계

인도가 가진 잠재력에도 불구하고, 아직까지 프랑스의 Mistral AI나 중국의 DeepSeek처럼, 제3세계의 임팩트 있는 AI 기업이나 모델은 나오지 않고 있다. 이는 몇 가지 구조적 한계 때문이다.

첫째, 자본 접근성의 어려움이 있다. AI 모델 개발에는 막대한 컴퓨팅 자원과 데이터가 필요한데, 인도 스타트업들은 미국이나 중국 기업들에 비해 자본 조달에 어려움을 겪고 있다.

둘째, GPU와 클라우드 인프라에 대한 접근성이 제한적이다. 인도 역시 다른 나라와 마찬가지로 최신 GPU 확보에 난항이 있으며, 이는 대규모 AI 모델 훈련에 직접적인 장애 요인이 되고 있다.

셋째, 데이터의 질과 양의 문제다. 인도는 14억 인구를 보유하고 있지만, 고품질의 구조화된 데이터는 상대적으로 부족하다. 특히 인도의 다양한 언어와 방언을 커버하는 양질의 훈련 데이터 확보는 여전히 과제로 남아 있다.

그럼에도 불구하고, 일부 의미 있는 성과들이 나타나고 있다. 뭄바이

소재 Fractal AI가 개발한 Fathom-R1-14B는 140억 개 매개변수 규모의 LLM 모델로 주목받았다. Yotta는 인도의 다양한 언어와 방언을 지원하는 소버린 AI 인프라 플랫폼인 Shakti Cloud를 구축해 AI 모델 개발을 가속화하고 있다. Sarvam AI는 10개 이상의 인도 언어로 제공되는 LLM과 음성 AI 솔루션을 보유하고 있어 로컬 특화 AI 서비스 분야에서 성과를 보이고 있다.

미래 전망과 투자 관점에서의 기회

인도의 AI 산업은 아직 초기 단계지만, 장기적으로는 충분한 성장 잠재력을 가지고 있다. 특히 다음과 같은 영역에서 독특한 경쟁우위를 확보할 가능성이 있다.

첫째, 다국어 AI 서비스 분야다. 인도는 22개의 공식 언어와 수백 개의 방언을 보유하고 있어, 다국어 AI 모델 개발에서 천연의 테스트베드 역할을 할 수 있다. 이는 글로벌 다국어 시장 진출의 교두보가 될 수 있다.

둘째, 비용 효율적인 AI 서비스 제공 분야다. 인도의 전통적인 강점인 비용 경쟁력을 AI 서비스 영역에도 적용할 수 있다. 특히 AI 모델의 파인튜닝, 데이터 처리, 품질 관리 등의 영역에서 경쟁우위를 유지할 가능성이 아직까지는 있다. 물론, AI로 대체되기까지는 시간문제겠지만 말이다.

셋째, B2B AI 솔루션 분야다. 기존 IT 서비스 기업들의 고객 관계를 활용해 맞춤형 AI 솔루션을 제공하는 영역에서 성장 가능성이 크다.

넷째, AI 인력 공급 분야다. 전 세계 AI 인재 부족 현상이 심화되는 가운데, 인도는 지속적으로 고품질 AI 인력을 공급할 수 있는 기반을 갖추고 있다.

투자 관점에서 보면, 인포시스나 TCS 같은 기존 대형 IT 서비스 기업들은 AI 전환 과정에서 단기적으로는 마진 압박을 받을 수 있지만, 성공적으로 전환할 경우 장기적으로는 더 높은 부가가치를 창출할 수 있다고 본다. 나는 원래 INDIA와 INFY에 투자하고 있었는데, 인포시스의 신규 채용 뉴스에 비중을 늘리기도 했다.

2004년, 인도어과를 선택할 때부터 인도라는 잠재적 코끼리가 움직여주길 기대했지만, 그로부터 20년이 지난 지금 역시 움직이지 않고 있다는 점은 아이러니하다. 나는 여전히 인도의 IT 시장과 AI 시장을 낙관적으로만 보지는 않는다. 다만 인도의 인재 기반과 기술 인프라를 고려할 때, 이 거대한 코끼리가 AI 시대에 한 발자국 정도는 움직일 가능성이 충분히 있다고 본다.

뤼튼의 비즈니스 모델, AI 대중화의 성공과 지속가능성의 과제

#40

GPT-wrapper, AI 기업 이름으로 투자금 1,300억 원을 달성하다

2025년 3월, 시리즈 B 라운드로 1,080억 원을 유치하며 누적 투자 1,300억 원을 달성한 뤼튼은 명실상부 국내 대표 AI 스타트업으로 부상했다. 10월 기준 MAU 650만 명, 크랙 서비스 월 매출 30억 원 돌파. 숫자만 보면 대단한 성과다.

하지만 뤼튼은 공식 고객센터에 "거대언어모델(LLM)을 직접 개발하지 않는다"고 명시했다. 오픈AI의 GPT-5, 구글의 Gemini, 앤트로픽의 Claude 등 타사 모델의 API를 호출해서 사용자에게 제공하는 구조다. 업계에서는 이런 서비스를 'GPT-wrapper'라고 부르기도 한다.

어떻게 볼 것인가? 비판적으로 보면 기존 AI 모델에 얇은 UI 레이어만 덧씌운 것이다. API 호출만으로 서비스를 운영하는 구조는 장기적으로 지속가능성을 담보하기 어렵다는 것이 업계의 중론이다.

그러나 앞서도 언급했듯 뤼튼테크놀로지스는 분명 가시적인 성과를 거두었으며, 성장세 역시 가파르다. 서비스 레이어의 얄팍한 개선이라고 일축하기에는, 결국 시장의 호응을 성공적으로 이끌어냈으니 무의미하지 않다. 애초에 GPT-wrapper 서비스를 긍정적으로 보면 복잡한 기술을 일반인이 쉽게 쓸 수 있도록 번역해주는 것이며, 우리는 이런 '중개 플랫폼'이 성공한 전례 역시 적잖게 보아 왔다.

그런 양방향의 논쟁을 지켜보며, 흥미로운 질문이 떠올랐다. 자체 LLM 없이 어디까지 갈 수 있을까?

빠른 실행력, 뤼튼의 최대 무기

뤼튼의 핵심 역량은 기술 개발보다는 **시장의 니즈를 빠르게 파악하고 사용자 경험이 뛰어난 서비스를 신속하게 출시하는 '실행력'**에 가깝다. AI 도입을 할 때는 '애자일하게'* 실험해보는 것이 가장 중요한데, 뤼튼도 그렇게 다양한 방식으로 실험하고 있다.

2025년 4월 '뤼튼 3.0' 업데이트에서 이 역량이 잘 드러난다. GPT-5, Claude 3.7, Gemini 2 등 여러 모델을 자동으로 선택해 응답하는 '모델 오케스트레이션' 시스템, 사용자 정보와 취향을 기억하는 '메모리 시스템', 한국어 특화 데이터베이스를 활용한 검색 기능 등을 도입했다. 이런 사용자 맞춤 기술로 리텐션이 최대 35% 향상됐다고 한다.

2025년 8월 8일 GPT-5가 출시되자 당일 무료 무제한 제공을 시작한 것도 뤼튼다운 속도다. 2023년 GPT-4 발표 당시에도 국내 최초로 무료 무제한 제공에 나섰던 전례가 있다.

수익 모델의 핵심이 된 캐릭터 챗 '크랙'

API 중개형 서비스의 가장 큰 위협은 비용 문제다. 더욱이 뤼튼은 기본적

* 애자일: 빠르게 작동하는 작은 결과물을 만들어 사용자에게 보여주고 피드백을 받아 즉시 개선하는, '민첩하고 유연한' 업무 방식. 영단어 Agile에서 유래했다.

으로 '무료 이용'을 셀링 포인트로 삼고 있으므로, 자체 비즈니스 모델의 수익성을 담보하기 어려운 상태였다. 이 문제점은 뤼튼테크놀로지스 역시 인지하고 있는 바이며, 지속가능한 비즈니스를 구가하기 위해 여러 시도를 해왔다. 그리고 최근 들어 마침내 성과를 내고 있다.

특히 눈에 띄는 것은 캐릭터 챗 '크랙'이다. 2024년 10월 말 부분 유료화를 도입한 지 한 달 만에 월 매출 10억 원을 돌파했고, 2025년 4월 독립 앱으로 분리 출시된 후 월 매출 30억 원까지 성장했다. 크랙의 웹 MAU만 해도 192만 명으로, 뤼튼 전체 서비스의 37%에 달한다.

'크랙: 새로운 세계로 – AI 채팅' 앱**

생산성 도구가 아닌 감성 교류 서비스에서 수익이 나온다는 점이 흥미롭다. 김지섭 뤼튼 사업개발실장의 말처럼 "인간에게 생산성이라는 영역은

** 구글 플레이스토어. 크랙 앱 설치 페이지.

인생의 약 3분의 1밖에 되지 않는 시간"이다.* 나머지 시간을 AI가 점령하겠다는 전략이다.

뤼튼은 유료화 수익 중 일부를 창작자에게 분배함으로써 AI 캐릭터 창작 생태계를 활성화했다. 또한 2024년 11월 출시한 생성형 AI 기반 디지털 광고 플랫폼 '뤼튼 애즈'로 수익원을 다각화하고 있다.

티어 업그레이드, LLM 생태계 구축자로의 진화 시도

이런 서비스 레이어에서의 발빠른 대응, 수익 모델의 개선 및 다각화뿐 아니라, 뤼튼테크놀로지스는 최근 행보를 통해 API 중개상을 넘어 자체 경쟁력을 갖추기 위한 의지를 보이고 있다.

2025년 8월, 뤼튼은 LG AI연구원과 엑사원 도입 파트너십을 체결하고 '전 국민 AI 역량 강화 프로젝트'를 본격 추진하기 시작했다. AI 소외 계층과 학생들을 위한 교육 프로그램 운영, AI 기술 협력 생태계 확장을 목표로 한다. 7월에는 AI 반도체 기업 퓨리오사AI와 추론 인프라 구축 협약도 체결했다.

LG AI연구원이 공개한 '엑사원 4.0'은 글로벌 AI 성능 분석 기관 아티피셜 어낼리시스의 인텔리전스 지수 평가**에서 한국 모델 기준 1위, 글로벌 기준 10위권을 기록했다. 뤼튼은 이런 고성능 국산 LLM을 일반 국민이 쉽게 사용할 수 있도록 보급하는 핵심 채널 역할을 맡게 됐다.

* 차민주. 뤼튼 "사용자 1000만명 눈 앞…네카오급 '대국민 서비스' 될 것". 해럴드경제. 2025.09.16. biz.heraldcorp.com/article/10576662

** Artificial Analysis Intelligence Index by Open Weights vs Proprietary. Independent analysis of AI. 2025.12.01 액세스. artificialanalysis.ai/#artificial-analysis-intelligence-index-by-open-weights-vs-proprietary

650만 명의 사용자 기반은 국산 AI 모델이 실제 사용자들에게 검증받고 개선될 수 있는 귀중한 테스트베드다. 단순히 해외 AI 모델을 중개하는 것을 넘어, **국내 AI 기술의 성장을 지원하는 생태계 구축자로서의 역할**을 담당하게 된 셈이다.

지속가능성을 위해 해결해야 할 과제

하지만 이런 다양한 시도와 유의미한 성과에도 불구하고 여전히 뤼튼이 해결해야 할 근본적인 과제들이 존재한다.

☑ **과제 1: API 의존성**
뤼튼의 비즈니스 모델은 근본적으로 타사 API에 완전히 의존하는 구조다. 오픈AI나 구글이 API 정책을 변경하거나, 가격을 인상하거나, 서비스를 중단하면 뤼튼은 즉시 운영에 타격을 입는다. 뤼튼 엔지니어 팀이 작성한 기술 블로그에서도 '외부 API Rate Limit 문제'를 지속적인 고민거리로 언급하고 있다.

☑ **과제 2: 비용 구조**
API 사용 비용은 사용량에 비례해서 증가한다. 크랙 서비스가 월 30억 원의 매출을 기록했지만, API 비용과 운영비를 고려했을 때 실질적인 수익성은 지속적으로 검증되어야 한다. GPT-5 같은 고성능 모델의 API 비용은 상당할 수 있기 때문에, 핵심 기술을 보유하지 않은 상황에서는 높은 마진을 확보하기 어렵다.

☑ **과제 3: 경쟁 환경의 변화**
오픈AI, 구글, 앤트로픽 등이 직접 통합 서비스를 제공하면서 이미 뤼튼의 입지가 축소되고 있다. 해외에서는 이미 AI 래퍼 서비스들이 대거 구조조정에 들어가고 있다. Jasper는 마케팅용 AI 콘텐츠 생성 서비스로 시리즈 A에서 1억 달러 이상 투자받았지만 사용자 이탈로 인력 감축을 단행했다.

AI 대중화의 선구자, 다음 단계는?

뤼튼의 가장 큰 성과는 일반 국민이 AI에 쉽게 접근할 수 있도록 저변을 만든 것이다. ChatGPT가 등장했을 때를 돌이켜보면, 많은 한국인이 영어 장벽과 복잡한 인터페이스 때문에 AI를 사용하기 어려워했다. 뤼튼은 이 간극을 메웠다. 이세영 뤼튼 대표의 말처럼 "국가 AI 경쟁력은 국민 한 명 한 명의 AI 역량 강화에서 출발한다."* 실험실이 아니라 실생활에서 국민 모두가 효용을 체감할 수 있게 만든 것, 이것이야말로 뤼튼의 공헌이다.

AI 대중화라는 첫 번째 미션을 성공적으로 수행한 뤼튼은, 그다음 단계로 무엇을 보여줄 것인가? 여러 사례가 입증했듯, 결국 근본 기술력이 없다면 장기 생존은 불투명할 수밖에 없다. 그럼에도 엑사원 같은 국산 LLM의 보급 창구 역할을 하면서 사용자 데이터와 한국어 특화 노하우를 축적하고, 이를 바탕으로 독자적인 기술 역량을 강화할 수 있다면 앞날이 마냥 어둡지만은 않을 것이다.

결국 뤼튼의 미래는 두 가지 질문에 달려 있다.

- ☑ GPT-wrapper를 넘어서는 기술적 해자를 구축할 수 있는가?
- ☑ 크랙을 중심으로 한 수익 모델이 API 비용을 상쇄하고도 남을 만큼 성장할 수 있는가?

MAU 1,000만 명을 목표로 한다는 뤼튼. 무료로 챗GPT를 사용하게 해준다거나 지드래곤을 내세운 화려한 마케팅을 넘어서서, 한국의 Genspark가 될 수 있을까? 뤼튼만의 기술적 내실을 증명해내기를 기대한다.

* 김명희. 뤼튼-LG AI연구원 맞손…엑사원으로 '전 국민 AI 역량 강화' 추진. 전자신문. 2025. 08.19. https://www.etnews.com/20250819000194

국내 AI 기업의 현주소, T0부터 T6까지 티어로 본 진짜 실력 #59

엑사원과 솔라 프로2, 드디어 글로벌 순위에 오르다

최근 반가운 소식이 들려왔다. LG AI Research의 엑사원과 업스테이지의 Solar Pro 2가 'Artificial Analysis Intelligence Index'에서 미국과 중국을 제외하고 상위 순위에 올라갔다는 것이다. AI 융합 서비스를 기획하고 실제 초거대 AI를 각 공공기관에 도입해본 입장에서, 이 소식은 남다르게 다가왔다.

특히 업스테이지의 OCR 기술은 직접 시연을 통해 경험한 바 있다. 한국어 문서를 읽어내는 능력은 우리가 익히 사용하고 있는 LLM 도구 중에서도 단연 최고 수준이었다. 분명히 경쟁력 있는 기업이고, 모델들이다. 국가대표 AI라 불릴 만한 독자 파운데이션 모델을 만들 수 있는 충분한 여력을 갖춘 회사들이기도 하다.

그러나 솔직히 말하면, 하루가 다르게 빠르게 변화하는 현 상황에서 지금의 순위가 얼마나 의미가 있을지는 모르겠다. 중요한 건 순위가 아니라 우리 기업들이 어느 위치에 있고, 진짜 실력이 어느 정도인지를 아는 것이다. 그리고 그 실력을 정확히 평가할 수 있는 기준이 필요하다.

디지털플랫폼정부위원회가 제안한 7단계 티어 체계

얼마 전 디지털플랫폼정부위원회 이승현 국장이 국내 LLM 기업들을 7단계 티어로 구분한 글*을 보았다. 모델 성능뿐 아니라 통제 가능성, 설명 가능성, 공급망 안전, 법·윤리 준수 등을 종합적으로 계량화한 분류였다. 이를 정리해보면 다음과 같다.

- **T0-T1**: ChatGPT API를 호출하거나 경량 튜닝만 추가한 수준이다. 솔직히 말하면 이건 LLM을 '만들었다'기보다는 '사용했다'고 봐야 한다. 학습 비용과 시간을 최소화할 수 있지만, API 차단이나 가격 인상에 속수무책이다. 많은 스타트업이 이 단계에서 PoC를 진행한다.

- **T2**: 메타 'Llama', 알리바바 'Qwen' 등을 이용해 공개 가중치를 기반으로 추가 학습한 기업들이다. SK텔레콤의 'A.X 4.0'이 대표적이다. 하지만 한국형 모델이라 부르기에는 조금 애매하다. 모델의 '메모리'는 여전히 'Qwen 2.5' 같은 해외 모델이기 때문이다. 'Qwen 2.5'는 학습 데이터를 공개하지 않아 불투명한 상태인데, 이런 불투명한 정보가 국내 기업 모델 내부에 그대로 내재되어 있다.

- **T3**: 업스테이지의 'Solar Pro 2'가 여기에 해당된다. 오픈소스 구조를 확장한 후 전체 재학습했다. DUS라는 독자적인 개발 방식으로 구조 일부를 자체화했다. T2보다 한 단계 진전된 형태다.

- **T4**: KT '믿음 2.0', SK텔레콤 'A.X 3.1'이 이 등급이다. Llama-류 구조를 차용하되 가중치는 전량 자체 학습했다. 구조 의존적이지만 가중치는 독립적이다. 이 국장은 "학습 데이터나 토크나이저 자체 설계로 통제권을 어느 정도 확보했지만 핵심 블록은 여전히 동일해 구조에 제한이 있다"고 평가했다.

- **T5**: LG AI연구원의 '엑사원 4.0', 네이버의 '하이퍼클로바 X', NC AI의 '바르코 LLM'이 대표 사례다. 구조와 가중치 모두 완전 국산이다. 주권성과 통제 가능성이 매우 높다. 하지만 막대한 투자금과 컴퓨팅 자원, 데이터가 필요하다.

* 장유미. [유미's 픽] "너도 나도 프롬 스크래치?"...국가대표 AI 2차전, 자체 기술 평가 '관건'. 지디넷코리아. 2025.07.29. https://zdnet.co.kr/view/?no=20250728101615

- **T6**: 칩, 프레임워크, IDC, 데이터까지 완전 자립한 단계다. 현재 국내에선 T6 등급 구현 사업을 진행하고 있다. 이 국장은 "T6 등급이야말로 이상향"이라며 "한국은 풀스택 생태계를 가지고 있는 몇 안 되는 나라"라고 강조했다.

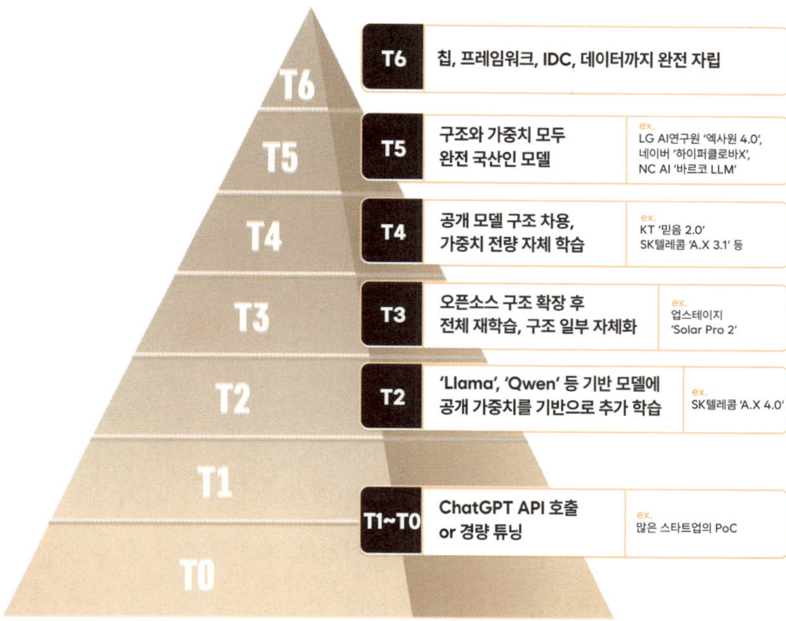

이승현 디지털플랫폼정부위원회 국장의 AI 모델 7단계 티어 표

현장에서 경험한 기업별 역량의 차이와 T2 기업의 딜레마

개인적으로 이 티어 구분에 전적으로 공감한다. 내가 직접 경험해본 결과가 이승현 국장의 견해와 매우 유사하기 때문이다. 티어 구분에 따라 기업의 기술 수준이 명확히 달라지는 것을 현장에서 체감했다.

실제로 높은 등급의 LLM 기업들은 확실히 PoC나 컨설팅 수준에서 그러지 못한 기업들과 차별성을 보였다. T5 기업들은 기술 자문부터 시작해 데이터 구조 설계, 파인튜닝 전략까지 종합적인 컨설팅이 가능하다. 자체 모델을 갖고 있으니 요구사항에 맞춰 모델을 조정할 수 있는 여지도 크다. 반면 T1~T2 기업들은 주어진 API 안에서 프롬프트 엔지니어링으로 해결하려는 경향이 있다. 근본적인 한계가 있을 때 "이건 모델 자체의 한계입니다"라고 말할 수밖에 없다. 자기가 만든 모델이 아니니까.

하지만 간과해선 안 되는 사실이 있다. 높은 등급이 항상 정답은 아니라는 점이다. T3 기업이 T5 기업보다 특정 분야에서 더 나은 결과를 낼 수도 있다. 업스테이지의 OCR 기술처럼 말이다. 중요한 건 어떤 문제를 풀려고 하느냐다.

특히 공공부문에서는 티어 선택이 신중해야 한다. T2 등급 기업의 경우, 모델의 '메모리'는 여전히 해외 모델이다. Qwen처럼 학습 데이터를 공개하지 않은 불투명한 모델을 기반으로 한다면, 예기치 않은 결과가 나올 수 있다.

더욱이 공공부문에서는 책임 소재가 명확해야 한다. AI가 잘못된 결정을 내렸을 때 누가 책임질 것인가? 개인정보 유출, 기술 오작동, 책임 소재 불명확이 AI 도입의 주요 우려 요인이다. 기획재정부 조사에서도 공공기관 종사자들이 이런 우려를 크게 느끼고 있다는 것이 확인됐다.

이런 제반 사항을 고려할 때, **T4 이상, 특히 T5 등급으로 분류되는 완전 국내 기업이 개발한 국산 모델들이야말로 공공부문에 적합하다.** 통제 가능성과 설명 가능성이 확보되기 때문이다. 물론 비용도 더 들고, 효율성 측면에서 우려가 있을 수 있다. 하지만 공공부문에서는 효율보다 신뢰와 통제가 더 중요하다. 국민의 데이터를 다루는 곳에서 불투명한 해외 기반 모델을 쓰는 것은 위험하다.

독자 LLM 개발 5개 기업의 진짜 경쟁력

엑사원과 Solar Pro 2의 글로벌 순위 진입은 우리 기업들이 T3~T5 등급에서 경쟁력을 확보했다는 증거다. 특히 LG AI연구원의 엑사원은 T5 등급의 완전 국산 모델이다. 구조와 가중치 모두 자체 개발했다. 네이버의 하이퍼클로바 X도 마찬가지다. 이들은 막대한 투자와 GPU, 데이터를 투입해 독자 모델을 만들었다. NC AI의 바르코 LLM도 T5 등급에 속한다.

업스테이지는 T3 등급이지만 특화된 기술력으로 차별화하고 있다. Solar Pro 2의 DUS 방식은 구조를 부분 자체화한 독특한 접근이다. 특히 OCR 분야에서는 T5 기업들과 비교해도 뒤지지 않는 경쟁력을 갖췄다.

SK텔레콤은 T2와 T4를 오가며 다양한 시도를 하고 있다. SK의 A.X는 버전에 따라 T2(4.0)와 T4(3.1)를 넘나든다. KT 믿음 2.0은 T4 등급이다. 통신사들이 가진 데이터와 인프라를 활용해 빠르게 발전하고 있다.

이들은 분명 더 많은 데이터를 학습하고, GPU와 인재를 확보하면서 계속 앞서나갈 것이다. 하지만 과제도 있다. T6 등급으로의 도약이다. 칩, 프레임워크, IDC, 데이터까지 완전 자립한 풀스택 생태계를 구축하는 것이다.

T6을 향한 길, 그리고 기업들의 선택

T6이 LLM 기업들의 이상향이긴 하지만, 모든 기업이 T6을 목표로 할 필요는 없다. 각자의 강점과 전략에 따라 적정 티어를 선택하는 것도 전략이다.

업스테이지처럼 T3에서 특화 기술로 승부하는 것도 방법이다. OCR 하나만큼은 누구에게도 지지 않겠다는 접근인데, 실제로 효과적이다. 공공기관에서 문서 처리 프로젝트를 추진한다면, 업스테이지를 가장 먼저 떠올리게 된다.

반면 LG와 네이버는 T5~T6을 목표로 하는 것이 분명하다. 완전 국산 모델을 넘어 풀스택 생태계까지 구축하려는 의지가 보인다. 막대한 투자가 필요하지만, 이들은 그럴 만한 체력을 갖췄다.

SKT는 유연한 전략을 구사하는 중이다. T2와 T4를 오가며 시장 반응을 보고 있다. 통신사로서의 강점(데이터, 인프라)을 활용하되, 완전 독자 개발보다는 실용적 접근을 택하고 있다.

다행히 한국은 풀스택 생태계를 가지고 있는 몇 안 되는 나라다. 반도체부터 통신 인프라, 소프트웨어까지 모든 것을 갖추고 있다. 이제 필요한 것은 방향성과 지속적인 투자다. 5개 기업이 각자의 전략으로 T6을 향해 나아간다면, 이들 중 누군가는 성공할 것이다.

기업 선택의 기준, 티어보다 중요한 것

공공에서는 어떤 LLM 기업을 선택하는 것이 좋을까? 무조건 높은 티어만 좋은 것은 아니다. 업무 특성과 보안 요구사항, 예산에 따라 적절한 티어의 기업을 선택하는 것이 중요하다.

예를 들어 내부 문서 검색 시스템을 만든다면? 업스테이지의 OCR 기술이 최적일 수 있다. 반면 국민 데이터를 다루는 공공망 시스템이라면? LG나 네이버의 T5 모델이 적합하다. 통제 가능성과 설명 가능성이 확보되니까. 챗봇 서비스를 빠르게 런칭하고 싶다면? T1~T2로 시작해도 괜찮다. API로 빠르게 프로토타입을 만들고, 시장 반응을 본 후 T4~T5로 전환하는 전략도 있다.

다만 공공망, 정부망에 도입되는 경우라면 최소한 T4 이상, 가능하면 T5 등급의 완전 국산 기업을 우선 고려해야 한다는 것이 내 생각이다. 책임 소재와 데이터 주권 문제를 무시할 수 없기 때문이다.

공공부문이 선도적으로 T4 이상의 국산 LLM 기업을 활용하고 성공 사례를 만들어 간다면, 민간 AI 시장 창출의 마중물이 될 수 있다. 기획재정부 조사에 따르면 공공기관의 38.4%가 AI를 활용하고 있다. 이 시장이 국산 LLM 기업들의 성장 동력이 될 수 있다.

AI 주권은 단순히 좋은 모델을 만드는 것으로 담보되지 않는다. 그 모델을 실제로 활용하는 생태계를 만드는 것, 신뢰할 수 있는 기업을 육성하는 것, 사람들이 안심하고 사용하게 만드는 것까지 실현되어야 비로소 손에 쥘 수 있을 것이다. 티어 체계는 우리 기업들이 어디에 있고 어디로 가야 하는지를 보여주는 나침반이다. 이제 같은 방향을 향해 함께 걸어가야 할 때다.

딜로이트의 색종이, 어떻게 접을 것인가? LG 경영연구원의 AI 도입 해법

#66

종이접기라는 기막힌 비유

오늘 딜로이트의 생성형 AI 활용 보고서를 읽다가 무릎을 탁 쳤다. 생성형 AI를 종이접기에 비유한 대목이었다. 생성형 AI는 종이접기처럼 자원(데이터와 종이)을 매력적인 결과물로 변환한다는 것이다.

생성형 AI는 종이접기다.
자원을 매력적인 결과물로 변환하기 때문이다.

생각해보라. 종이접기 예술가에게는 A4 용지 한 장만 주어진다. 하지만 어떤 사람은 학 한 마리를 접고, 어떤 사람은 복잡한 용을 만들고, 어떤 사람은 정교한 장미꽃을 완성한다. 반면 어떤 사람은 비행기 한 대도 제대로 접지 못한다. 차이는 종이가 아니다. 접는 사람의 역량이다.

AI도 마찬가지다. 같은 ChatGPT를 쓰더라도, 어떤 조직은 업무 효율을 2배로 올리고, 어떤 조직은 별 효과를 보지 못한다. 같은 데이터를 가지고 있어도, 어떤 기업은 획기적인 인사이트를 만들고, 어떤 기업은 그저 보고서 한 장 더 만드는 데 그친다. 도구는 같은데, 결과는 천차만별이다.

왜? 어떻게 '접느냐'에 따라 달라지기 때문이다. **AI를 도입하는 것은 종이를 사는 것과 같다.** 중요한 것은 그다음이다. 그 종이를 어떻게 접을 것인가. 어떤 모양을 만들 것인가. 누가 접을 것인가. 이것이 진짜 질문이다.

딜로이트가 제시한 **전략-프로세스-인재-데이터 및 기술 프레임워크**는 이미 널리 알려진 기본이다. 조직이 어떻게 AI를 받아들이고 도입할지를 고민해볼 필요가 있다. 프레임워크를 아는 것과 적용하는 것은 다른 문제다. 종이접기 책을 읽는 것과 실제로 학을 접는 것이 다른 것처럼.

LG 경영연구원이 발견한 조직 진화의 비밀

색종이 비유를 곱씹고 있던 차에, LG 경영연구원의 흥미로운 연구를 발견했다.* AI와 공존하는 조직 체계로 전환하기 위한 단계적 모델이었다. 핵심은 CoE(Center of Excellence, 전문가 센터) 중심의 지원형 구조에서 출발해 현업 주도형 기능팀 중심으로 단계적으로 고도화해야 한다는 것이다. 199

이것도 좋은 비유다. 종이접기를 배울 때, 처음에는 선생님이 옆에서 하나하나 가르쳐준다. "여기를 이렇게 접고, 저기를 저렇게 접으세요." 하지만 점차 익숙해지면, 선생님 없이도 혼자 접을 수 있게 된다. 심지어 나중에는 새로운 모양을 스스로 창조할 수도 있다.

AI 조직도 마찬가지로 진화해야 한다. 처음에는 전문가 그룹(CoE)이 모든 것을 지원해준다. "이렇게 하면 됩니다." 하지만 점차 현업 부서들이 스스로 AI를 활용할 수 있게 역량을 키운다. 최종적으로는 모든 직원이 AI

* LG경영연구원. (2023, 10). AI와 인간 공존의 시대, HR의 역할. https://www.lgbr.co.kr/report/view.do?idx=19679

역량을 갖춘 조직이 된다.

여기서 핵심은 '기능팀'이다. **기능팀은 도메인 지식과 AI 전문성을 연결하는 실무 허브다.** AI 전환의 핵심 실행 조직이다. 기능팀은 개인일 수도 있고, 팀일 수도 있다. 중요한 것은 이들이 AI에 능숙한 전문가, 즉 'AI Champion'이라는 것이다.

AI Champion들이 게임체인저가 되어야 한다. 이들이 현업과 AI 전문가를 연결하고, 실제 프로젝트를 실행하고, 성공 사례를 만들어내고, 그것을 확산시킨다. 마치 종이접기 동호회에서 숙련된 회원들이 초보자들을 가르치고, 새로운 작품을 만들어내고, 그것을 공유하는 것처럼.

4단계 조직 진화, 우리는 어디쯤 있는가

LG 경영연구원이 제시한 'AI와의 공존을 위한 조직형태' 4단계 모델을 보면서, 우리 조직이 어디쯤 와 있는지 점검해보는 것도 의미가 있을 터다. 여기 간단히 소개한다.

1단계

CoE 지원형

전사적 AI 전문가나 시스템 리소스가 부족하고, AI 적용이 제한적이다. 몇몇 파일럿 프로젝트가 있을 뿐, 전사적 확산은 이루어지지 않았다. AI가 필요하면 외부 전문가를 불러오거나, 중앙 부서에 요청해야 한다.

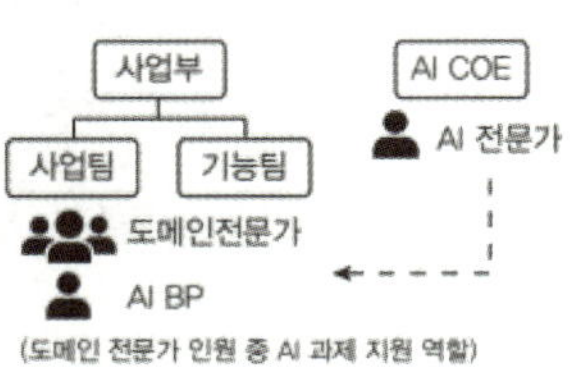

이 단계의 특징은 '의존'이다. 현업 부서는 AI를 직접 활용하지 못한다. 전문가가 와서 해주기를 기다린다. 마치 종이접기를 전혀 못하는 사람이, 필요할 때마다 전문가를 불러서 접어달라고 하는 것과 같다. 비효율적이고, 느리고, 확산성이 없다.

현재 대부분의 기업이나 기관이 여기에 머물러 있다. AI 전담 조직은 있지만, 소수의 전문가만 있고, 예산도 부족하고, 전사적 지원은 제한적이다. "AI 좀 써봅시다"라고 말은 하지만, 실제로는 몇 개 부서의 시범사업에 그친다.

2단계

매트릭스형

AI 전문가와 리소스가 일정 수준 확보되고, 전사적 공감대가 마련된 상황이다. 여전히 중앙에 CoE가 있지만, 각 부서에도 기능팀이 생긴다. 도메인 전문가와 AI 전문가가 협업한다. 프로젝트별로 교차 지원이 이루어진다.

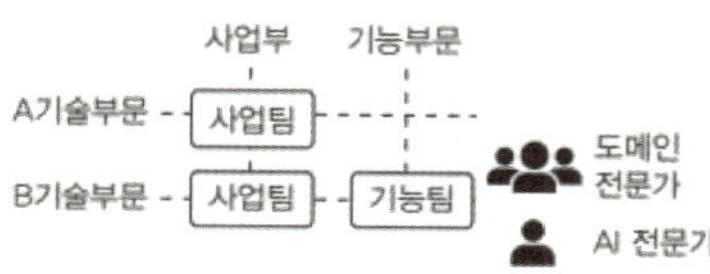

이 단계의 특징은 '협업'이다. 현업 부서 사람들이 AI에 관심을 갖기 시작하고, 기본적인 활용법을 배운다. 전문가들과 함께 프로젝트를 진행하면서 실무 경험을 쌓는다. 종이접기를 배우는 과정이라고 할 수 있다. 아직 혼자서는 복잡한 것을 못 만들지만, 선생님과 함께라면 가능하다.

선도적인 대기업 몇 곳이 이 단계에 진입했다. CoE라는 AI 중심 조직이 있고, 각 부서에 AI 관심자들이 생겼고, 협업 프로젝트들이 진행되고 있다. 완벽하지는 않지만, 전환의 모멘텀은 생겼다.

3단계

허브앤스포크형

AI 전문가와 리소스가 충분하고, 중앙 통제 인프라가 확보된 단계다. 중앙 HUB 팀이 사업팀 전반을 연결하고 지원한다. AI가 전사적으로 확산되어, 대부분의 부서가 AI를 활용하고 있다.

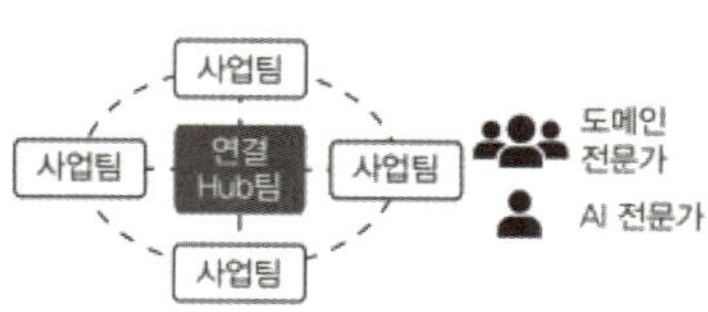

이 단계의 특징은 '확산'이다. 더 이상 AI가 특별한 것이 아니다. 일상적인 업무 도구가 되었다. 각 부서가 자체적으로 AI 프로젝트를 기획하고 실행할 수 있다. 중앙 HUB는 표준을 관리하고, 인프라를 제공하고, 어려운 문제를 해결해주는 역할을 한다.

종이접기로 치면, 대부분의 사람들이 기본적인 작품들은 혼자 만들 수 있는 수준이다. 복잡한 것은 전문가의 도움을 받지만, 일상적인 것들은 스스로 해결한다. 네이버, 카카오 같은 IT 기업들이 이 정도 단계에 와 있을 것이다.

4단계

현업 주도형

가장 이상적인 형태다. 현업 구성원 개개인이 도메인과 AI 역량을 모두 확보했다. AI와 인간이 협업하는, AI가 내재화된 AX 시대의 이상적 조직이다.

이 단계의 특징은 '통합'이다. AI 전문가와 도메인 전문가의 구분이 사라진다. 모든 직원이 자기 분야의 전문가이면서 동시에 AI 활용자다. 중앙 CoE는 더 이상 필요하지 않다. 각자가 스스로 AI를 활용해서 혁신을 만들어낸다.

종이접기로 치면, 모든 사람이 종이접기 예술가가 된 상태다. 각자가 창의적으로 새로운 작품을 만들어내고, 서로 영감을 주고받는다. 전문가 그룹이 따로 필요 없다. 모두가 전문가니까. 이 단계에 도달한 조직은 아직 많지 않다. 어쩌면 실리콘밸리의 일부 AI 스타트업들? 오픈AI나 앤트로픽 같은 곳들이 이 정도일까?

AI Champion, 종이접기의 달인들

색종이를 제대로 접기 위해서는 종이접기 전문가가 필수적이다. AI 도입에서도 AI 전문가, 기능팀이 필수적 역할을 해야 조직 문화가 바뀐다.

민간 기업의 경우, 여력이 있으면 훌륭한 AI 전문가를 영입할 수 있다. 구글이나 메타에서 일하던 AI 연구자를 스카우트하거나, 유명 대학의 교수를 영입하거나. 하지만 대부분의 조직은 그럴 여력이 없다. 예산도 제한적이고, 보수도 민간만큼 줄 수 없고, 채용 절차도 복잡하다. 무엇보다 AI 도입의 ROI가 아직 불확실한 상황에서 큰 투자를 결정하기는 쉽지 않다.

그렇다면 어떻게 해야 하나? **내부에서 AI Champion을 키워야 한다.** 기존 직원 중에서 AI에 관심 있고, 역량 있는 사람들을 찾아서 집중 육성하는 것이다. 이들에게 교육 기회를 제공하고, 프로젝트 경험을 쌓게 하고, 외부 네트워크를 연결해주고, 인센티브를 준다.

우리 기관에도 이런 AI Champion들이 생겨나고 있다. 처음에는 개인적 관심으로 시작했다. ChatGPT를 써보고, Claude를 써보고, 업무에 적용해본다. 그러다가 점차 전문성이 쌓이게 된다. 이제는 다른 직원들을 가르치고, 프로젝트를 리드하고, 새로운 아이디어를 제안한다.

이들의 공통점은 열정이다. 누가 시켜서가 아니라, 스스로 배우고 싶어 한다. 새로운 AI 도구가 나오면 제일 먼저 써본다. 실패를 두려워하지 않는다. 그리고 무엇보다, 자기가 배운 것을 다른 사람들과 공유한다. 이런 AI Champion들이 많아질수록, 조직의 AI 전환 속도는 빨라진다. 이들이 곧 기능팀이 되고, AI 활용을 확산시킨다. 종이접기 동호회에서 숙련된 회원 몇 명이 있으면, 전체 실력이 빠르게 올라가는 것과 같다.

CAIO 리더십, 리더가 직접 색종이를 접어야 한다

하지만 AI Champion만으로는 부족하다. 리더의 역할이 결정적이다. 리더가 스스로 CAIO(Chief AI Officer) 역할을 맡아 AI 도입 전략을 설정하고 로드맵을 그려야 한다. CAIO라고 해서 리더가 AI 전문가가 되어야 한다는 뜻은 아니다. 코딩을 할 줄 알아야 한다거나, 머신러닝 알고리즘을 이해해야 한다는 뜻이 아니다. 필요한 것은 AI에 대한 이해와 비전, 그리고 실행 의지다. 리더가 해야 할 일은 명확하다.

첫째, **AI 전환의 방향을 제시한다.** "우리 조직은 AI를 활용해서 이런 모습이 될 것입니다." 구체적인 비전을 보여줘야 한다. 추상적인 슬로건이 아니라, 실제로 상상할 수 있는 미래를.

둘째, **자원을 배분한다.** AI 전환에는 돈이 든다. 교육비, 도구 구독료, 인프라 구축비, 전문가 영입비 등등. 예산을 확보하고, 우선순위를 정하고, 집행한다. 말로만 "AI가 중요하다"고 하면서 예산은 안 주면, 아무것도 안 된다.

셋째, 조직 구조를 바꾼다. AI 전담 조직을 만들고, 기능팀을 육성하고, 협업 체계를 구축한다. 필요하면 인센티브 제도도 바꾸고, 평가 기준도 조정한다. 조직이 AI 친화적으로 변할 수 있도록.

넷째, 가장 중요한 것은, 스스로 AI를 써야 한다. 리더가 AI를 안 쓰면서 직원들에게 "너희는 써라"고 하면 설득력이 없다. 리더가 직접 ChatGPT로 보고서를 작성하고, Claude로 정책을 분석하고, AI 도구로 의사결정을 지원받는 모습을 보여줘야 한다.

정답은 없지만, 방향은 있다

AI 도입에 정답은 없다. 조직마다 상황이 다르고, 역량이 다르고, 목표가 다르다. 어떤 조직에 맞는 방법이 다른 조직에는 안 맞을 수 있다. 딜로이트의 프레임워크도, LG 경영연구원의 4단계 모델도, 참고 사항일 뿐 절대적 답은 아니다.

하지만 방향은 있다. CoE 지원형에서 현업 주도형으로. 의존에서 협업으로, 확산으로, 그리고 통합으로. 이 방향은 명확하다. 그리고 이 여정에서 가장 중요한 것은 리더십과 조직 문화다.

정답은 없지만, 방향은 있다.
의존에서 협업으로, 확산으로, 그리고 통합으로.

리더가 비전을 제시하고, 자원을 배분하고, 스스로 실천하면, 조직이 따라온다. AI Champion들이 열정적으로 배우고, 공유하고, 확산시키면, 문화가 바뀐다. 그리고 모든 구성원이 "AI는 우리의 일부"라고 받아들이면, 진짜 전환이 일어난다.

색종이를 어떻게 접을 것인가? 이 질문에 대한 답은 조직마다 다르다.

어떤 조직은 학을 접고, 어떤 조직은 용을 만들고, 어떤 조직은 장미꽃을 완성한다. 중요한 것은 접기 시작하는 것이다. 그리고 계속 접는 것이다. 처음에는 서툴 것이다. 삐뚤어지고, 실패할 것이다. 하지만 계속하다 보면, 점점 나아진다. 그리고 언젠가는, 우리만의 독특한 작품을 만들어낼 수 있다. 그것이 바로 AI 전환의 여정이다.

우리 조직도, 지금 그 여정의 어딘가에 있다. 어떤 곳은 이제 막 시작했고, 어떤 곳은 한참 진행 중이다. 현재 위치는 중요치 않다. 계속 접고, 배우고, 개선해 나가면 된다. 그러면 언젠가는, 우리도 아름다운 작품을 완성할 수 있을 것이다.

#38 AI 대필의 유혹, 진짜 내 목소리는 어디에 있는가

#48 LLM을 활용한 글쓰기, 금도끼가 나오게 하는 방법

#04 나의 세컨드 브레인이 되어주는 AI 도구들

#15 AI 시대 Obsidian이 내게 가르쳐준 것들

#50 AI와 함께하는 선택의 기술: 위스키부터 인생 설계까지

#49 AI로 행복 찾기, 그리고 행복 만들기

#51 AI가 바꾸는 언어교육의 현실과 미래

#10 AI 도구 조합의 힘: 회의록 지옥에서 AI 천국으로 해방되다

#44 단 하나의 LLM 도구만 선택해야 된다면

#46 생산성 혁명을 불러온 Claude MCP: 6개월 실전 경험의 모든 것

#58 AI, 알고 쓰는 만큼 보이는 세계

개인도구와 활용

4부부터는 실전입니다.
4부에서는 제가 실제로 사용하는 AI
도구들과 특장점을 공유하고, Obsidian으로
구축한 세컨드 브레인에 대해 소개하고,
단 하나의 LLM만 선택해야 한다면
무엇을 고를지 이야기하겠습니다.
AI는 업무뿐 아니라 일상에서도 활용처가
무궁무진합니다. 흐름을 막을 수 없으니,
이제 현명한 활용자가 되어야 할 시간입니다.

PART 4

AI 대필의 유혹, 진짜 내 목소리는 어디에 있는가 #38

AI 글쓰기 뒤에 숨은 심리, 스스로를 속이는 자위 행위

요즘 SNS나 블로그에서 묘한 현상을 자주 목격한다. 누가 봐도 AI가 쓴 티가 나는 글을 마치 본인이 쓴 것처럼 올린다. 살펴보면 완벽한 구조, 매끄러운 문체, 적절한 소제목과 더불어, ChatGPT의 양식을 빌려 마크다운 형식으로 대량 생산한 글이 대부분이다. AI의 능력을 악용하여, 어디선가 주워들은 지식을 자신만의 인사이트인 것처럼 속이고, 실제로 경험하지 않은 일을 마치 자신이 겪은 것마냥 서술하는 경우가 많다. 이른바 '가짜 경험의 포장'이다.

이런 '양산형'들은 차치하더라도, AI인지 사람인지 묘하게 구분할 수 없는 글들도 있다. 그런 글들에는 공통점이 있다. 어딘가 공허하다는 것이다. 이런 글들의 공통 특징을 말하자면, '매끄럽지만 깊이가 없다'라 하겠다. 겉으로는 전문성과 논리를 갖춘 듯 보이지만, 실제 경험에서 나오는 생생함이나 진정성이 결여되어 있다. 그런 글은 피상적인 정보를 제공할 수 있을지는 몰라도 사람을 움직이는 힘이 없다. 마치 나무위키나 위키피디아를 보면서 우리가 감동하지 않는 것처럼.

AI가 쓴 글을 본인이 쓴 것처럼 올리는 현상 뒤에는 어떤 심리가 있을까? 유식해 보이고 싶은 욕구? 어쩌면 체계적인 구조 속에 심지어 내 경험과 감정까지 적절히 배치해 AI가 만들어준 글들을 보며, '내가 이런 깊이 있는 생각을 하고, 이런 명문을 쓸 수 있네!' 같은 착각을 하는지도 모르겠다. 나 대신 복잡한 개념을 정리해주고, (이도저도 아니긴 하지만 체감상으로는) 적절한 결론까지 도출해 내는 AI의 능력이 마치 자신의 능력처럼 느껴질 수도 있겠구나 싶다. 생각에 저작권이 있다면 몰라도 아니긴 하니. 하지만 그 깊이는 내 것이 아니다. 일시적인 자위적 행위일 뿐이다.

물론 내가 쓴 글의 오타를 잡아 정정하거나 문장을 다듬어주는 정도는 AI의 활용 가치가 충분히 있다고 본다. 하지만 만일 '글감'과 나만의 '사고방식'까지 AI, 정확히는 LLM에 의존하게 되면, 완벽한 AI의 결과물로서 자신을 포장하게 된다. 이는 결국 자신을 더욱 공허하게 만드는 악순환이 된다.

AI가 모든 것을 해주는 시대, 내 역할은 무엇인가

현재 글의 작성과 독해에 관해서만큼은 AI의 능력이 정말 놀랍다. 쓰기의 경우, 컨셉부터 구조, 내용, 심지어 요약까지 모든 것을 완성해준다. ChatGPT나 Claude 같은 파운데이션 모델들은 내가 생각하지 못한 관점을 제시하고, 내가 쓴 것보다 훨씬 나은 결과물을 만들어내기도 한다.

글의 논지 파악과 재가공, 즉 독해 영역으로 무대를 옮기면, AI의 수행은 점입가경이다. 특히 AI가 가장 자신있어 하는 작업은 '요약'이다. 복잡한 내용을 체계적으로 정리하고, 핵심을 명확하게 드러내는 능력은 인간보다 확실히 뛰어나다. 방대한 정보를 일관된 논리로 연결하고, 빠뜨린 부분까지 찾아서 보완해준다. 이는 현 시점에서 우리가 정확하게 이용할 수 있는 AI 기능이기도 하다.

이렇게 뛰어난 AI의 능력을 접한 많은 사람이 위험한 판단을 내린다. '이렇게 잘하는데 굳이 내가 애써서 할 필요가 있나?' 어차피 내가 며칠 고민해서 쓴 글보다 AI가 5분만에 만든 결과물이 더 나으니, 귀찮고 복잡한 작업은 모두 맡기는 게 현명하다고 생각하는 것이다. 특히 글쓰기에 자신 없는 사람들은 더하다. '나는 원래 글 못 쓰는 사람이니까 AI한테 다 맡겨서 뽑아내면 되지'라며 아예 스스로 쓸 생각조차 하지 않는다. 이런 태도는 처음엔 '효율적인 선택'처럼 보이지만, 실은 사고를 포기하는 것과 다름없다.

이런 편리함은 중독성이 있다. 한번 AI에게 맡겨서 좋은 결과를 얻으면, 다음에도 똑같이 하게 된다. 처음엔 '이번만'이라는 생각으로 시작하지만, 어느새 습관이 되고 의존하게 된다. 스스로 고민하던 시간이 점점 줄어들고, AI에게 물어보는 시간이 늘어난다. 복잡한 개념이 나오면 바로 "이거 설명해줘"라고 던진다. 글을 쓸 때도 "이 주제로 블로그 글 써줘"라고 요청한다. 심지어 "내 생각 정리해줘"라는 말까지 나온다. 생각을 정리하는 것조차 AI에게 맡기는 시대가 된 것이다.

여기서 문제가 생긴다. AI가 모든 것을 해주면 내 역할은 무엇일까? 단순히 주제만 던져주고 결과물을 받아보는 것이 전부라면, 나는 단순한 주문자에 불과하다. 창작의 기쁨도, 사고의 발전도, 표현의 성장도 모두 사라진다.

더 심각한 것은 이런 의존이 사고력 자체를 퇴화시킬 수 있다는 점이다. AI가 대신 생각해주고, 대신 정리해주고, 대신 표현해주면서 나는 점점 생각하지 않게 된다. 어려운 부분을 직접 고민하고 해결하는 과정에서 성장이 일어나는데, 그 성장의 기회를 잃는 것이다. 결국 AI 없이는 아무것도 할 수 없는 상태가 될 수 있다. 이 우려점은 이전 '검색의 시대'에도 제기된 바 있지만, 더 '유능한' AI가 우리 일상에 들어온 지금, 재차 진지하게 생각해볼 문제다.

AI 시대에 인간의 역할을 재정의해야 할 때다. 모든 것을 AI에게 맡기는 것이 아니라, AI가 할 수 있는 것과 인간이 해야 하는 것을 명확히 구분해야 한다.

AI 시대에 인간의 역할을 재정의해야 할 때다.

AI 시대, 나만의 영역을 찾는 법

그렇다면 AI 시대에 어떻게 자신만의 영역을 찾아야 할까? 가장 중요한 것은 정확한 자기 분석이다. 내가 잘하는 것, AI의 도움을 받으면 더 잘할 수 있는 것, 그리고 AI를 통해 영감을 받을 수 있는 것을 명확히 구분해야 한다.

내가 잘하는 것은 무엇인가? 이때 '잘하는 것'의 정의는, AI 없이도 어느 정도 해낼 수 있는 분야를 말한다. 나만의 경험, 나만의 관점, 나만의 표현 방식이 있는 영역이다. 예를 들어, 내가 직접 겪은 업무 경험, 육아 경험, 여행 경험 등은 AI가 대체할 수 없는 나만의 자산이다.

AI의 도움을 받으면 더 잘할 수 있는 것은 무엇인가? 이것은 내 핵심 아이디어나 경험은 있지만, 구조화나 표현에서 도움이 필요한 영역이다. 내 생각을 더 논리적으로 정리하거나, 더 명확하게 전달하는 데 AI를 활용할 수 있다.

마지막으로 AI를 통해 영감을 받을 수 있는 것은 무엇인가? 이것은 완전히 새로운 분야이거나 내가 잘 모르는 영역이다. AI의 도움을 받아 기초를 익히고, 점차 나만의 관점을 개발해 나갈 수 있다.

내가 잘하는 것	AI의 도움을 받으면 더 잘할 수 있는 것	AI를 통해 영감을 받을 수 있는 것
AI 없이도 어느 정도 해낼 수 있는, 나만의 경험, 나만의 관점, 나만의 표현 방식이 있는 영역	내 핵심 아이디어나 경험은 있지만, 구조화나 표현에서 도움이 필요한 영역	완전히 새로운 분야, 내가 잘 모르는 영역
예 업무 경험, 육아 경험, 여행 경험 등	예 내 생각 더 논리적으로 정리하기, 더 명확하게 전달하기	

AI 시대 나만의 영역 찾기

이런 구분을 명확히 하려면 무엇보다 자신에 대한 솔직한 성찰이 필요하다. 내가 정말 잘하는 것이 무엇인지, 부족한 것이 무엇인지를 정확히 파악하고 나서야, AI를 제대로 활용할 수 있게 된다.

핵심 없는 완벽함 vs. 불완전하지만 진정성 있는 이야기

출발점으로 돌아와서, 결국 AI 시대에도 가장 중요한 것은 '진짜 내 생각'을 담은 글이다. 그리고 그 시작은 자신에 대한 솔직한 글쓰기다. 내가 누구인지, 무엇을 경험했는지, 어떤 생각을 하는지에 대한 진정성 있는 기록이 먼저 필요하다.

이런 글들이 진정한 글쓰기의 출발점이 된다. 완벽한 구조나 매끄러운 문체는 없을지 몰라도, 내 진짜 목소리가 담겨 있다. 그리고 그런 글들이 나 자신을 성찰시키고, 나 자신을 발전시킨다.

반대로 아무 생각 없이 AI가 정해준 주제로 블로그를 쓰고, AI가 만든 구조로 포스팅을 한다면? 그런 글들은 아무도 진지하게 봐주지 않는다. 겉보기에는 완벽해 보여도 핵심이 없다. 매력이 없다. 전혀 기억에 남지 않는다.

관점이 없는 글들이 난무하는 시대다. '그래서 뭐?' 묻고 싶어지는 글들이 점점 많아질수록, 나는 온라인보다는 온기가 그나마 남아 있는, 책으로 돌아가게 된다. 불완전할 수는 있지만 적어도 진정성이 있는 글들을 남기고 싶고, 그러한 글들이 책에 담기면 좋겠다. 공감을 불러일으킬 수 있는 글들을 많이 쓰기 위해서는, 내가 다양한 경험을 하고, 기록으로 쌓아두어야 한다.

AI는 우리의 능력을 확장시켜주는 훌륭한 도구가 될 수 있다. 하지만 그 전에 우리 자신이 무엇을 잘하는지, 무엇을 표현하고 싶은지, 아니 그 전에, 왜 그것을 하고 싶은지, 왜 표현하고 싶은지부터 명확하게 해야 한다. 그것을 찾는 방법은 읽고, 쓰고, 걷는 것뿐이다.

AI를 활용하기 이전에, 자신이 무엇을 잘하는지, 무엇을 표현하고 싶은지, 왜 그것을 하고 싶은지, 왜 표현하고 싶은지부터 명확하게 해야 한다.

그것을 찾는 방법은 읽고, 쓰고, 걷는 것뿐이다.

LLM을 활용한 글쓰기, 금도끼가 나오게 하는 방법 #48

LLM은 떨어뜨린 도끼를 변화시키는 도구

개인적으로 생각하건대, LLM은 떨어뜨린 도끼를 금도끼와 은도끼로 바꾸어주는 도구다. 내가 호수로 도끼를 던지고, 프롬프트를 제대로 입력했다고 해보자. 결과는 그때그때 다를 수 있다. 금도끼가 나오기도 하고, 은도끼가 나오기도 하고, 쇠도끼가 나오기도 할 터다. 하지만 애초에 던질 도끼가 없다면? 산신령도 어쩔 도리가 없다. 금도, 은도, 쇠도 다른 세상 이야기다.

LLM은 떨어뜨린 도끼를 금도끼와 은도끼로 바꾸어주는 도구다.

주변을 둘러보면 대부분의 사람이 AI에 "블로그 포스트를 써 달라"고 요청하면서 아무런 배경 자료도 제공하지 않는다. 그리고는 나온 결과물을 보고 "AI가 쓴 글은 뻔하다"며 실망한다. 당연한 결과다. AI가 쓴 글들은 인간의 마음을 움직이기 어렵다는 평을 종종 듣는데, 애초에 전제부터 잘못된 것은 아닐까 싶다. 필자의 고유한 경험과 감성을 살린 글이어야 비로소 사람을 감동시킬 수 있다는 게 내 지론이다.

AI가 만들어준 결과물은 어디까지나 '초안'이다. 제대로 된 글을 원한다면 반드시 사람의 손을 거쳐야 된다. 더 나아가, 애초에 사람의 생각을 기본으로 AI가 작업을 해주어야 좋은 결과물을 얻을 수 있다. LLM을 활용해서 글을 쓰는 다양한 방식이 있지만, 그 가운데 금도끼와 은도끼를 뽑을 수 있는 마법의 프롬프트 같은 것은 존재하지 않는다. 결국 기본이 되는 자료와 경험이 있어야 한다.

자료 정리가 모든 것의 시작이다

앞서 언급했다시피 LLM을 활용한 글쓰기에서 가장 많이 하는 실수가 초안부터 ChatGPT나 Claude에게 다 맡기는 것이다. 그 글은 소위 '망글(망한 글의 준말)'이 되기 십상이다. 현 시점에서 '글쓰기'로는 최고인 Claude의 최고 등급 모델 Opus 같은 뛰어난 AI 작가도, 기본 자료 없이 프롬프트만 입력할 경우 바보가 되곤 한다. 자료가 없으면 일기라도 있어야 한다. 기본적으로 뭐라도 있어야 뭐라도 나오는 것이지, 뭐도 없는데 나오기 바란다는 것은 말이 안 된다. 입력 없이는 출력도 없다.

입력 없이는 출력도 없다. 쓸모 있는 자료들을 카테고라이징해서 잘 정리해두는 것이, 글을 잘 쓰는 방법의 기초다.

쓸모 있는 자료들을 카테고라이징해서 잘 정리해두는 것이, 글을 잘 쓰는 방법의 기초다. 그러기 위해서는 익히 알려져 있는 **티아고 포르테**(Tiago Porte)의 **PARA 기법**(Projects, Areas, Resources, Archives)이라든가, 다작으로 유명한 독일 사회학자 **니클라스 루만**(Niklas Luhmann)**의 메모 상자, 제텔카스텐**(zettel+kasten) **기법** 같은 체계적인 정리 방법을 활용해야 한다.

나는 Obsidian에 4,000개가 넘는 노트를 축적해왔고, '어쩌다, AI'라는 주제 하나에만도 100개가 넘는 소제목 세부 폴더가 있다. 직접 경험해본 결과, 각 폴더마다 5~10개씩의 관련 자료들이 정리되어 있어야 의미 있는 글쓰기가 가능해진다.

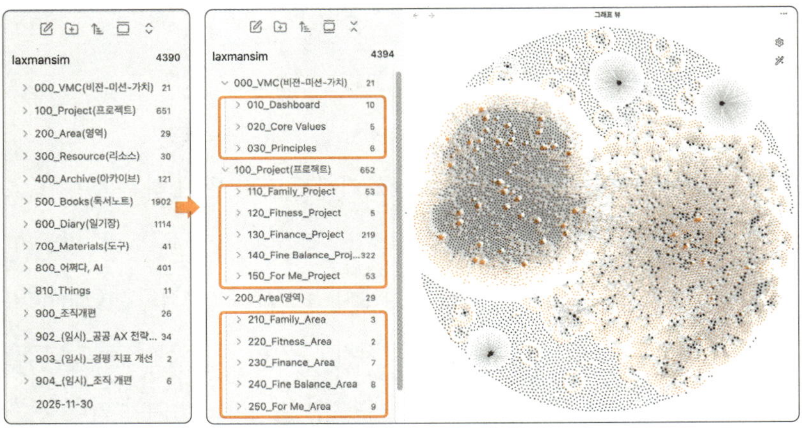

실제 사용 중인 Obsidian 볼트 전체 목록(왼쪽) | 볼트 하위 구조와 노트 그래프(오른쪽)

기록과 더불어 중요한 건, 일관된 태그 시스템이다. '#공공저작물' '#AI정책' '#규제샌드박스' 같은 태그를 체계적으로 사용하면, 아무리 자료가 많이 쌓이더라도 관련 자료들을 언제든지 쉽게 찾을 수 있다.

메타데이터 속성 정보도 중요하다. 메타데이터에는 데이터를 언제 작성했는지, 어떤 출처에서 나온 정보인지, 얼마나 신뢰할 만한지 등의 속성을 함께 기록해두어야 한다. 템플릿으로 미리 정해 놓으면 편한데, 이런 정보들이 있어야 LLM을 활용한, 맥락에 맞는 글쓰기에 도움을 받을 수 있다.

글쓰기 두려움을 없애는 습관과 템플릿

글쓰기의 두려움을 줄이는 가장 확실한 방법은 평소에 글을 자주 쓰는 것이다. 글이라고 해서 거창할 필요는 없다. 일기라도 쓰고 메모라도 써야 LLM 도구들이 뭐라도 바꾸어주고, 새로운 아이디어를 내어줄 수 있다. 내가 읽지도 않고 쓰지도 않으면서, 멀쩡한 결과물을 기대할 수는 없지 않은가. 하여 나는 매일 아침저녁으로 일기를 쓰고, 업무 중에도 수시로 메모를 한다. 이런 글쓰기 습관이 있어야 LLM에게 줄 재료도 생기고, 글에 대한 감각도 유지된다.

자주 쓰는 글들의 템플릿을 만들어두는 것도 중요하다. 사전에 항목을 잘 설계해둔 템플릿이 있다면 일일이 과도하게 신경 쓰지 않아도 글의 흐름을 짜기 수월해지고, 일관성이 담보되며, 추후 정리도 잘할 수 있기 때문이다. 또 글을 시작하는 부담이 덜어져, 글쓰기 습관을 유지하기도 쉬워진다. 나 역시 독서노트 템플릿, 일기 템플릿, 특정 주제에 대한 글쓰기 템플릿 등 30여 개의 템플릿을 언제든 꺼내 쓸 수 있도록 준비해두고 있다.

내 일기장 템플릿을 예시로 들면 다음과 같다. 아침에 일어나면 루틴을 체크하고, 전날의 안 좋았던 기억과 행복했던 기억, 오늘의 각오를 적으며 하루를 시작한다. 아무것도 없는 백지에 쓸 때보다, 글감을 찾기가 훨씬 수월하다. 밤에는 감사 일기를 쓴다. 오늘 내가 감사한 일, 배운 점, 칭찬할 점과 함께, 5F(추후 소개한다)의 관점에서 하루를 돌아보며 마무리한다.

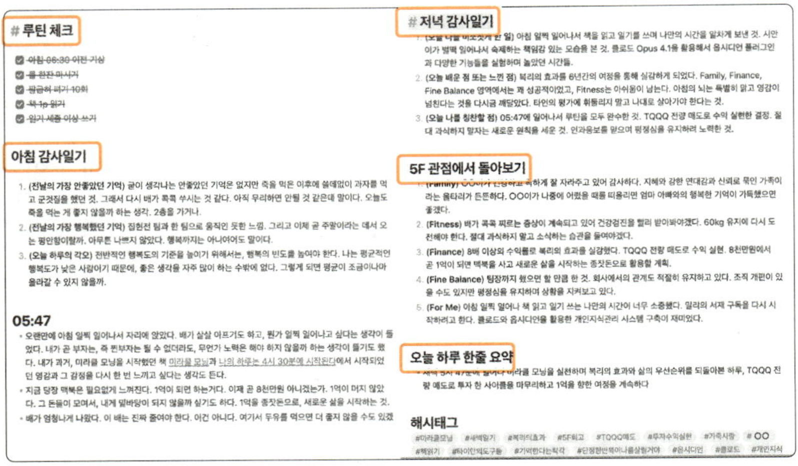

루틴 체크

- [x] ~~아침 06:30 이전 기상~~
- [x] ~~물 한잔 마시기~~
- [x] ~~팔굽혀 펴기 10회~~
- [x] ~~책 1p 읽기~~
- [x] ~~일기 세줄 이상 쓰기~~

아침 감사일기

1. **(전날의 가장 안좋았던 기억)** 굳이 생각나는 안좋았던 기억은 없지만 죽을 먹은 이후에 쓸데없이 과자를 먹고 군것질을 했던 것. 그래서 다시 배가 콕콕 쑤시는 것 같다. 아직 무리하면 안될 것 같은데 말이다. 오늘도 죽을 먹는 게 좋지 않을까 하는 생각. 2층을 가거나.
2. **(전날의 가장 행복했던 기억)** 집현전 팀과 한 팀으로 움직인 듯한 느낌. 그리고 이제 곧 주말이라는 데서 오는 평안함이랄까. 아무튼 나쁘지 않았다. 행복까지는 아니여어도 말이다.
3. **(오늘 하루의 각오)** 전반적인 행복도의 기준을 높이기 위해서는, 행복의 빈도를 높여야 한다. 나는 평균적인 행복도가 낮은 사람이기 때문에, 좋은 생각을 자주 많이 하는 수밖에 없다. 그렇게 되면 평균이 조금이나마 올라갈 수 있지 않을까.

05:47

- 오랜만에 아침 일찍 일어나서 자리에 앉았다. 배가 살살 아프기도 하고, 뭔가 일찍 일어나고 싶다는 생각이 들었다. 내가 곧 부자는, 즉 찐부자는 될 수 없더라도, 무언가 노력은 해야 하지 않을까 하는 생각이 들기도 했다. 내가 과거, 미라클 모닝을 시작했던 책 미라클 모닝과 나의 하루는 4시 30분에 시작된다에서 시작되었던 영감과 그 감정을 다시 한 번 느끼고 싶다는 생각도 든다.
- 지금 당장 맥북은 필요없게 느껴진다. 1억이 되면 하는거다. 이제 곧 8천만원 아니겠는가. 1억이 머지 않았다. 그 돈들이 모여서, 내게 밑바탕이 되지 않을까 싶기도 하다. 1억을 종잣돈으로, 새로운 삶을 시작하는 것.
- 배가 엄청나게 나왔다. 이 배는 진짜 줄여야 한다. 이건 아니다. 여기서 두유를 먹으면 더 좋지 않을 수도 있겠

저녁 감사일기

1. 아침 일찍 일어나서 책을 읽고 일기를 쓰며 나만의 시간을 알차게 보낸 것. 시안이가 벌떡 일어나서 숙제하는 책임감 있는 모습을 본 것. 클로드 Opus 4.1을 활용해서 옵시디언 플러그인과 다양한 기능들을 실험하며 놀았던 시간들.
2. **(오늘 배운 점 또는 느낀 점)** 복리의 효과를 6년간의 여정을 통해 실감하게 되었다. Family, Finance, Fine Balance 영역에서는 꽤 성공적이었고, Fitness는 아쉬움이 남는다. 아침의 뇌는 특별히 맑고 영감이 넘친다는 것을 다시금 깨달았다. 타인의 평가에 휘둘리지 말고 나대로 살아가야 한다는 것.
3. **(오늘 나를 칭찬할 점)** 05:47에 일어나서 루틴을 모두 완수한 것. TQQQ 전량 매도로 수익 실현한 결정. 절대 과식하지 말자는 새로운 원칙을 세운 것. 인과응보를 믿으며 평정심을 유지하려 노력한 것.

5F 관점에서 돌아보기

1. 하게 잘 자라주고 있어 감사하다. 지혜와 강한 연대감과 신뢰로 묶인 가족이라는 울타리가 든든하다. OO이가 나중에 어렸을 때를 떠올리면 엄마 아빠와의 행복한 기억이 가득했으면 좋겠다.
2. **(Fitness)** 배가 콕콕 찌르는 증상이 계속되고 있어 건강검진을 빨리 받아봐야겠다. 60kg 유지에 다시 도전해야 한다. 절대 과식하지 말고 소식하는 습관을 들여야겠다.
3. **(Finance)** 8배 이상의 수익률로 복리의 효과를 실감했다. TQQQ 전량 매도로 수익 실현. 8천만원에서 곧 1억이 되면 맥북을 사고 새로운 삶을 시작하는 종잣돈으로 활용할 계획.
4. **(Fine Balance)** 팀장까지 했으면 할 만큼 한 것. 회사에서의 관계도 적절히 유지하고 있다. 조직 개편이 있을 수도 있지만 평정심을 유지하며 상황을 지켜보고 있다.
5. **(For Me)** 아침 일찍 일어나 책 읽고 일기 쓰는 나만의 시간이 너무 소중했다. 밀리의 서재 구독을 다시 시작하려고 한다. 클로드와 옵시디언을 활용한 개인지식관리 시스템 구축이 재미있다.

오늘 하루 한줄 요약

- 미라클 모닝을 실천하며 복리의 효과와 삶의 우선순위를 되돌아본 하루, TQQQ 전량 매도로 투자 한 사이클을 마무리하고 1억을 향한 여정을 계속하다

해시태그

실제 작성한 일기장 예시

'알잘딱깔센' 못하는 AI, 육하원칙이 답이다

AI는 '알잘딱깔센'을 잘 못한다. 즉 알아서 잘해주는 건 무리다. 시시콜콜 하나하나 다 이래라 저래라 명령을 입력해주어야 그럴듯한, 깔끔하고 센스 있는 글이 딱 나온다. 정확하게 물어야 원하는 답을 얻을 수 있는 것이 LLM 도구다.

직원들에게 일을 시킬 때도 마찬가지지만, 항상 컨텍스트, 즉 맥락을 알려줘야 한다. 언젠가 배운, '누가 언제 어디서 무엇을 어떻게 왜'라는 육하원칙을 적용하면 보다 나은 결과를 얻을 수 있다. 내가 왜 이 글을 쓰는지, 어디서 쓰일 건지, 어떻게 쓰일 건지, 누가 볼 것인지, 언제 볼 글인지 등등의 정보를 LLM에게 제공하는 것이다.

나는 LLM에게 글쓰기를 요청할 때 다음 정보를 반드시 포함한다.

- 목적(왜 이 글을 쓰는가)
- 독자(누가 읽을 것인가)
- 분량(몇 글자 정도인가)
- 구조(어떤 구성으로 쓸 것인가)
- 톤앤매너(어떤 문체로 쓸 것인가)
- 핵심 메시지(무엇을 전달하고 싶은가)

기본기가 있어야 LLM도 빛난다

보통 이상의 일을 하던 사람이 LLM을 활용하면 더 잘하게 된다. 글쓰기에서도 마찬가지로 적용된다. 많이 읽고, 많이 써본 상태에서 LLM 도구들을 쓸 경우에 더 나은 결과물을 얻게 된다. 좋은 글을 쓰기 위해서는 기본기가 탄탄해야 한다는 말이다.

그러면 글을 못 쓰는 사람들은 무엇부터 시작해야 할까. 결국 독서로 돌아가야 한다. 남이 쓴 글들을 많이 볼수록 기초인 읽기가 뒷받침이 되어 글쓰기 실력도 나아지게 될 것이다. 다만 여기서 주의할 점이 있다. 짧은 글은 안 된다.

남이 쓴 글을 읽어야 한다고 할 때, 쉽게 떠올릴 수 있는 것은 스레드나 X 등의 텍스트 기반 SNS다. 짧은 게시글들이라 부담이 없다. 휙휙 넘기며 읽기 쉽다. 좋은 내용이나 메시지도 적지 않다. 스레드의 자기계발성 문구, 응원의 글들을 보면 기분이 나아지거나 긍정적인 자극을 받을 수도 있다. 그렇지만 SNS 글은 휘발성이 강하다. 순간이며 영속하지 않는다. 사실 나는 스레드의 기본 구조는 숏폼 영상과 동일하다고 본다. 차이점이 있다면, 영상 대신 글로써 도파민을 충족시키는 것뿐이다.

따라서 스레드나 X를 읽기보다는 검증된 독서를 하는 것을 권한다. 스레드 글을 휙휙 스크롤하는 것만으로는 본인의 성장에 하등의 도움이 되지 않는다. 깊이 있는 사고와 체계적인 지식이 쌓여야 LLM도 그것을 바탕으로 좋은 글을 써줄 수 있다.

다만 독서도 무작정 해서는 소용이 없다. 기록으로써 정리해두어야 한다. 책마다 '저자', '평점', '출판연도', '읽은연도'를 메타데이터로 관리해야 하며, '한줄평'과 '책속 한구절' 등도 따로 보관하면 좋다. 이렇게 체계화된 독서 기록이 실제 글쓰기와 연결될 때 진짜 가치가 발생한다.

경험과 기록이 만드는 진짜 글쓰기

우리가 상상도 못 할 정도로 어마어마한 양의 정보를 보관하고, 읽어내며, 가공할 수 있는 LLM. AI가 발전할수록 기록과 개인지식관리의 중요성은 더 커진다. 누구나 똑같은 AI 도구를 쓸 수 있는 시대에, 차이를 만드는 건 결국 '나만의 데이터'다. 책을 읽으면 자동으로 다른 기록과 연결되고, 일기를 쓰면 과거의 비슷한 경험과 매칭된다. 업무 고민을 기록하면 관련된 책 내용이나 과거 경험이 솔루션으로 제시되는 선순환이 만들어진다.

결국 LLM을 활용한 글쓰기의 핵심은
'좋은 재료'와 '명확한 지시'다.

평소에 자료를 잘 정리해두고, 꾸준히 글을 써서 재료를 축적하고, LLM에게는 구체적이고 명확한 지시를 내려야 한다. 도끼 없이는 금도끼도 나올 수 없다는 것을 잊지 말자.

나의 세컨드 브레인이 되어주는 AI 도구들

#04

호기심에서 시작된 여정

다행인지 모르겠지만, 나는 AI를 접할 기회가 많았다. 원래도 새로운 IT 기기나 AI 기술들에 대한 호기심이 강했다. ChatGPT가 출시되었을 때도 새로운 것을 가장 먼저 활용해보고 싶은 마음이 나를 자극했고, 곧장 유료 버전으로 써보게 되었다.

10년 동안 글로벌과 인사팀에 있다가 전혀 다른 사업부서로 발령을 받은 2023년은, 나에게는 크고도 새로운 도전이었다. 전혀 생소한 분야에서 AI 사업을 시작하게 되었으니 말이다. AI 관련 자격증은 나의 배경지식을 확장시킬 수 있는 최소한의 도구였고, 나는 추가로 Notion 같은 도구들을 활용하기 시작했다.

세컨드 브레인의 필요성

복잡한 용어를 정리 및 이해하고 각 부처에 대응하며, 컨소시엄 내 10개 참여기업과 그 이상의 하도급 업체들을 관리하기 위해서는, 협업 툴로서의 기능을 더한 세컨드 브레인 활용이 필수였다. 그때는 Notion이 내가 사업관리를 효율적으로 할 수 있는 유일한 도구였다.

참여기업에서는 Slack, Asana, 잔디, 카카오톡 등 다양한 플랫폼의 협업 툴을 활용하고 있었지만, 내가 유일한 사업관리자였기 때문에 내가 익숙한 Notion으로 통일시켰다. Notion 내에 페이지를 만들고, 각 참여기업의 PM들이 직접 참여할 수 있게 했다. 엑셀로 관리하던 WBS는 전혀 쓸모가 없었다. Notion에서 실제 진척되고 있는 사업 진도를 확인하는 것이 진짜였다.

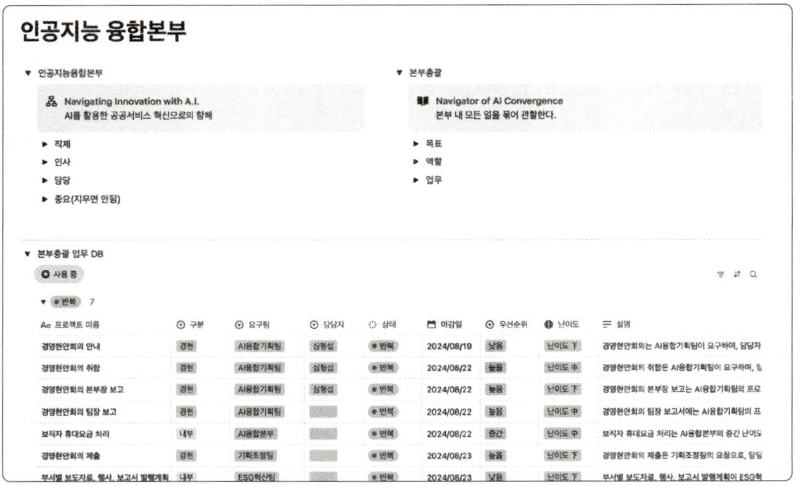

당시 사용했던 Notion 사업관리 페이지

ChatGPT 3.5가 나오면서 Notion도 AI 기능을 선도적으로 도입했다. 문서를 작업하면서 직접 AI에 물어볼 수 있는 점은 좋았으나, 단순히 마우스 한 번 덜 움직이고 창 전환을 안 하게 해주는 정도의 효과였다. 당시의 Notion AI는 진짜 AI가 아니었다. (물론 손을 분명 덜어주긴 했다. 업무 관리 페이지의 [설명] 속성값을 대신 채워주는 수준이었지만.)

Obsidian(옵시디언)과의 만남

2024년을 기점으로, 사업관리에서 본부 총괄로 업무가 조정되었다. 즉 이제 사업자들과 직접적으로 연락하는 대신, 나 혼자 우리 본부의 살림살이를 책임져야 했다. 총괄들과는 Todoist를 활용했고, Notion을 본부 협업 툴로 활용했다.

그러다가 보안 이슈로 인해 클라우드 협업 툴들을 활용하지 못하게 되었고, Notion 역시 사용이 불가능해졌다. 나는 Notion을 포기하기에는 너무 아까운 나머지 보안 승인을 받을까 하다가(부원장 결재 필요), 클라우드보다 온프레미스에서 개인적으로 활용 가능한 Obsidian으로 자료들을 이동시키기로 했다.

Notion과 Obsidian은 모두 같은 마크다운 형태의 메모 툴이다. 하지만 그 지향점은 사뭇 달랐다. Notion은 협업 툴을 기본으로 하고 클라우드 기반의 환경에서 작동한다. 반면 Obsidian은 개인 혼자 사용하는 개인 지식관리 시스템(PKM, Personal Knowledge Management)으로서, 로컬 컴퓨터에 저장되기 때문에 개인의 세컨드 브레인을 구축하기에 최적이었다.

마침 Google AI Studio에 100만 토큰 이상의 문서를 읽을 수 있는 기능이 시범적으로 도입되었다. 나는 이를 통해 내 모든 일기장과 업무와 관련된 수기 노트들을 OCR로 변환하여 디지털로 전환시켰다. ChatGPT와 Claude에서는 불가능했던 대용량의 문서 작업이 Google AI Studio에서는 가능했던 덕분이었다. 이전의 OCR은 수기 글자 인식 정확도가 너무 떨어지는 탓에 디지털화는 언감생심이었지만, Google AI Studio의 대용량 토큰을 활용하자 정확하게 디지털화를 할 수 있었다. 지금도 대용량 토큰이 필요한 업무들은 Google AI Studio를 활용한다.

Obsidian 이주 초창기에는 적응이 쉽지 않았다. Notion처럼 예쁘게 꾸밀 수 없었고, 표나 데이터베이스 활용이 직관적이지 않았다. 그럼에도 불구하고 Obsidian을 선택한 보람은 충분히 경험했다. 속도가 매우 빨랐고, 무엇보다 보안 문제에서 자유로웠다. 협업이 필요할 때는 Todoist를 계속 활용했고, 공유해야 할 사항은 Obsidian에서 PDF로 변환하여 다른 이들에게 보내면 충분했다.

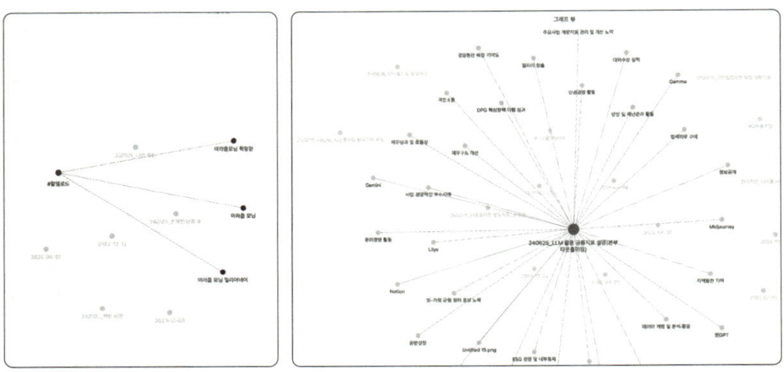

'할엘로드' 키워드에 연결된 노트들(왼쪽) | 중심 노트에 연결된 하위 노트 시스템(오른쪽)

Obsidian의 가장 큰 장점은 노트 간 연결이었다. **이중 대괄호([[]])를 사용해 노트들을 서로 링크로 연결하면, 마치 뇌의 시냅스처럼 지식들이 유기적으로 연결되었다.** 이로써 '할엘로드'란 키워드(태그)만 떠올려도, 힘들이지 않고 관련된 '미라클모닝 확장판', '미라클 모닝', '미라클 모닝 밀리어네어' 노트를 바로 열람할 수 있게 되었다. 이런 식으로 핵심이 될 노트에 여러 하위 노트들을 연결하면, 하나의 시스템이 된다. 'LLM 활용 공동지표 설명(본부 타운 홀미팅)' 노트만 열어도, 관련된 지식 노트들이 쭉 이어져 이해와 활용이 용이해졌다.

그렇다. 어느 순간부터 나는 내 두뇌 밖에 또 하나의 두뇌를 갖게 된 셈이다. 유일하게 아쉬운 점은 '협업으로 동시에 작업할 수 없다' 정도였다. 하지만 그것은 개인 지식관리 시스템의 본질을 생각하면 감수할 만한 트레이드오프였다.

완성된 세컨드 브레인

나는 Obsidian에 PARA 방법론을 적용하여 노트를 체계적으로 관리했다. Projects(진행 중인 프로젝트), Areas(지속적으로 관리해야 할 영역), Resources(참고 자료), Archives(완료된 프로젝트)로 구분하여, 4천 개가 넘는 노트들을 분류했다. 매일 아침 쓴 일기도 Obsidian에 축적되었고, 1,750권이 넘는 독서 노트와 위스키 시음 기록, 투자 포트폴리오 분석까지 모두 한자리에 모였다.

이렇게 한번 정리한 이후로는 업무와 개인 영역을 막론하고 내가 새로 생산하는 문서 전부, 업무 미팅 노트와 정책 문서 초안, 조직 개편 제안서까지도 Obsidian에서 작성하게 되었다.

구분	기준/기간	주요 노트 유형	특징
100_Project (프로젝트)	명확한 목표와 마감일이 있는 진행 중 프로젝트	• 투자 포르폴리오 검토(월별) • 업무 파트별 세부 과제 • 책 집필 프로젝트 • 가족/건강/재정 목표	• 날짜 기반 폴더 구조 (예: 250923_) • 완료 시 Archive로 이동 • 액션 아이템 중심
200_Area (영역)	지속적 관리가 필요한 생활 영역	• AI 활용 방법론 • 회사생활 행복 기준 • KPT 회고법 • 채용 서류심사 가이드	• 시간 제약 없음 • 반복적으로 참조 • 개인 원칙과 방법론
300_Resource (자원)	미래 참고용 자료와 인사이트	• LLM 미래 전망 • 블로그 아티클 • 뉴스 클리핑 • 인간관계 가이드	• 날짜+출처 표시 • 외부 콘텐츠 수집 • 영감과 아이디어 저장
400_Archive (아카이브)	완료되거나 비활성화된 항목	• 2024년 업무 총괄기록 • 과거 회의록 • 완료된 프로젝트 • 역사적 기록	• 연도별 정리 • 참고용 보관 • 검색 가능하게 유지

내 Obisidian의 PARA 시스템 분류 기준

그렇게 1년여 동안 세컨드 브레인을 잘 활용하다가 2025년, 내 Obsidian 볼트(Obsidian에서 사용하는 일종의 폴더)에 Claude가 본격 활용되면서 더욱더 훌륭한 결합이 완성되었다. 예전에는 단순히 Obsidian에서 Custom Frame 플러그인을 활용하여 ChatGPT를 우측 창에 두고 사용하는 정도였다. 그런데 Claude MCP가 본격 도입 및 활용되면서, 이제는 Claude에서 내 Obsidian 볼트의 모든 문서를 검색하고, 분석하고, 분류하고, 보고서까지 만들 수 있게 되었다.

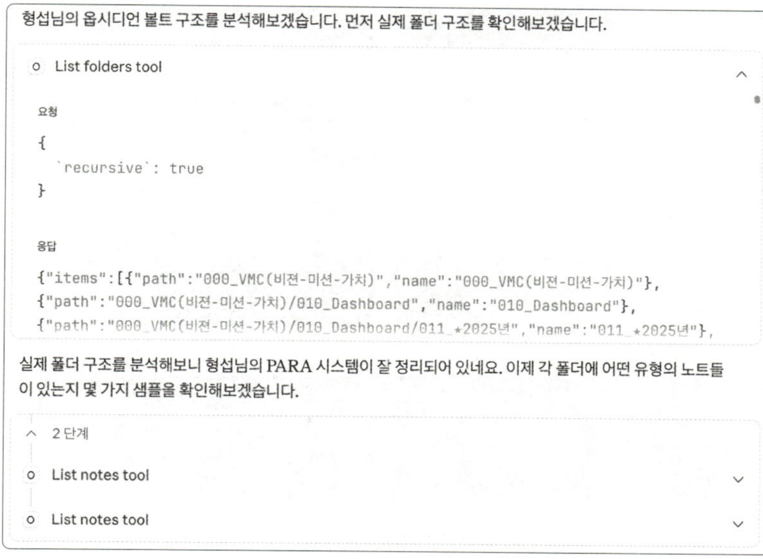

Claude에서 이동 없이 바로 Obisidian 볼트를 분석하는 모습

나만의 AI 도구 조합 활용법

Obsidian 외 다른 AI 도구들도 나의 세컨드 브레인 활용에 큰 힘이 되고 있다. 정보 탐색에서는 구글 검색이 더 이상 쓸모없어졌다. Perplexity는 검색에 있어서 가히 혁명이라 할 수 있으며, 이를 통해 검색에 소요되는 시간을 획기적으로 줄일 수 있었다.

더 최신의 트렌드를 확인하고 싶으면 Grok을 활용해도 좋으나, X 자체가 신뢰성이 높지 않기 때문에 다소 조심스러운 측면은 있다. Gemini 역시 광고성 블로그와 유튜브까지 너무 많이 학습한 탓에 개인적으로는 신뢰도가 높지 않아 보인다. 이 AI 도구들은 필요에 따라 사용하며, 일부는 버리기도 한다.

현재 세컨드 브레인으로서 활용 중인 AI 앱(위) | AI 웹 서비스(아래)

다각적인 고민과 시도 끝에 정립된 현재 나의 AI 도구 세컨드 브레인 활용 양상을 다시 한번 종합하자면 이렇다.

일반적인 대화 질문과 간단한 이메일 대응, 회의록 정리 등은 ChatGPT를, 글을 다듬거나 아이디어를 찾아 나가는 기획 과정에서는 Claude를, 검색에서는 Perplexity를, 최신 트렌드를 확인하고 싶을 때는 Gemini와 Grok을, 대용량 토큰 사용이 필요한 문서 작업에는 Google AI Studio를 활용한다.

그리고 이 모든 기록은 나의 세컨드 브레인인 Obsidian에 체계적으로 정리된다.

세컨드 브레인 Obsidian에 체계적으로 정리되는 AI 도구 활용 결과

생각해보면, Obsidian 없이는 이 모든 게 불가능했다. 데이터가 받쳐줄 때에야, 비로소 내가 활용하고 있는 AI 도구들도 빛을 발한다. 내가 AI 활용 효과를 크게 본 것도, 내가 엄청난 기록광이어서 가능했던 일이다.

자, 가장 중요한 것을 알겠는가? AI의 핵심은 '질 좋은 데이터'이다.

AI의 핵심은 '질 좋은 데이터'다.

AI 시대 Obsidian이 내게 가르쳐준 것들

#15

4,117개의 볼트가 말해주는 것

앞서 AI의 핵심은 '질 좋은 데이터'라 했다. 이쯤에서 돌아보자. AI 시대를 준비하면서, 우리는 정작 개인의 지식관리는 어떻게 하고 있는가? 나는 업무와 인생에서 조금 더 좋은 선택들을 하고 싶다. 그러자면 AI와 마찬가지로 우선 잘 정리된, 정제된 데이터가 있어야 한다. 그 데이터가 경험과 만나 유효한 직관을 만들 것이다. 나는 **Obsidian과 Claude MCP 결합**을 통해 개인 지식관리의 새로운 가능성을 발견했다. 이는 단순한 노트 앱 활용법이 아닌, AI와 함께 사는 시대의 필수 생존전략이지 않을까 싶다.

이전에도 나는 기록광으로서 아날로그와 디지털을 막론하고 꾸준히 기록을 이어왔다. 그 결과 1,700여 권의 독서 기록, 10년간의 아날로그 일기장을 비롯해 Evernote, 스마트폰 메모, Notion 등의 디지털 메모와 페이지들을 축적하게 되었다. 이 밖에 회사에서 근무하며 작성한 업무노트와 수첩들도 적지 않았다.

나는 이렇게 쌓인 내 개인지식을 세컨드 브레인화하길 원했다. 여러 플랫폼에 분산된 디지털 기록을 이전하고, 아날로그 기록들은 디지털화하여 Obsidian에 방대한 지식정보를 구축했다. 현재 총 4,117개의 볼트가 생성되었다. 이것이 무엇을 말해주고 있는지, 단순한 기록이 아닌, 살아있는 지혜, 세컨드 브레인으로서 제대로 작동하고 있는지 중간 점검해보려 한다.

PARA에서 5F로, 체계의 진화

Obsidian에 세컨드 브레인을 구축하면서, 처음에는 세컨드 브레인의 기본인 PARA 방법론을 적용했다. Projects, Areas, Resources, Archives로써 내 인생 자체를 체계적으로 정리해보고 싶었다. 하지만 우리 삶은 그렇게 단순하지 않았다. 복잡한 현실을 4개 카테고리로 욱여넣으려니 억지스럽기도 했고, 잘 맞지 않고, 오히려 더 복잡해진 것 같았다.

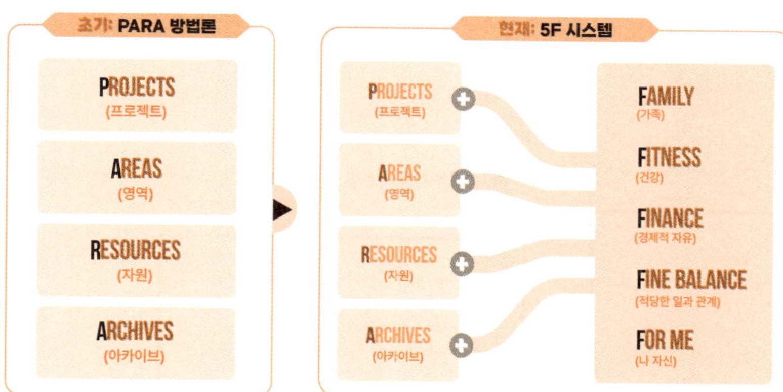

현재 진화한 5F 시스템의 모습

그래서 만든 게 **5F 시스템**이다. Family(가족) Fitness(건강) Finance(경제적 자유) Fine Balance(적당한 일과 관계) For Me(나 자신)의 5대 영역을 만들었다. 여기서 F는 H(행복)=5F로, 이 5가지 F가 나의 행복을 달성하기 위한 조건들이라고 볼 수 있다. 다시 말해 내 인생의 절대 가치로서 행복을 굳게 정의한 다음, 인생의 모든 것을 내 행복을 위해 중요한 5개 조건으로 압축한 것이다. 그러자 모든 것이 오히려 명확해졌다.

그렇게 Obsidian에 내 인생 프로젝트가 5개 영역으로 체계화되었다. 폴더 구조는 여전히 PARA를 따르지만, 대시보드를 앞에 두었다. 000_VMC(비전-미션-가치)부터 시작해서 100_Project, 200_Area, 300_Resource, 400_Archive까지 PARA 시스템의 각 영역 내에 나만의 가치인 5F들을 세분화해 배치했다.

이후 500_Books(독서노트), 600_Diary(일기장), 700_Materials(도구), 800_어쩌다, AI는 내게 맞추어 부가 체계들을 카테고리화한 것이다. 이렇게 특정 방법론이나 원칙에 얽매이지 않는 유연한 태도가, 내게 딱 맞는 AI 활용에 큰 도움이 된다.

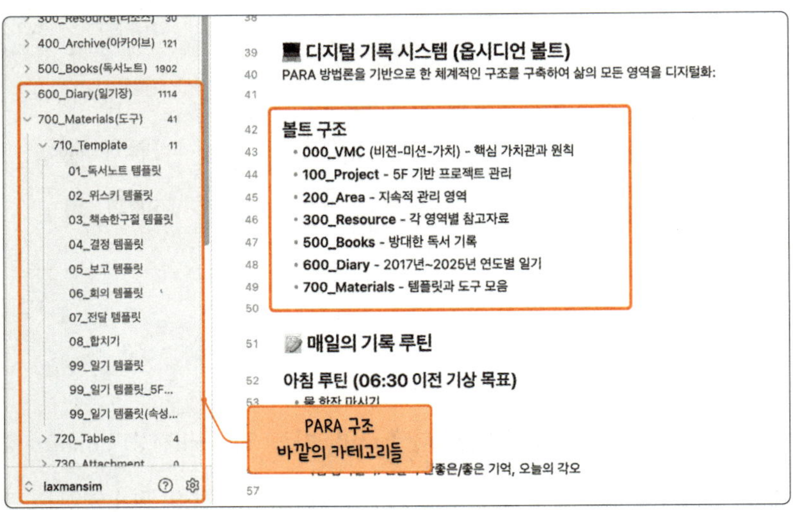

PARA 시스템 바깥의 카테고리와 전체 볼트 구조

실제로 어떻게 기록하고 있는지, 이 중 두어 개 카테고리를 대표로 들어 좀 더 설명해보겠다.

매일, 매 순간 기록의 힘 (600_Diary)

"기록되지 않는 삶은 나의 삶이 아니다." 이 철학을 그동안 실천하면서 깨달은 게 있다. 기록은 단순한 메모가 아니라 '삶의 증명'이라는 것.

매일 아침 "감사 일기와 오늘의 각오"를, 저녁에는 "미소 짓게 한 일, 배운 점, 칭찬할 점"을 기록한다. 별것 아닌 것 같지만 이 작은 습관이 삶의 방향을 바꿨다. 부정적인 일에 매몰되지 않고, 성장의 순간들을 놓치지 않게 된다.

그리고 회사에서는 폴더별로 업무를 기록하고, 매순간 적는 메모는 생각날 때 한꺼번에 옮겨 입력한다. 일기는 생활화되어 있고, 책을 읽은 후의 기록도 추가한다. 회의에서도 항상 노트북 혹은 패드로 기록하는 나를 보며, 회사에서는 '기록광' 혹은 '기록병을 가진 팀장'이라고들 한다.

독서와 삶의 연결고리 (500_Books)

1,700권의 독서 기록은 단순한 숫자가 아니다. 각 책마다 저자, 평점, 출판연도, 읽은 연도를 메타데이터로 관리하고, 한줄평과 책 속 한 구절을 따로 보관한다. 아울러 나중에 다른 곳에서 활용할 수 있을 듯한 인용구들은 작가별로 따로 정리하여, 중요도를 측정한다.

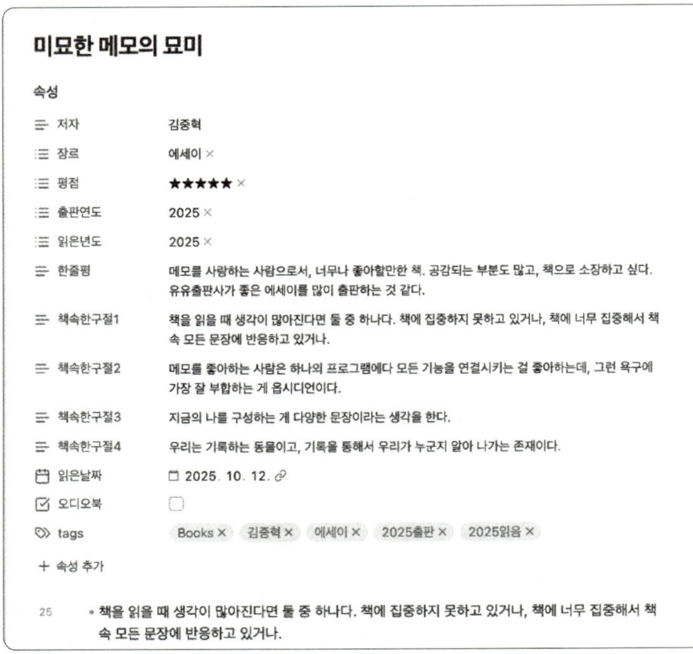

미묘한 메모의 묘미

속성

저자	김중혁
장르	에세이 ×
평점	★★★★★ ×
출판연도	2025 ×
읽은년도	2025 ×
한줄평	메모를 사랑하는 사람으로서, 너무나 좋아할만한 책. 공감되는 부분도 많고, 책으로 소장하고 싶다. 유유출판사가 좋은 에세이를 많이 출판하는 것 같다.
책속한구절1	책을 읽을 때 생각이 많아진다면 둘 중 하나다. 책에 집중하지 못하고 있거나, 책에 너무 집중해서 책 속 모든 문장에 반응하고 있거나.
책속한구절2	메모를 좋아하는 사람은 하나의 프로그램에다 모든 기능을 연결시키는 걸 좋아하는데, 그런 욕구에 가장 잘 부합하는 게 옵시디언이다.
책속한구절3	지금의 나를 구성하는 게 다양한 문장이라는 생각을 한다.
책속한구절4	우리는 기록하는 동물이고, 기록을 통해서 우리가 누군지 알아 나가는 존재이다.
읽은날짜	2025. 10. 12.
오디오북	
tags	Books × 김중혁 × 에세이 × 2025출판 × 2025읽음 ×

+ 속성 추가

25 • 책을 읽을 때 생각이 많아진다면 둘 중 하나다. 책에 집중하지 못하고 있거나, 책에 너무 집중해서 책 속 모든 문장에 반응하고 있거나.

독서노트 기록 예시

이렇게 체계화된 독서 기록이 Obsidian과 Claude를 통해 실제 삶과 연결될 때 진짜 가치가 발생한다. 실제로 내가 팀장으로서 리더십 고민이 있을 때는, 과거에 읽었던 리더십 책들의 인사이트가 자동으로 연결된다. 자녀 교육 고민에는 육아서적과 교육철학 책들이 솔루션을 제시한다. 투자 결정 시에는 경제서적들의 지혜가 판단의 기준이 된다. 책을 읽고 잊어버렸던 나의 기억을, Obsidian이 되살려주는 듯한 느낌이다.

기록되지 않은 삶은 내 현실의 삶과 연결되기 어렵다. 그리고 인간의 지적 노동 상당 부분을 AI가 보다 빠르고 쉽게 해내는 AI 시대의 생존법은 결국 '좋은 데이터'를 얼마나 체계적으로 축적하느냐에 달려 있다고 본다.

AI 시대의 생존법은 '좋은 데이터'를
얼마나 체계적으로 축적하느냐에 달려 있다.

Claude MCP, 제2의 뇌와의 대화

이렇게 구축된 Obsidian 세컨드 브레인에 Claude MCP를 연결한 순간, 마법이 일어났다. 내가 그동안 축적한 모든 기록을 Claude가 읽고 분석해주기 시작한 것이다. "내 투자 성향을 분석해줘", "팀장으로서 겪은 고민들을 정리해줘", "아이 교육에 참고할 만한 내 기록을 찾아줘", "내가 자신감이 떨어질 때 어떻게 해야 돼?" 무엇이든 질문만 던지면 내 과거의 기록들이 현재의 문제 해결로 연결된다.

특히 Memory MCP도 효과적으로 활용하고 있다. 나에 대한 중요한 기록들을 만들어두고, 모든 대화에 앞서 탐색하고 시작하게끔 한다. 이제 Claude는 내 사고방식, 가치관, 글쓰기 스타일까지 이해한다. 마치 과거의 나와 현재의 나가 대화하는 듯한 경험이다.

MCP 연동 전후의 차이는 명확하다. 전에는 기록만 했다면, 이제는 기록이 나를 가르친다. 과거의 실수를 반복하지 않고, 성공 패턴을 재현할 수 있다고 생각한다. 기록→인사이트→좋은 선택의 자동화가 실현된 것이다.

개인지식관리의 미래

내 Obsidian 볼트는 이제 단순한 개인 기록을 넘어 내게 직접적인 조언을 해주고, 좋은 선택을 도와주는 세컨드 브레인에 조금 더 가까워진 것 같다. 또, 언젠가는 내 사고 패턴을 학습한 AI가, 나의 자녀에게 내 목소리로 답변해줄 수 있을 것 같다. "아빠라면 이렇게 생각했을 거야"라고.

AI가 발전할수록 개인지식관리의 중요성은 더 커진다. 단순한 도구가 아닌 나 자신의 학습 생태계로 더 발전할 수 있도록 하는 것이 내 목표다. 책을 읽으면 자동으로 독서노트가 다른 기록들과 연결되고, 일기를 쓰면 과거의 비슷한 경험과 매칭된다. 업무 고민을 기록하면 관련된 독서 내용이나 과거 경험이 솔루션으로 제시되는 것을 꿈꾼다.

개인도, 국가도, 기업도 결국 '좋은 데이터'를 얼마나 체계적으로 축적하고 활용하느냐가 경쟁력을 결정하는 시대다. Obsidian이든 Notion이든 나 자신에 대한 기록을 당장 시작하라고 권하고 싶다. 그것이 AI와 함께 성장하는 가장 확실한 방법이니까.

AI와 함께하는 선택의 기술: 위스키부터 인생 설계까지 #50

위스키 100병 시음, 제한된 용돈의 현실

개인적으로 위스키를 좋아한다. 버번, 블렌디드, 싱글몰트, 블렌디드몰트, 아이리쉬 등 다양한 종류와 피트, 셰리로 나뉘는 세부적인 향의 스펙트럼까지. 나는 먼저 위스키의 향기로움에 매료되었고, 추억을 회상시키는 듯한 묘한 취기에 두 번째로 매료되었던 듯하다.

각자의 취향이 가장 크게 갈리는 것이 와인, 커피와 함께 위스키가 아닐까 싶다. 취향이 확고해서 카발란만 찾는다든지, 발렌타인만 찾는다든지 하는 사람이 많던데, 나 같은 경우는 위스키는 웬만하면 다 맛있다고 생각한다. 각자 고유의 특징이 있으니 하나도 버릴 것이 없다. 아무리 맛이 없는 위스키라 할지라도 소주보다는 낫다. 그리고 정 맛이 없다면 하이볼로 만들어서 마시면, 맛없는 위스키는 존재하지 않는다. 더 맛있는 위스키들만 존재할 뿐. 그런 만큼 나는 되도록 다양한 위스키를 경험해보고 싶다.

문제는 제한된 용돈이다. 내 용돈은 월 30만 원을 꾸준히 유지하고 있다. 다른 특별한 취미도 없고, 친구도 없는 이상 이 정도면 충분하다. 아니,

충분했다, 위스키를 알기 전까지는. 평소 취미가 있는 사람들이 부러워 올해의 목표 중 하나로 '2개의 확고한 취미 만들기'를 세웠던 바다. 그리고 그 특별한 취미가 위스키가 된 것이다.

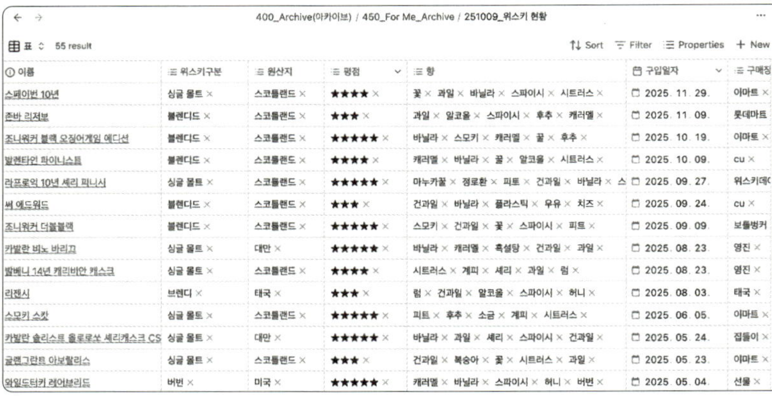

400_Archive(아카이브) / 450_For Me_Archive / 251009_위스키 현황

표 55 result — Sort Filter Properties + New

이름	위스키구분	원산지	평점	향	구입일자	구매징
스페이번 10년	싱글 몰트	스코틀랜드	★★★★	꽃 × 과일 × 바닐라 × 스파이시 × 시트러스	2025. 11. 29.	이마트
존바 리저브	블렌디드	스코틀랜드	★★★	과일 × 알코올 × 스파이시 × 후추 × 캐러멜	2025. 11. 09.	롯데마트
조니워커 블랙 오징어게임 에디션	블렌디드	스코틀랜드	★★★★★	바닐라 × 스모키 × 캐러멜 × 꿀 × 후추	2025. 10. 19.	이마트
발렌타인 파이니스트	블렌디드	스코틀랜드	★★★★	캐러멜 × 바닐라 × 꿀 × 알코올 × 시트러스	2025. 10. 09.	cu
라프로익 10년 셰리 피니시	싱글 몰트	스코틀랜드	★★★★★	마누카꿀 × 정로환 × 피트 × 건과일 × 바닐라 × 스	2025. 09. 27.	위스키데(
써 에드워드	블렌디드	스코틀랜드	★★★	건과일 × 바닐라 × 플라스틱 × 우유 × 치즈	2025. 09. 24.	cu
조니워커 더블블랙	블렌디드	스코틀랜드	★★★★★	스모키 × 건과일 × 꿀 × 스파이시 × 피트	2025. 09. 09.	보틀벙커
카발란 비노 바리끄	싱글 몰트	대만	★★★★★	바닐라 × 캐러멜 × 흑설탕 × 건과일 × 과일	2025. 08. 23.	영진
발베니 14년 캐리비안 캐스크	싱글 몰트	스코틀랜드	★★★★	시트러스 × 계피 × 셰리 × 과일 × 럼	2025. 08. 23.	영진
리젠시	브렌디	태국	★★★	럼 × 건과일 × 알코올 × 스파이시 × 허니	2025. 08. 03.	태국
스모키 스캇	싱글 몰트	스코틀랜드	★★★★★	피트 × 후추 × 소금 × 계피 × 시트러스	2025. 06. 05.	이마트
카발란 솔리스트 올로로쏘 셰리캐스크 CS	싱글 몰트	대만	★★★★★	바닐라 × 과일 × 셰리 × 스파이시 × 건과일	2025. 05. 24.	집들이
글렌그란트 아보랄리스	싱글 몰트	스코틀랜드	★★★	건과일 × 복숭아 × 꿀 × 시트러스 × 과일	2025. 05. 23.	이마트
와일드터키 레어브리드	버번	미국	★★★★★	캐러멜 × 바닐라 × 스파이시 × 허니 × 버번	2025. 05. 04.	선물

현재까지 정리된 위스키 시음 노트 중 일부

하여 '위스키 100병 시음'을 향해 달려가고 있는 가운데, 이왕이면 맛있고 새로우면서도 제한된 용돈이 감당할 수 있는 가성비 있는 위스키 중심으로 선택하고 싶은 마음이다. 그럴 수 있도록 매 시음마다 위스키에 대한 평가와 함께 향과 느낌들을 꼼꼼히 기록해두고 있다. 매일 마시는 술이 건강에는 좋지 않겠지만, 단순히 마시는 것을 넘어서 체계적으로 기록하고 분석하는 취미로 발전시키고 싶었다. 그리고 이렇게 쌓인 기록이 AI와 만나니, 뜻밖의 가능성이 보였다.

Claude가 추천한 조니워커 더블블랙의 선택 과정

여러 종류의 위스키 중에서 내 취향에 매우 걸맞는 위스키를 선택하고자

할 때, 나는 Claude의 도움을 받고 있다. 최근에는 비슷한 가격대인 조니워커 더블블랙과 카발란 디스틸러리 셀렉트, 러셀 리저브 10년 사이에서 고민이 있었다.

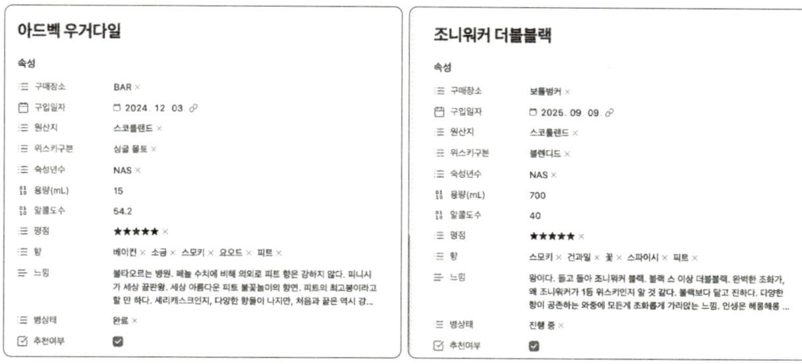

Claude가 참고한 나의 위스키 시음 노트(왼쪽) | 실제 시음 후 작성한 '조니워커 더블블랙' 시음 노트(오른쪽)

Claude는 내가 기록한 위스키 시음 노트와 선호도, 그리고 현재 경제 상황(월말은 어렵다)까지 여러 정보를 다각적으로 고려하며 세 후보군을 분석했다. 그리고 조니워커 블랙에 대한 내 평점이 별 다섯 개였고, "장작불을 지폈다. 홈스위트홈을 야기시킨다"라고 기록했던 점, 더블블랙이 블랙의 스모키 강화 버전이라는 점, 다른 두 위스키를 선택했을 때의 리스크, 각 위스키의 가격과 용돈에서 차지하는 퍼센테이지 등을 종합해서 '조니워커 더블블랙'을 추천해주었다. 단순히 "이게 더 맛있다"거나 "저게 더 끌린다" 수준이 아니라, 데이터 기반의 객관적 분석에 의한 결론이었다.

결과적으로 이 추천에 아주 만족스러웠다. 조니워커 더블블랙은 내 기대를 충족시켰다. 장담할 순 없지만, 카발란 디스틸러리 셀렉트나 러셀 10년을 선택했다면 아마 조금 아쉬워하지 않았을까. 이렇듯 다양한 선택지가 존재할 때 기록을 토대로 AI는 내 취향에 적합한 최적의 추천을 제시함으로써 성공적인 선택을 도와준다.

인생은 선택의 연속이다: 데이터 기반 선택의 힘

위스키는 하나의 예시일 뿐이다. 우리는 살아가면서 수많은 선택을 하게 된다. 아침에 일어나서 무엇을 입을지, 점심에 무엇을 먹을지부터 시작해서 어떤 회사에 들어갈지, 누구와 결혼할지, 아이를 어떻게 키울지까지. 인생이란 선택의 연속이다.

내가 어떤 선택을 하는지에 따라서 인생이 달라진다. 순간의 선택들이 모여서 내 삶을 이룬다. 어떤 선택이 좋은 선택, 잘한 선택인지는 그때 가봐야 알 수 있지만, 그렇다고 해서 아무 생각 없이 선택할 수는 없다.

여러 선택이 모여 내 인생을 이룬다. 이 명제가 참이라면 단 하나의 사소한 선택이라도 데이터 기반의 명확한 선택을 하고 싶다. 우리가 흔히 직관이라고 여기는 것도, 실은 경험 데이터를 기반으로 삼아 우리 두뇌가 무의식적으로 선택하는 행위 아닌가.

5F 핵심가치 체계 구축, 쿠팡 30달러 매수 후 인내심 발휘, 기록과 성찰 시스템 구축, Claude MCP + Obsidian 도입, 6시 30분 기상과 체계적 루틴 유지, AI 전문성 개발. 이들은 내가 지금까지 해온 주요 선택들이자, 지금까지도 좋은 선택이라 자신하는 것들이다. 하나같이 단순한 직감으로 단행한 것이 아니며, 나름의 근거와 체계가 있었다. 그리고 그 공통 패턴은 내가 Obsidian에 기록해둔 데이터들을 분석해보면 드러난다. 시스템적 사고, 장기적 관점, 기록과 분석, 균형 추구, 기술 활용 등. 앞서 이야기했듯 이런 패턴들은 위스키 선택에서도 동일하게 적용된다.

투자 선택도 마찬가지다. 5년간 767% 수익률을 달성할 수 있었던 것은 단순한 운이 아니라 트렌드 포착 능력과 데이터 기반 분석, 그리고 본질적 가치를 비롯한 장기적 관점이 결합된 결과였다. 특히 쿠팡 투자의 경우, 40% 손실을 견뎌내며 장기 보유한 결정이 현재 포트폴리오의 20.1% 비중을 차지하는 성공으로 이어졌다. 그리고 AI는 고비마다 어김없이 시장 데이터, 기업 실적, 내 투자 성향 등을 종합해서 더 나은 투자 결정을 내릴 수 있도록 도와주었다. (이 투자 노하우는 5부에서 더 자세히 이야기하겠다.)

AI가 도와주는 선택의 고도화

지금까지 살펴보았듯 AI는 단순히 정보를 제공하는 것을 넘어서 내 과거 선택 패턴을 분석하고, 현재 상황을 고려해서 최적의 선택지를 제안해준다. 더 중요한 건 AI가 내 선택 패턴을 학습한다는 점이다. 내가 어떤 상황에서 어떤 선택을 했고, 그 결과가 어땠는지를 계속 기록하면 AI의 추천 정확도는 점점 상승한다. 인생 전반을 관리하는 나만의 개인 컨설턴트가 생기는 셈이다.

예를 들어 내 Claude는 내가 완성한 VMC(비전-미션-가치) 체계를 알고 있으며, 그간 내려온 가족 중심의 선택들이나 건강한 생활 습관 확립 노력 등을 통해 내 가치관과 우선순위를 파악하고 있다. 이런 정보들이 축적되면, AI는 기술적, 객관적인 일회성 추천을 넘어 내 인생 철학에 맞는 선택을 제안할 수 있게 된다. 그렇다. 기록이 쌓일수록 선택은 더욱더 고도화된다.

기록이 쌓일수록 선택은 더욱더 고도화된다.

선택 최적화를 위한 실천 방법

AI의 도움을 받아 훌륭한 선택을 실행하여 더 나은 삶을 살고 싶은가? AI를 활용한 선택 최적화를 위해서는 몇 가지 실천 방법이 필요하다.

- **첫째, 모든 선택과 그 결과를 기록해야 한다.** 위스키 시음 노트처럼 작은 선택부터 큰 인생 결정까지 체계적으로 기록하는 습관이 중요하다.
- **둘째, 선택의 기준을 명확히 해야 한다.** 나의 경우 5F(Family, Fitness, Finance, Fine Balance, For Me) 체계가 모든 의사결정의 나침반 역할을 한다. 이런 명확한 가치 기준이 있어야 AI도 내게 맞는 추천을 할 수 있다.
- **셋째, 정기적인 회고와 분석이 필요하다.** 내가 한 선택들이 어떤 결과를 가져왔는지, 어떤 패턴이 있는지를 주기적으로 점검해야 한다. AI는 이런 회고 과정에서 객관적인 분석을 제공해준다.
- **넷째, 실패를 두려워하지 않는 마음가짐이 중요하다.** 데이터 기반 선택이라고 해서 100% 성공하는 건 아니다. 하지만 실패한 선택도 데이터가 되고, 다음 선택을 더 성공적으로 이끄는 경험이 된다.
- **마지막으로, AI에만 의존하지 않는 균형감이 필요하다.** AI는 훌륭한 조언자지만 최종 결정은 내가 내려야 한다. 내 직감과 감정, 그리고 AI의 논리적 분석을 적절히 조합해서 선택하는 것이 가장 좋은 방법이다.

인생은 선택의 연속이고, 그 선택들이 모여서 내 삶을 만든다. AI와 함께라면 더 나은 선택을 할 수 있고, 더 나은 삶을 살 수 있다. 위스키 한 병을 고르는 작은 선택부터 인생의 큰 방향을 정하는 선택까지, 모든 순간에 AI가 여러분의 든든한 파트너가 되어줄 것이다.

AI로 행복 찾기, 그리고 행복 만들기

#49

행복은 찾는 것이 아니라 만드는 것

인간은 누구나 행복하기 위해서 산다. 최종 목표는 결국 행복이 될 것이다. 하지만 많은 사람이 행복을 잘못된 방식으로 추구한다. 마치 보물찾기하듯 어디엔가 완벽한 행복이 숨어 있다고 생각하고 그것을 '발견'하려고 애쓴다. 하지만 내 경험상 행복은 발견하는 것이 아니라 직접 만들어 가는 것일 수도 있다.

『행복의 기원』 저자 서은국 교수에 의하면 "행복은 강도가 아니라 빈도"라고 한다. 강도 높은 큰 기쁨보다는 일상에서 잔잔하게 자주 느끼는 작은 즐거움이 행복에 더 유리하다는 이야기다. 행복이 특별한 순간이 아니라 일상의 루틴 속에서 만들어진다는 뜻이기도 하다.

나는 기본적으로 긍정보다는 부정의 개념이 더 큰 사람이다. 그래서 주위에서 나를 볼 때는 행복하다고 느끼지 않을 수도 있다. 그럼에도 불구하고 나는 스스로 행복한 사람이라고 느낀다. 왜냐하면 내가 언제 행복을 느끼는지 알고, 그 순간을 의도적으로 만들어내는 방법을 알고 있기 때문이다. AI는 이 과정에서 강력한 도구가 되었다.

AI 행복 체크리스트, 나를 아는 것부터 시작

'행복한 삶'을 위해서는 먼저 나를 알아야 한다. AI에게 "'행복 체크리스트'를 만들어 달라"고 요청해보자. 간단한 설문조사에 응답한 후에, 내가 어떤 때 행복한 사람인지 체크해보는 것부터 시작이다.

행복 체크리스트라 하면 감이 안 올 수 있는데, 보통 이런 질문들이다. "언제 가장 편안함을 느끼는가?", "어떤 활동을 할 때 에너지가 충전되는가?", "최근 한 달간 정말 기분 좋았던 순간들을 5개 적어보라", "반대로 스트레스를 많이 받는 상황들은?", "하루 중 어느 시간대가 가장 좋은가?"

반드시 정직한 답변이 필요하다. 남들이 기대하는 답 말고, 진짜 내가 느끼는 바를 적어야 한다. 그보다 **더 중요한 것은, 체크리스트를 한 번 하고 끝내서는 안 된다는 것이다.** 정기적으로 다시 체크해 업데이트해야 한다. 사람의 행복 조건은 시간이 지나면서 바뀌기 때문이다. 나도 3년 전과 지금의 행복 조건이 다르다. 아이가 있기 전과 후, 팀장이 되기 전과 후가 완전히 달라졌다. AI 행복 체크리스트는 이런 변화를 추적하는 데 유용하다.

또한 일기장이나 ChatGPT에 다양한 기록이 있는 사람이라면, 일기나 대화 내용을 종합적으로 분석해서 행복 패턴을 찾아달라고 요청할 수도 있다. **"그동안의 내 대화 기록을 보고 내가 어떨 때 행복해하는지, 어떻게 해야 더 행복할지 분석해 달라"**고 하면 된다.

행복 조건의 개인차를 인정하는 용기

행복의 결정 요인은 매우 다양하다. 개인이 부정적인 기질을 가지고 있다고 해서 꼭 불행한 건 아니다. 삶의 의미가 명확하고, 목표 의식이 강하며, 자아존중감이 높고, 만족스러운 대인관계를 갖췄으며, 마지막으로 자신만의 긍정 또는 행복 전략을 가지고 있다면 충분히 행복해질 수 있다.

내가 AI 분석을 통해 발견한 중요한 사실 중 하나는, 남들이 행복해하는 조건과 내가 행복해하는 조건이 다르다는 점이었다. 예를 들어 많은 사람이 관계나 쇼핑에서 행복을 찾는 데 비해, 나는 새로운 AI 도구를 배우고 활용할 때 더 큰 만족감을 느꼈다. 사람들이 파티나 모임에서 즐거워할 때, 나는 혼자서 책 읽고 글 쓰는 시간을 더 좋아했다.

이런 차이를 인정하는 것이 중요하다. SNS나 미디어에서 보여주는 '표준적인 행복'에 맞추려고 하면 오히려 불행해진다. AI는 이런 개인차를 객관적으로 분석해주어 유용하다. "일반적으로는 이런 게 행복이지만, 당신의 경우에는 이런 조건에서 더 행복해합니다"라고 분명하게 말해준다.

특히 내향적이거나 부정적 성향의 사람들은 자신의 행복 방식이 '이상하다'고 생각하기 쉽다. 하지만 AI 분석을 통해 보면, 모든 사람의 행복 패턴은 다르고 그것이 정상이라는 걸 확인할 수 있다.

모든 사람의 행복 패턴은 다르고, 그것이 정상이다.

작은 행복 트리거를 일상에 심어두기

행복은 우연히 오기도 하지만, 그 순간을 능동적으로 만들어갈 수도 있다. 행복을 만들어가는 과정 자체가 이미 행복이다. AI 분석을 통해 내 행복 트리거를 파악했다면, 다음은 일상에 의도적으로 배치하는 단계다.

예를 들어 내 경우 AI 도구 활용이 자신감을 높여준다는 걸 알았다. 그러면 매일 새로운 AI 도구나 기능을 하나씩 시도해볼 수 있다. 작은 성취지만 그 순간의 만족감이 하루를 밝게 만든다. 또한 가족과의 시간이 행복의 큰 부분을 차지한다는 걸 알았으니, 아무리 바빠도 아이와 함께하는 시간을 의도적으로 만들게 된다.

핵심은 '거창한 행복'이 아니라 '작은 행복'들을 촘촘히 배치하는 것이다. 매일 아침 마시는 커피, 점심시간에 듣는 좋아하는 음악, 저녁에 쓰는 일기 등 작지만 확실한 행복 요소들을 루틴화한다. AI는 이런 작은 행복들의 효과를 추적하고 최적화하는 데 도움을 준다.

또한 계절별, 요일별 패턴도 활용할 수 있다. 겨울철에 우울감이 증가한다면 미리 대비책을 마련하고, 월요일이 유독 힘들다면 일요일 저녁에 특별한 준비를 한다. 이런 패턴을 AI가 찾아주면 예방적으로 대응할 수 있다.

행복 실행력을 높이는 AI 활용법

다만, 분석만으로는 행복해지지 않는다. 실행이 따라야 한다. AI는 분석뿐만 아니라 실행을 도와주는 강력한 도구이기도 하다. 내가 활용하는 몇 가지 방법들을 소개하면 다음과 같다. 물론, LLM과 Obsidian이 결합되었을 때 적절한 조언이 가능하다.

- ☑ **AI에게 '행복 리마인더' 역할을 맡긴다.** "매일 오후 6시에 내가 행복해하는 활동을 하나씩 추천해 달라"고 요청한다. 그러면 AI가 내 패턴을 바탕으로 "지금 아이와 함께 간단한 게임을 해보는 건 어떨까요?" 같은 구체적 제안을 한다.
- ☑ **'감정 체크인' 시스템을 만든다.** 하루에 몇 번씩 AI에게 현재 기분 상태를 보고하고, 개선 방안을 요청한다. "지금 좀 우울한데 어떻게 하면 좋을까?"라고 물으면 내 과거 기록을 바탕으로 맞춤형 조언을 해준다.
- ☑ **행복 실험을 설계한다.** AI와 함께 새로운 행복 조건을 테스트해본다. "이번 주에는 매일 산책을 해보고 행복도 변화를 관찰해보자"는 식으로 가설을 세우고

실험한다. AI가 결과를 분석해서 효과가 있었는지 알려준다.

- ☑ **부정적 패턴 차단기로 활용한다.** 내가 불행해지는 패턴을 감지하고 경고해 달라고 한다. "요즘 경제적으로 걱정이 많아지고 있는 것 같습니다. 과거 기록을 보면 이럴 때 가족 시간을 늘리면 도움이 됐어요" 같은 조언을 받게 된다.

행복 만들기 프로젝트, 지금 시작하기

행복은 그냥 오지 않는다. 만들어야 한다. 그리고 AI는 이 과정에서 훌륭한 파트너가 될 수 있다. 하지만 AI에만 의존해서는 안 된다. 결국 행복을 느끼고 만드는 건 내 자신이다.

당장 오늘 밤부터 간단한 행복 일기를 써보자. "오늘 언제 기분이 좋았는지, 그때 무엇을 하고 있었는지, 누구와 함께 있었는지" 정도만 기록해도 된다. 한 달만 쌓이면 AI가 분석할 수 있는 데이터가 된다.

또한 작은 행복 실험을 시작해보는 것도 좋다. 매일 하나씩 새로운 것을 시도해본다. 새로운 길로 출근해보기, 평소 안 듣던 음악 들어보기, 동료에게 감사 인사하기 등 작은 것들이라도 좋다. 이런 실험들을 AI에게 공유하고 피드백을 받아보자.

마지막으로 나만의 행복 체크리스트를 만들어보자. AI의 도움을 받아도 좋고, 직접 만들어도 좋다. 그리고 그 체크리스트를 정기적으로 점검하면서 행복 실행력을 높여나가자. 행복도 하나의 기술이다. 연습하고 학습할 수 있다. 그리고 그 과정에서 AI가 든든한 동반자가 될 것이다. 지금부터 당신만의 행복 만들기 프로젝트를 시작해보는 건 어떨까.

AI가 바꾸는 언어교육의 현실과 미래

#51

AI가 우리 집 영어 선생님이 된 순간

요즘 우리 집에서 가장 자주 듣는 말이 있다. "아빠, GPT 틀어줘!" 7살 딸아이가 영어 숙제를 할 때마다 하는 말이다. 딸아이는 지금 영어유치원에 다니고 있는데, 솔직히 말하면 내가 따라가지 못하는 어려운 숙제를 받아 올 때가 종종 있다. 그럴 때마다 ChatGPT가 큰 해결사가 되어주고, 아이도 그것을 당연하게 받아들이고 있다.

처음에는 단순한 단어부터 시작했다. "하이 빅스비!"를 외치고 냉장고에 연결된 빅스비에게 "destructive가 한국어로 뭐야?"라고 물어보던 아이가, 이제는 조금 더 복잡한 문장을 만들어야 할 때 자연스럽게 나에게 "GPT를 틀어달라"고 요청한다. 아이에게 AI는 더 이상 신기한 기술이 아니다. 일상의 도구가 되었다.

특히 인상적인 건 딸아이가 ChatGPT를 대하는 태도다. 단순한 기계나 도구로 여기는 것이 아니라, 마치 선생님처럼 존중하며 대화한다. "Thank you, ChatGPT!"라고 인사하고, GPT가 제안한 문장을 진지하게 받아들여 수정해 나간다. 이런 모습을 보면 AI가 단순한 검색 도구를 넘어

진정한 학습 파트너가 되고 있음을 실감한다.

매주 쇼앤텔, ChatGPT와 함께 완성하는 완벽한 영어 발표

딸아이의 영어유치원에서는 매주 쇼앤텔(show and tell)을 진행한다. 특정 주제에 맞춰 본인이 준비한 물건을 가져가서 영어로 발표하는 시간이다. 사진, 그림, 책, 마그넷, 장난감 등 다양한 소재, 재미있는 주제가 많지만, 7살 아이가 영어로 모든 문장을 완성하기에는 버거운 것이 사실이다.

예전에는 쇼앤텔 문장 만들기가 온전히 내 몫이었는데, 이제는 나와 ChatGPT가 함께하는 협업이 되었다. 딸아이의 회화 수준을 파악한 ChatGPT는 적절한 난이도로 외우기 쉬운 문장을 만들어준다. 너무 어렵지도 않고, 너무 유치하지도 않은 절묘한 균형을 맞춰준다. 참 신기하다.

최근 "My Favorite Character(내 최애 캐릭터)" 주제로 아빠가 회사 퀴즈 대회에서 받아온 캐릭터 인형을 소개하는 발표를 준비했는데, ChatGPT가 만들어준 스크립트의 완성도에 놀랐다. 딸의 뿌듯한 마음을 담은 "I am so proud of him!(나는 걔가 무척 자랑스러워!)" 같은 표현부터, 해당 캐릭터의 특징과 의미까지 체계적으로 구성해주었다. 심지어 마지막에는 "Every country has famous characters(나라마다 유명한 캐릭터가 있는데)"로 시작해 세계 각국의 대표 캐릭터들을 비교 설명하는 문화 교육적 내용까지 포함했다.

ChatGPT 음성 기능의 놀라운 진화가 가져온 변화

ChatGPT의 음성 기능 발전은 정말 눈에 띈다. 4o 버전까지만 해도 한국어로 답변하는 음성 모델과 영어로 답변하는 음성 모델이 달라서 종종 어색한 상황이 벌어졌다. 한국어 음성 모델에서는 영어를 한국어처럼 읽어주는 콩글리시 답변이 나오기도 했다. 애초에 한국어로 시작하면 콩글리시를, 영어로 시작하면 유창한 영어 발음으로 답변해주는 식이었다.

하지만 ChatGPT 5로 업그레이드되면서 한 단계 도약했다. 이제는 자연스럽게 언어 모델을 전환하며 유창한 대화가 가능해졌다. 한국어로 "이 문장을 영어로 읽어줘"라고 해도 네이티브 수준의 영어 발음으로 답변한다.

다른 LLM 도구들과 비교했을 때 ChatGPT가 특히 음성 쪽에서 탁월하다는 것을 느낀다. 어떤 언어를 사용해도 명확하고 자연스럽다. 딸아이가 ChatGPT의 발음을 따라하며 연습하는 모습을 보니, 이게 바로 미래의 언어 학습이구나 싶었다. 24시간 언제든 이용 가능하고, 정확한 발음을 반복해서 들려주고, 아이 수준에 맞춰 설명해준다.

OCR과 멀티모달 기능으로 완성되는 영어 학습

ChatGPT의 또 다른 강점은 OCR 기능이다. 내가 사용 중인 6개 LLM 도구 중에서 한국어를 인식하는 능력이 단연 최고다. 딸아이가 영어유치원에서 가져온 프린트물을 사진으로 찍으면, 즉시 텍스트를 인식하고 관련 도움을 제공한다. 업스테이지가 OCR로 성장한 LLM 기업이기 때문에 이들의 기술이 상용화되면 경쟁구도가 달라질 수 있겠지만, 현재로서는 ChatGPT가 명실상부한 1위다.

이미지 인식 능력도 탁월하다. 어려운 숙제나 문장 속 맞는 단어 찾기 문제가 있는 페이지의 사진을 찍어 보여주면 즉시 인식하고, 답을 찾아줌과 동시에 영어학습으로 연결시켜준다. 단순히 문제와 정답을 인식하는 것을 넘어서 맥락을 이해하고, 언어학습 상황에 맞는 문장을 완성도 있게 구성해준다.

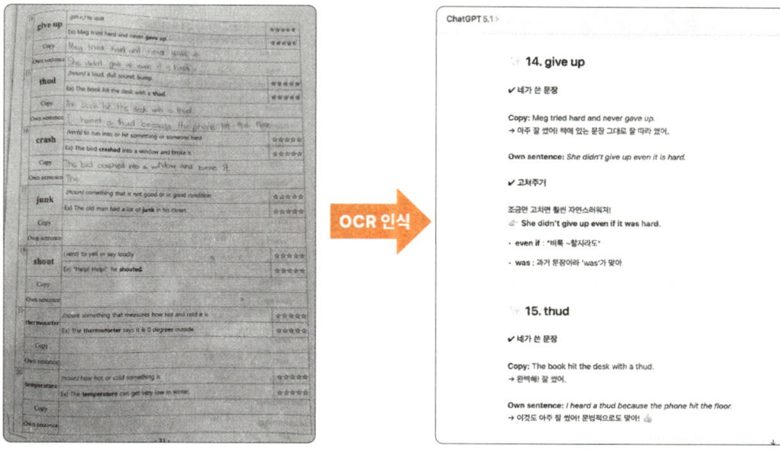

실제 이미지를 인식해 영어학습으로 연결한 예시

특히 감동적인 부분은 감정까지 담아서 읽어주는 것이다. 자랑스러운 내용을 말할 때는 자랑스러운 어조로, 귀여운 캐릭터를 설명할 때는 따뜻한 느낌으로 읽어준다. 이런 멀티모달 기능 덕분에 일상의 모든 것이 영어 학습 자료가 되고 있다.

교육 현장을 바꾸고 있는 AI의 파급 효과

이런 변화를 목격하고 있노라면 교육 산업의 미래가 궁금해진다. 전화영어 같은 기존 서비스들의 경쟁력이 크게 약화될 앞날이 보인다. ChatGPT와 10분 대화하는 것이 전화영어 30분보다 더 효과적일 수 있다. 24시간 이용 가능하고, 아이 수준에 완벽히 맞춤화되며, 음성뿐 아니라 텍스트, 이미지까지 활용할 수 있기 때문이다.

필리핀과 인도의 전화영어 선생님들에 대한 수요가 많이 줄어들 것으로 예상되지만 완전히 사라지지는 않을 터다. 대신 AI를 활용한 교육을 설계하고 컨설팅하는 새로운 직업이 등장할 것으로 보인다. 단순히 AI를 사용하는 것이 아니라, 어떻게 효과적으로 활용할지 가이드하는 전문가의 역할이 중요해질 것이다.

앞으로 AI가 얼마나 많은 교육에 활용될지 기대된다. 단순 회화에서부터 문제 출제와 퀴즈, 자격증 시험 준비까지 AI의 교육 활용성은 무궁무진하다. 물론 실제 경험만큼 현실적이지는 않지만, 접근성과 편의성 면에서는 기존 교육 방식을 압도한다.

AI 네이티브 세대를 키우는 부모의 새로운 역할

부모의 역할도 근본적으로 바뀌고 있다. 예전에는 직접 가르치거나 학원에 보내는 것이 전부였다면, 이제는 AI를 활용한 학습을 어떻게 설계하고 관리할지 고민해야 한다. 딸아이의 쇼앤텔 준비도 내가 직접 문장을 만들어준 게 아니라, ChatGPT를 활용해서 더 나은 결과를 만들어낸 것이다.

중요한 건 균형이다. AI는 도구일 뿐, 진짜 학습의 주체는 아이 자신이어야 한다. ChatGPT가 만들어준 문장을 그대로 외우는 것이 아니라, 왜 그런 문장이 만들어졌는지 이해하고 자신의 것으로 소화하는 과정이 필요하다. 딸아이는 ChatGPT를 사람처럼 존중한다. 선생님처럼 조언을 받아들이고, 또 수정해 나간다.

딸아이가 발표를 성공적으로 마치고 "아빠, 오늘 Best English Speaker 됐어!"라고 말할 때 정말 뿌듯하다. AI의 도움을 받았지만 결국 발표한 건

딸 자신이고, 그 성취감도 온전히 아이의 것이다. “Thank you, ChatGPT!” 라고 말하는 딸을 보며 생각한다. 이 아이에게 AI는 무서운 기술이 아니라 친절한 선생님이자, 도움을 주는 친구다. 이런 자연스러운 관계가 아이의 미래에 큰 자산이 되기를 바란다.

앞으로 AI가 교육에 미칠 영향은 우리의 상상을 초월할 것이다. 중요한 건 이 강력한 도구를 어떻게 현명하게 활용할 것인지다. AI 네이티브 세대를 키우는 부모로서, 기술과 인간의 조화로운 공존을 고민하며 딸의 성장을 지켜보고 있다. 아이에게 미치는 영향이 어떨지 궁금하지만, 지금까지의 변화를 보면 긍정적인 방향으로 흘러가고 있다는 생각이 든다.

AI 도구 조합의 힘: 회의록 지옥에서 AI 천국으로 해방되다

#10

요즘 우리 신입직원들은 행복하다

왜냐고? 회의가 끝나고 3시간이면 의사록, 회의록, 요약보고 3종 세트가 완성되기 때문이다. 예전 같으면 사흘은 족히 걸렸을 일이다. 클로바노트로 음성을 텍스트로 변환하고(10분), ChatGPT로 회의록을 정리하고(1시간), Claude로 보고자료를 만든다(30분). 1차 작업이 끝나는 데 불과 1시간 40분 정도. 나머지 시간은 사람이 검토하고 다듬는 시간이다.

이제 신입사원들은 회의록 지옥에 빠지지 않는다. 무작정 녹음 파일을 반복 재생하며 타이핑에 매달리는 대신, 더 창의적이고 생산적인 일을 할 수 있게 되었다. 하지만 불과 몇 년 전만 해도 상황은 전혀 달랐다.

회의록이라는 지옥

나는 인사팀에서 9년차가 될 때까지도 노사관계 회의의 모든 내용을 속기사처럼 빠짐없이 정리해야만 했다. 이게 얼마나 짜증스럽고, 고통스러운 일인지는 해본 사람만 안다. 의견 대립이 첨예한, 긴장감 넘치는 3~4시간짜리 회의는 방청만으로도 고된 상태인데, 내 일은 그때부터가 진짜 시작이다.

혹자는 회의 동안 타이핑하면 그만 아니냐 할 수도 있는데, 누군가가 타이핑 소리가 시끄럽다 하면 멈추어야 한다. 결국 회의 중에는 녹음밖에 할 수 없다. 이후로는 하루 종일 이어폰을 끼고 녹음 파일을 끝없이 들으며 타이핑만 하는 날들. 손목은 아프고, 눈은 침침하고, 머리는 멍해진다. 그러고 있노라면 이게 힘들게 대학을 나와서 석사까지 마치고, 내가 진정 원했던 일인가, 하는 회의가 밀려오곤 했다.

가장 힘든 것은 발언자를 구분하는 일이었다. 목소리가 비슷한 사람들이 연달아 말하면 누가 누군지 구분하기가 정말 어렵다. 게다가 여러 명이 동시에 말하거나 고함 소리에 묻혀서 제대로 안 들리는 부분도 많다. 그럴 때마다 앞뒤 문맥을 파악해서 유추해야 했다. 그렇게 문맥을 거듭 다듬으며 고통과 번뇌에 가득 차 꼬박 사흘을 불태우게 된다.

회의 한 번에, 문서는 3종?

그런데 문제는 사흘간 어찌저찌 회의록을 완성했다고 해서 끝이 아니란 데 있다. 우리 모두 알다시피 인간의 기억력에는 한계가 있다. 보통 작성한 회의록을 노사 양측에 공유하면, 자기가 한 말도 안 했다고 우기고, 안 한 말도 했다고 우기는 것이 다반사다. 그래서 회의록과 더불어 회의의 '모든 발언'을 담은 풀 텍스트 의사록까지 꼭 작성하게 된다.

결론적으로 매 회의마다 의사록과 회의록, 요약 보고자료 3종 세트가 작성되어야 한다. 의사록은 누가 무슨 발언을 했는지 토씨 하나 빠짐없이 기록한 것, 회의록은 주요 논의 사항과 결정 사항을 정리한 것, 요약 보고자료는 위에 보고하기 위한 핵심만 추린 것이다. 회의 하나가 서로 다른 버전의 문서 3종으로 불어난다. 업무 폭탄이 세트로 떨어지는 셈이다.

당연하게도 무념무상으로 할 수도 없다. 노사관계가 좋지 않을 때는 회의록 작성이 더 조심스럽다. 양측이 서명한 의사록과 회의록이 필수였고, 한 문장, 한 단어가 나중에 문제가 될 수 있어서 더욱 신경을 써야 했다.

이렇게 고된 회의록 정리는 보통 우리 기관에서 채용된 신입직원에게 가장 먼저 시키는 업무기도 하다. 어떤 의미에서는 통과의례 같은 것으로, 회의록 정리 결과물을 보면 그 직원이 될성부른 나무인지 판별할 수 있다. 그렇다지만 시간과 노력을 말 그대로 '무식하게 갈아넣어야 하는' 비효율의 끝판왕…… 이라는 이유도 약간은 있지 않을까.

어찌 보면 '공평한 지옥'이지만 그럼에도 한창 회의록을 도맡아 작성할 시절이 내가 공공기관 직원으로 근무하면서 가장 자괴감이 들었던 때다. 오죽하면 너무 하기 싫어서 속기사를 고용해 달라 했을까.

문서 3종 세트는 AI 도구 3종 세트가 처리한다

최근 AI의 발전과 함께 희소식을 들었다. '클로바노트 + Claude + ChatGPT'라는 AI 도구 3종 세트가 우리의 구원자로 나선 것이다. 처음 이 조합을 발견했을 때 노무담당자의 일이 엄청 덜어졌겠구나! 하고 놀랐다.

클로바노트는 음성-텍스트 변환 기능이 뛰어나다. 다른 AI 도구들은 따라가지 못한다. 아무래도 클로바노트는 한글을 학습한 국내 개발 도구인 데다, 그동안 누적된 음성 학습용 데이터도 충분하기 때문이리라. 2시간짜리 회의 녹음 파일을 업로드하면, 10분 안에 텍스트로 변환해준다. 물론 100% 정확하지는 않지만, 80~90% 정도는 맞다. 예전에 처음부터 끝까지다 듣고 타이핑하던 것을 생각하면 천국이다.

텍스트로 추출된 데이터는 취향에 따라 Claude와 ChatGPT로 나누어서 정리할 수 있다. 아티팩트로 요약된 핵심 내용 중심의 요약본 자료가 필요하다면 Claude, 일목요연한 회의록 정리가 필요하다면 ChatGPT를 사용하면 된다. 특히 Claude의 아티팩트 기능은 놀라운데, 회의록에 없던 내용까지 표나 도식까지 넣어서 깔끔하게 정리해주는 게 너무 마음에 든다. 단, 논의 사항–결정 사항–향후 일정은 사람 손을 타야 한다.

실제 회의 이후 문서 3종 작성 과정을 단계별로 시각화하면 다음과 같다.

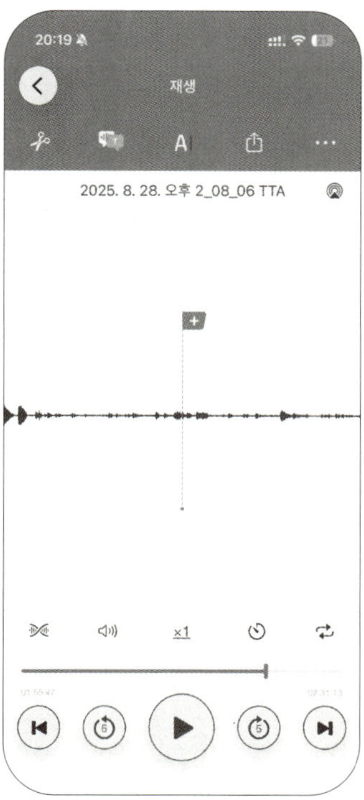

1 스마트폰 녹음 기능으로 회의 내용을 녹음한다. 여기에서는 2시간 30분 동안 녹음을 진행했다.

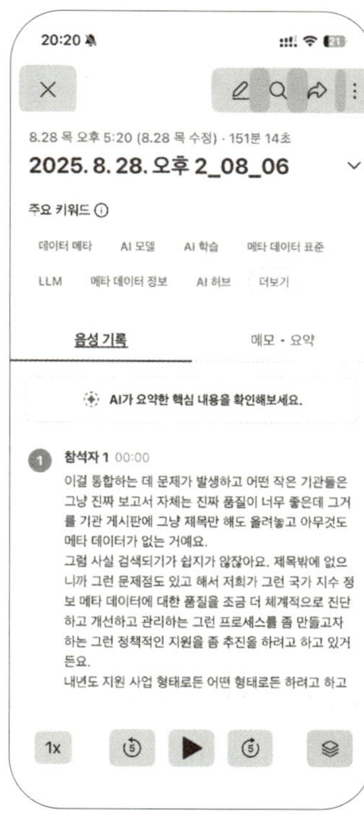

2 저장된 녹음 파일을 클로바노트 앱에 업로드해 텍스트화한다. 참석자 명을 알맞게 수정하고 일부 잘못 옮겨진 부분만 검수해 수정한 다음, 텍스트(txt) 파일로 다운로드한다. 참석자별로 정리된 텍스트 파일을 별도로 생성할 수 있으며, 이걸 이용해 의사록을 제공하면 된다.

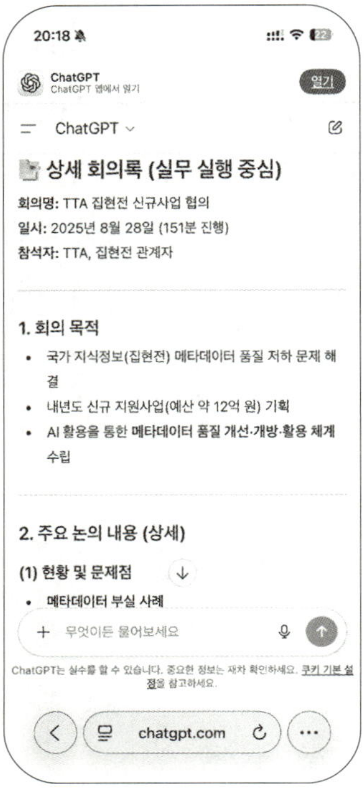

3 다음으로 텍스트 파일을 ChatGPT에 업로드한 다음 회의 상세 요약을 요청한다. 이 정보를 이용해 손쉽게 회의록을 정리할 수 있다.

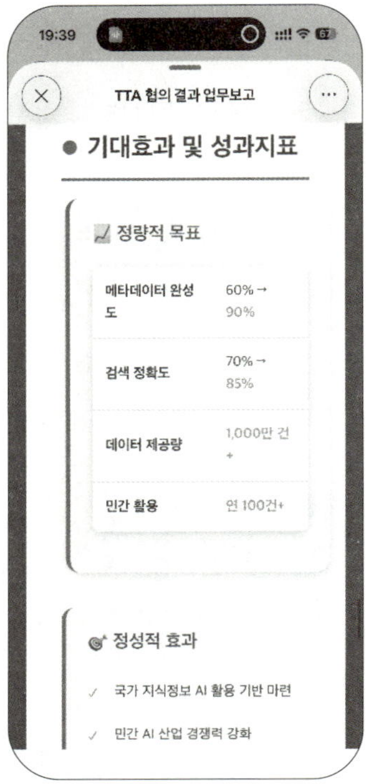

4 상부 보고용으로 회의 내용을 요약하기에는 Claude가 용이하다. 아티팩트 기능으로 표나 각종 시각화 자료까지 자동 생성되어 매우 편리하다.

AI 도구를 이용한 회의 정리 자동화 과정 1~4단계

어쨌거나, 의사록은 클로바노트, 회의록은 ChatGPT, 요약 및 보고자료는 Claude. 이 3종 세트로 모든 회의록 정리가 해결 가능해 보인다. 시간도 노력도 비할 바가 안 된다. 수동 타자기를 쓰다가 컴퓨터를 처음 만난다면 이런 기분일까. 이것이 바로 AI 도구 조합의 힘이다.

AI 도구 조합이 가르쳐준 것

AI 도구라고 다 같지 않다. 각각의 특성과 강점을 고려하여 알맞은 성격의 태스크에 배당한다면, 누구나 꿈꾸던 효율과 여유를 얻을 수 있다. 전혀 어렵지 않다.

중요한 것은 각 도구의 특성을 이해하고 적재적소에 배치하는 것이다. 클로바노트는 음성인식에, ChatGPT는 구조화된 정리에, Claude는 시각적 요약에 각각 강점이 있다. 이는 회의록에만 국한되지 않는다. 나는 같은 원리를 다른 업무에도 적용하기 시작했다.

보고서 초안은 Claude로, 데이터 분석은 ChatGPT로, 번역은 Gemini로. 예를 들어 정책보고서를 쓸 때는 Claude로 구조를 잡고, ChatGPT로 통계 해석을 받고, Gemini로 해외 사례를 번역한다. 각 도구가 가장 잘하는 것을 시키니, 전체 업무 효율이 눈에 띄게 올랐다.

가끔 생각한다. 내가 몇 년 동안 수동적이고 단순 반복적인 업무에 낭비한 시간을 다른 창의적인 일에 썼다면 어땠을까. 그 괴로운 경험이 있기에 지금 AI의 고마움을 더 절실히 느끼는 것일까. 그래서 더 AI로 업무를 효율화하는 데 집착하는 것일까.

더 이상 회의록 지옥에서 고통받지 마세요

아무튼 AI 덕택에 이제 신입직원들은 더 이상 회의록 지옥에 빠지지 않아도 되겠다. 무작정 귀를 혹사해 가며 의사록, 회의록, 요약 보고자료 3종 세트를 정리하는 대신, 더 창의적이고 생산적인 일을 할 수 있게 되었다.

물론 아직도 누군가는, 사람이 직접 작성하는 전통 방식이 정확성 측면에서 뛰어나다고 이야기하기도 한다. 단어 속에 내포된 의미는 실무를 잘 아는 담당자가 문맥을 고려해 제대로 정리해주어야 한다고 말한다. 하지만 막상 그들도, AI가 정리한 회의록을 회의 종료 후 몇 시간 내에 본다면 만족해할 것이다. 사람 손을 탄 예전보다 더 정확하고 빠르게 나오니까.

앞으로는 우리가 별 노력을 기울이지 않아도 실시간으로 회의 내용이 정리되고, 자동으로 해야 할 일들이 추출되고, 참석자들에게 자동으로 할 일이 배정될 것이다. 아직까지 완전 자동화는 도달하지 못했지만 머잖아 더 정확해지게 되면, 회의록 정리라는 업무 자체가 사라지게 될 수도 있으리란 게 내 전망이다.

지금도 회의록에 시달리는 모든 직장인에게 이야기해주고 싶다. 클로바노트, Claude, ChatGPT. 이 3종 세트만 있으면, 당신도 회의록 지옥에서 탈출할 수 있다고. 더 이상 녹음 파일 들으며 스트레스 받지 마시라고.

단 하나의 LLM 도구만 선택해야 된다면 #44

LLM 한도 정책의 현실, 선택이 불가피한 시대

최근 들어 모든 LLM 도구들의 한도 정책이 급격히 강화되고 있다. Gemini의 한도가 신설되고, ChatGPT의 한도도 매우 줄어들었다. Claude 같은 경우는 Pro 플랜에서도 한도가 매우 답답하게 느껴진다. Opus 질문 2개만으로 한도에 다다라 5시간 동안 이용이 제한되어 버리는 현실에 황당함을 느끼는 사용자들이 늘고 있다.

방금도 연구 1개와 Opus 질문 1개로 한도를 다 써버렸다. MCP와 연동해서 전체 Obsidian 볼트를 검색하고 돌아다닐 경우, 너무 금세 한도를 소진하게 된다. '(코스트가 낮은) Sonnet으로 먼저 검색하고 Opus를 돌렸어야 하는데' 하는 아쉬움이 남는다. 그러다 보니 자연스럽게 솟아오르는 질문이 하나 있다.

"만약 단 하나의 LLM 도구만 선택해야 한다면?"

순수하게 멀티모달을 제외하고 문서 작업만 따졌을 때, 어떤 LLM 도구가 베스트일지는 사용자의 취향과 업무 특성에 따라 다를 것이다. 하지만 이런 한도 제한 상황에서는 결국 선택의 순간이 올 수밖에 없다. 각 도구의 장단점을 명확히 파악하고, 자신의 핵심 용도에 맞는 최적의 선택을 해야 하는 시점이다.

6개 LLM 도구 실전 비교: 각자의 색깔과 특징

시중에 출시된 LLM 도구들을 대부분 사용해본 입장에서, 나는 ChatGPT, Gemini, Grok, Perplexity, Claude, Liner 6개를 유료로 구독하여 사용 중이다. 각 도구마다 명확한 특징과 강점이 있어, 상황에 따라 선택적으로 활용하고 있다.

ChatGPT
(챗GPT)

가장 일반적이고 안정적이다. 실망시키지 않는다는 것이 최대 강점이다. 웹 검색을 적절히 활용하고, 나름 심층적인 분석을 제공해준다. 다만 매우 중립적이어서 색깔이 없게 느껴진다. 안정적이지만 특별함이 부족한 느낌이다. 개조식 목록화 작업에 잘 어울리지만, 남발되는 이모지와 ChatGPT 특유의 말투가 공공기관 업무와는 맞지 않는 경우가 많다.

Gemini
(제미나이)

개요부터 차근차근 알려주는 것이 특징이다. 구글에서 검색한 결과를 중심으로 답변하는데, 유튜브 내용이 많이 포함되어 있어서 그런지 맞지 않는 자료도 종종 가져오는 것이 단점이다. 하지만 나름의 독특한 견해를 제시할 때가 있어서 신선한 관점을 얻을 수 있다.

Grok
(그록)

현재 트렌드를 가장 잘 반영한 보고서를 제공한다. X(구 트위터)에서 논의되는 실시간 이슈들까지 담아주기 때문에 최신 동향 파악에 탁월하다. 다만 너무 한쪽으로 치우쳐서 평가하는 경향이 있으며, (머스크를 닮았는지) 주장이 너무 확고해서 균형 잡힌 시각이 필요한 업무에는 조심스럽게 활용해야 한다.

Perplexity
(퍼플렉시티)

조사 능력은 생각보다 괜찮다. 무엇보다 출처가 명확하기 때문에, 더 궁금한 사항들에 확실히 접근할 수 있다. 신뢰성 있는 정보를 빠르게 찾을 때 유용하며, 특히 팩트 체크가 중요한 업무에서 강력한 도구가 된다.

Liner
(라이너)

최근 많이 발전했다. Perplexity보다 딥리서치*에서는 오히려 더 나은 성능을 보여주기도 한다. 특히 학술논문에 한정해 조사할 수 있게 해주는 기능

* 딥리서치(Deep Research): AI가 스스로 웹상에서 여러 단계를 거쳐 정보를 수집하고 분석해, 마치 전문 연구자가 작성한 것처럼 깊이 있고 체계적인 결과물을 제공하는 기능이다.

이 매우 마음에 든다. 연구자나 학술적 근거가 필요한 업무를 하는 분들에게는 강력하게 추천한다.

Claude
(클로드)

여러 면에서 가장 균형 잡힌 성능을 보여준다. Sonnet으로도 충분한 성능을 내고, Opus는 정말 똑똑하다. 딥리서치도 완벽하지는 않지만, ChatGPT 이상의 실력을 보장한다. 매우 신뢰도 있는 말투로 전문적인 문서를 작성해 주기 때문에 업무 활용도가 높다. Opus의 유일한 단점은 한도다. 개인적으로, 한도만 없다면 매일 쓰고 싶은 것이 Opus다.

심층 조사를 위한 6개 도구 통합 활용법

나는 용도별로 도구를 골라 쓸 뿐 아니라, 어떤 주제에 대한 심층 조사가 필요할 때는 6개의 LLM을 전부 활용하는 전략을 쓴다. 각 도구의 전문가 모드나 딥리서치 기능을 모두 활용한 후, 그 결과를 종합 분석하는 방식이다. 구체적인 프로세스는 다음과 같다.

1 먼저 6개 도구에 동일한 질문을 던져 각자의 답변을 받는다.

2 각 답변을 MD(마크다운) 파일로 저장하여 Obsidian 볼트 폴더 내에 정리한다.

3 그다음 Claude에게 이 6개 파일을 종합 분석하여 요약하도록 시킨다. Claude를 선택하는 이유는 PDF로 따로 저장할 필요 없이 Obsidian 볼트의 폴더 위치만 알려주면 MCP를 통해 자동으로 처리해주기 때문이다. 약간의 번거로움을 감수한다면 NotebookLM도 같은 역할을 수행할 수 있다. (하지만 Gemini 특유의 말투가 마음에 들지 않는 경우가 많다. 이 부분은 개인 취향의 차이일 수 있다.)

이런 방식으로 작업할 때 Claude의 진가가 드러난다. 여러 도구에서 수집한 정보를 일관된 톤앤매너로 정리하고, 핵심을 놓치지 않으면서도 읽기 쉽게 구성해주는 능력이 탁월하다. 특히 서로 다른 관점의 정보들을 균형 있게 종합하여 제시하는 능력은 다른 도구들과 확실한 차별점이다.

용도별 최적 도구 매칭과 선택 가이드

다시 한번 강조하건대, 용도별로 최적의 도구를 선택하는 것이 효율적인 활용의 핵심이다. 6개월간의 실전 경험을 바탕으로 정리한 용도별 추천 도구는 다음 표와 같다. 살펴보면, 각자의 업무 환경과 사용 패턴에 따라 AI 도구 선호도가 달라질 수 있음을 알 것이다.

용도	1순위	2순위	선택 기준
문서 작성	Claude	ChatGPT	자연스러운 문체, 전문성
일반 대화	ChatGPT	Grok	안정성, 범용성
멀티모달	ChatGPT	Gemini	이미지 처리 능력
웹 검색	Perplexity	Gemini	출처 명확성, 최신성
딥리서치	Claude	Liner	분석 깊이, 학술성
최신 트렌드	Grok	Gemini	실시간성, SNS 연동
출처 확인	Perplexity	Liner	인용 정확성

용도별 추천 AI 도구 (by. 심형섭)

예를 들어, 학술 연구를 주로 하는 사용자라면 Liner의 비중을 높일 수 있고, 마케팅 업무를 하는 사용자라면 Grok의 트렌드 분석 능력을 더 활용할 수 있다. 더 많은 사용자 리포트를 참고하고 싶다면 얼마 전 웹 매거진 〈요즘IT〉에서 발표한 '요즘 IT 실무자들이 직접 뽑은 1등 AI는?' 평가 결과도 흥미롭게 볼 만하다(QR코드에서 확인해보라).

개인 경험과 여러 조사를 종합했을 때, ChatGPT냐 Claude냐 Gemini냐는 취향과 용도의 차이로 보인다. 멀티모달까지 필요하다면 ChatGPT와 Gemini 중에 고르면 되고, 문서 작업에 집중한다면 Claude가 최선이다. 검색 용도로는 Perplexity와 Liner가 좋고, 최신 트렌드 파악에는 Grok과 Gemini가 유용하다.

하지만 전반적인 활용도를 고려했을 때는 여전히 Claude가 우세하다. 특히 한국어 문서 작성과 전문적인 보고서 작성에서는 Claude를 대체할 만한 도구를 아직 찾지 못했다. 더욱이 컨텍스트 윈도우 크기까지 상당하다. 200K 토큰이라는 방대한 컨텍스트를 처리할 수 있어, 긴 문서나 복잡한 프로젝트도 한 번에 처리할 수 있다. 보고서 작성이나 코드 리뷰 같은 업무에서 큰 차이를 만드는 포인트다.

하나의 도구만 선택해야 한다면 = Claude

결론적으로 하나의 도구만 유료 구독해야 한다면, 답은 명확하다. 바로 Claude다. Max 플랜까지 구독할 정도의 사용량은 아니기 때문에 5시간 한도를 감수하면서 사용하고 있다. 이 5시간을 기다리는 동안 다른 도구를 사용하면 항상 뭔가 2%씩 부족함을 느낀다.

내가 일반 문서 작성에서 Claude를 선택하는 이유는 단순하다. 글쓰기에 있어서만큼은 가장 '나다운' 결과물을 만들어주기 때문이다. 다른 도구들은 아무래도 기계적이거나 획일적인 느낌이 있는데, Claude는 내 생각을 자연스럽게 표현해주는 능력이 뛰어나다. 특히 한국어 문서 작성에서 보여주는 자연스러움과 전문성은 다른 도구들이 따라오기 어려운 수준이다.

Claude의 유용함은 이것만이 아니다. 앞서도 몇 차례 언급했지만, 개인적으로 Claude를 가장 많이 찾게 되는 결정적인 이유는 **Obsidian과 연결되는 MCP(Model Context Protocol) 기능**의 존재다. 내 지식 베이스와 AI를 완벽하게 통합할 수 있다는 점은, 다른 도구들이 따라올 수 없는 강력한 장점이다. 여기에 'Sequential Thinking' 기능이 주목할 만하다. 복잡한 문제를 단계별로 분해하여 접근하는 이 기능은, 특히 논리적 추론이나 방대한 분석이 필요한 업무에서 탁월한 성능을 발휘한다.

하여 Sequential Thinking을 MCP와 연동하여 기본 설정으로 활용하면, Obsidian에 저장된 모든 지식과 연계하여 더욱 정교한 사고 과정을 거칠 수 있다. 이는 단순한 질의응답을 넘어서 진정한 의미의 AI 어시스턴트 역할을 수행하게 만든다. (이에 관해서는 다음 장에서 더 자세히 설명하겠다.)

나는 Claude는 매달 구독을 유지할 생각이다. 한도라는 제약이 있지만, 그 제약 안에서도 가장 높은 가치를 제공하는 도구이기 때문이다. 특히 업무 효율성과 문서 품질을 고려했을 때, Claude만한 도구는 아직 없다는 것이 6개월간의 실전 경험을 통해 얻은 결론이다.

앞으로 한도 정책이 완화되거나, 더 나은 요금제가 나오길 기대하면서도, 현재로서는 Claude Pro와 다른 도구들을 병행 사용하는 것이 가장 현실적인 전략이다. 완벽한 하나의 도구는 없지만, 각 도구의 강점을 이해하고 적재적소에 활용한다면 AI 시대의 생산성을 극대화할 수 있을 것이다.

생산성 혁명을 불러온 Claude MCP: 6개월 실전 경험의 모든 것

#46

MCP는 쓸모없다고? 기록가에게는 필수템이다

요즘 AI 커뮤니티나 스레드 등에서 "MCP 효과가 없다", "쓸데가 없다", "유행이 끝났다"는 말들이 종종 들린다. 하지만 단언컨대, 이런 말을 하는 사람들은 MCP의 진짜 잠재력을 모르거나 제대로 활용해보지 않았을 가능성이 높다. 특히 Notion과 Obsidian을 활용하는 기록가라면 Claude MCP는 선택이 아닌 필수다.

6개월간 Claude MCP를 깊이 있게 활용해본 결과, 내 글쓰기와 업무 작업, 그리고 Obsidian 정리의 효율이 기하급수적으로 증가했다. 4,000개가 넘는 노트를 관리하면서도 원하는 정보를 순식간에 찾아내고, 연관 정보들을 체계적으로 연결하며, 새로운 인사이트를 도출해내는 과정이 완전히 자동화되었다.

나는 기록을 굉장히 중요시하는 스타일이고, 기록의 디지털화와 체계화에 특히 관심이 있다. 매일 쌓이는 방대한 정보들을 어떻게 효율적으로 정리하고 활용할 것인가는 현대 지식 노동자들의 공통 과제다. Claude

MCP는 이 문제에 대한 현재까지 가장 만족스러운 해답을 제시하고 있다.

체계적인 자기관리를 수행하거나 AI 도구를 적극 활용해서 생산성을 증가시키고 싶다면, Claude MCP 활용법 마스터는 필수적이라고 볼 수 있다. 이 글에서는 6개월간의 실전 경험을 통해 얻은 최적화된 워크플로우를 모두 공개한다.

이중 구조의 힘: npx 기반 vs. 파이썬 기반 Obsidian MCP

Claude MCP의 진짜 위력은 두 가지 Obsidian 연동 방식을 상황에 맞게 선택적으로 활용할 때 나타난다. 단순히 하나의 MCP만 사용하는 것이 아니라, 각각의 강점을 살린 이중 구조로 활용하는 것이 핵심이다.

npx 기반 obsidian-filesystem은 Claude와의 최적화가 뛰어나다. 노트 생성, 수정, 간단한 내용 추가 등 일반적인 작업에서는 반응 속도가 빠르고 안정적이다. 특히 일기장 편집이나 기존 노트에 새로운 섹션을 추가하는 작업에서 그 진가를 발휘한다. Claude와의 호환성이 완벽해서 별다른 설정 없이도 자연스럽게 작동한다.

하지만 진짜 게임 체인저는 **파이썬 기반 obsidian-mcp**다. 4,000개가 넘는 내 Obsidian 볼트를 전체적으로 탐색할 때는 이쪽이 훨씬 효율적이다. SQLite 데이터베이스에 검색 인덱스를 저장하는 방식이라서, 설치가 npx보다 번거롭지만 검색 능력은 비교할 수 없을 정도로 뛰어나다.

가장 인상적인 것은 토큰 효율성이다. 볼트 전체를 스캔해서 노트 이름을 지능적으로 탐지하고, 검색 결과를 제시하는 과정에서 토큰 사용량이 현저히 줄어드는 것을 체감할 수 있다. "개떡같이 물어봐도 찰떡같이 답변한다"는 표현이 딱 맞다. 애매한 키워드로 검색해도 정확히 원하는 노트를 찾아주고, 연관된 노트들까지 함께 제시해준다.

예를 들어, "작년에 쓴 투자 관련 글 중에서 반도체에 대해 언급된 것들을 정리해줘"라고 물어보면, 파이썬 기반 MCP는 즉시 관련 노트들을 찾아내고 시간순으로 정렬해서 보여준다. npx 기반으로는 이런 복합적인 검색이 어렵거나 토큰을 과도하게 소모한다.

Python vs NPX 기반 Obsidian MCP 핵심 비교

구분	Python (obsidian-mcp)	NPX (@huangyihe/obsidian-mcp)
설치	`uvx mcp-obsidian`	`npx -y @huangyihe/obsidian-mcp`
핵심 강점	🔍 검색 특화	✎ 편집 특화
검색 성능	SQLite 인덱스 (60배 빠름)	파일 스캔 방식
토큰 효율	매우 우수	보통
Claude 호환	양호	완벽
반응 속도	검색 시 매우 빠름	편집 시 빠르고 안정적
메모리 사용	낮음 (온디맨드 로딩)	상대적으로 높음
복잡도	단순	고급 기능 多

언제 무엇을 쓸까?

작업	추천 도구	이유
노트 찾기	Python	"개떡같이 물어봐도 찰떡같이 답변"
복합 검색	Python	"작년 투자 중 반도체" 같은 조건 검색
전체 볼트 탐색	Python	4,000+ 노트에서 빠른 검색
노트 만들기/수정	NPX	Claude와 자연스러운 협업
일기장 편집	NPX	빠른 반응, 안정적
섹션 추가	NPX	일반 작업에 최적화

Python vs. NPX 기반 Obsidian MCP 비교

Memory MCP 활용법: 나만의 AI 비서 만들기

Memory MCP는 Claude를 진정한 개인 비서로 만들어주는 핵심 도구다. 중요한 것은 무엇을 기억시킬지 전략적으로 선택하는 것이다.

내가 설정해둔 기본 페르소나는 다음과 같다: "**일기장 편집 시에는**

obsidian-filesystem 사용, 검색 및 파일 이동 등에는 obsidian-mcp 활용, 투자 분석 시에는 6개 LLM 결과 종합 분석 우선". 이런 기본 규칙들을 메모리에 저장해두면 매번 설명할 필요가 없다.

개인 정보 관리도 전략적으로 한다. 내 직업, 관심사, 주요 프로젝트, 글쓰기 스타일 등을 기록해두되, 너무 자세한 개인정보는 피한다. "투자 관련 글쓰기를 즐기며, 데이터 기반 분석을 선호함", "Obsidian으로 4,000개 노트 관리 중" 같은 수준이 적절하다.

가장 중요한 것은 주기적인 메모리 정리다. 쓸데없는 목록은 과감히 지우고, 중요한 질문 후에는 꼭 업데이트한다. Claude Memory MCP의 가장 큰 장점은 내가 기억하고 싶은 기록만 선택적으로 기억하게 할 수 있다는 점이다. 다른 LLM은 어처구니없는 내용들도 무차별적으로 기억하는 경우가 많은데, Claude는 더 정교한 메모리 관리가 가능하다.

예를 들어, 특정 투자 분석 결과나 중요한 글쓰기 인사이트가 나왔을 때는 즉시 메모리에 추가한다. "EQT 분석에서 6개 AI 중 Gemini가 가장 낙관적 전망 제시", "AMD 글쓰기에서 '과대낙폭' 프레임이 독자 반응 좋았음" 같은 식으로 말이다.

Sequential Thinking의 마법: 심층 사고보다 효율적인 선택

심층 사고가 필요할 때 Claude 자체의 심층 사고 모드를 선택하기보다는, Sequential Thinking이 자동으로 실행되게 설정해두었다. 이것이 내가 발견한 가장 중요한 최적화 팁 중 하나다.

Sequential Thinking은 복잡한 문제를 단계별로 분해해서 접근하는 기능인데, 일반적인 심층 사고 모드보다 토큰 효율성이 훨씬 뛰어나다. 같은 수준의 분석 결과를 얻으면서도 토큰 사용량은 현저히 적다. 특히 Opus 모델 한도 제한이 빡빡한 상황에서는 이런 효율성이 매우 중요하다.

투자 분석이나 복잡한 글쓰기 기획을 할 때 Sequential Thinking의 효과가 극명하게 드러난다. 예를 들어 "EQT Corporation의 장기 투자 가치를 평가해줘"라고 물으면, Sequential Thinking은 다음과 같은 단계로 접근한다.

1. 기업 기본 정보 및 재무 상태 파악
2. 산업 전망 및 경쟁 환경 분석
3. 지정학적 리스크 요인 검토
4. 밸류에이션 및 투자 매력도 평가
5. 최종 결론 및 권고사항 도출

각 단계마다 논리적 근거를 제시하면서도 전체적인 사고 과정이 투명하게 드러나기 때문에, 결과에 대한 신뢰도가 높다. 무엇보다 중간에 사고 과정을 확인하고 방향을 조정할 수 있다는 점이 매우 유용하다.

실전 활용과 한계: 토큰 효율성과 Cursor 보완책

Claude MCP의 가장 큰 단점은 토큰 소모량이다. 특히 Obsidian의 폴더와 파일을 정리하고 메타데이터를 정리하는 작업에서는 토큰이 과도하게 사용된다. 4,000개 노트의 구조를 파악하고 정리하는 과정에서 한도를 금세 소진하는 경우가 많다.

이 문제의 해결책으로 Cursor를 보완적으로 활용하고 있다. Cursor

에서 Obsidian 볼트를 드라이브에 자동으로 불러올 수 있기 때문에, 굳이 MCP로 연동할 필요가 없다. 단순한 메타데이터 수정이나 파일명 일괄 변경, 폴더 구조 정리 같은 작업은 Cursor에서 처리한다.

내가 직접 만든 국가지식정보 MCP도 종종 활용하는데, 이것은 담당하고 있는 사업의 API 오류와 충돌 여부를 테스트하기 위해 사용한다. 웹 검색을 꺼두고 해야 정확한 테스트가 가능하다. 이처럼 업무 특성에 맞는 커스텀 MCP를 개발하는 것도 고려해볼 만하다.

MCP 활용의 미래: 필수템으로 자리잡은 이유

Claude MCP와 Cursor, Obsidian의 3중 조합은 현재까지 내가 찾은 가장 효율적인 워크플로우다. 각각의 장단점을 파악하고 적재적소에 활용하니, 생산성 향상이 극적으로 나타났다.

이 조합을 찾아내는 6개월간의 실전 활용을 통해 확신하게 된 것이 있다. Claude MCP는 단순한 부가 기능이 아니라, 지식 노동자들에게는 필수적인 생산성 도구라는 것이다. 특히 다음과 같은 사람들에게는 Claude MCP가 게임 체인저가 될 수 있다.

- ☑ 대량의 문서와 노트를 관리하는 연구자나 작가
- ☑ 체계적인 기록 관리가 필요한 업무를 하는 사람
- ☑ AI 도구를 적극 활용해서 생산성을 높이고 싶은 사람
- ☑ Obsidian이나 Notion 같은 도구를 깊이 있게 활용하는 사람

MCP의 진짜 가치는 단순히 기능을 사용하는 것이 아니라, 자신만의

워크플로우를 구축하는 데 있다. 내 경우처럼 각각의 MCP 특성을 파악하고, 상황에 맞게 선택적으로 활용하며, 부족한 부분은 다른 도구로 보완하는 통합적 접근이 중요하다.

**MCP의 진짜 가치는 단순히 기능을 사용하는 것이 아니라,
자신만의 워크플로우를 구축하는 데 있다.**

앞으로 더 많은 MCP가 개발되고, 기존 MCP들의 성능도 계속 향상될 것이다. 하지만 중요한 것은 기술 자체가 아니라 그것을 어떻게 현명하게 활용하느냐다. Claude MCP는 이미 충분히 강력한 도구가 되었고, 이제는 우리가 얼마나 창의적으로 활용하느냐에 달려 있다.

생산성 혁명은 이미 시작되었다. 그리고 그 중심에는 Claude MCP가 있다.

AI, 알고 쓰는 만큼 보이는 세계

#58

벤치마크의 홍수 속에서 길을 잃지 않기

요즘 AI 관련 뉴스를 보면 어지럽다. 새로운 LLM이 나왔다, 기존 모델이 업데이트됐다, 벤치마크에서 역대 최고점을 기록했다, 일주일이 멀다 하고 "역대급" 모델이 등장한다. 심지어 수능 문제로 AI를 평가하는 글들도 심심치 않게 보인다. GPT-5가 몇 등급이고, Claude가 수학에서 몇 점이고.

솔직히 말해서, 이런 점수표에 너무 매몰될 필요는 없다. 벤치마크 1등 모델이 내 업무에 최적이라는 보장이 전혀 없다. 대학 수능 만점자가 모든 직업에서 최고의 성과를 내는 것이 아닌 것처럼, 시험을 잘 보는 능력과 실무 역량은 다른 차원의 문제다.

> 시험을 잘 보는 능력과 실무 역량은 다른 차원의 문제다.

실제로 써보면 느끼게 된다. 어떤 도구는 코딩에 강하고, 어떤 도구는 긴 글쓰기에 뛰어나고, 어떤 도구는 최신 정보 검색에 탁월하다. 만능은 없다. 중요한 것은 직접 써보는 것이다. 처음에는 어떤 도구를 써야 할지 막막하지만, 몇 달 쓰다 보면 자연스럽게 감이 생긴다. "이런 질문은 이 도구가 낫겠다"는 직관이 형성된다. 쓰는 만큼 보이게 되는 것이다.

앞서 3부에서 딜로이트의 종이접기 비유를 소개했다. 여기에 한 가지를 덧붙이고 싶다. 종이접기 달인은 상황에 따라 다른 종이를 고른다. 학을 접을 때와 장미를 접을 때 같은 종이를 쓰지 않는다. AI 도구도 마찬가지다. 다양한 도구를 알아야, 상황에 맞는 선택을 할 수 있다.

AI 트렌드는 어디서 시작되는가

새로운 AI 도구와 트렌드를 어디서 발견하느냐고 묻는 사람들이 많다. 나는 Reddit에서 시작한다. 굉장히 다양한 주제를 다루는 종합 커뮤니티로, 나스닥에 상장할 정도로 거대한 플랫폼이다. 실제로 오픈AI를 비롯한 여러 LLM 기업들이 학습 데이터로 활용하기도 한다. Reddit에는 특정 주제에 특화된 무수한 서브레딧이 있는데, 나는 그중 r/Artificialintelligence, r/ChatGPT, r/Claude, r/grok, r/mcp, r/ObsidianMD, r/artificial, r/GeminiAI 등 각 규모가 큰 AI 주제 서브레딧이나 각 AI 도구 서브레딧들을 즐겨찾기 해두고 수시로 참고한다.

내가 관찰한 AI 트렌드의 확산 경로는 이렇다. Reddit에서 처음 화제가 되고, X에서 재생산되어 번진다. 한국에서는 '요즘IT'나 '지피터스' 같은 커뮤니티가 입구가 되어 빠르게 유입된다. 활용 사례는 유튜브 쇼츠로 빠르게 확산되고, 텍스트 콘텐츠는 스레드를 거쳐 인스타그램으로 퍼진다. 이후 유튜브 롱폼에서 종합 정리가 이뤄지고, 네이버 블로그를 통해 활용법이 재정리된다. 페이스북, 비 IT 커뮤니티 등에서 대중화 단계에 접어들며, 신문과 TV에서 다루면서 한 사이클이 마무리된다.

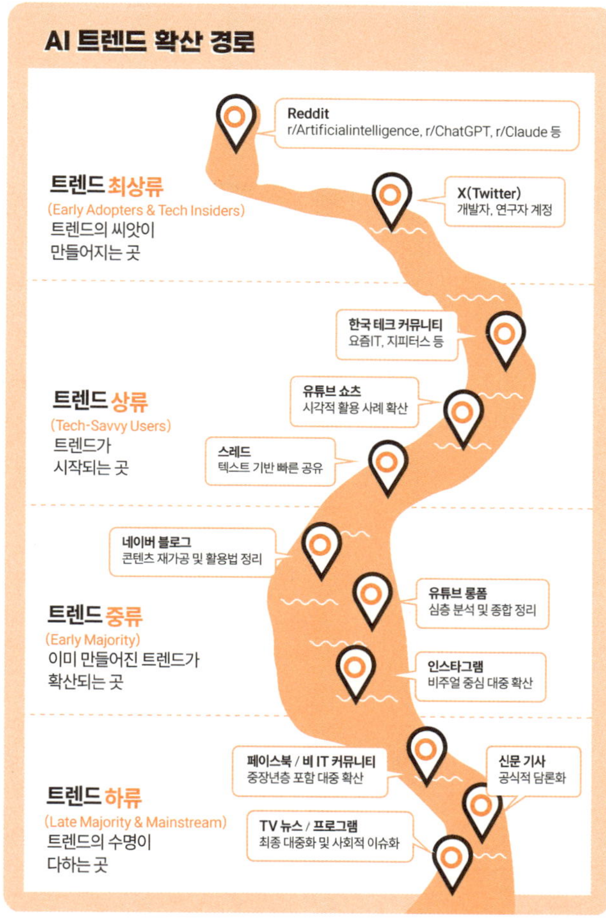

AI 트렌드 확산 경로

왜 이 경로가 중요한가? 정보의 시차 때문이다. 클로드 서버가 먹통일 때는 언제인지, 특정 도구의 보안 취약점은 무엇인지 같은 고급 정보들은 Reddit에 들어가면 가장 먼저 접할 수 있다. 네이버 블로그에 올라올 때쯤이면 이미 며칠, 때로는 몇 주가 지난 뒤다.

예전에는 언어 장벽이 있었다. 하지만 지금은 앱에서 직접 번역이 되고, 브라우저 기본 번역 기능만으로도 충분히 내용 파악이 가능하다. 영어를 못 한다는 것은 더 이상 핑계가 되지 않는다.

AI를 대하는 자세? 경계하되 폐쇄적이지 않기

새로운 AI 도구가 나왔을 때, 주저하지 말고 써봐야 한다. 물론 무조건적인 수용은 위험하다. 특히 중국발 도구들은 보안 측면에서 경계가 필요하다. 하지만 모든 새 도구를 외면하면 기회를 놓친다. 핵심은 균형이다.

많은 서비스가 정식 출시 전 베타 기간에 무료로 풀린다. 이때가 기회다. 돈 들이지 않고 어떤 서비스인지 직접 확인해볼 수 있다. 보안이 걱정된다면, Reddit이나 X에서 해당 도구 이름과 "security", "privacy" 같은 키워드로 검색해보면 된다. 커뮤니티에서 이미 검증한 정보들이 나온다.

다만 굳이 사용하지 않아도 될 도구들이 있다. API를 끌어와서 포장만 바꿔 서비스하는 것들이다. 이런 류의 서비스 중에는 해킹 목적으로 만들어진 것도 있고, 자동 과금으로 연결되는 경우도 있다. 원본 서비스가 있는데 굳이 중간 단계를 거칠 이유가 없다. ChatGPT를 쓰고 싶으면 오픈AI 공식 사이트로, Claude를 쓰고 싶으면 앤트로픽 공식 사이트로 가면 된다.

다양한 모델의 성능을 직접 비교해보고 싶다면 Ollama(Ollama.com)를 추천한다. 로컬 환경에서 LLM이나 소규모 모델(SLM)을 쉽게 실행할 수 있게 해주는 오픈소스 도구다. 별도의 서버 인프라 없이 개인 PC에서 AI를 체험할 수 있다. 비슷한 도구로 LM Studio, GPT4All도 있지만, 설치 용이성과 리소스 효율성을 고려하면 Ollama가 낫다. 고사양 GPU가 없어도 작은 모델들은 CPU만으로 충분히 돌려볼 수 있다.

로컬에서 돌려보면 좋은 점이 있다. 데이터가 외부로 나가지 않으니 보안 걱정이 없고, 인터넷 없이도 사용할 수 있다. 무엇보다 AI가 실제로 어떻게 작동하는지 체감할 수 있다. 클라우드 서비스만 쓰면 블랙박스처럼 느껴지던 것이, **내 컴퓨터에서 돌려보면 "아, AI도 결국 컴퓨팅 자원을 써서 계산하는 거구나"라는 직관이 생긴다.**

AI를 쓰는 사람과 쓰지 않는 사람

이 글을 쓰면서, 그리고 지난 몇 년간 AI 분야에서 일하면서 느낀 것이 있다. 격차가 벌어지고 있다는 것이다. 그것도 빠르게.

사실 나는 이 격차를 아주 가까이에서 목격한다. 우리 팀만 해도 그렇다. 같은 팀에서 일하는 A수석과 B수석의 차이는 극명하다. A수석은 보고서 초안을 작성할 때 ChatGPT로 구조를 잡고, Claude로 문장을 다듬는다. 회의록 정리는 클로바노트로 금세 끝내며, 데이터 분석용 파이썬 코드까지도 AI에게 작성시킨다. 반면 B수석은 "AI는 믿을 수 없다"며 모든 걸 예전 방식 그대로 자기 손으로 한다.

결과는? A수석은 같은 시간에 두세 배 많은 업무를 처리한다. 더 중요한 건 품질이다. AI가 놓칠 수 있는 맥락과 판단은 본인이 하되, 반복적인 작업은 자동화한 덕분에 오히려 더 깊이 있는 분석과 전략 수립에 시간을 쓸 수 있다. B수석이 여전히 엑셀 시트와 씨름하는 사이, A수석은 이미 다음 프로젝트 기획안을 검토하고 있다.

더 놀라운 건 이 격차가 누적된다는 것이다. 작년까지만 해도 두 사람의 역량은 비슷했다. 하지만 불과 1년만에 A수석은 AI 활용 능력까지 갖춘, 완전히 다른 레벨의 인재가 되었다. 내년쯤이면 이 격차는 메울 수 없을 것이다.

이것은 우리 팀만의 이야기가 아니다. 2025년 8월 한국은행이 발표한 보고서*에 따르면, 국내 근로자의 51.8%가 이미 업무에 AI를 활용하고 있다. AI를 활용하는 근로자들은 주당 평균 1.5시간의 업무 시간을 절약하고 있으며, 이는 잠재적으로 1.0%의 생산성 향상 효과를 가져온 것으로 추정된다. 더 흥미로운 사실은 하루 1시간 이상 AI를 사용하는 헤비 유저가 78.6%에 달한다는 점이다. 하지만 여전히 54.1%의 근로자는 AI를 사용해도 업무 시간이 줄지 않았다. 이들이 AI를 효율적으로 활용하게 되면 격차는 더욱 벌어질 것이다.

AI를 적극적으로 활용하는 사람과 그러지 않는 사람의 생산성 차이는 이미 체감할 수 있는 수준이다. 같은 시간에 더 많은 일을 하고, 같은 일을 더 높은 품질로 해낸다. 지금은 큰 차이로 느껴지지 않을 수 있다. 하지만 복리의 힘처럼, 작은 차이가 시간이 지나면 엄청난 격차로 벌어진다.

흔히 "AI가 일자리를 뺏는다"고 말한다. 틀린 말은 아니지만, 더 정확한 표현이 있다. AI가 당신의 일자리를 위협하는 것이 아니라, AI를 잘 사용하는 사람이 당신의 일자리를 위협하는 것이다. 같은 직무라도 AI를 활용하는 사람은 더 많은 가치를 창출한다. 기업 입장에서 누구를 선택하겠는가?

AI가 당신의 일자리를 위협하는 것이 아니라,
AI를 잘 사용하는 사람이 당신의 일자리를 위협하는 것이다.

* 한국은행, "AI의 빠른 확산과 생산성 효과: 가계조사를 바탕으로", BOK 이슈노트 제2025-22호, 2025년 8월. www.bok.or.kr/portal/bbs/P0002353/view.do?nttId=10093071&searchCnd=1&searchKwd=&depth=201150&pageUnit=10&pageIndex=1&programType=newsData&menuNo=200433&oldMenuNo=201150

지금이 가장 빠른 때

무궁무진한 가능성의 세계가 열려 있다. 도구는 이미 충분하다. ChatGPT, Claude, Gemini, Perplexity. 대부분 무료로 시작할 수 있다. 남은 일은 뛰어드는 것뿐이다.

처음에는 서툴 것이다. 당연하다. 종이접기도 처음에는 삐뚤어진다. 하지만 계속하다 보면 어느새 자기만의 작품을 만들어낼 수 있다. 핵심은 포기하지 않는 것이다.

"이미 늦은 거 아니야?"라고 생각하는 사람도 있을 것이다. 늦었다고 생각할 때가 가장 빠른 때라고 하지 않던가. 지금 시작하면 1년 후의 당신은 오늘 시작한 것을 감사하게 생각할 것이다. 적어도 이 글을 읽은 사람이라면, "몰라서 못 했다"는 핑계는 더 이상 통하지 않는다. "알아도 안 쓴다"는 보수적 마인드 역시 통하지 않는다. LLM을 활용하는 사람을 쉽게 일한다고 비난한다면, 결국 늦은 밤 야근하는 당신만 남을 뿐이다.

이제 남은 것은 첫 걸음을 떼는 것뿐이다. 종이 한 장 집어 들고, 접기 시작하면 된다.

"몰라서 못 했다"는 핑계는 더 이상 통하지 않는다.
"알아도 안 쓴다"는 보수적 마인드 역시 통하지 않는다.
남은 것은 첫 걸음을 떼는 것뿐이다.

#29 4,117개 기록으로 AI가 발견한 진짜 나의 모습

#43 천 권을 읽고도 변하지 않는 나, AI가 발견한 독서의 진짜 가치

#25 루틴 체크리스트를 AI가 코칭해준다면

#42 Sleep Cycle 1년, AI가 발견한 나만의 수면 패턴

#24 3년 감사 일기 분석, AI가 발견한 나의 행복 패턴

#31 AI가 제안하는 투자 포트폴리오 재구성

#35 AI와 함께 적립식 투자로 굴리는 자산 스노우볼

#45 월 20만 원으로 구성한 AI 투자 자문단의 놀라운 성과

#32 AI와 함께 설계한 2025년 인생 로드맵

#52 20년간 써온 버킷리스트, 이제는 AI와 함께 만든다

데이터와 분석

누구나 개인 데이터 분석관을 고용할 수 있는 요즘, 빅데이터의 힘은 점차 커지고 있습니다. 체계적으로 꾸준히 기록하기만 하면, AI가 알아서 가치를 창출해주는 시대입니다. 5부에서는 3년간의 감사 일기 분석, 수면 패턴 발견, 독서 기록으로 본 진짜 나의 모습, AI와 함께 만든 투자 포트폴리오까지. 데이터로 나를 이해하고 표현하는 방법을 공유합니다.

PART ▸

5

4,117개 기록으로 AI가 발견한 진짜 나의 모습

#29

40년 살아도 모르던 진짜 나, 데이터에 묻다

나는 누구일까. 40년 동안 이 질문과 함께 살아왔다. 회사에서는 성실한 팀장, 집에서는 좋은 아빠이자 남편, 사위, 아들, 그리고 친구들에게는 유머러스한 사람. 언제나 남들이 보는 나에 대해 신경 쓰고, 겉모습과 내면을 가꾸는 데 많은 시간을 썼다. 그럼에도 정작 나 자신은 여전히 내가 어떤 사람인지 잘 모르겠다. 거울을 봐도 답이 없고, 명상을 해도 막연하다.

그런데 최근 내 기록과 AI가 내게 새로운 거울이 되어주고 있다. 내 기록이란 Obsidian에 쌓인 4,117개의 노트를 말한다. 내가 10년 이상 축적해 온 보물이다. 매일 쓴 일기, 읽은 책의 메모, 업무 회의록, 아이와 나눈 대화, 떠오른 아이디어들까지, 수기로 작성했던 모든 내용을 디지털화했다. 그리고 5F(Family, Fitness, Finance, Fine Balance, For Me)라는 나만의 행복 분류 체계로 정리했다.

어느 날, 나는 5F와 4,117개의 노트가 그려내는 '자화상'이 궁금했다. 기록을 자주, 오랜 기간 쌓아왔고 적재적소에 잘 쓰기도 했지만, 전체를 나 홀로 완전히 파악할 순 없는 노릇이다. 그러나 인간에겐 불가능한 이 작업이 AI에겐 별 무리가 아니다. 여기서의 AI는 Claude와 MCP(Model Context

Protocol)다. MCP는 AI가 다양한 데이터 소스에 안전하게 접근할 수 있게 해주는 프로토콜로, 내 개인 노트들을 AI가 분석할 수 있게 해준다.

기록을 이렇게나 모았으니 어느 정도 나에 대해 객관적으로 알 수 있지 않을까? 그런 마음으로 Claude에게 전체 노트를 바탕으로 '나'에 대해 분석해주길 요청했는데, 결과가 아주 놀라웠다.

데이터가 그려낸 놀라운 내 모습

287쪽에 있는 그림은, Claude 아티팩트에 시각화된 '나'에 대한 분석 리포트다. Claude는 크게 4가지 키워드, '감정 패턴', '시간대별 성향', '행복 지수 증가 요인', '의사결정 패턴'을 뽑아 나를 다각적으로 분석해서 객관적인 자료를 제공했다.

인상적인 점은 **그때 그때 무작위로 변한다고 생각했던 감정에 패턴이 존재한다**는 사실이었다. 실제로 AI에 따르면 나는 '가족'이라는 단어를 쓸 때마다 긍정 감정이 87% 높아진다. '출장'이라는 단어 다음에는 부정적 표현이 3배 많아진다. 금요일 일기가 월요일보다 평균 200자 더 길고, 감사 표현이 2.5배 많다. 특정 감정을 유발하는 확실한 트리거가 있고, 주5일 9~6 근로자인 만큼 생활 주기에 따른 영향도 뚜렷했다.

시간과 공간, 환경은 더 작은 단위로도 일정한 패턴을 그려냈다. 내 기록 성격과 시간대가 밀접한 관련이 있다는 분석도 흥미로웠다. 가령 새벽에 쓴 글은 철학적이고, 저녁에 쓴 글은 감성적이다. 또 주말 기록은 가족 중심이고, 평일은 업무와 자기계발이 주를 이룬다. '내가 현재 있는 공간'이 내 사고에 생각보다 더 큰 영향력을 행사하고 있던 것이다. 10년간 전혀 눈치채지 못한 패턴이었다.

나의 인생 목표가 '행복'인 만큼, 그 키워드도 유심히 살폈다. 그 결과

'연결'이 내 행복에서 중요한 자리를 차지한다는 것도 확인했다. 누군가와 깊은 대화를 나눈 날의 행복 지수는 평균보다 2.8배 높았다. 이렇게 확연한 실체를 확인한 것은 처음이었다. 루틴이 깨질 때 불안이 온다는 패턴도 명확했다. 아침 루틴을 못 지킨 날은 하루 종일 불안정한 감정 상태를 보였다.

가장 큰 발견은 "내 마음이 언제 움직이는가"에 대한 패턴이었다. 내 기록에는 살까 말까, 갈까 말까, 할까 말까 같은 사소한 고민들도 상당히 적혀 있었다. 두 가지 선택지 중 어느 하나를 고를 때, 내 마음이 내 생각보다도 일정한 관성으로 움직였다. 그리고 AI는 결정 전후의 기록을 분석하여 해당 결정이 결과적으로 내게 이득이었는지, 손해였는지까지 말해주었다.

의외로운 점은 나는 AI가 어느 정도 내게 친절함을 발휘해 모든 것을 낙관적으로 답변해줄 것이란 기대를 했으나, 멋지게 배반당했다는 것이다. AI는 아주 냉철하게, 데이터에 기반한 분석 결과를 알려줄 뿐이었다. 그리고 그것은 내 어림짐작이나 페르소나를 쓰고 바라본 거울상과는 전혀 달랐다.

40년간 나도 몰랐던 내 패턴들이 데이터로 드러났다.

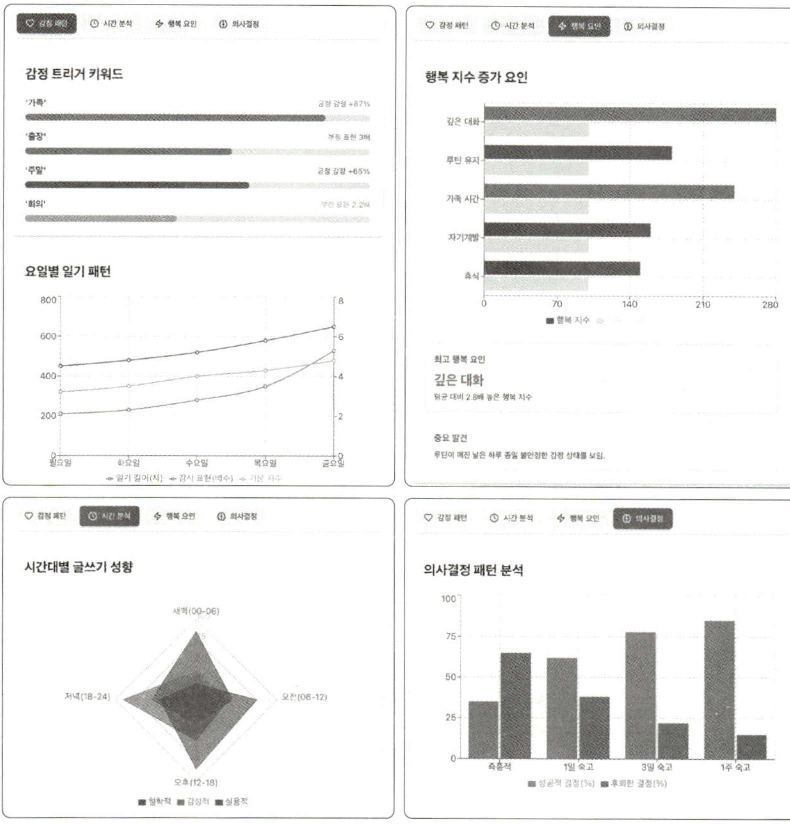

Claude의 '심형섭' 종합 분석 리포트

기록되지 않는 삶은 나의 삶이 아니다, 단 진실할 경우에만.

AI는 이 모든 데이터 패턴을 기반으로 나를 정의했다. AI가 말하는 나의 첫 번째 특징은 이렇다.

"기록되지 않는 삶은 나의 삶이 아니다. 당신은 기록을 통해 자아를 발견하고 성찰하는 진정한 기록의 철학자입니다. 매일 일기를 작성하며, 기록을 의무가 아닌 본능으로 접근하는 태도를 가지고 있습니다."

10년간 머릿속에 그야말로 수많은 생각과 감상이 스쳐 지나갔다. 기록하지 않았다면 그 생각들은 그렇게 영원히 사라졌을 것이다. 물론 기록만 해서는 충분하지 않다. 기록은 읽혀야 가치가 있으니까. 나 역시 '기록의 철학자'이긴 하지만, 기억력의 한계로 기록의 온전한 가치를 누리지 못할 때가 있었다.

그러나 이제는 AI가 있어 걱정이 없다. AI는 내 기록을 영원히 기억하고, 언제든 불러낼 수 있게 해준다. 2015년 3월 15일이 무슨 요일이었는지, 그날 내가 무엇을 느꼈는지 즉시 답한다. 내 기억력의 한계를 넘어선 실제적인 세컨드 브레인이 탄생한 셈이다.

그 세컨드 브레인에 있는 4,117개의 노트는 내 생각의 빙산들이다. AI는 그 빙산들을 연결해서 빙하를 보여준다. 그리고 내가 놓친 의미를 되찾아준다. 그건 마치 바다에 잠겨 있는 빙산의 더 큰 영역과도 같다. 그저 기록했을 뿐인데, 그 안에서 의미를 발견하게 해주고, 통찰을 하게끔 해주고, 내가 어떤 선택을 하는 게 최선인지 알려준다.

하지만 여기에 함정이 있다. AI가 알려주는 내가 정확하려면, 내가 기록한 모든 것이 솔직해야 한다. 스레드에 올리는 글, 블로그 포스팅은 진짜 나일까? 아니다. 그건 남에게 보여주고 싶은 나다. 심지어 혼자 보는 일기장조차 가식으로 점철될 때가 있었다. "오늘도 의미 있는 하루였다"라고 썼지만 실은 무료했던 날들, "팀원들과 즐거운 회식"이라고 썼지만 실은 지겨웠던 자리들. 누군가가 볼까 봐, 혹은 미래의 내가 읽을까 봐 포장한 기록들이 있었다.

AI가 알려주는 내가 정확하려면,
내가 기록한 모든 것이 솔직해야 한다.

그래서 3년 전부터 일기 방식을 바꿨다. 날것 그대로 쓰기 시작했다. 기분이 나쁘면 나쁜 대로, 솔직한 감정들을 그대로 담았다. AI가 이런 진짜 데이터를 분석하면 더 정확한 나를 보여주게 될 것이다.

비록 유한한 생이 허락지 않는 그날이 오더라도, 나는 여전히 내 딸에게 아빠로서 조언을 해주고 싶다. 언젠가 딸이 삶의 갈림길에서 무언가를 선택할 때, 내 Obsidian 볼트와 연결된 AI가 내 생각을 읽고 딸의 질문에 답변해줄 수 있으리라 믿는다. 기록의 정확성에 더욱 유의하는 이유도 바로 그래서다. 나는 오늘도 진실하게 기록한다. 내가 없을지도 모르는 미래를 대비해서, 내 딸을 위해.

나를 찾아가는 끝나지 않는 여정

앞서도 말했듯 AI가 알려주는 것들이 모두 진실은 아닐 수도 있다. 데이터라는 자양분으로 움직이는 AI는 잘못된 기록에 의해 잘못된 결과를 낼 수 있다. 환각은 줄어들 수 있겠지만, 내 기록이, 그때 당시의 생각이 지금과는 달라질 수도 있다. 말로 표현할 수 없는 감정들은 AI가 분석할 수 없다는 한계도 있다.

그럼에도 분명한 것은 AI가 내게 새로운 거울이 되어주고, 세컨드 브레인으로 활동해주고 있다는 점이다. 아직 완벽하지는 않지만, 10년의 데이터가 20년, 30년 더 쌓이면 더 정확해질 것이다.

나는 여전히 내가 누구인지 완전히 모른다. 하지만 AI와 함께 조금씩 알아가고 있다. 매일 기록하고, 분석하고, 발견하는 과정이 즐겁다. 지난 기록들로 인해 오늘의, 그리고 미래의 새로운 통찰을 얻는 것도 재미있다. 어쩌면 나를 완전히 아는 것보다, 계속 알아가는 여정 자체가 더 의미 있을지도 모른다.

오늘도 나는 Obsidian에 일기를 쓴다. Obsidian은 내 마음의 스케치북이다. 내 마음의 모든 것을 그려본다. 솔직하게, 날것 그대로. 언젠가 AI가 이 기록을 분석해서 또 다른 나를 보여줄 것이다. 그때까지 나는 계속 기록하고, AI는 계속 분석할 것이다. 나를 찾아가는 이 여정이 끝나지 않기를 바라면서.

천 권을 읽고도 변하지 않는 나, AI가 발견한 독서의 진짜 가치

#43

"천 권을 읽으면 뭐해?" 아내의 뼈아픈 질문

25살, 나의 목표이자 버킷리스트는 40살이 될 때까지 1,500권의 책을 읽는 것이었다. 그로부터 15년이 지난 지금, 나의 독서리스트에는 1,752권이라는 숫자가 채워졌다. 1년에 100권 정도씩, 한 달에 많게는 10권, 적게는 5권의 책을 읽었다. 아무리 바빠도 일주일에 한 권 정도는 꼭 읽었고, 내가 읽은 1,752권의 책들을 15년간 꾸준히 기록으로 남겼다.

뭔가 뿌듯함과 자부심이 느껴졌다. 풍요로운 마음의 양식이 내 머릿속, 가슴속에 저장되어 있음이 못내 자랑스러웠다. 하지만 이 '근자감(?)'은 어느 날, 틈만 나면 서재방에서 책 좀 버리자던 아내가 던진 뜻밖의 질문에 풀썩 무너졌다.

"오빠, 근데 오빤 책을 천 권을 읽었어도 왜 변한 게 없어? 내가 책을 안 읽는 이유가 뭔지 알아? 천 권의 책을 읽은 오빠나 열 권의 책을 읽은 나나 다른 게 없기 때문이야."

찔린 나는 허둥지둥 변명했다. "그래도 우리 딸이, 책 읽는 아빠의 모습을 보면, 음, 좋은 습관도 생기고……" 그렇지만 얼른 주워섬긴 변명으로는 피어난 의구심을 물리칠 수 없었다. '정말 나는 변한 게 없는 게 아

닐까?'

실로 겉으로 보기에 나는 15년 전이나 지금이나 크게 달라진 게 없었다. 여전히 경제적 자유를 이루지 못한 평범한 회사원이고, 여전히 변화 없이 같은 일상을 반복하고 있다. 아내의 말이 틀렸다고 반박하고 싶었지만, 어떤 면에서는, 아니 모든 면에서 맞는 말이기도 했다.

책을 읽고 변하는 사람은 한 권만 읽은 사람뿐

책을 읽는다고 해서 삶이 극단적으로 달라지지는 않는다. 한때는 나도, 내가 읽은 책이 전부인 줄 알았다. 한 권의 책을 읽고 나서는 하고 싶은 말이 너무 많았고, 토론에서 이기고 싶었고, 내가 아는 것이 진리인 줄 알았다. 또, 책에서 읽은 좋은 글귀들로 나만의 원칙을 세웠고, 그 주관과 원칙을 지키며 살고자 했다.

그러나 같은 분야의 여러 책을 읽다 보니, 또 읽은 책의 권수가 늘어나다 보니, 내가 알고 있는 것들에 대해 이야기하는 것이 부끄러워졌다. 한 가지 관점에 대한 다양한 생각을 곱씹게 되면서, 나는 오히려 말수를 줄일 수밖에 없었다. 이 세상에 '정답'이라는 것은 존재하지 않는다, 내가 옳다고 생각하는 것들이 다른 이들에겐 다를 수도 있다, 내 생각이 존중되어야 한다고 생각하는 만큼 다른 생각들도 존중되어야 한다. 이 '합리적인 상대주의'의 진리성을 느낄 수 있었다.

책을 읽고 달라지는 사람은 한 권의 책만 읽은 사람뿐이다. 한 권의 책에 감동 받아 인생이 바뀌었다고 말하는 사람들은 대개 그 한 권에 머물러 있다. 인도를 여행하는 사람들에 대한 유명한 말도 있지 않은가. "처음 인도를 다녀온 사람들은 블로그를 시작하고, 두 번 인도를 다녀온 사람들은 책을 쓴다. 그러나, 세 번째부터는 아무 말도 하지 않는다."

천 권의 책이 내게 남긴 것

그렇다면 나는 1,752권의 책을 읽으면서 무엇을 얻었을까? 자신있게 내세울 것은 '좋은 책'을 고를 수 있는 안목이다. 무수한 독서 끝에 같은 분야의 여러 책들 중에서 어떤 책이 조금 더 나은 책인지 분별할 수 있는 능력, (읽는 사람에 따라 다르겠지만) '울림'이 있는 책들을 알아보는 능력이 생겼다 자부한다.

서점에 가면 수만 권의 책 중에서 내게 필요한 책, 좋은 책을 직관적으로 찾아낼 수 있다. 목차만 펼쳐도 이 책이 얼마나 탄탄한 구성을 갖추었는지, 저자가 얼마나 성실하게 책을 썼는지가 보인다. 첫 장을 읽으면 끝까지 읽을 가치가 있는지 판단이 선다. 객관적으로 가치 있는 책을 제대로 선별해낼 자신이 있다.

한편으로 내가 책을 계속해서 읽는 이유는 '페이지 넘기기가 아쉬운, 설레는 별 다섯 개의 책'들을 더 찾고 싶어서기도 한데, 그러다 보니 특수한 독자에게 주관적으로 가치 있는 책도 어느 정도 큐레이션할 수 있게 되었다. 이 책은 누군가가 꼭 읽어봤으면 좋겠다는, 일종의 꼬리표를 달 수 있는 것이다. 어떤 책은 20대 청년에게, 어떤 책은 육아맘에게, 어떤 책은 은퇴를 앞둔 사람에게 권하고 싶다.

이는 AI 시대에 더욱 중요한 능력이다. 정보의 홍수 속에서 신뢰할 만한 콘텐츠를 선별하는 능력, 깊이 있는 내용과 피상적인 내용을 구분하는 능력이야말로 바로 천 권의 독서가 준 선물이었다.

천 권의 독서가 준 선물은,
정보의 홍수 속에서 신뢰할 만한 콘텐츠를 선별하는 능력이다.

1,752권의 데이터가 AI를 만나다

그렇게 쌓인 1,752권의 독서 데이터는 이제 AI와 만나 새로운 가치를 만들어내고 있다. 나는 모든 책을 Obsidian에서 메타데이터로 관리한다. 제목, 저자, 장르, 평점, 한줄평, 책속 한구절(1~10개), 출판연도, 읽은연도 등으로 정리된 이 데이터는 Claude와 연계되어 나만의 독서 큐레이터가 되었다.

예전에 함께 사업을 했던 스타트업이 있다. AI 초창기 시절이었다. 책장 사진을 찍어서 올리면 그 책장 속의 책들을 분석하여 맞춤 책을 추천해 주는 서비스를 운영했다. 교보문고 등과 협업했던 것으로 기억하는데, 최근 LLM의 발전으로 이제는 서점 자체 앱이나 밀리의서재 같은 플랫폼에서도 자체적으로 큐레이션이 가능해졌다.

이름	평점	장르	저자	출판연도	한줄평
나 자신으로 살아가기	★★★★★	에세이	임경선	2023	내 이상향이라 할 수 있는 임경선 작가의 최근 에세이. 너무 늦게 읽었나 싶을 정도로, 나와 생...
미묘한 메모의 묘미	★★★★★	에세이	김종혁	2025	메모를 사랑하는 사람으로서, 너무나 좋아할만한 책. 공감되는 부분도 많고, 책으로 소장하고 ...
그렇게 나는 다시 삶을 선택했다	★★★★★	에세이	최지은	2024	우리는 영원히 살 것 처럼 산다. 죽음을 항상 염두해고 살아가야 하는데, 언제 그 죽음이 나를 ...
간소한 삶에 관한 작은 책	★★★★★	에세이	진민영	2024	진민영 작가의 책은 깊이는 없지만, 인생을 깔끔하게 정리해주는 듯한 느낌이 든다. 한 줄기의 ...
실패를 통과하는 일	★★★★★	에세이	박소령	2025	이렇게 진솔하고 솔직하고 적나라한 에세이는 본 적이 없다. 그래서 더 공감이 가고, 마음이 간...
내 인생의 첫 책 쓰기	★★★★★	인문학	오병곤, 홍...	2018	책쓰기에 대한 이 책을 뛰어넘는 책이 있을까 싶을 정도. 어떤 책을 쓰고 싶은지, 내가 왜 책을 ...
기획자의 사전	★★★★★	에세이	정은우	2024	2025년에 읽은 최고의 책. 이렇게 한 페이지 넘길 때마다 하나씩 포스트잇을 붙이고 싶었던 ...
학문의 즐거움	★★★★★	에세이	히로나카 헤...	1992	인생에서의 중요한 대부분을 정리해 주는 책. 내가 왜 공부를 하고, 왜 살아가는지를 조금씩이...
오늘부터 회사에서 AI 합니다	★★★★★	컴퓨터	이활석	2025	단숨에 읽어버린 따끈한 책. AI를 기획하고, 개발하려는 모든 사람들이 읽어야 할 필독서이자 ...

1,752권의 독서 데이터 중 극히 일부

하지만 내가 직접 작성한 1,752권의 독서 데이터는 그 어떤 플랫폼보다도 정확한 추천을 가능하게 한다. 한줄평에 담긴 나의 생각들과 평점을 토대로, AI는 내가 좋아할 만한 책들을 추천해준다. "이 책을 좋아했다면 이 책도 좋아할 거예요." 놀랍도록 정확하다. 15년간의 독서 패턴이 고스란히 축적되다 보니, AI가 나보다 나를 더 잘 아는 것 같을 때도 있다.

특히 흥미로운 것은 AI가 내 독서 패턴에서 발견하는 숨겨진 연결고리들이다. 내가 의식하지 못했던 선호도나 관심 분야의 변화를 AI가 먼저 감지한다. "최근 몇 달간 조직 관리 관련 책을 많이 읽으셨네요. 이런 책은 어떠세요?"라는 식이다. 이렇게 **정확한 추천이 가능한 까닭은, 독서 노트 하나하나가 별도의 문서가 아니라 모두 연결된 시스템인 것은 물론이고, 내 다른 개인, 업무 기록까지도 모두 연결되어 상호 참조가 가능한 세컨드 브레인에 속해 있기 때문이다.** 연결을 통해 양질의 데이터가 진짜 힘을 발휘하는 셈이다.

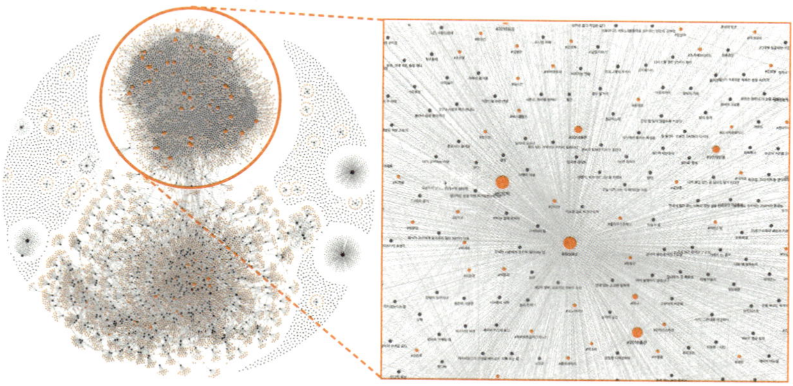

내 세컨드 브레인(왼쪽)에 속한 독서 노트들의 모습(오른쪽)

AI와 함께하는 독서, 축적에서 지혜로

이제 내 독서는 단순한 기록을 넘어 AI와 협업하는 지식 관리 시스템이 되었다. 어떻게 돌아가는지 기능들을 간단히 소개하면 다음과 같다.

- ☑ **상황별 맞춤 추천:** "스트레스가 많은 요즘 위로가 되는 책" "'AI와 건강' 관련 주제로 블로그를 작성하는 데 도움이 될 책"처럼 구체적인 상황에 맞는 책을 추천받을 수 있다.
- ☑ **AI 독서 패턴 분석:** "당신은 실용서를 선호하지만 가끔 소설책을 읽을 때 평점이 더 높아지는 경향이 있어요"와 같은, 나 자신도 몰랐던 독서 성향을 발견하게 된다.

- **지식 연결망 구축:** 서로 다른 분야의 책들 사이에서 공통점이나 연결고리를 찾아주어, 통합적인 사고를 가능하게 한다. "이 경영서의 리더십 개념이 저 심리학책의 내용과 연결됩니다"라는 식의 인사이트를 얻는다.
- **독서 계획 수립 체계화:** 내가 앞으로 어떤 분야를 더 깊이 탐구하면 좋을지, 어떤 순서로 책을 읽으면 효과적일지 AI가 가이드해준다. 내 지식 체계의 빈 공간을 찾아서 채워줄 책들을 제안해주는 것이다.

물론 AI 기반 독서 추천에도 한계는 있다. 내 취향에 치우친 추천으로 독서의 다양성이 줄어들 수 있고, 예상 밖의 만남이 주는 깨달음을 놓칠 수도 있다. 또한 시간이 지나면서 가치를 깨닫게 되는 책들의 미묘한 변화를 데이터로 포착하기는 어렵다.

변화가 아닌 축적, 그것이 진짜 독서의 가치

천 권의 책을 읽고도 나는 분명 변하지 않았다. 하지만 변하지 않은 것이 실패는 아니다. 겉으론 보이지 않을지 몰라도, 천 개의 관점과 천 개의 삶 그리고 세계가 축적되었다. 그것이 내 안의 단단한 토대가 되었다. 누군가와 대화할 때, 문제를 해결할 때, 결정을 내려야 할 때, 그 천 권의 지혜가 조용히 작동한다. 변화가 아닌 축적, 그것이 천 권 이상 독서의 진짜 의미였다.

아내에게는 이렇게 대답하고 싶다. **"맞아, 나는 변하지 않았어. 천 권의 책이 나를 바꾸지는 못했지만, 나를 더 나답게 만들어주었어."**

그리고 이제 AI라는 도구가 그렇게 축적된 지혜를 더욱 효과적으로 활용할 수 있게 해준다. AI는 내가 읽은 책들 사이의 숨겨진 연결고리를 찾아주고, 내가 놓친 인사이트를 발견하게 해주며, 다음에 읽을 책을 현명하게 선택할 수 있도록 돕는다.

책을 읽는 것은 변화를 위한 것이 아니라 축적을 위한 것이다. 앞으로는 AI 덕택에 축적된 독서의 가치를 더욱 풍성하게 활용할 수 있게 되리라는 생각이 든다. 다음 천 권을 향한 여정이 기대되는 이유다.

루틴 체크리스트를 AI가 코칭해준다면

#25

완벽해 보이는 아침의 민낯?

오늘 새벽 5시 20분, 알람보다 10분 일찍 눈이 떠졌다. 21일간 새벽 5시 30분에 일어나는 데 한번 성공했더니, 이제는 크게 힘들이지 않아도 '전날 원하는 시간대에 일어나야지' 하고 잠들기만 하면 나도 모르게 눈이 떠진다. 인간의 몸은 참 신기하다.

내 매일 아침 루틴은 이렇다. 아침 6시 전에 기상한다. 기상하자마자 물 한 잔을 벌컥 마시고, 팔굽혀펴기 10회를 해치우고, 책 1페이지를 읽은 후 감사 일기를 쓴다. Obsidian 일기의 루틴 체크박스 다섯 개를 모두 체크할 때의 뿌듯함은, 아침 출발을 정말 상쾌하게 해준다. "팔굽혀펴기 10회까지 마쳤다. 완벽한 아침이다. 6시 이전에 이것들을 끝내면 된다." 2025년 4월 30일, 내가 Obsidian에 남긴 기록이다.

하지만 그렇게 완벽해 보이던 아침은, Claude에게 내 루틴 기록을 평가해 달라고 했을 때 와장창 박살나고 말았다. "Family, Fitness, Finance, Fine Balance, For Me라고 거창하게 이름 붙여 놨는데, 정작 팔굽혀펴기 10회도 제대로 안 하고 있네요? 체계는 거창한데 실행력은 형편없어요." 내 Obsidian 기록을 본 Claude의 정확한 촌철살인이다. AI는 무자비하다.

AI가 폭로한 루틴의 실상

문제를 찾아야 했다. Claude에게 최근 3개월의 기간을 지정하고, 내 Obsidian 일기의 루틴 체크리스트를 분석해 달라고 다시 요청했다. 결과는 처참했다. 팔굽혀펴기 성공률 68%, 6시 이전 기상 74%, 책 1페이지 읽기 45%, 감사 일기 세 줄 이상 89%. 가장 잘 지킨 것이 '감사 일기 쓰기'였고, 가장 못 지킨 게 '책 읽기'였다. 아이러니하게도 나는 1,721권을 읽은 독서광이면서, 새벽에 책 1페이지 읽기를 절반도 못 지킨 것이다.

더 재미있는 건 실패 패턴의 분석이었다. AI는 내가 핑계로 생각했던 것들을 하나하나 짚어냈다. 실패 TOP 3 핑계들은 "여행 중이라 루틴을 못 했다", "출장이라서 환경이 달랐다", "스트레스 받아서 컨디션이 안 좋았다"였다. 여기까지는 사실 나도 스스로를 진솔히 돌아보면 알아낼 수 있는 것들이다. 하지만 AI는 한층 더 깊이 파고들었다. 같은 상황에서도 루틴을 지킨 날과 못 지킨 날의 차이를 찾아낸 것이다.

"실패의 공통점은 환경이 아니라 전날 밤 늦게 잔 것입니다. 12시 이전 취침을 한 날은 여행 중에도 루틴 성공률이 85%였습니다." 변명의 여지가 없었다.

더 놀라운 건 내가 전혀 의식하지 못했던 패턴들이었다. AI는 내 감사 일기의 감정 톤을 분석했다. 팔굽혀펴기를 완료한 날의 저녁 일기는 평균 긍정지수가 8.2/10이었다. 반면 운동을 빼먹은 날은 6.4/10이었다. 단순한 팔굽혀펴기 10회가 하루 전체의 기분을 좌우하고 있었던 것이다.

단순한 팔굽혀펴기 10회가 하루 전체의 기분을 좌우하고 있었다.

AI 코치의 맞춤형 처방전과 실험

이 분석을 바탕으로 Claude는 나만의 루틴 개선안을 제시했다. 나의 AI 코치는 기존 루틴의 5개 체크박스는 너무 많고, 완벽주의 함정에 빠지기 쉬우며, 상황적 맥락을 무시한다고 지적했다. 그러면서 AI가 제안한 루틴 2.0은 다음과 같았다.

- ☑ 핵심 2개만 남기기 (6시 기상 + 감사 일기)
- ☑ 상황별 적응형 루틴 (집/출장/여행 버전 분리)
- ☑ 감정 연동형 체크 (스트레스 받은 날일수록 운동 우선순위 높이기)

가장 놀라운 점은 이 개선안은 대충 정한 게 아니란 것이다. 내가 『습관의 재발견』 책에서 인용해 독서 노트에 적어둔 "팔굽혀펴기를 딱 한 번만 한다면 어떨까?"라는 구절까지 분석해서 해준, 나에게 딱 맞는 조언이었다. 마치 내가 된 것처럼, 나의 감정과 가치관까지 담아 내 마음에 쏙 드는, 완벽한 제안을 건네는 AI라니…… 호기심이 발동했다.

AI가 제안한 개선안대로 루틴을 변경해 21일간 실험해보기로 했다. 당일 혹은 전 날의 Obsidian 데이터를 Claude와 연동해서 매일 아침마다 피드백을 받았다.

AI 코치는 루틴 실천을 내게만 맡기지 않았다. 1주차에는 "출장이라서 운동 못 했다"는 핑계에 "호텔 방에서도 충분히 가능한 운동입니다. 진짜 이유는 뭔가요?"라는 날카로운 질문을 받았다. 2주차에는 "스트레스 지수가 높은 날일수록 운동을 빼먹는데, 운동한 날의 스트레스 회복속도가 40% 빨랐습니다"라는 데이터를 받았다.

21일 후 결과는 놀라웠다. 루틴 성공률이 68%에서 83%로 올랐다. 더 중요한 건 일기에서 보이는 스트레스 지수가 눈에 띄게 감소했다는 점이었다.

AI vs. 인간 직감의 균형점

하지만 AI가 만능은 아니었다. 아이가 아프거나 가족에게 급한 일이 있을 때는 어떤 루틴보다 가족이 우선이다. 그런 날 팔굽혀펴기를 못해도 나는 전혀 후회하지 않는다. 하지만 AI는 이를 "실패"로 분류했다. 업무에서 성과를 낸 날, 혹은 회의에서 말을 많이 한 날에는 흥분해서 잠이 안 와 늦게 잠드는데, 그 다음날 루틴이 망가지는 건 당연하다. 하지만 이런 맥락적 이해는 AI에게 기대하기 어려웠다.

흥미롭게도 "오늘은 그냥 가족과 시간을 보내자"라고 직감적으로 결정한 날들이 AI 분석상으로도 가장 행복한 날들이었다. 데이터로는 설명 안 되는 인간의 직관적 판단이 때론 더 정확했다.

**AI는 최고의 분석가이긴 하지만,
최고의 감독인 '인간'을 필요로 한다.**

3개월간의 실험을 통해 얻은 핵심 인사이트는 이것이다. AI는 최고의 분석가이긴 하지만, 최고의 감독인 '인간'을 필요로 한다는 것이다. AI는 분명 인간의 눈으로 보지 못하는 패턴을 드러내 내게 보여준다. 하지만 그 패턴을 어떻게 해석하고 삶에 적용할지는 온전히 내 몫이었다.

기록하는 인간과 분석하는 AI의 '케미'

AI는 내가 쌓아온 기록의 가치를 극대화시켜주는 도구다. 나는 2017년부터 매일 써온 일기가 있었기에 AI 분석이 가능했다. 또한 Obsidian 내에 5F 시스템이라는 나만의 프레임워크가 있었기에 AI가 패턴을 찾을 수 있었다. 기록 없는 AI 분석은 불가능하다.

반대로 AI가 없었다면, 모처럼 축적한 내 기록들도 그저 추억 속에 묻혀 있었을 것이다. 3년간 1,095개의 감사 일기를 혼자 분석한다는 건 현실적으로 불가능하다. "기록되지 않는 삶은 나의 삶이 아니다"라는 내 철학이 AI를 만나 새로운 차원으로 진화한 것이다. 이제는 "분석되지 않는 기록은 단순한 추억일 뿐"이라는 철학이 추가됐다.

분석되지 않는 기록은 단순한 추억일 뿐이다.

AI 분석으로 깨달은 또 다른 진실은 루틴이 깨졌을 때의 복구력이 더 중요하다는 것이었다. 하루 실패했다고 포기하지 않고 다음 날 다시 시작하는 자세가 장기적 성공 여부를 좌우했다. "루틴이 무너질 때도 있다. 그럴 때 모든 루틴을 포기하지 말고, 다음 루틴으로 돌아오면 된다." 2025년 8월 1일에 내가 쓴 이 문장이 AI 분석을 통해 데이터로 입증된 것이다.

이제 나는 AI가 분석해준 패턴을 바탕으로 새로운 루틴을 설계하고 있다. 완벽한 체크리스트가 아니라, 지속가능한 행복을 위한 최소한의 안전장치로서의 루틴 말이다. AI는 내가 만든 데이터를 통해 나 자신을 더 깊이 이해하게 해주는 거울이자 세컨드 브레인이 되었다. 그리고 그 거울을 통해 발견한 진실은 단순하고 명쾌해진다. "행복은 거창한 성취가 아니라 매일의 작은 선택들에 있다."

Sleep Cycle 1년, AI가 발견한 나만의 수면 패턴

#42

잠이 보약이라던 할머니 말씀

나는 "잠이 보약"이라는 할머니 말씀을 아직도 기억하는데, 요즘 들어서 그 말을 몸소 체감하고 있다. 예민한 성격 탓에 누가 옆에서 작은 소리만 내도 잠에서 깨버리곤 하는데, 잠을 제대로 자지 못하면 하루 종일 두통에 시달리고 컨디션도 좋지 않다. 그래서 올해 목표 중 하나를 '수면의 질 높이기'로 삼았다. 막연하게 잠을 잘 자겠다고 다짐하기보다는, 데이터를 통해 내 수면 패턴을 정확히 파악하고 개선하고 싶었다.

그렇게 여러 수단을 테스트해 보다가, Sleep Cycle(슬립 사이클) 앱에 정착했다. 이 앱은 사용자의 수면 패턴을 추적하여, 가장 얕은 잠 상태(렘 수면)일 때 깨워주는 스마트 알람 시계다. 스마트폰 마이크나 가속도 센서를 이용해 수면 중 움직임과 소리를 분석하여 수면 단계를 모니터링하며, 설정한 알람 시간 전 30분 이내에 최적의 시점에 깨워 피로감을 줄이고 상쾌한 아침을 맞이할 수 있도록 돕는다. iOS, 안드로이드 모두 이용 가능하다.

10년 전만 해도 전문기관을 찾아가지 않고서야, 수면을 데이터로 분석한다는 것은 상상도 못했을 일이다. 이제는 할머니의 경험담이 스마트폰 속 알고리즘으로 증명되는 시대가 됐다. 잠이 정말 보약이라는 것을, 매일 아침 받아보는 수면 점수로 확인할 수 있게 된 것이다.

이제는 할머니의 경험담이
스마트폰 속 알고리즘으로 증명되는 시대가 됐다.

데이터로 드러난 나만의 수면 패턴과 문제점들

Sleep Cycle 앱을 통해 나는 그날 잠들기 직전, 어떤 일을 했으며 현재 무슨 상태인지를 입력한다. 음주 여부, 피로 정도, 운동 시간과 강도, 스트레스 수준 등을 체크할 수 있다. 처음에는 화면을 누르는 것조차 번거롭다고 생각했지만, 몇 달 쓰다 보니 이런 기록들이 얼마나 중요한지 깨달았다. 내가 하루 동안 어떤 활동을 했는지, 어떤 감정 상태였는지가 그날 밤 수면의 질을 좌우한다는 것을 데이터로 확인할 수 있었기 때문이다.

다음날 아침, 부드러운 톡톡 소리에 잠을 깨면 예전보다 훨씬 상쾌한 아침을 맞을 수 있다. 자체 앱에서 내가 어떤 날에 잠을 잘 잤는지, 어떤 날에는 무슨 이유로 숙면하지 못했는지 점수로써 알려준다. 수면 점수가 높을 때와 낮을 때의 차이는 확연했다. 높을 때는 하루 종일 컨디션이 좋고 집중력도 뛰어났지만, 낮을 때는 오전 내내 머리가 무겁고 업무 효율도 현저히 떨어졌다.

내가 막연히 짐작하거나 예측했던 패턴이 실제로 존재함이 데이터로 정확히 증명되어 매우 흥미로웠다. 나는 보통 중요한 날 전날에는 숙면하지 못한다. 발표가 있는 날, 중요한 회의가 있는 날, 보고가 있는 날 전날의 수면 점수? 항상 낮았다. 반면 주말이나 휴일에는 잠을 참 잘 잤다. 스트레스가 수면에 미치는 영향을 숫자로 확인하게 되니, 스트레스 관리에 대한 동기부여도 강해졌다. (물론, 나처럼 이렇게 예민한 사람은 스트레스 관리가 쉽지만은 않다.)

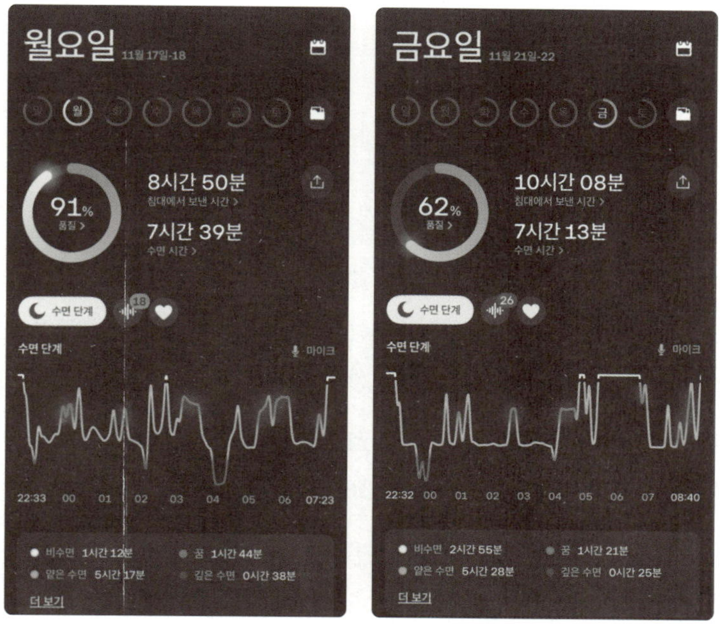

수면 점수 높은 날 vs. 수면 점수 낮은 날 비교

또 하나 인상적이었던 것은 운동과 수면의 상관관계였다. 적당한 강도의 운동을 한 날에는 확실히 수면 점수가 높았고, 특히 1만 보 이상 걸은 날은 대부분 수면 점수가 높았다. 반대로 하루 종일 앉아만 있었던 날에는 잠들기까지 오래 걸리고 중간에 자주 깨는 경향이 있었다. 술을 마신 날에는 잠들기는 빨랐지만 깊은 잠에 들지 못해 전체적인 수면의 질이 떨어진다는 것도 데이터로 명확히 확인할 수 있었다.

운동이나 음주야 바로 조정하면 되지만, 원인이 다소 불분명하면서 수면의 질에 영향을 크게 미치는 패턴이 하나 있다. 바로 새벽 2~3시에 자주 깨는 패턴이다. 대개 스트레스나 음주로 인한 일시적 증상 혹은 나이가 들면서 생기는 자연스러운 현상으로 분석되지만, 여전히 개선이 필요한 문제다.

빛 관리와 생활습관 개선

Sleep Cycle에서는 자체 LLM을 통해 수면 개선 방안을 제안해준다. 나 역시 수면 개선 방법을 적용해 수면의 질을 높이고자 했다. 여러 제안 중 가장 효과적이었던 것은 '빛 관리'였다. 아침에는 일어나자마자 햇빛에 노출함으로써 생체시계를 동기화하고, 저녁에는 취침 1~2시간 전부터 조명을 관리한다. 천장 조명을 끄고 적색등을 사용하며, 스마트폰 블루라이트를 차단하는 것이다. 마지막에는 이북리더기로 돌아와서 책을 읽다 잠든다.

생활습관에서도 몇 가지 개선 포인트를 발견했다. 카페인은 오전에만 섭취하고, 취침 3시간 전부터는 금식을 하며, 수면 환경은 나에게 맞는 온도와 습도로 조절한다. 수면안대와 귀마개 활용으로 빛과 소음 역시 원천적으로 차단해보았다.

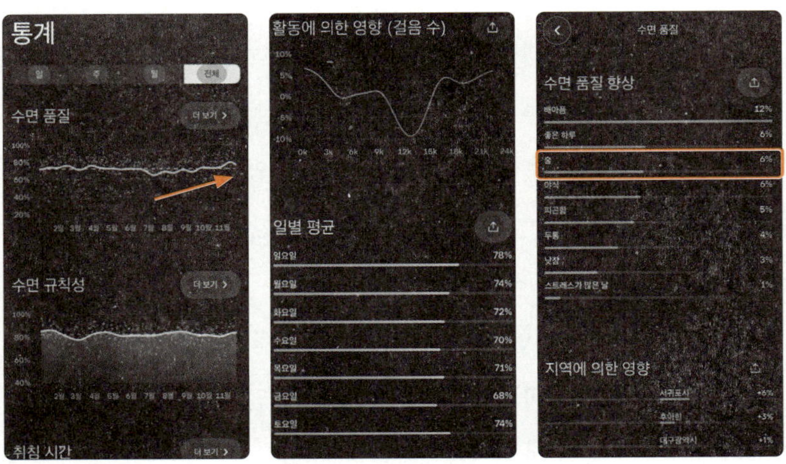

수면 품질 개선 노력에 따른 데이터의 변화

이렇게 하나씩 적용해보면서 Sleep Cycle 데이터의 변화를 관찰했다. 특히 빛 관리를 시작한 후 잠들기까지 걸리는 시간이 현저히 줄어들었고, 카페인 섭취 시간을 오전으로 제한한 후에는 중간에 깨는 횟수가 줄어들었다. 이런 변화들이 데이터로 확인되니 개선 노력을 지속할 동기부여가 훨씬 강해졌다.

매슈 워커(Matthew Walker)의 '9시간 수면론'에 대해서는 개인적으로 다른 견해를 갖게 됐다. 책에서는 9시간을 권장하지만, 내 Sleep Cycle 데이터를 보면 7시간 정도가 가장 최적이었고, 9시간을 자면 오히려 더 피곤함을 느꼈다. 이런 개인차를 인정하는 것이 중요하다.

AI와 수면 데이터의 만남

여기서 한 단계 더 나아가서, 이 앱의 데이터를 Claude와 MCP로 연계된 Obsidian과 연결해보았다. 그러자 내가 그날 어떤 활동을 하고 어떤 일을 겪었는지가 내 수면 점수에 정확히 어떻게 영향을 미쳤는지, 아주 상세한 분석 결과를 얻을 수 있었다.

예를 들어 Obsidian에 기록한 일기나 업무 노트와 Sleep Cycle의 수면 데이터를 매칭해서 분석하면, "오늘 프레젠테이션 준비로 스트레스를 많이 받아, 수면 점수가 평소보다 20% 낮았다"거나 "주말에 가족과의 시간으로 기분이 좋았던 날, 수면의 질이 평소보다 높았다"는 식의 개인화된 인사이트를 얻을 수 있다.

이런 분석이 가능해지면, 단순히 수면 패턴을 아는 것을 넘어서서 내 감정 상태, 업무 스트레스, 인간관계 등이 건강에 미치는 영향을 정량적으로 파악할 수 있다. AI는 곧바로 내 개인 건강 코치가 된다. Claude가 내 수면 데이터와 일상 기록을 종합해서 "최근 일주일간 업무 스트레스가 높아지면서 수면의 질이 떨어지고 있습니다. 내일은 일찍 퇴근해서 가벼운 산책을 해보시는 것이 어떨까요?"라며 맞춤형 조언을 해줄 수 있다면 정말 유용할 것이다.

여기에 한 가지를 더해보자. Sleep Cycle의 수면 데이터와 iPhone 건강 앱의 활동 데이터를 종합하면, 하루 전체의 건강 상태 변화를 360도로 파악할 수 있다. "1만 보를 걸은 날에는 수면의 질이 좋았다", "강도 높은 운동을 한 날에는 깊은 잠에 더 빨리 들었다", "심박수가 평소보다 높았던 날에는 잠들기까지 시간이 오래 걸렸다"는 식의 상관관계를 발견할 수 있을 것이다.

데이터 품질의 함정과 현실적 한계들

다만 노트 분석이나 일기 분석에서도 그랬듯 여기에도 역시 전제 조건이 존재한다. 내 스스로가 데이터를 정확하게, 성실하게 기록해야 한다. 내가 기록을 제대로 해놓지 않으면, 이런 데이터들은 쓰레기 데이터가 된다. 데이터 사이언스에서 말하는 "Garbage In, Garbage Out"의 원칙이다.

Sleep Cycle을 몇 달 써보면서 느낀 것은, 처음 며칠은 성실하게 기록하다가도 시간이 지나면서 대충 기록하거나 아예 건너뛰는 경우가 생긴다는 것이다. 특히 피곤하거나 바쁜 날일수록 기록을 소홀히 하게 되는데, 정작 그런 날의 데이터가 가장 중요할 수 있다. 스트레스가 많고 컨디션이 안 좋을 때의 패턴을 파악해야 개선 방안을 찾을 수 있는데, 정작 그런 날에는 앱 사용조차 잊어버리는 아이러니가 있다.

Sleep Cycle과 애플 워치 데이터 간에도 차이가 있다. 사운드 기반 측정과 센서 기반 측정의 한계 때문이다. 어떤 날은 스마트폰의 점수와 애플 워치의 점수가 다르기도 했다. 완벽한 데이터 수집은 여전히 과제다. 하지만 중요한 것은 완벽한 데이터가 아니라 일관된 패턴 파악이다.

AI 시대의 개인 건강관리, 새로운 가능성들

AI와 함께 건강 관리 역시 진보와 발전을 거듭해 나갈 것으로 생각된다. 앞으로는 훨씬 더 정교하고 개인화된 건강 관리 시스템이 등장할 것이다. 개인 건강 데이터와 AI의 결합은 이제 시작 단계다. Sleep Cycle 같은 앱들은 그 출발점일 뿐이다. 지금 Sleep Cycle 하나만 써도 많은 인사이트를 얻을 수 있는데, 얼마나 더 고도화된 건강 관리가 가능할지 적잖이 기대된다.

다만 늘 명심해야 할 점이 있다. 이런 기술은 언제나 어떻게 현명하게 활용하느냐가 관건이다. 데이터에만 의존하지 말고, 내 몸의 신호에도 귀를 기울이면서 기술과 인간이 조화롭게 공존하는 건강관리 방식을 찾아가야 할 것이다. 할머니의 "잠이 보약"이라는 말씀이 첨단 기술로 증명되는 시대지만, 결국 그 기술을 활용하는 것도 우리 자신의 몫이다.

기술은 도구일 뿐, 건강한 생활을 만들어가는 주체는 여전히 우리 자신이라는 점을 잊지 말아야 한다.

3년 감사 일기 분석, AI가 발견한 나의 행복 패턴

#24

3년간의 기록, AI 분석대에 오르다

여러 번 밝혔듯 나는 어릴 때부터 일기를 써왔고, 2022년부터는 H=5F 시스템에 맞춰 독특한 감사 일기를 써왔다. Family(가족), Fitness(건강), Finance(재정), Fine Balance(균형), For Me(나를 위한 것), 행복에 이르는 이 다섯 영역으로 매일의 경험을 정리해왔다.

아침에는 전날의 기억과 오늘의 각오를, 저녁에는 하루의 성찰을 적는다. 그리고 항상 Obsidian을 띄워놓고, 시간마다 내 감정의 변동을 기록한다. 처음엔 늘 하던 대로의 단순한 일기였다. 하지만 3년이 지나고 나니 방대한 개인 데이터베이스가 되어 있었다.

이 데이터베이스를 활용할 방법을 고민하던 와중 하루는 LLM을 통한 감정분석을 주 사업 영역으로 하는 AI 스타트업 대표와 이야기를 나누게 되었다. 내가 작성한 문장과 단어의 맥락을 파악해 긍정, 부정, 중립을 판별함은 물론 복잡한 감정 또한 세밀하게 분류가 가능하다는 사실을 알았다. 또한 일기의 반복적 패턴이나 핵심 주제까지 인식이 가능하다고 했다.

나는 기록과 데이터가 충분한 내 Obsidian을 활용해서 그 이야기를 시험해보기로 했다. Claude에게 3년간의 5F 감사 일기를 분석해 달라고 했다. 결과는 예상을 뛰어넘었다.

AI가 발견한 나의 행복 영역

AI 분석 결과 나타난 행복도 순위는 내 예상과 완전히 달랐다. 나는 For Me가 1위고, Finance가 2위일 거라 예상했다. 업무 성취가 주는 자부심과 재정 안정이 주는 안도감, 이 두 가지가 40대 가장의 행복을 지배한다고 생각했기 때문이다. Family는…… 당연히 중요하지만, 일상적이어서 오히려 순위는 낮을 줄 알았다.

그런데 막상 결과를 보니 Family가 85%의 긍정률로 1위를 차지했고, For Me가 78%로 2위였다. Fine Balance가 65%, Finance가 58%, Fitness가 52%로 뒤를 이었다.

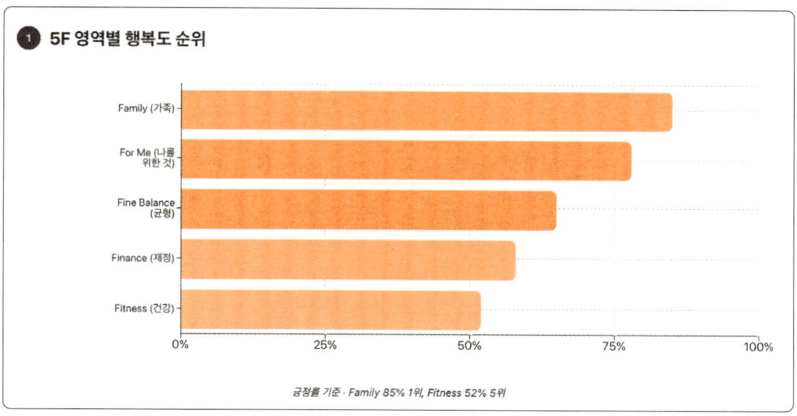

3년간의 감사 일기 분석 결과 그래프

Family 영역의 수치가 가장 놀라웠다. "아이와 같이 Claude로 게임을 만드는 재미. 아이가 얼마나 신나하는지.. 정말 귀엽고 사랑스러운 녀석이다"라고 적힌 날의 행복 지수는 9.8/10이었다. 7살 딸과 보내는 시간이 그 어떤 성취보다 큰 행복을 주고 있었던 것이다.

"아이와 누워 있는 시간이 너무 행복하다", "아내가 하자는 대로 해서 실패하는 경우가 거의 없다", "가족과 함께하는 하루하루를 소중히 생각하자"까지. 이런 평범한 일상의 기록들이야말로 진정한 행복의 원천이었다. 데이터는 거짓말하지 않았다.

예상을 뒤엎은 패턴들과 숨겨진 진실

더 재미있었던 건 예상 밖의 패턴들이었다. '운동 vs. 가족시간'의 역설이 대표적이다. 나는 운동을 제대로 한 날이 대체적으로 행복할 줄 알았다. 하지만 AI가 객관적으로 분석해주었다. "루틴에서 운동을 못 한 날도 가족과 시간을 보낸 날은 전체적 만족도가 높습니다." 팔굽혀펴기 10회보다 딸아이와의 5분 대화가 더 큰 행복 요인이었던 것이다.

돈 걱정의 착각도 마찬가지였다. Finance 영역에서 "투자 손실로 걱정"이라고 적힌 날들을 분석해봤더니, 놀랍게도 그런 날들도 다른 영역에서 긍정적 요소가 있으면 전체 행복도는 크게 떨어지지 않았다. 하룻밤 새 한 종목이 7천만 원에서 6천만 원으로 급락하여 1천만 원이 증발했던 날에도 "그래도 가족이 있어 행복하다"고 적혀 있었다.

AI 도구와 자신감의 상관관계도 흥미로웠다. "Claude 없이 이게 가능했을까"라는 표현이 나온 날들을 추적해보니, 자신감 지수가 평균 23% 상승했다. AI 도구를 활용해 업무를 해냈을 때의 성취감이 상당했던 것이다. 어문학도가 AI 시대에 새로운 영역에서 성취를 느끼는 패턴이 명확하게 드러났다.

시간의 흐름이 보여준 인생의 변곡점

AI는 시간의 흐름에 따른 패턴도 발견했다. 2024년 2월 승진하여 수석이 되었을 때, 2025년 7월 신규 사업을 기획해서 18억 원이라는 예산 확보를 성공시켰을 때 For Me 지수가 급상승했다. "어문학도가 에이전트 AI 시대에 걸맞는 AI 신규 사업을 기획하게 된 스토리"라는 성취감이 데이터에 고스란히 드러났다.

방콕 여행을 계획한 달에는 Fine Balance가 최고치를 기록했다. "이틀 후면 방콕으로 떠나지 않는가! 기다림의 설렘을 안고"라는 표현에서 보듯, 기대감 자체가 행복 요인이었다. 팀장 업무로 스트레스 받는 시기에는 Family 영역이 완충 역할을 했다. "회사일이 아무리 힘들어도 아이가 있어서 버틸 수 있다"는 패턴이 반복됐다.

흥미로운 건 계절별 패턴도 있었다는 점이다. 겨울철에는 Finance 걱정이 증가하는 반면, 여름 휴가철에는 Fine Balance 지수가 상승했다. 이런 세세한 패턴까지 AI가 잡아낸 것이 놀라웠다.

루틴의 힘과 적절한 완성도의 지혜

루틴 체크리스트와 행복도의 상관계수는 0.72였다. 특히 "일어나자마자 일기 세 줄 이상 쓰기"를 달성한 날은 자기성찰의 깊이가 2배 증가했다. 단순해 보이는 루틴의 성공들이 실제로는 행복의 기반이 되고 있었던 것이다.

하지만 완벽한 루틴 달성보다는 '적절한 완성도'가 중요했다. 100% 달성한 날보다 70~80% 달성하면서도 가족과 시간을 보낸 날이 더 행복했다. 완벽을 추구하기보다는 균형을 잡는 것이 지속가능한 행복의 비결이었다.

이 모든 분석을 종합하여, AI가 제시한 나만의 행복 공식은 이러했다.

최적 행복 공식 =
가족시간(40%) + AI 도구 활용(25%) + 적절한 도전(20%)
+ 건강관리(10%) + 재정안정(5%)

예상과 달리 내 행복에서 재정은 겨우 5%만 자리를 차지했다. 반면 가족시간은 40%나 차지했다. 이 수치는 내가 진짜 소중히 여기는 것이 무엇인지 객관적으로 보여주었다.

데이터가 증명한 행복 설계의 가능성

3년간의 데이터 분석을 통해 깨달은 것은 의외로 단순했다. 행복은 거창한 성취나 많은 돈에서 오는 것이 아니었다. AI가 내 삶을 분석해준 덕분에 다시 한번 깨닫는다. 행복 역시 AI에 의해 측정 가능하고, 패턴이 있으며, 무엇보다 의식적으로 설계할 수 있다는 것이다.

이제 나는 AI가 분석해준 패턴을 바탕으로, AI와 함께 더 의도적으로 행복한 삶을 설계해보려 한다. 가족과의 시간을 늘리고, AI 도구를 적극 활용하며, 적절한 도전을 추구하는 것. 그것이 데이터가 증명한 나의 행복 레시피였다.

나에 대한 모든 기록 3년이 가져다준 가장 큰 선물은, 내가 어떤 사람인지 조금씩 알게 되는 것 아닐까. AI는 단순히 업무를 돕는 도구를 넘어, 나 자신을 더 깊이 이해하게 해주는 거울이 되고 있었다. 이 거울을 잘 바라보면서, 앞으로도 계속 기록하고, 분석하고, 성장해 나가는 여정을 이어갈 것이다.

AI가 제안하는 투자 포트폴리오 재구성

#71

767% 수익률의 명암, AI가 본 내 투자의 실체

경제적 자유 실현을 목표로, 나는 매일 적립식 투자를 한다. 용돈 포함 부수입의 전부를 투자하면서, 절대 팔지 않고 모아가고 있다. 2025년 9월 6일 기준, 내 투자 포트폴리오는 2020년 대비 767% 수익률(누적)을 기록했다. 하지만 이 숫자에 취해 있을 수만은 없었다. 진짜 문제는 따로 있었기 때문이다.

문제를 인지한 것은 어느 날 점심시간이었다. 한 선배가 내 투자 수익률을 듣고 부러워하면서도 이렇게 물었다. "그런데 혹시 내일 반토막 나도 괜찮아?" 농담처럼 던진 질문이었지만, 그 순간 등골이 서늘해졌다. 7살 딸아이의 교육비, 노후 자금…… 767%라는 숫자 뒤에 숨겨진 불안정성이 비로소 보이기 시작했다.

AI에게 내 전체 투자 현황을 분석해 달라고 요청했다. 13개 계좌에 분산된 투자 내역, 암호화폐부터 미국 주식, ETF까지 모든 데이터를 입력했다. 처음에는 API로 끌어오려 했으나, 계좌가 너무 분산되어 있어 번거로운 까닭에 수작업으로 입력해야만 했다.

251120_종목별 투자현황

구분	종목명	티커	증권사	투자 키워드	2025-11-20	2025-10-09	2025-09-23	2025-08-29	2025-07-
1	비트코인	BTC	업비트	가상화폐	₩8,555,263	₩11,185,456	₩10,001,028	₩13,917,494	₩14,358,
2	쿠팡	CPNG	키움	이커머스	₩6,406,856	₩9,926,840	₩9,870,080	₩14,142,393	₩15,092,
3	엔비디아	NVDA	하나	AI반도체	₩5,363,736	₩4,990,284	₩4,690,694	₩4,067,104	₩3,820,3
4	알리바바(ADR)	BABA	키움	중국테크	₩4,216,536	₩4,508,172	₩4,682,793	₩3,413,744	₩2,988,8
5	팔란티어 테크	PLTR	한투	AI데이터	₩3,157,977	₩3,168,980	₩2,813,912	₩2,022,178	₩1,902,4
6	테슬라	TSLA	토스	전기차	₩2,929,543	₩2,923,338	₩2,785,232	₩2,187,198	₩2,035,2
7	도지코인	DOGE	업비트	가상화폐	₩2,383,635	₩3,713,560	₩3,519,186	₩3,316,406	₩3,885,2
8	이더리움	ETH	업비트	가상화폐	₩2,151,758	₩3,059,896	₩2,850,399	₩3,081,085	₩2,495,5
9	AST스페이스	ASTS	토스	우주통신	₩2,064,697	₩2,596,745	₩1,378,268	-	-
10	AMD	AMD	토스	반도체	₩1,804,102	₩1,724,651	₩1,120,247	-	-
11	조비 에비에이션	JOBY	토스	UAM	₩1,605,105	₩1,855,553	₩1,643,383	₩1,452,022	₩1,629,3
12	아마존닷컴	AMZN	한투	클라우드	₩1,479,368	₩1,367,326	₩1,366,726	₩1,362,649	₩1,317,16
13	인튜이티브서지컬	ISRG	토스	의료로봇	₩1,370,730	₩1,008,107	-	-	-
14	TSMC(ADR)	TSMC	토스	반도체	₩1,341,985	₩1,325,344	₩1,164,662	-	-
15	넥스테라에너지	NEE	토스	신재생에너지	₩1,338,164	₩1,246,442	₩1,055,741	-	-
16	애플	AAPL	미래	빅테크	₩1,287,891	₩1,149,285	₩1,126,783	₩732,350	₩644,60
17	ISHARES MSCI INDIA	INDA	한투	인도ETF	₩1,265,837	₩1,136,471	₩1,126,750	₩868,508	₩873,34
18	트랜스메딕스그룹	TDMX	토스	의료기기	₩1,257,767	₩996,790	-	-	-
19	ISHARES PHLX SEMICONDUCTOR	SOXX	한투	반도체ETF	₩1,255,630	₩1,176,880	₩1,066,149	₩772,646	₩720,775
20	금	XAU/USD	토스	안전자산	₩1,249,839	₩1,265,028	₩1,093,531	₩987,215	₩979,621
21	GLOBAL X AUTONOMOUS & ELECTRIC VEHICLES	DRIV	토스	전기차ETF	₩1,202,231	₩1,131,953	₩1,073,242	₩894,286	₩817,977

0개 백링크 715개 단어 11,419개 문자

실제 AI에 입력한 종목별 투자현황 데이터

그리고 감정적 판단 없이 순수하게 데이터만으로 내 포트폴리오를 평가해 달라고 했다. Claude의 분석 결과는 충격적이었다. "A- 등급의 우수한 포트폴리오지만 치명적인 약점이 있다." 767% 수익률이라는 성과는 인정하지만, 구조적으로 큰 위험을 안고 있다는 진단이었다.

가장 큰 문제는 집중도 리스크였다. 쿠팡 20.1%, 비트코인 19.5%로 상위 2개 종목이 전체의 40%를 차지했다. 상위 5개 종목이 55.9%에 달했다. AI는 이를 "운 좋게 성공한 고위험 구조"라고 평가했다. 지금까지는 잘됐지만 언제든 큰 타격을 받을 수 있는 취약한 구조라는 것이었다.

두 번째 문제는 13개 계좌라는 과도한 분산이었다. 나는 나름 분산투자를 한다고 했던 것인데, 알고 보니 관리의 복잡성만 키운 비효율적 구조였다. 수수료 중복, 리밸런싱의 어려움 등 실질적인 손해를 보고 있다는 분석이었다.

내 투자 스타일의 강점과 약점

종목 현황은 그렇고, 나의 투자 스타일은 어떨까? Claude는 내 5년간의 투자 패턴을 분석해 명확한 강점과 약점을 제시했다. 가장 큰 강점으로는 "트렌드 포착 능력"을 꼽았다. AI와 테크 분야의 NVIDIA, 팔란티어, 전기차의 테슬라, 이커머스의 쿠팡, 암호화폐의 비트코인 등 미래 산업의 핵심 종목들을 조기에 포착했다는 평가였다.

두 번째 강점은 "장기 투자 관점"이었다. 누적식이긴 하지만, 5년간 연평균 53% 수익률을 달성하며 S&P 500을 크게 아웃퍼폼했다는 것이다. 단기적 변동성에 흔들리지 않고 장기적 관점을 유지한 것이 성공 요인이라고 분석했다.

반면 약점도 명확했다. 첫 번째는 "과도한 집중투자"였다. 좋은 종목을 찾는 능력은 뛰어나지만 적절한 분산을 하지 못한다는 것이었다. 두 번째는 "감정적 투자 결정"이었다. 암호화폐 29.4%라는 비중은 합리적 자산배분보다는 감정적 판단에 의한 것이라고 지적했다.

특히 흥미로웠던 것은 AI가 내 투자 성향을 "공격적 성장 추구형"으로 분류한 점이었다. 41세라는 나이에 비해 과도하게 공격적인 포트폴리오를 구성하고 있다는 분석이었다. 안정성 자산이 거의 없어 시장 충격에 매우 취약하다고 경고했다.

41세 투자자를 위한 포트폴리오 재설계와 맞춤형 투자 전략

나는 AI의 분석을 겸허히 받아들이고, 이를 바탕으로 구체적인 개선 방향을 도출했다. 핵심은 "성장성을 유지하면서 안정성을 확보하는 것"이었다.

767% 수익률을 달성한 투자 능력은 인정하되, 구조적 위험을 줄이는 방향이었다.

- **집중도 해소:** 쿠팡을 20%에서 15%로, 암호화폐를 29%에서 25%로 줄이기로 했다.
- **계좌 통합:** 13개에서 4개로 줄여 관리 효율성을 높이기로 했다. AI는 키움증권, 토스증권, 한국투자증권, 업비트만 남기고 나머지는 정리하는 것을 추천했다.
- **지역별 분산 강화:** 현재 포트폴리오는 미국 55%, 중국 8.5%, 인도 2.9%로 구성되어 있다. VWO, EEM, VGK 등의 ETF를 통해 동남아시아, 유럽 등으로 글로벌 분산을 강화하기로 했다.

AI는 이런 조정이 단기적으로는 수익률을 다소 낮출 수 있지만, 장기적으로는 더 안정적이고 지속가능한 성과를 가져올 것이라고 예측했다.

아울러 AI가 특별히 강조한 부분은 나이에 맞는 투자 전략이었다. 41세라는 나이를 고려할 때 현재의 포트폴리오는 너무 공격적이다. 그러나 완전히 보수적으로 갈 필요는 없고, "공격적 성장 + 리스크 관리"의 균형점을 찾아야 한다고 조언했다.

구체적으로는 성장주 비중을 40%로 유지하되, 안정성 자산을 15% 정도 확보하라고 했다. 배당주 ETF인 VYM, SCHD, 장기 국채 ETF인 TLT, 리츠 ETF인 VNQ 등을 제안했다.

또한 자녀 교육비 준비를 위한 별도 자산 적립을 권했다. 현재의 고위험 포트폴리오와는 별개로 안정적인 자산을 꾸준히 쌓아가라는 조언이었다.

흥미로웠던 것은 AI가 내 투자 패턴을 분석해 "감정적 투자를 줄이기 위한 시스템"을 제안한 점이었다. 분기별 리밸런싱, 월 정액 투자, 개별 종목

-20% 손절 규칙 등 기계적인 기준을 만들어 감정적 판단을 배제하라는 것이었다.

4주 단위 실행 계획과 AI 모니터링

AI는 단순히 전략만 제시하는 것이 아니라 구체적인 실행 계획까지 수립해 주었다. 4주에 걸쳐 단계적으로 포트폴리오를 조정하는 방안이었다. 각 단계마다 명확한 목표와 실행 기준을 정했다. 감정적 판단이 개입할 여지를 최소화한 체계적 접근이었다. 구체적으로는 다음 그림과 같다.

AI가 제안한 단계적 포트폴리오 조정안

가장 인상적이었던 것은 AI를 지속적인 모니터링 도구로 활용하라는 제안이었다. 이를 수용하여 매월 포트폴리오 현황을 AI에게 보고하고 피드백을 받기로 했다. 시장 상황 변화, 새로운 투자 기회, 리밸런싱 필요성 등을 나 혼자 판단하지 않고, 정기적으로 데이터에 기반해 점검하게 되었다.

AI 투자 코치와의 새로운 투자 여정

돌이켜보면, 그때 767% 수익률이라는 성과에 안주하지 않고 AI의 객관적 분석을 받아보기로 한 결정은 실로 내 삶의 전환점이었다. 감정과 직감에 의존했던 투자에서 데이터와 시스템에 기반한 투자로 진화하는 계기가 되었기 때문이다.

감정과 직감에 의존했던 투자를
데이터와 시스템에 기반한 투자로 진화시킬 때다.

AI 투자 코치의 가장 큰 장점은 감정에 휘둘리지 않는다는 것이다. 시장이 급등하거나 급락해도 일관된 기준으로 조언해준다. 내가 놓치는 리스크를 객관적으로 지적해주고, 개선 방향을 구체적으로 제시해준다. 앞으로는 매월 포트폴리오를 AI 투자 코치에게 분석받고, 분기별로 리밸런싱을 실행할 계획이다. 감정적 투자 결정을 줄이고, 체계적이고 지속가능한 투자를 추구하려고 한다.

과거의 성과는 인정하되, 앞으로의 투자는 더 안정적이고 균형 잡힌 방향으로 진화시켜 나갈 것이다. AI라는 객관적 조언자와 함께라면 감정의 함정에 빠지지 않고 장기적인 자산 증식을 이어갈 수 있을 것이라고 확신한다.

AI와 함께 적립식 투자로 굴리는 자산 스노우볼 #35

자동모으기의 스노우볼 효과

자동모으기의 핵심은 복리와 시간의 마법이다. 매일 정해진 시간에 자동으로 소수점 단위 투자가 실행되면서 느끼는 점은 "작은 물방울이 모여 바다가 된다"는 것이다. 처음에는 하루에 투자되는 금액이 미미해 보였지만, 몇 개월이 지나니 상당한 규모가 되었다.

AI가 계산해준 바에 따르면, 현재 자동모으기 시스템으로 연간 약 1,200만 원의 투자금이 들어간다. 이는 월 100만 원 수준으로, 급여 생활자에게는 부담스럽지 않으면서도 의미 있는 금액이다.

더 도움이 되는 것은 자동모으기의 심리적 효과다. 시장이 급등하거나 급락해도 시스템이 일정한 리듬을 유지한다. 하락장에서는 더 많은 주식을 자동으로 사게 되고, 상승장에서는 소수점까지 정확히 투자되는 구조가 자연스럽게 만들어진다. 자동모으기를 통해 투자하다 보면 시장 타이밍을 맞추려는 욕심이나 단기적 변동성에 흔들리는 일이 전혀 없다. 실제로 몇 번의 급락장을 겪으면서도 시스템이 꾸준히 투자를 지속했던 것은 자동화의 가장 큰 장점이었다. AI는 이런 방식을 "완전한 감정 배제 시스템"이라고 명명했다.

AI가 설계한 30개 종목 자동모으기 시스템

내게도 매일 자동으로 돌아가는 투자 시스템이 있다. 현재 5개 증권사의 자동모으기 기능을 통해 총 30개 종목에 소수점 단위로 투자가 실행된다. 쿠팡, NVIDIA, 테슬라부터 각종 ETF까지, 미국과 한국, 인도, 중국을 아우르는 글로벌 포트폴리오가 매일 조금씩 쌓여간다.

이 포트폴리오는 내가 혼자 만든 것이 아니다. AI와 함께 수개월에 걸쳐 설계한 결과물이다. 처음에는 이 자동모으기 기능에 막연히 "물린 주식", "좋다는 주식"들을 모아놨었는데, Claude에게 체계적인 분석을 요청하면서 완전히 새로운 관점을 얻게 되었다.

100_Project(프로젝트) / 130_Finance_Project / 132_투자 현황 / 250908_claude_적립식 투자 현황 분석

구분	종목 (티커)	증권사	수익률 (%)	투자 키워드	우선순위	비고
1	쿠팡 (CPNG)	토스	6.1	이커머스, 로켓배송, 한국시장, 물류혁신	★★★	한국 이커머스 독점 지위, 지속적 성장
2	엔비디아 (NVDA)	삼성	127.6	AI칩, GPU, 데이터센터, 머신러닝	★★★	AI 칩 독점적 지위, GPU 시장 지배
3	GRT (900290)	토스	21.7	정밀필름, 광학소재, OLED, MLCC, 중국제조업	★	소규모 중국 기업 리스크, 제한적 성장성
4	알리바바 (BABA)	토스	32.2	중국이커머스, 클라우드, 핀테크, 알리페이	★	중국 규제 리스크, 성장 둔화 우려
5	팔란티어 테크놀로지스 (PLTR)	한투	406.2	빅데이터분석, AI플랫폼, 정부계약, 기업솔루션	★★	정부 계약 기반 안정성, AI 플랫폼
6	테슬라 (TSLA)	토스	53.4	전기차, 자율주행, 에너지저장, FSD	★★★	전기차 선도기업, FSD 기술 우위
7	조비항공 (JOBY)	토스	173.9	UAM, 전기항공기, eVTOL, 미래교통	★	UAM 상용화 시기 불확실, 초기 기업 리스크
8	아마존닷컴 (AMZN)	한투	48.9	이커머스, AWS, 클라우드, 프라임	★★★	AWS 클라우드 1위, 이커머스 플랫폼 독점
9	뱅가드 미국 중형 성장주 ETF (VOT)	한투	30.4	중형주, 성장주, 밸류에이션, 다변화	★	중형주 상대적 매력도 낮음, 애매한 포지션
10	마이크로소프트 (MSFT)	KB	24.6	AI, 클라우드, 오피스365, 애저	★★★	AI + 클라우드 리더, 오픈AI 파트너십
11	아이셰어즈 MSCI 중국 ETF (MCHI)	한투	26.8	중국경제, 신흥시장, 제조업, 소비재	★	중국 경제 불확실성, 지정학적 리스크
12	EQT (EQT)	토스	37.3	천연가스, 셰일가스, 에너지, 파이프라인	★★	천연가스 대형사, 에너지 전환기 수혜
13	글로벌엑스 자율주행&전기차 ETF (DRIV)	한투	7.2	자율주행, 전기차, 배터리, 모빌리티	★★★	전기차/자율주행 핵심 테마, 미래 성장
14	뱅가드 S&P500 ETF (VOO)	한투	26.7	S&P500, 대형주, 인덱스펀드, 장기투자	★★★	S&P500 안전자산, 장기 포트폴리오 핵심
15	인베스코 QQQ ETF (QQQ)	한투	36.2	나스닥100, 기술주, 성장주, 빅테크	★★★	나스닥100 대표 ETF, 기술주 핵심
16	아이셰어즈 반도체 ETF (SOXX)	한투	28.2	반도체, 칩, AI인프라, 기술주	★★★	

0개 백링크 1,323개 단어 10,977개 문자

전체 적립식 투자 종목 리스트

AI는 내 기존 자동모으기 리스트를 냉정하게 평가했다. "지역별 분산이 부족하고 섹터 편중이 심하다"는 진단이었다. 그래서 쿠팡과 NVIDIA는 유지하되, 인도의 INDA ETF와 HDFC뱅크, 중국의 알리바바, 그리고 다양한 테마 ETF들을 자동모으기 리스트에 추가했다.

흥미로웠던 것은 AI가 제안한 우선순위 시스템이었다. 30개 종목을 별 3개(최우선), 별 2개(중요), 별 1개(관심)으로 분류해 각각 11개, 12개, 7개로 나눴다. AI 생태계의 핵심인 NVIDIA, 마이크로소프트, 애플은 당연히 별 3개를, 불확실성이 높은 조비항공(UAM)이나 중국 리스크가 있는 종목들은 별 1개로 분류했다.

AI가 추천하고 제외하는 종목

매달 AI와 함께 자동모으기 포트폴리오 점검을 한다. 새로운 종목 추가, 기존 종목 제외, 일일 투자 금액 조정 등을 논의하는 시간이다. AI의 종목 선정 기준은 명확하다. 장기 성장성, 경쟁 우위, 재무 안정성, 그리고 전체 포트폴리오와의 상관관계다.

AI의 종목 선정 기준 =
장기 성장성, 경쟁 우위, 재무 안정성,
전체 포트폴리오와의 상관관계

AI의 종목 분석에서 가장 인상적인 부분은 키워드 정제 과정이었다. "물타기", "챗GPT 추천" 같은 주관적이고 감정적인 키워드들을 모두 제거하고, "AI칩", "이커머스", "디지털결제" 같은 객관적이고 구체적인 사업 특성으로 대체했다. 예를 들어 팔란티어는 기존에 "빅데이터, 전쟁, 트럼프"

라는 키워드로 분류되어 있었는데, AI가 키워드를 "빅데이터분석, AI플랫폼, 정부계약, 기업솔루션"으로 개선했다. 훨씬 투자 판단에 도움이 되는 정보가 되었다.

최근에 AI가 추천해서 자동모으기에 추가한 종목은 코인베이스글로벌이었다. "암호화폐 시장의 성장과 함께 거래소 비즈니스의 수혜를 받을 수 있고, 기존 포트폴리오에 디지털 자산 노출도를 높일 수 있다"는 이유였다. 반대로 제외를 고려 중인 종목은 GRT다. "소규모 중국 기업으로서 투명성이 부족하고, 전체 포트폴리오에서 차지하는 의미가 제한적"이라는 평가 때문이다.

분기별로는 전체 자동모으기 시스템을 재검토하는 시간을 갖는다. 시장 상황 변화, 새로운 투자 기회, 기존 종목들의 펀더멘털 변화 등을 종합적으로 검토해 필요시 자동모으기 설정을 수정한다.

AI의 글로벌 분산 투자 전략

또 AI가 강조하는 투자 원칙은, 지역별 분산의 중요성이다. 현재 자동모으기 포트폴리오는 미국 55%, 중국 8.5%, 인도 2.9%, 한국 10% 정도로 구성되어 있다. AI는 이를 "미국 중심의 안정적 성장 + 신흥시장의 고성장 잠재력"을 조합한 구조라고 평가했다.

인도의 경우 AI의 적극적인 추천으로 자동모으기에 포함했다. "인구 배당과 IT 서비스 성장, 디지털 전환 가속화"를 근거로 INDA ETF, HDFC 뱅크, 인포시스를 추가했다. 실제로 인도 관련 종목들은 꾸준한 성장세를 보이고 있어 AI의 판단이 적중했다고 볼 수 있다.

중국 투자는 더 신중한 접근을 하고 있다. AI는 알리바바와 중국 ETF를 자동모으기에 유지하되 비중을 제한하라고 조언했다. "중국 경제의 성장 잠재력은 여전하지만 규제 리스크와 지정학적 불확실성이 크다"는 이유였다.

ETF 투자에서도 AI의 전략이 돋보인다. 단순히 S&P 500이나 나스닥 같은 대형 인덱스만이 아니라, 반도체(SOXX), 자율주행&전기차(DRIV), 인프라(PAVE) 같은 테마 ETF도 자동모으기에 포함시켰다. "미래 성장 동력에 선제적으로 노출되면서도 개별 기업 리스크는 분산시킬 수 있다"는 논리에 따른 것이다.

실시간 모니터링과 자동모으기 조정

AI와의 협업에서 가장 유용한 부분은 실시간 모니터링과 조정이다. 매주 자동모으기 포트폴리오 현황을 AI에게 보고하고 피드백을 받는다. 특정 종목의 비중이 과도하게 늘어나거나, 예상과 다른 흐름을 보이면 즉시 조정 방안을 제시해준다.

최근 NVIDIA가 큰 폭으로 상승하면서 전체 포트폴리오에서 차지하는 비중이 커졌다. AI는 "수익 실현을 통해 비중을 조정하되, 장기적 성장성을 고려해 자동모으기는 유지하라"고 조언했다. 실제로 일부 수익을 실현해 다른 종목의 자동모으기 금액을 늘리는 방식으로 균형을 맞췄다.

AI의 탁월함은 감정적 판단의 배제에서 나온다. 알리바바나 페이팔 같이 부진한 종목들을 보면 답답함이 들지만, AI는 냉정하게 "장기적 관점에서 자동모으기를 유지하되, 추가 수동 투자는 제한하라"고 조언한다. 반대로 조비항공처럼 급등한 종목에 대해서는 "UAM 상용화까지는 시간이 오래 걸릴 것이므로 과도한 기대는 금물"이라고 경고해준다.

데이터 기반 자동 투자의 미래

AI와 함께하는 자동모으기 투자의 가장 큰 장점은 객관성과 일관성이다. 인간의 욕심이나 두려움, 편견이 개입할 여지가 줄어든다. 특히 복잡한 글로벌 시장에서 30개 종목을 동시에 관리하는 것은 예전의 개인 투자자에게는 꿈도 못 꿀 혁신적인 접근법이지만, AI의 도움으로 체계적으로 자동화하여 운영할 수 있게 되었다.

복잡한 글로벌 시장, 30개 종목 자동 관리?
AI와 함께라면 체계적인 자동화 운영이 가능하다.

앞으로의 계획도 AI와 함께 세우고 있다. 현재의 자동모으기 시스템을 유지하면서도, 시장 상황에 따라 종목별 투자 금액을 조정하고 새로운 투자 기회를 발굴해 나갈 예정이다. AI는 이미 다음 분기에 추가할 자동모으기 종목들을 제안했다. 인공지능과 반도체 관련 추가 ETF, 동남아시아 신흥국 ETF, 그리고 배당 중심의 안정적 수익 창출 자산들이다.

물론 AI를 맹신해서는 안 된다. AI의 분석과 제안을 참고하되, 최종 판단은 여전히 내가 내린다. AI는 뛰어난 분석 도구이지만, 투자에 대한 철학과 목표는 인간이 정해야 한다.

자동모으기라는 혁신적 시스템이 AI의 도움으로 체계적인 자산 증식 전략으로 진화하게 되었다. 앞으로 이 여정이 어떻게 전개될지 기대가 된다. 스노우볼이 굴러가듯, 매일 자동으로 쌓이는 소수점 투자가 모여 큰 자산이 되는 그날까지 AI와 함께 꾸준히 걸어갈 계획이다.

월 20만 원으로 구성한 AI 투자 자문단의 놀라운 성과

#45

월 20만 원으로 구성한 AI 투자 자문단

ChatGPT Plus, Claude Pro, Gemini Advanced, Grok Premium, Perplexity Pro, Liner Pro. 나는 매월 약 20만 원의 구독료로 이 6명의 AI 투자 전문가를 고용하여, 적절히 투자에 활용하고 있다.

몇 달 사용하다 보니 확신이 들었다. 이것은 단순한 비용이 아니라 투자다. 가장 좋은 투자는 자기 자신에게 하는 투자라는데, AI 시대에는 자신의 판단력을 보완해줄 수 있는 AI 도구들이야말로 최고의 투자 대상이다. 특히 좋은 것은 이들이 24시간 대기하고 있다는 점이다. 새벽 2시에 갑자기 궁금한 종목이 생겨도, 주말에 투자 아이디어가 떠올라도 언제든 상담받을 수 있다.

> **AI 시대에는 자신의 판단력을 보완해줄 수 있는 AI 도구들이야말로 최고의 투자 대상이다.**

각 AI마다 완전히 다른 성격과 전문 분야를 가지고 있어서, 마치 서로 다른 배경을 가진 6명의 전문가와 상담하는 느낌이다. 인간 자문단이라면 이런 다양성과 즉시성을 동시에 갖추기는 불가능했을 것이다. 게다가 감정에 흔들리지 않는 객관적 분석이 가능하다는 점에서, 인간 애널리스트와는 차원이 다른 가치를 제공한다.

EQT 30% 수익률 앞에서 나타난 6가지 다른 시각

최근 EQT Corporation 분석에서 이들의 진가가 드러났다. 30% 수익률이라는 달콤한 숫자 앞에서 인간이라면 "이 정도면 충분하다"는 만족감이나 "더 오를 것 같다"는 탐욕 중 하나에 휩싸이기 쉽다. 하지만 AI들은 각자 완전히 다른 관점에서 냉철하게 분석해주었다.

AI 전문가	포커스	분석/조언
ChatGPT	리스크 관리	"EQT의 천연가스+셰일 시장 우위와 지정학적 리스크는 명확하니 포지션 크기는 리스크 허용도에 맞춰 관리하길 권한다"며 안전장치를 먼저 생각했다. 전형적인 리스크 매니저답게 "부분 매도 + 트레일링 스탑" 전략을 제안했다.
Perplexity	장기 트렌드	"IEA의 에너지 전환 시나리오 중 '선언정책 시나리오(Stated Policies Scenario)'에 따르면, 천연가스 수요가 2040년경 정점에 도달한 후 점진적으로 감소할 것으로 전망된다"며, 천연가스 산업의 구조적 변화를 시사했다.
Liner	팩트 기반	명확한 출처와 함께 IEA 데이터를 인용하며 팩트 기반 분석을 제공했다.
Claude	와이드한 시각	"천연가스가 브리지 연료를 넘어 구조적 보완재 역할을 할 가능성"을 언급하며 전략적 관점을 제시했다. 단순히 매수/매도가 아닌 전체적인 에너지 전환 맥락에서 EQT의 위치를 분석했다.
Gemini	체계적인 분석	재무제표부터 산업 전망까지 차근차근 설명하며 "AI 데이터센터 수요 증가로 천연가스 전력 생산 필요성 증대"라는 새로운 성장 동력을 발견했다.
Grok	실시간 모멘텀	X(구 트위터)의 실시간 반응을 종합해 "현재 시장 센티먼트는 긍정적"이라며 모멘텀 관점을 더했다.

AI 전문가 6인(?)의 EQT Corporation 분석 결과

같은 30% 수익률을 보고도 6개 AI가 완전히 다른 관점에서 접근한 것이다. 이런 다각적 분석은 혼자서는 절대 할 수 없는 일이다.

AMD 급락장에서 발견한 만장일치 매수 신호

AMD 분석에서도 마찬가지로 AI 자문단을 적절하게 활용했다. NVIDIA가 Intel에 50억 달러 투자를 발표하자, Intel이 프리마켓에서 30% 가까이 오르고, AMD 주가가 5% 급락했다. 순간 'AMD는 이제 끝났나?'라는 생각이 스쳤다. 얼마 전 Intel을 매도하고 AMD와 TSMC에 집중했던 나는, 매도 버튼에 손이 갈 뻔했다.

다행히 성급한 손을 거두고, 그 대신 6인 AI 자문단에게 차분하게 의견을 물을 수 있었다. 놀랍게도 모든 AI가 한목소리로 "추가매수 기회"라고 답했다. EQT 분석에서는 각자 다른 의견을 냈던 AI들이 AMD에 대해서는 완벽한 의견 일치를 보인 것이다.

Grok은 "NVIDIA-Intel 소식 속 5% 하락은 과반응으로 보이며, 매수 포인트를 만든다"고 분석했다. 시장의 단기적 패닉을 기회로 보는 전형적인 역발상 투자 관점이었다. Gemini는 "이번 협력은 Intel의 재건을 돕는 전략적 움직임이지만, AMD의 핵심 펀더멘털과 장기적인 성장 모멘텀을 본질적으로 훼손하지는 못할 것"이라며 본질과 노이즈를 구분했다.

Claude의 분석이 가장 인상적이었다. "NVIDIA의 50억 달러 투자는 표면적인 AMD 견제와 더불어, 장기적인 공급망 리스크를 관리하려는 복합적 전략의 일환으로 해석될 수 있다"며 보다 심화된 관점을 제시했다. 즉, 이 협력이 AMD를 겨냥한 것이 아니라 NVIDIA 자신의 TSMC 의존도를 완화하려는 움직임이라는 판단이었다.

ChatGPT는 "AMD의 데이터센터 시장 점유율 확대 트렌드는 여전히 견고하며, MI300 시리즈의 경쟁력도 입증되고 있다"며 기본 체력에 주목했다. Perplexity는 "골드만삭스 등 주요 투자은행들이 여전히 AMD를 매수로 유지"한다는 팩트를 제시했다.

만약 AI들의 조언을 듣지 않고 감정적으로 매도했다면 큰 기회를 놓쳤을 것이다. 실제로 AMD는 이후 반등했고, AI들의 분석이 옳았음이 증명되었기 때문이다.

6개월간 발견한 각 AI의 투자 DNA

6개월간 AI 자문단을 투자 분석에 활용하면서 각 AI마다 고유한 "투자 DNA"가 있다는 것을 발견했다. 이들은 단순한 도구가 아니라 각자의 투자 철학을 가진 전문가였다.

ChatGPT (챗GPT) | **리스크 매니저형**

항상 안전장치를 먼저 생각한다. "부분 매도 + 트레일링 스탑"이나 "포지션 크기 제한" 같은 조언을 자주 한다. 투자 초보자나 보수적 성향의 투자자에게 특히 유용하다. 다만 때로는 너무 조심스러워서 큰 수익 기회를 놓칠 수 있다.

Claude (클로드) | **전략 컨설턴트형**

단순히 매수/매도를 권하는 게 아니라 전체적인 맥락과 전략을 제시한다. "왜 이런 일이 벌어지는가"에 대한 깊이 있는 분석이 강점이다. 복잡한 상황을 체계적으로 정리하는 능력이 탁월하다.

Gemini
(제미나이)
학자형

개요부터 차근차근 설명하고, 다양한 데이터를 인용해서 체계적으로 분석한다. 재무제표 분석과 산업 분석에 특히 강하다. 다만 때로는 너무 교과서적이어서 시장의 비이성적 측면을 놓칠 수 있다.

Grok
(그록)
트렌드 헌터형

X(구 트위터) 연동으로 실시간 시장 반응을 읽어내는 능력이 뛰어나다. 시장 센티먼트와 모멘텀 파악에 탁월하다. 다만 때로는 너무 확신에 차서 반대 의견을 간과할 수 있다.

Perplexity
(퍼플렉시티)
팩트 체커형

모든 주장에 대해 명확한 출처를 제시한다. 투자 결정에서 신뢰성이 중요한데, "이 정보가 정말 맞나?"라는 의구심을 해소해준다. 투자은행 리포트나 공식 발표 자료를 잘 찾아낸다.

Liner
(라이너)
학술 연구원형

논문과 연구 자료를 기반으로 분석한다. 새로운 기술이나 산업 트렌드를 이해할 때 특히 유용하다. 반도체, 양자 같은 내가 잘 모르는 분야의 산업 분석에서 빛을 발한다.

이렇게 다양한 관점을 아주 저렴한 비용에, 힘들이지 않고 한꺼번에 얻을 수 있다! 바로 이것이 AI 투자 자문단의 가장 큰 장점이다. 마치 성향이 다른 6명의 펀드매니저와 동시에 상담하는 것과 같다.

AI 집단지성의 한계와 활용법

하지만 AI 투자 자문단 역시 만능은 아니다. 6개월간 사용하면서 명확한 한계도 발견했다.

- **데이터 편향 위험:** 각 AI는 서로 다른 데이터로 학습했기 때문에 특정 편향을 가질 수 있다. 예를 들어 미국 시장에 편중된 분석을 하거나, 특정 섹터에 대한 이해가 부족할 수 있다. 특히, 국내 주식 분석에서는 특히 이런 한계가 명확했다.
- **실시간성의 한계:** 갑작스러운 뉴스나 돌발 사건에 대해서는 AI들도 즉각적인 분석이 어렵다. 최신 정보 반영에 시간차가 있을 수 있다. 특히 장이 급변하는 상황에서는 AI보다 직관이 더 유용할 때가 있다.
- **감정과 심리의 무시:** AI는 데이터와 논리에만 의존하지만, 실제 시장은 감정과 심리가 크게 작용한다. 때로는 "비합리적 과열"이나 "패닉 셀링" 같은 극단적 상황을 예측하지 못한다.

그래서 나는 이런 활용 대원칙을 세웠다. **AI의 분석은 "강력한 참고자료"로 활용하되, 최종 결정은 내가 한다.**

예를 들어 6개 AI가 만장일치로 같은 의견을 낼 때는 존중하지만, 그래도 Claude에게 최종검토를 맡긴다. 반대로 AI들의 의견이 갈릴 때는 각 논리를 비교 분석하고, 그 결과를 토대로 한 번 더 Claude에게 자문을 요청한다. 그리고 내 투자 경험에 비추어 마지막으로 신중히 고민한다.

투자의 미래: AI와 인간의 협업 시대

6개 AI를 활용한 투자 경험을 통해 확신하게 된 것이 있다. 미래의 투자는 AI 없이는 불가능하다는 것이다. 정보의 양과 복잡성이 기하급수적으로 증가하는 시대에, 인간의 인지 능력과 감정적 매매기법으로는 한계가 있다.

하지만 이것이 AI가 인간을 대체한다는 의미는 아니다. 오히려 AI와 인간이 각자의 강점을 살려 협력하는 시대가 열리고 있다. AI는 방대한 데이터 처리와 객관적 분석을, 인간은 직관과 경험, 최종 판단을 담당하면서.

월 20만 원 비용이 부담스러울 수 있다. 하지만 잘못된 투자 판단 한 번으로 입을 수 있는 손실을 생각하면, 오히려 저렴한 보험료다. 게다가 24시간 대기 중인 6명의 전문가를 고용하는 것과 마찬가지 효과를 낸다.

미래의 투자는 AI 없이는 불가능하다.

앞으로는 이런 AI와 인간 협력 모델이 더욱 정교해질 것으로 보인다. AI의 분석 능력은 계속 향상되며, 인간은 AI를 더 효과적으로 활용하는 방법을 터득해 갈 터다. 중요한 것은 AI를 두려워하지 않고 적극적으로 활용하되, 그 한계를 인정하고 현명하게 사용하는 것이다.

AI 투자 자문단은 감정을 배제한 객관적 분석과 다각적 관점을 제공한다. 이는 혼자서는 절대 얻을 수 없는 가치다. 투자의 미래는 이미 시작되었다. 그리고 그 미래에서는 AI와 함께하는 투자자가 홀로 싸우는 투자자보다 훨씬 유리한 위치에 설 것이 분명하다.

AI와 함께 설계한 2025년 인생 로드맵

#32

2024년 목표 달성률 85%, AI 분석이 밝힌 성공 요인

2024년 12월, 한 해를 정리하다가 나는 스스로가 대견해졌다. 그 해 세운 25개 목표 중 21개를 완료하거나 부분 달성해 85%의 달성률을 기록한 것이다. '책 150권 읽기', '용돈 5,000만 원 불리기', '내 집 마련', '부수입 파이프라인 만들기' 등 중요한 목표들을 대부분 달성했다.

하지만 성과에 만족하기보다는 실패한 목표들이 궁금했다. 왜 어떤 목표는 달성하고 어떤 목표는 실패했을까? 감정적 판단 대신 객관적 분석이 필요했다. 그래서 AI에게 도움을 요청했다.

Obsidian에 기록된 2024년 데이터 전체를 Claude MCP를 통해 분석해보았다. 방대한 양이기에, 여러 구조로 나누어서 부분적으로 분석을 요청했다. 매일 쓴 일기, 목표 진행 상황, 루틴 체크리스트, 실패와 성공의 순간들까지.

Claude의 분석 결과는 명확했다. 성공한 목표들의 공통점은 "구체적인 시스템과 루틴"이었다. '책 150권 읽기'는 매일 아침 저녁 독서 루틴으로, '용돈 불리기'는 매주 15만 원 적립식 투자로, '일잘러 인정받기'는 매일 Todoist 정리로 달성했다.

반면 실패한 목표들은 "추상적이고 시스템이 없는" 것들이었다. '매일 팔굽혀펴기 50개', '술 취하지 말기', '5km 장거리 달리기' 등은 구체적인 실행 계획이나 측정 방법이 부족했다. AI는 이를 "의지력에만 의존한 목표의 한계"라고 진단했다.

AI가 발견한 내 목표 설정 패턴의 문제점

Claude는 내 2024년 목표들을 분석하며 흥미로운 패턴을 발견했다고 보고했다. 가장 큰 문제는 **"카테고리별 불균형"**이었다. 5F(Family, Fitness, Financial freedom, Fine works & relationships, For me) 분류 체계를 사용했지만, Financial과 Fine works에 목표가 집중되어 있었다. 구체적으로 Financial 관련 목표는 7개, Fine works 관련 목표는 6개인 반면, Family 관련은 3개, Fitness는 4개에 불과했다. AI는 이런 불균형이 삶의 전체적 만족도를 떨어뜨릴 수 있다고 경고했다.

두 번째 문제는 **"측정 가능성의 부족"**이었다. '마음 다스리는 방법 마련', '감정 드러내지 않기' 같은 목표들은 달성 여부를 객관적으로 판단하기 어려웠다. 반면 '책 150권 읽기', '매주 15만 원 적립식 투자' 같은 목표들은 명확하게 측정 가능했고 실제로 달성했다.

세 번째 문제는 **"루틴과의 연결성 부재"**였다. 성공한 목표들은 모두 아침이나 저녁 루틴과 연결되어 있었다. 독서는 아침 7시~7시30분, 저녁 10시~10시30분 루틴으로, 투자는 매주 금요일 루틴으로 시스템화되어 있었다.

AI는 이런 분석을 통해 "시스템이 목표를 이긴다"는 결론을 제시했다. 좋은 의도나 강한 의지보다는 구체적이고 측정 가능한 시스템이 목표 달성의 핵심이라는 것이었다.

좋은 의도나 강한 의지보다는,
구체적이고 측정 가능한 시스템이 목표 달성의 핵심이다.

데이터 기반 2025년 목표 설계 과정

AI 분석을 바탕으로 2025년 목표를 완전히 새롭게 설계했다. 기존의 감정

Todoist에 정리한 '심형섭' 2025년 인생 로드맵

적이고 직관적 접근에서 벗어나 데이터 기반의 체계적 접근을 시도했다.

☑ **첫 번째 원칙: 6F 균형 배치**
기존 5F에 Flourish(성장)를 추가해 6개 영역으로 확장했다. 그리고 각 영역당 5~6개씩 총 30개 목표를 균등하게 배치했다. 이제 나의 5F, 아니 6F 시스템은 다음과 같다.
Finding Fulfillment(행복), Flourishing Potential(잠재력), Financial Freedom(경제적 독립), Fine Works & Relationships(업무와 관계), Fitness Goals(건강), Family Bonds(가족).

☑ **두 번째 원칙: SMART 기준 적용**
모든 목표를 **구체적(Specific), 측정 가능(Measurable), 달성 가능(Achievable), 관련성 있는(Relevant), 시간 제한(Time-bound) 기준으로 재작성했다.** 예를 들면, 이제 더는 목표를 '새로운 취미 만들기'라고 정하지 않는다. 대신 '새로운 취미 2개 만들기(최소 2개월 이상 유지)'로 수치와 시간 제한을 넣어 구체화했다.

☑ **세 번째 원칙: 루틴 시스템 연결**
모든 목표를 **기존 아침, 저녁 루틴이나 새로운 주간, 월간 루틴과 연결했다.** '하루에 한 글자라도 일기 쓰기'는 저녁 9시 48분~10시 루틴으로, '매주 15만 원 적립식 투자'는 금요일 오후 3시 루틴으로 시스템화했다.

AI는 이런 체계적 접근이 2024년 85% 달성률을 95% 이상으로 끌어올릴 수 있을 것이라고 예측했다.

"Flourish and Fulfill Real Life" 전략의 핵심

2025년 테마는 "Flourish and Fulfill Real Life"로 정했다. AI가 분석한 내 성향과 2024년 성과를 바탕으로 도출한 방향성이었다. 단순한 성취가 아닌 진정한 번영과 만족을 추구한다는 의미였다.

6개 영역별 핵심 전략도 AI와 함께 수립했다. Finding Fulfillment에서는 "부정적 감정 사전 차단"을 위해 'SNS, 숏츠 완전 금지'를 결정했다.

2024년에 부분적으로 성공했던 경험을 바탕으로 더 강화한 것이었다.

Flourishing Potential에서는 '책 200권 읽고 기록 남기기'로 목표를 상향 조정했다. 2024년 150권 달성 경험을 바탕으로 도전적 목표를 설정한 것이었다. 동시에 '밀리의 서재 구독 유지'로 시스템적 뒷받침도 마련했다.

Financial Freedom에서는 '용돈 1억으로 불리기'라는 야심찬 목표를 세웠다. 2024년 5,000만 원 달성 경험과 현재 7,600만 원 자산을 바탕으로 한 도전적이지만 달성 가능한 목표라고 생각한다.

Fitness Goals에서는 운동량을 두 배로 늘렸다. '팔굽혀펴기 50회 & 스쿼드 50회'로 확장하고, 수면의 질 향상을 위한 앱, 워치 활용도 추가했다.

Obsidian과 Claude가 만든 완벽한 자기관리 생태계

2025년 계획의 가장 큰 특징은 모든 것이 연결된 통합 시스템이라는 점이다. Obsidian에 모든 기록을 쌓고, AI가 이를 분석하며, 그 결과를 바탕으로 계획을 조정하는 선순환 구조를 만들었다. 내가 매일의 일기, 목표 진행 상황, 루틴 체크, 독서 기록, 투자 성과 등 모든 데이터를 Obsidian에 축적하면, AI가 이 데이터를 주간, 월간, 분기별로 분석해 패턴을 찾고 개선점을 제시하는 것이다.

예를 들어, '책 200권 읽기' 목표의 경우 매일 독서량을 기록하면 AI가 연말까지의 달성 가능성을 계산해준다. 진도가 늦으면 주말 독서량을 늘리거나 오디오북 활용을 제안한다. '용돈 1억으로 불리기' 목표에서는 매월 투자 성과를 입력하면 AI가 목표 달성을 위한 필요 수익률을 계산하고, 포트폴리오 조정 방향을 제시한다.

이런 시스템의 핵심은 감정이나 직감이 아닌 데이터에 기반한 의사결정이다. AI라는 객관적 관찰자가 있기 때문에 자기기만이나 확증편향에 빠질 가능성이 줄어든다. 2024년 85% 달성률이라는 성과도 결국은 체계적인 기록과 분석이 있었기에 가능했다. 2025년에는 AI라는 더 강력한 도구가 추가되어 더 나은 결과를 기대할 수 있다. 데이터 기반 자기관리의 새로운 시대가 시작된 것이다.

20년간 써온 버킷리스트, 이제는 AI와 함께 만든다

#52

20살에 시작한 31개 버킷리스트, 그리고 20년 후

2004년, 20살이 되던 해에 처음으로 버킷리스트를 썼다. 31개의 리스트 중 대부분을 이룰 수 있었다는 것이 지금도 신기하다. '지프를 타고 인도를 여행한다', '인도에서 유학생활을 한다', '운명적인 사랑을 하고 결혼을 한다'…… 그때는 막연한 꿈처럼 느껴졌던 것들이 하나둘씩 현실이 되었다.

10년이 지난 2014년에는 버킷리스트 항목이 73개로 확장되었다. '나만의 서재 마련', '세계 50개국 여행', '100명 앞에서 강의해보기' 같은 더 구체적이고 도전적인 목표들이 추가됐다. 그리고 놀랍게도 이것들도 대부분 이루어졌다. '라식 수술', '댄스학원 등록', '비즈니스 클래스 타보기' 같은 것들은 이미 체크 완료다.

2024년, 40살이 된 나는 다시 버킷리스트를 만들었다. 이번에는 좀 달랐다. '매일 6시 이전 기상', '인스타, 숏츠, 핫딜 금지', '가스라이팅 당하지 말기' 같은 현실적이면서도 일상적인 목표들이 들어갔다. 20대의 원대한 꿈에서 40대의 구체적인 삶으로 변화한 것이다.

변화는 그뿐이 아니다. 이전의 10년에 한 번씩 업데이트하던 버킷리스트는 땅속에 묻어두고 10년 후에 꺼내보는 느낌이었다면, 이제는 디지털 도구에 힘입어 연도별로 단기, 중기, 중장기, 장기로 나누어서 관리하고 있다. 모든 버킷리스트를 Obsidian에 정리해두고 수시로 체크한다. 완료, 불완전 완료, 미완료로 구분하며 진행 상황을 추적한다.

쓰는 대로 이루어진다고 했던가. 20년 전의 나의 버킷리스트와 10년 전의 나의 버킷리스트를 거의 다 이루었다는 사실이 스스로도 놀랍다. 나는 행복한 사람이라는 걸 다시금 느낀다.

7살 딸과 함께 만든 첫 버킷리스트

올해부터는 딸아이와 함께 버킷리스트를 만들기 시작했다. '장난감 100개 갖기', '미용사랑 아이돌 되기', '엄마아빠를 사랑해주기', '남자친구 만들기'……. 7살 아이의 버킷리스트는 어른들의 것과는 완전히 달랐다.

아이의 순수한 꿈이 귀엽기도 하고 놀랍기도 하다. '지구 아끼기'라는 거창한 목표 바로 다음 '공주인형 3개 갖기'가 오는 것이 아이답다. '장미를 꺾지 않기'란 자연 사랑과 '프린세스로 변신하기'란 판타지가 공존한다.

처음에 아이는 버킷리스트를 어떻게 만들어야 할지 막막해했다. 그때 ChatGPT의 도움을 받기로 했다. **"7살 아이가 만들 수 있는 버킷리스트 30개를 추천해줘"**라고 요청하자, 정말 다양한 아이디어들이 쏟아졌다.

'첫 롤러코스터 타보기', '무지개색 풍선에 편지 넣어 보내기', '펭귄 봉제인형 만들기' 같은 GPT의 길디긴 제안 목록 중에서, 아이는 신중하게 마음에 드는 것들을 골랐다. 그리고 자기만의 것들도 추가했다. '엄마아빠가 안 들어오는 나만의 공간 가지기'라는 독립심 넘치는 목표도 있었다.

AI의 도움으로 아이는 자신이 경험해보지 못한 영역의 꿈들도 꿀 수 있게 되었다. '레고로 성 만들어보기', '피아노 연주하기' 등은, 본래 일상에는 없었지만 아이가 제안을 보고 선뜻 선택한 것들이다.

딸과 나의 버킷리스트

AI가 만드는 버킷리스트의 차이점

AI와 함께 버킷리스트를 만들면서 발견한 몇 가지 흥미로운 점들이 있다. 모두 혼자 할 때에 비해 양적, 질적으로 버킷리스트를 개선해준다.

- **내가 생각하지 못한 영역의 버킷리스트를 제안한다.** 예를 들어 '포크레인 기사 자격증 따기'나 '대형버스 운전해보기' 같은 것들은 내가 평소에 전혀 생각해보지 못한 영역이었는데, GPT와 대화하다가 추가하게 된 항목들이다.
- **카테고리별로 체계적으로 정리해준다.** 여행, 학습, 건강, 관계, 재정, 취미 등으로 구분해서 각 영역에서 균형 잡힌 목표를 세울 수 있도록 도와준다. 내가 혼자 만들 때는 특정 영역에 편중되기 쉬운데, AI는 놓치기 쉬운 영역을 짚어준다.
- **현실적인 조언을 더해준다.** '세계 100개국 여행'이라고 하면, "10년 동안 매년 10개국씩 방문하는 계획을 세우면 어떨까요? 주변 국가들을 묶어서 효율적으로 여행할 수 있습니다"라는 식의 구체적인 실행 방안을 제시한다.
- **난이도를 조절해준다.** 모든 버킷리스트가 거창할 필요는 없다. AI는 '매일 일기 쓰기', '한 달에 한 번 가족과 외식하기' 같은 작지만 의미 있는 목표들도 제안한다. 이런 작은 성취들이 쌓여서 큰 행복을 만든다는 것을 알려준다.

버킷리스트 관리법의 진화 : Obsidian + AI

예전에는 버킷리스트를 노트에 적어서 서랍 속에 넣어뒀다. 10년 후에 꺼내보면 "아, 이런 것도 있었구나" 하며 놀라곤 했다. 하지만 이제는 다르다. 언제 어디서나 볼 수 있는 Obsidian에 버킷리스트를 두고, 수시로 체크하며 체계적으로 관리한다.

'체계적인 관리 방법'을 구체적으로 보면 이렇다. 우선 **각 항목마다 중요도(별 1~3개)와 난이도(별 1~3개)를 표시한다.** 상태도 '완료', '불완전 완료', '미완료'로 구분한다. '매일 6시 이전 기상'은 중요도 ★★★, 난이도 ★★, 상태는 '불완전 완료'다. 대부분 성공했지만 100%는 아니기에.

더 나아가 **각 버킷리스트 항목을 개별 노트로 만들어 상세 계획과 진행 상황을 기록한다.** '매년 책 150권 읽기'라는 버킷리스트는 별도 노트에 읽은 책 목록, 평점, 한줄평까지 정리한다. 이렇게 하면 단순한 체크리스트가 아니라 삶의 기록이 된다.

루틴과 계획에는 항상 위기가 오는데, AI는 이런 관리에도 도움을 준다. "내 버킷리스트 중에서 이번 달에 집중할 수 있는 3가지를 추천해줘"라고 하면, 현실적으로 실행 가능한 것들을 골라준다. "책 읽기와 운동 목표를 동시에 달성하려면 어떻게 해야 할까?"라고 물으면 '오디오북을 들으며 걷기' 같은 창의적인 방법을 제안한다.

분기별로 AI와 함께 버킷리스트를 리뷰한다. 달성률을 분석하고, 왜 못 이룬 것들이 있는지 점검한다. 때로는 버킷리스트 자체를 수정하기도 한다. 상황이 바뀌면 꿈도 바뀌는 법이니까.

AI 시대, 버킷리스트의 의미

AI와 함께 버킷리스트를 만들다 보니 한 가지 깨달은 바가 있다. 버킷리스트는 단순히 하고 싶은 일의 목록이 아니라, "나는 누구인가"란 질문의 답을 찾는 과정이라는 것이다.

버킷리스트는 "나는 누구인가"란 질문의 답을 찾는 과정이다.

20살의 나는 "세계를 여행하고 싶은 사람"이었다. 30살의 나는 "전문가가 되고 싶은 사람"이었다. 40살의 나는 "일상을 잘 살아가고 싶은 사람"이다. 그리고 7살 딸아이는 "모든 것이 궁금하고 신기한 사람"이다.

AI는 이런 자아 탐색의 좋은 파트너가 된다. "내 버킷리스트를 분석해보면 나는 어떤 사람인 것 같아?"라고 물으면, AI는 객관적인 시각에서 패턴을 찾아준다. "당신은 지적 호기심이 강하고, 가족을 중시하며, 자기 계발에 열정적인 사람이네요"라는 식이다.

또한 AI는 버킷리스트의 본질적 의미를 상기시켜준다. "버킷리스트는 완료하는 것이 목적이 아니라, 삶의 방향을 설정하는 나침반입니다"라고. 맞는 말이다. 모든 것을 이룰 수는 없지만, 무엇을 이루고 싶은지 아는 것만으로도 삶은 풍성해진다.

지금 당장 AI와 버킷리스트를 만들어야 하는 이유

버킷리스트는 우리가 살아갈 이유를 다시금 알려주는 기능을 한다. "나는 왜 사는가"라는 거창한 질문에 대한 답을 찾는 쉬운 방법 중 하나가 바로 버킷리스트를 써보는 것이다.

AI와 함께라면 더욱 쉽고 재미있게 시작할 수 있다. ChatGPT에게 "30대 직장인이 만들 만한 현실적인 버킷리스트 20개를 추천해줘"라고 가볍게 물어 시작해보자. 그중에서 마음에 드는 것을 고르고, 자신만의 것을 추가하면 된다.

중요한 것은 완벽한 리스트가 아니라 '시작'이다. 내가 20살에 만든 31개 리스트를 지금 보면 유치하기도 하고, 웃기기도 하다. '연예인과 친구가 된다'라니. 하지만 그 순수한 꿈들이 나를 여기까지 이끌었다.

AI 시대에 버킷리스트는 더 이상 혼자만의 상상이 아니다. AI라는 든든한 조력자와 함께 더 큰 꿈을 꾸고, 더 체계적으로 관리하며, 더 높은 확률로 이룰 수 있다. 딸아이가 '마법사 되기'라는 버킷리스트를 이룰 수는 없겠지만, AI와 함께라면 그에 가까운 무언가를 경험할 수 있을 것이다.

20년 후 나는 60살이 된다. 그때의 버킷리스트는 어떤 모습일까? 아마 AI와 더 깊이 융합된 무언가가 되어 있을 터이다. 하지만 본질은 변하지 않을 것이다. 삶을 더 의미 있게 만들고 싶은 인간의 욕구, 그것이 버킷리스트의 본질이니까.

지금 당장 AI를 켜고 물어보자. **"내가 죽기 전에 꼭 해보고 싶은 일이 뭐가 있을까?"** 그 질문에서 새로운 삶이 시작될 것이다.

AI 시대에 버킷리스트는 더 이상 혼자만의 상상이 아니다.
AI와 함께라면 더 큰 꿈을, 더 높은 확률로 이룰 수 있다.

#06 인도전문가에서 AI 기획자로, 다양성과 융합의 의미

#14 비개발자의 AI 사업 기획, 한계와 가능성 사이에서

#11 좋은 팀장 되기, 현실은 녹록지 않았다

#30 AI로부터 배우는 데이터 기반 리더십

#47 팀장이 된 후 배운 AI 활용 인간관계 관리법

#41 AI 시대, 주니어 혹은 신입직원에게 전해주고 싶은 무기

#07 지방에서 AI 기획? 우물 밖으로 나가야 하는 이유

#26 AI로 세상을 이롭게 하는 팀

조직과 리더십

6부에서는 조직과 리더십을 이야기하며, AI 시대의 리더가 갖춰야 할 덕목에 대해 고민해봅니다. 데이터 기반 리더십부터 신입직원에게 전해주고 싶은 무기들까지. AI는 리더십을 더 강력하게 만들어줄 수 있습니다. 하지만 그 전제는 리더 자신이 먼저 AI를 체득하는 것입니다.

PART ▸

6

인도 전문가에서 AI 기획자로, 다양성과 융합의 의미 #06

인도로 걸어온 길

누군가 나에게 "인도 전문가가 어떻게 AI 융합 기획 전문가가 되었느냐"고 물으면, 나는 항상 웃으며 대답한다. "나도 모르겠다"고. 하지만 돌이켜보면, 내가 해온 다양한 선택이 지금의 나를 만들었다는 것을 알 수 있다.

학부와 대학원에서 나는 철저히 인도 전문가였다. 인도가 좋아 인도어과를 선택한 이래, 인도에서 3년간 유학했고, 학부 내내 조교로 활동했으며, 인도어 교재도 출판했다. 사적으로는 기술에 관심이 많았기에 인도를 연구하며 자연스럽게 IT 산업에 주목하게 되었다. 방갈로르와 하이데라바드의 IT 클러스터와 TCS, Infosys, Wipro 같은 IT 서비스 기업들을 공부하면서 점점 재미를 느꼈다. 학사논문은 인도의 IT 서비스, 석사논문은 남아시아의 IT-BPO 산업을 다뤘다.

분명 인도와 더불어 IT에도 연이 있었지만, 그때만 해도 내가 실제로 IT 분야에서 일하게 될 줄은 꿈에도 몰랐다. 그렇게 시간이 흘러 학교를 떠날 무렵이 되었다. 진로를 고민하던 나는 문득 생각했다. "내가 재미있어 하는 분야에서 일하면 어떨까?" 그 질문이 결국 인생을 바꿔놓았다.

글로벌 업무의 시작

석사 졸업과 동시에 IT 전문 공공기관의 글로벌 직무에 지원했고, 단번에 합격했다. '국가디지털 대전환'이라는 거대한 목표 하에 전자정부와 5G 시대를 이끌어 가는 전문기관이었다.

IT 봉사단의 일원으로 개도국에 IT를 전달하면서 ODA(정부개발원조)의 개념을 몸소 체험했고, 내 직업에 대한 자부심이 생겼다. 특히 봉사단 대학생들의 열정을 보면서, 나 역시 이 일에 진정성을 갖게 되었다. 인도와 IT를 책으로만 연구했던 내가, 이제는 직접 개도국의 변화를 만들어가는 당사자가 된 기분이었다.

글로벌본부에서의 3년은 기간 이상으로 뜻깊은 시간이었다. 베트남, 캄보디아, 우즈베키스탄 등 40여 개 개도국에 IT를 전수하는 월드프렌즈 IT 봉사단을 운영하면서, 나는 중요한 배움을 얻었다. **"같은 교육과정이어도 국가마다 다르게 작동하고 적용해야 한다"**는 것이었다.

베트남에서는 중앙집권적 행정구조에 맞춘 체계적인 커리큘럼이 효과적이었지만, 캄보디아에서는 낮은 디지털 리터러시를 고려해 기초부터 단계적으로 접근해야 했다. 우즈베키스탄에서는 러시아어와 우즈베크어를 동시에 지원하는 교육 자료 준비가 관건이었다. 단순히 한국의 우수한 IT 교육 프로그램을 이식하는 것이 아니라, 그 나라의 교육 문화와 기술 수준, 언어와 제도를 모두 고려해야 성공할 수 있었다.

책과 학교에서 공부했던 IT ODA 산업이 현실에서는 이렇게 다양한 맥락 속에 존재한다는 것을 몸소 깨달았다. 글로벌 직무에서 배운 '맥락 중심 사고'는 AI 기획자로서 기술과 사람을 연결하는 핵심 역량이 되었다. 기술은 완벽해도 사람들이 받아들이지 않으면 무용지물이라는 것. 그것이 40여 개 개도국 현장에서 배운 가장 큰 교훈이었다.

기술이 아무리 완벽하더라도,
사람들이 받아들이지 않으면 무용지물이다.

인사팀에서의 경험

3년 후 글로벌본부가 제주로 이전하면서 경영기획실로 옮기게 되었다. 세부 직무로는 기관의 큰 방향을 그리는 기획조정팀과 직원을 관리하는 인사평가팀이 후보였다. 나는 엄청난 고민 끝에 인사평가팀을 선택했다. **"기획은 언제든 할 수 있지만, 사람을 이해하는 경험은 특정 시기에만 쌓을 수 있다. 조직을 움직이려면 결국 사람을 알아야 한다"**는 선배의 조언이 결정적이었다. 지금 돌아보면 그 선택이 나중에 AI 사업을 할 때 큰 도움이 되었다.

인사팀에서의 6년은 내게 기술이 아닌 '사람'에 대한 깊은 이해를 가져다주었다. 임직원 평가와 노사관계에서부터 시작하여, 채용과 보수, 공무직 전환 등 인사관리를 총괄 담당하면서 조직 내 갈등과 협업, 동기부여와 성과관리에 대해 배웠다. 당시에는 이것이 얼마나 귀중한 경험인지 몰랐다. 하지만 지금 AI 사업을 기획하고 관리하면서 깨닫는다. 기술은 결국 사람이 사용하고, 사람들 간의 협업을 통해 실현되는 것이라는 진리를.

기술은 결국 사람이 사용하고,
사람들 간 협업을 통해 실현되는 것이다.

새로운 도전

글로벌 직무 3년, 인사평가팀 6년 후 드디어 인사이동 시기가 왔다. 정부 정책에 발맞추어 탄생한, '디지털플랫폼정부지원본부'라는 트렌디한 이름의 본부가 마음에 들었다. 이동하자마자 본부 내 가장 예산이 큰 AI 사업을 관리하게 되었다. 부처 간 칸막이를 없애, 과학 정부를 지향하는 민관 공동 AI 사업이었다. 분야 지식도, 사업 경험도 전무한 내가 컨소시엄 내 10개 참여 기업과 그 이상의 하도급 업체들을 혼자서 관리해야 했다. 얼마나 미숙했겠는가.

나는 개발자들 앞에서 한없이 작아졌다. 시선 속에서 읽히는 말은 명확했다. '저 사람은 우리가 하는 일을 모른다.' 인도 전공자가 AI를 논한다는 것 자체가 우스꽝스러워 보일 수도 있었다. 공공부문에 AI를 적용하는 선도기관에서 일하는 사람이 AI를 모른다니, 말이 되지 않았다. 특히 우리 기관이 IT 관련 신개념에 관해서라면 정부의 브레인 역할을 수행하는 만큼, 비전공이라든가 처음이라는 핑계로 멈춰 있고 싶지 않았다.

그렇게 나는 전문가가 되기로 결심했다. 1부에서도 밝혔듯 AI 자격증 취득부터 시작했다. 자격증은 시작에 불과했다. 진짜 전문성은 현장에서, 수많은 시행착오를 거치며 만들어졌다. 첫 1년은 그야말로 혼돈이었다. '국민체감 선도 프로젝트'라는 정권의 핵심 프로젝트를 담당하면서, 매일같이 내가 모르는 것들과 마주했다. 사업에서 쓰이는 용어들을 이해하기 위해 밤낮으로 공부했다. 개발자들에게 직접 물어보고, 온라인 강의를 듣고, 관련 서적을 탐독했다. 그렇게 기본 개념을 익히고 나니, 비로소 어떻게 프로젝트를 이끌어 가야 할지 보이기 시작했다.

이듬해에는 인공지능융합본부의 본부총괄*로 일했다. 3개 팀으로 구성된 우리 본부는 해마다 100여 개의 프로젝트를 진행한다. 하나하나 세세하게 들여다볼 수는 없었지만, 본부총괄이라는 자리는 모든 사업과 과제

* 본부총괄: 본부 전체의 사업을 관리하고 부서장과 팀장을 보좌하는 직책이다. 기획실, 부처, 국회 등으로부터 내려오는 업무를 각 팀총괄들에게 배분하고, 취합하여 다시 상부에 보고하는 본부의 '허브' 역할을 담당한다.

를 하나로 엮고 핵심 성과를 뽑아내는 거시적 관점에서의 사업관리 경험을 쌓게 해주었다. 그렇게 1년의 전체 성과 중 BP(모범 사례)를 뽑아내고 우수 성과를 홍보하는 과정 속에서, 잘된 사업은 물론이고 잘되지 못한 사업의 실패 사례도 좋은 공부가 되었다. 본부 내 모든 AI 사업을 한눈에 조망하는 눈을 갖출 수 있었다.

이윽고 그간의 모든 경험을 바탕으로, 일선에서 사업을 직접 기획하는 AI융합기획팀장이 되었다. 정말이지 다양한 경험을 했다. 우주항공청의 신규 사업을 기획하면서 AI를 드론과 미래항공기에 접목한 사업을 구상했다. 재난안전 분야에 효과적으로 AI를 활용할 방안이라든가, 국민 이용 플랫폼에 AI를 어떤 식으로 결합하면 도움이 될지도 고민해볼 수 있었다. ISP를 준비하면서 대규모 AI 사업의 방향성을 설계하기도 했다. 이외에도 국정상황 운영 모니터링, 공공 AX 추진 전략 방안 마련, 우리 기관의 AX 방향 검토, 각 기관의 AX 수준 진단까지, 꼽자면 끝이 없을 정도다.

이 모든 순간마다 AI가 공공에, 그리고 우리 생활에 어떻게 적용되고 어떻게 변화를 만들어갈 수 있을지 하나하나 그려 나갈 수 있었다. 그렇게 나는 AI 융합 기획 전문가로 성장하는 중이다.

융합의 힘

지금 돌이켜보면, 나의 커리어에서 독특한 배경이 오히려 큰 장점이었다는 것을 깨닫는다. 인도 연구를 통해 얻은 글로벌 시각, 글로벌본부에서 배운 국제개발 협력의 철학, 인사팀에서 익힌 조직관리 노하우와 사람에 대한 이해. 이 모든 것이 AI 사업을 기획할 때 남들과는 다른 관점을 제공해주었다.

가장 크게는, **기술 전공자들 혹은 개발자들이 놓친 부분을 포착할 수 있었**

다. 예를 들어, 공공기관 AI 도입 수요를 분석할 때, 개발자들은 기술적 구현 가능성에만 집중하는 경향이 있었다. 하지만 나는 인사팀에서 6년간 채용과 조직관리를 맡은 경험을 바탕으로 실제 공무원들이 그 시스템을 사용할지, 기존 업무 프로세스와 어떻게 연결될지를 먼저 고민했다. 조직 내 다양한 이해관계를 조율해야 했던 수많은 순간이 AI 사업 기획에서 빛을 발했다.

글로벌본부 월드프렌즈 IT 봉사단에서 배운 '맥락 중심 사고'도 빛을 발했다. 같은 교육과정이어도 국가마다 다르게 작동하고 적용해야 했던 것처럼, 기술이란 결국 맥락(context) 속에서만 의미를 갖는다. 아무리 뛰어난 AI 기술이라도, 그것을 사용할 공무원들의 디지털 역량은 어떤지, 기존 업무 프로세스와 어떻게 연결될 수 있는지, 각 부처의 이해관계는 무엇인지를 함께 고려하지 않으면 실패한다. 같은 AI 기술도 부처마다, 업무 특성마다 다르게 적용되어야 했다.

기술이란 결국 맥락(context) 속에서만 의미를 갖는다.

실제로 여러 부처의 AI 도입 컨설팅을 진행할 때 이런 접근이 효과를 발휘했다. 기술 중심이 아닌 사용자 중심으로 접근하니 저항이 줄어들었다. 부처 간 이해관계를 조율할 때도 인사팀에서 익힌 조직관리 경험이 큰 도움이 되었다. 나는 단순히 AI 시스템을 구축하는 것이 아니라, 사람들이 실제로 사용할 수 있는 시스템을 만들고 싶었다. 그리고 그 바람의 실현에는, 나의 융합적 소양이 큰 디딤돌이 되었다.

다양성의 의미

인도 전문가 과정 10년, 다양한 직무와 함께한 또 다른 10년. 현재의 나는 20년 전 내가 전혀 생각지 못했을 직무와 직업을 가지게 되었지만, 결국 이 모든 시간은 낭비가 아니었다. 오히려 그 다양성이 만들어낸 독특한 관점과 경험치야말로, 지금의 나를 차별화시켜주는 핵심 경쟁력이다.

AI는 결국 기술이 아니라 '사람'의 문제다. 기술의 발전 속도가 워낙 빠르기 때문에, 생각보다 기술 자체가 장벽이 되는 경우는 많지 않다. 그보다는 적용이 관건이다. 어떻게 사람들이 받아들이게 할 것인가, 어떻게 조직 간 협업을 이끌어낼 것인가, 어떻게 글로벌 트렌드와 로컬 니즈를 연결할 것인가. 이런 질문들에 대한 답을 찾는 데 나의 '다양한' 경험들이 고스란히 도움이 되었다.

AI 시대에 필요한 것은 단순한 기술 전문가가 아닌, 기술과 사람을 연결할 수 있는 융합형 인재다. 지금 나는 확신한다. 처음부터 AI나 컴퓨터 전공을 하고 AI 기획자가 되었다면, 지금 나만의 고유한 전문성은 만들어지지 않았을 것이라고. 인도 전문가로 시작해서 글로벌 협력과 인사 관리를 거쳐 AI 기획자가 된 이 독특한 여정이, 결국 남들이 갖지 못한 융합적 사고를 만들어준 것임을.

물론 때로는 여전히 부족함을 느낀다. 기술적 깊이에서는 컴퓨터 전공자들을 따라갈 수 없다. 하지만 그 대신 나는 AI를 도구로 활용하여, 다양한 이해관계자들 사이에서 소통하고, 기술과 사람을 연결하는 능력을 더 발전시켜 나가고자 한다.

때로는 돌아가는 길이 더 멀리 갈 수 있는 지름길이 되기도 한다.

비개발자의 AI 사업 기획, 한계와 가능성 사이에서 #14

개발자가 필요한 순간들

사업을 기획하다 보면, 개발자 팀원이나 팀장이 꼭 필요한 순간이 온다. 공공에서는 주로 조달 형태로 발주가 나가므로 FP(Function Point, 기능점수)에 따라 개발비와 인건비를 산정해야 한다. 그런데 사실 이때부터 벽에 부딪힌다. 도대체 이 기능을 구현하는 데 요구되는 FP를 얼마로 산정할지, 개발자 몇 명이 몇 개월 동안 일해야 하는지, 애초에 이 기능이 꼭 필요한 것이 맞는지…… 비개발자인 나로서는 솔직히 감이 잘 오지 않는다.

물론, 민관 협업 형태의 공모 방식이 대세가 되어가고 있긴 하다. 하지만 이것도 쉽지 않다. 공공에서 소유권을 주장하기가 어렵고, 민간에서 BM(비즈니스 모델)을 개발하기도 어렵기 때문이다. 개인적으로는 유럽의 GovTech라는 방식이 차용되기를 바랐지만, 이 역시 민간의 BM을 확장시키기에는 한계가 있다. 결국 우리는 AI 사업을 도입하는 데 있어, 여전히 전통적인 조달 발주 방식에 의존하고 있는 셈이다.

#1. ISP 없는 신규 사업의 딜레마와 마주할 때

AI 사업 입찰도 그렇지만, 기획 및 운영 방식 역시 여전히 SI의 기존 방식을 고수하고 있다. AI 사업 기획에 대한 가이드라인 정도는 존재하나, SI 사업의 ISP(Information Strategy Planning, 정보화 전략 계획)*나 ISMP(Information Service Master Plan, 정보시스템 마스터플랜)** 구축만큼 체계적이지는 못하다.

ISP라도 되어 있으면 구축 비용은 잡기 쉽긴 하다. 그러나 단년도 신규 사업을 기획하는 데는 개발자의 역량이나 경험이 꼭 필요한데, AI 신규 사업을 기획하고 성공적으로 운영해본 사람이 아직까지는 드물다는 게 또 문제다. 재작년부터 시작된, 초거대 AI 사업들이 나름의 성과와 BP를 도출하고는 있지만, 아직까지는 챗봇 또는 RPA 형태가 대다수라고 보면 된다.

신규 사업의 경우 기획재정부에서도 정보화 예산을 특히 꼼꼼히 체크하는데, 잘못된 예산 비목으로 산정했다가는 큰 낭패를 본다. 공공 예산은 '프로그램 – 단위사업 – 세부사업 – 내역사업 - 내내역사업'처럼 위계적으로 구성된다. 예산 편성 오류로 말단의 내역사업이나 내내역사업 하나라도 예산이 통째로 삭감된다면, 해당 세부 기능 자체를 포기해야 하는 경우도 허다하다.

AI는 SI보다 그 도입비용을 산정하기가 더 까다롭다. 따라서 개발자의 관점에서 필요 기능 구현을 위한 예산 편성이 제대로 이루어져야 함은 물론, 전문적인 화술을 통한 설득 또한 필요하다.

* ISP 정보화 전략 계획(ISP): 조직의 중장기 정보화 방향을 수립하는 작업이다. 현황 분석부터 목표 설정, 추진 과제 도출, 로드맵 수립까지 체계적인 절차를 거친다. 공공기관이 대규모 IT 사업을 시작하기 전 필수적으로 거치는 기획 단계로, 통상 6개월에서 1년 정도 소요된다.

** ISMP 정보시스템 마스터플랜(ISMP): ISP에서 수립한 전략을 실제로 구현하기 위한 구체적인 설계도다. 건물로 치면 ISP가 '어떤 건물을 지을지' 결정하는 단계라면, ISMP는 '어떻게 지을지' 상세 설계를 하는 단계다. 필요한 시스템 기능, 데이터베이스 구조, 하드웨어 사양, 단계별 구축 일정과 소요 예산 등을 구체적으로 정한다.

#2. 기획서를 봐도 견적이 명확하게 나오지 않아 불안할 때

요즘 가장 많이 고민이 되는 부분은 GPU 도입 여부다. 클라우드 전환이 전 세계적인 추세이긴 하지만 개인정보나 민감정보가 많은 기관에서는 온프레미스로 구축하기 때문이다. 하이브리드로 도입한다 할지라도, 실제 기관에서 어느 정도의 GPU가 필요할지 예측하기 어려운 것도 사실이다.

개발자 출신 팀장이 말하길 수요 기관에서 기획한 내용을 보면, "H100 1장 내지 2장, 서버 종류별로 몇 대, 클라우드 비용 얼마" 이런 식으로 딱 견적이 나온다고 한다. 그렇지만 나 같은 비개발자의 경우는 사업 경험이 그렇게 길지 않은 데다 개발 경험도 전무하기 때문에, 어깨너머로 배운 바에 의존해 대략적으로 측정하게 된다. "작년에 비슷한 사업이 이 정도였으니까," 하며 결정하지만 이게 맞는지, 덤터기쓰는 것은 아닌지 항상 불안하다.

실제 AI 사업들이 남발되는 가운데 아이디어는 좋지만 예산이 터무니없이 부족하거나, 반대로 과도하게 책정된 경우가 허다할 것이다. 전자는 사업 실패로 이어지고, 후자는 예산 낭비로 감사에 걸리게 될 테니 더 조심스럽다.

비개발자의 강점: 다른 관점에서 바라보기

우리 본부는 기획-활용-확산이라는 세 팀으로 나누어서 운영 중인데, 마침 옆 팀 팀장님이 컴퓨터공학 전공자에 개발자 출신이라 많은 도움을 받고 있다.

가끔은 아쉬움이 든다. 내가 개발자였으면, 혹은 컴퓨터공학을 전공했으면, 남들이 한 번 설명할 때 바로 바로 이해할 수 있었을 텐데. AI를 활용해서 구축을 수행하는 입장이면 모를까, 컨설팅을 해주는 입장에서는 이해를 떠나 실현 가능성을 가늠하기가 어렵다.

하지만 시간을 되돌릴 수는 없다. 지금이라도 배워야 한다. IT와 AI는 완전히 새로운 영역이니, 지금 새롭게 배운다면 충분히 따라갈 수 있다고 본다. 코딩을 몰라도 우리에겐 AI 도구가 있지 않은가. ChatGPT에게 코드를 물어보고, Claude에게 설명을 듣고, Cursor를 활용해서 코딩의 도움을 받을 수도 있는 시대다.

지금은 개발자가 아닌 사람도 판을 뒤집을 수 있는 기회다. 비개발자 팀장이 사업을 기획하는 것을 보고, 개발자들은 코웃음 칠 수도 있다. "저 사람이 뭘 안다고 AI 사업을 기획해?"라고 생각할지 모른다. 하지만 융합에서 비로소 새로운 것들이 나온다. 오히려 개발에 대한 고정관념이 없기 때문에 더 자유로운 발상이 가능하다.

**지금은 개발자가 아닌 사람도
판을 뒤집을 수 있는 기회다.**

"그건 원래 그렇게 하는 거예요"라는 관성에서 벗어나, "왜 꼭 그렇게 해야 하죠?"라고 물을 수 있는 것이 비개발자의 강점일 수도 있다. 사용자 관점에서, 정책 관점에서, 현장 관점에서 접근할 수 있다는 것도 장점이다.

개발자와 기획자, 서로의 강점을 살려

결국 AI 사업은 개발자만의 것도, 기획자만의 것도 아니다. 서로의 부족한 부분을 채워가며 함께 만들어가는 것이다. 나는 개발을 모르지만 정책을 알고, 현장을 알고, 사용자를 안다. 개발자는 기술을 알고, 구현 방법을 알고, 한계를 안다. 이 둘이 만나면 시너지가 날 수 있다.

앞으로도 나는 계속 배울 것이다. 완벽한 개발자가 될 수는 없겠지만, 적어도 개발자와 대화할 수 있는 수준은 되어야 한다. 그리고 언젠가는 "비개발자 출신이라서 오히려 이런 관점을 가질 수 있었다"는 평가를 받고 싶다.

지금도 나는 H100 구매비용과 임차비용을 검색하고, CSP사들에게 컨설팅 받고, FP 계산법을 공부하고, API를 활용해 MCP 서버를 만들어보려 노력한다. 어렵지만 재미있다. 새로운 세계를 배운다는 것은 언제나 설레는 일이니까.

좋은 팀장 되기, 현실은 녹록지 않았다

#11

팀장이 되어 돌아본 리더십의 풍경

2025년 1월 14일, 수석에서 팀장으로 승진했다. 내가 팀장이 되고 나서 제일 먼저 한 일은 노트를 펴고 내가 겪었던 보직자들의 장단점을 주욱 나열해보는 것이었다. 11년 동안 내가 모셨던 팀장은 6명, 부서장은 6명에 이른다. 그만큼 정말 다양한 스타일의 리더십을 경험했다.

능력은 부족하지만 회식만큼은 열심이었던 보직자, 우유부단하여 결정을 내리지 못하는 보직자, 마이크로 매니징으로 팀원을 통제하려는 보직자도 있었다. 반면에 명확한 목표를 제시하고 감정을 잘 다루며 팀원들에게 존경과 적절한 두려움을 동시에 주는 리더도 있었다. 좋은 보직자들은 자기 일을 스스로 책임지고 팀원에게 부당한 일을 떠넘기지 않았다. 반대로 좋지 않은 보직자들은 자신이 해야 할 일, 심지어 개인활동들도 "네가 이거 잘하잖아"라는 한마디로 팀원에게 던져버렸다.

이분들을 돌이켜보면서 내가 결심한 것은 단 하나였다. "내가 직원일 때 하기 싫었던 일들을 시키지 말자."

"내가 하기 싫었던 일을 시키지 말자"

이것을 첫 번째 원칙으로 삼은 이유는 명확했다. 직장생활을 하며 가장 힘들었던 순간은 팀장 본인이 해야 할 일을 부당하게 떠넘겨 받았다고 느낄 때였기 때문이다. 그럴 때마다 업무 의욕은 급격히 떨어졌고, 능률은 바닥을 쳤다.

더 큰 문제는 신뢰의 붕괴였다. 일단 시작되면, 그다음부터는 당연하다는 듯이 같은 일이 반복되었다. 그 순간부터 그 팀장에 대한 신뢰는 무너졌다. 업무 지시를 들을 때마다 '이게 정말 내가 해야 할 일인가, 아니면 또 떠넘기는 건가' 의심부터 들었다. 한번 깨진 신뢰는 쉽게 회복되지 않았다. 신뢰가 무너진 팀에서는 진정한 협업이 불가능하다. 팀원들은 최소한의 업무만 하려 하고, 창의적인 아이디어나 적극적인 참여는 기대하기 어렵다. 결국 팀 전체의 퍼포먼스가 떨어질 수밖에 없다.

반대로 팀장이 자기 일을 명확히 하고 스스로 책임지면 팀원들도 존중받는다고 느끼고, 그 신뢰를 바탕으로 정말 필요할 때 기꺼이 나서준다. 팀원들의 심리적 안정감도 높아져 각자 자기 일에 집중할 수 있고, 서로를 지원하는 문화가 만들어진다. 그래서 나는 이 원칙을 첫 번째로 세웠다. 팀의 신뢰, 퍼포먼스, 그리고 무엇보다 팀원 한 명 한 명의 존엄성을 지키기 위해서.

구체적으로 '하기 싫었던 일'은 무엇일까. 꼽자면 여럿 있겠으나 내게 제일을 다투는 것이 바로 PPT 제작이었다. 팀장님이 대충 "이런 느낌으로, 이런 내용 넣어서 알잘딱깔센하게 만들어봐"라고 말씀만 하시면, 나는 순식간에 PPT 디자이너가 되어야 했다. 지시 한마디면 금세 멋들어진 발표 자료가 뚝딱 나오는 줄 아는 몇몇 팀장님들 앞에서, 나는 이런 잔재주가 있다는 게 축복인지 저주인지 모를 상황에 놓이곤 했다.

밤새 폰트를 고르고, 템플릿을 정하고, 색상을 맞추고, 도형을 정렬하다 "내가 이러려고 여기 들어왔나" 자괴감이 들었던 적이 한두 번이 아니었다. 그 괴로운 밤을 뒤로 묻어둔 채, 어쨌든 나는 내 발표 자료를 직원들에게 떠넘기지 않으리라 다짐했다. 그런 자괴감을 내 부하 직원들이 느끼게 하고 싶지 않았으니까.

'내 일을 내가 감당하기', 녹록지 않은 현실

그렇게 '심형섭 팀장 제1원칙'을 가슴에 품고 팀장으로서 출근했다. 팀장의 하루는 전쟁이었다. 오전 9시, 출근하자마자 쏟아지는 이메일 확인. 10시에는 본부 회의, 11시에는 급하게 잡힌 타 부서 협의. 점심 먹고 오후 2시에는 원장님 보고 준비, 3시에는 사업자 회의, 4시에는 부처 영상회의. 저녁 6시가 되어서야 내 책상에 앉아 실무를 시작할 수 있었다. 팀장은 실무자이면서 동시에 중간관리자였다. 위로는 보고하고, 아래로는 챙기고, 옆으로는 조율하는 삼중고 속에서 정작 '내 일'을 할 시간은 턱없이 부족했다.

예상은 어느 정도 했었지만 팀장이 되자 과연 발표할 일도 많아졌다. 원체 일할 시간이 없는 와중에 일정마저 촉박하여 자료를 준비할 겨를이 너무 부족했다. 분기는 얼마나 빨리 돌아오는지, 분기별 실적보고와 계획 발표는 물론이고, 반기별 원장님 보고, 부처로의 신규 사업 기획 보고, 급하게 잡히는 새로운 전략 회의 및 외부기관 발표에도 팀장급이 나서야 했다. 발표 전날 저녁 늦게야 요청이 들어오는 경우도 많았다. 그때마다 밤을 새워 자료를 만들어야 했다. 내용을 구성하고, 데이터를 찾고, 디자인을 다듬고…… 새벽 2시, 3시가 되어도 끝나지 않는 작업 속에서 체력은 바닥났다.

예전 팀장님들이 왜 덮어놓고 PPT 제작을 맡겼는지 아주 약간 이해할 뻔도 했다. 사람마다 개성이나 능력이 천차만별이므로, 내 팀원들이 발표 자료 PPT 제작을 정말로 나처럼 '하기 싫어할지'는 사실 알 순 없었다. 그러나 처음으로 팀장이 된 나는 늘어난 일과 책임을 오롯이 스스로 감당하는 팀장이 좋은 팀장이라고 생각했다. 특히 "내가 하기 싫었던 일을 시키지 말자"는 굳은 결심을 초장부터 훼손하고 싶진 않았다.

그래서 생각해낸 것이 AI 도구였다. AI를 활용하는 본부의 팀장으로서, PPT도 AI 도구를 활용해서 만들어보면 어떨까 싶었다. 솔직히 기대가 컸다. "5분 만에 PPT 완성!" 같은 광고 문구들을 너무 많이 봐 왔으니까.

AI PPT 제작 도전기와 시행착오

원칙을 지키기 위해 나는 AI 도구들을 하나씩 시도해보기 시작했다. 내게 익숙한 Notion과 Obsidian부터 시작해서, ChatGPT, Claude 아티팩트, 그리고 PPT 전문 AI 도구인 Gamma까지. 심미성을 높이기 위해 Beautiful.ai, 미리캔버스, Canva 같은 템플릿 기반 도구들도 써봤다.

결과는 기대에 못 미쳤다. 어떤 도구는 디자인이 너무 단순했고, 어떤 도구는 내가 원하는 대로 커스터마이징하기 어려웠다. "5분 만에 PPT 완성"이라는 광고는 완전히 허구였다. 오히려 프롬프트를 입력하고 수정하는 시간이 더 오래 걸렸다.

하지만 나는 포기하지 않았다. 도구 하나로는 안 되니, 여러 도구를 조합해보기로 했다. Obsidian에서 내용을 정리하고, ChatGPT로 프롬프트를 변환한 뒤, 최종적으로 Gamma에 넣는 복잡한 프로세스를 만들어냈다.

1

Obsidian에서 발표 내용을 정리한다.

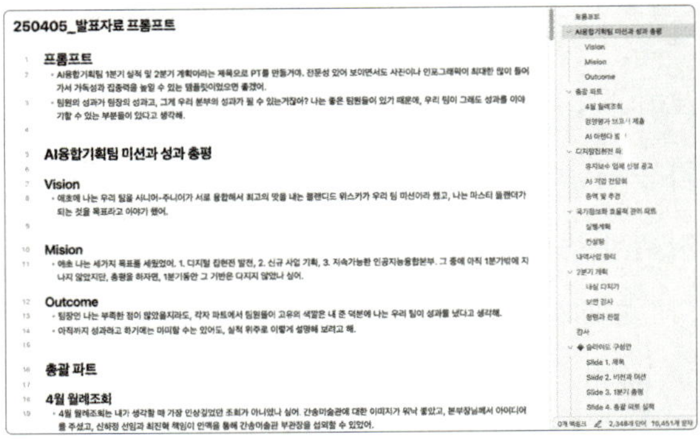

2

ChatGPT를 통해 Gamma에 맞는 프롬프트로 변환한다.

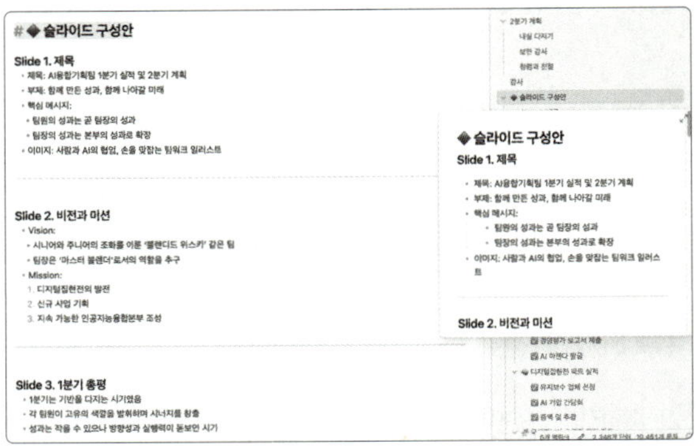

3

변환된 프롬프트를 Gamma에 넣어 PPT를 생성한다.

최종 AI PPT 제작 프로세스

이렇게 여러 도구를 오가는 복잡한 과정을 거치면 그제서야 최저 수준은 충족하는 PPT가 나왔다. 100% 만족스럽지는 않았지만 실제로 워크숍에서 활용할 수 있는 정도는 되었다. 그러나 슬라이드 내용과 레이아웃 정도만 기준을 겨우 통과했을 뿐, 디자인은 파워포인트에서 활용하고 있는 수백 개의 템플릿들보다 마음에 들지 않았다.

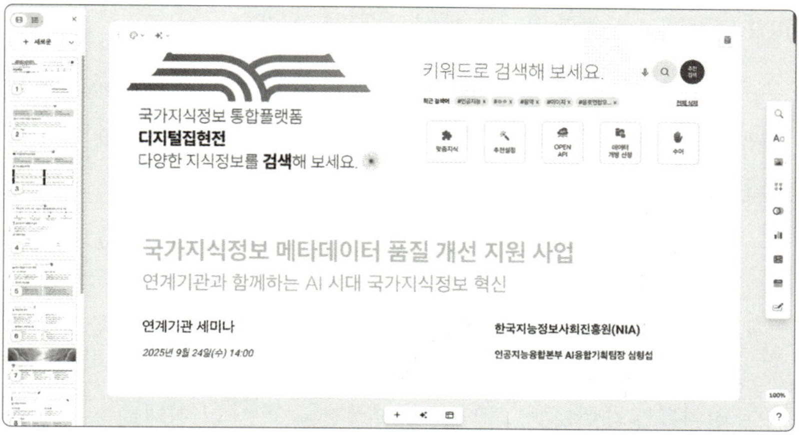

실제 워크숍에 사용한 Gamma 제작 PPT

솔직한 감상은, '이렇게 공을 들이는 시간에 그냥 파워포인트로 직접 만드는 게 더 빠르지 않을까'였다. 실제로 직접 만드는 게 더 빠를 때도 있었다. 하지만 중요한 건 속도가 아니었다. 내가 세운 원칙을 지키는 것, 그것이 우선이었다.

불완전한 도구, 그래도 지켜 가는 원칙

AI 도구는 결국 내가 원했던 만능 마법 도구가 아니었다. 도움을 주기는 하지만, 완벽하지는 않았다. AI는 텍스트는 어느 정도 채워주지만, 도표나 그래프는 직접 선택해야 했고, 적절한 이미지를 따로 찾아야 했고, 레이아웃은 계속 조정해야 했다. 결국 AI가 해주는 건 초안 정도였고, 나머지 7~80%는 사람이 해야 했다.

다만 발표 스크립트만큼은 유용했다. 슬라이드별로 무슨 말을 해야 할지 정리해주고, 전환 멘트도 만들어주니까. 그렇지만 결국 본질인 PPT 제작 자체는 아직 갈 길이 멀어 보였다. AI가 발전하는 게 빠를지, 우리가 PPT 없는 발표 문화로 바뀌는 게 빠를지 모르겠다.

여러 모로 한계에 봉착했음에도 불구하고, 그래도 팀장으로서 직원들에게 PPT 만들기를 시키지 않는다는 원칙은 다행히 아직까지 지키고 있다. 비록 AI가 완벽하게 도와주지는 못하지만, 적어도 예전보다는 조금 수월해진 것도 사실이니까. 내가 7~80%를 한다는 말은, 뒤집으면 20% 정도는 시간과 노력을 절약한다는 이야기다.

그 20%가 작아 보일 수 있지만, 팀장에게는 소중한 여유다. 아낀 시간만큼 팀원들과 대화하고, 더 나은 의사결정을 하고, 팀 전체를 돌아볼 수 있다. 이 여유 공간이 점점 더 커지기를 바라면서, 나는 계속해서 더 나은 AI 도구를 찾고 활용법을 다듬어 나가고 있다.

비록 완벽하지는 않지만, 이것이 내가 팀장으로서의 초심을 지키는 방법이다. 팀원들에게 자괴감을 주지 않으면서도, 내 책임을 다하는 방법이기도 하다. 자, 그럼 오늘도 책임감 있는 팀장으로서 파워포인트를 실행해 볼까.

AI로부터 배우는 데이터 기반 리더십

#30

팀장이라는 낯선 역할 앞에서

나는 팀장으로 승진했음에도 동일한 팀에서 같은 업무를 이어가게 되었지만, '팀장'이라는 직함이 주는 무게감은 예상보다 훨씬 컸다. 앞으로 팀장으로서 어떻게 해 나가는 것이 현명할까? 설렘보다는 두려움이 더 큰 상황에서, 나는 AI에게 도움을 요청했다.

Claude에게 내 Obsidian에 기록된 입사 이래 12년간의 직장 경험, 여러 상사와의 에피소드, 그리고 팀장이 된 후의 고민들을 종합하여 분석해 달라고 했다. 내가 리더로서 어떤 성향을 가지고 있고, 더 좋은 리더가 되기 위해서 어떤 부분을 개선해야 하는지 궁금했다. 데이터가 충분히 축적되었으니, 얼마든지 객관적 분석이 가능하리라고 생각했기 때문이다.

기대 이상으로 AI의 분석 결과는 놀라웠다. 내가 인식하지 못하고 있던 내 행동과 사고 패턴들, 성향의 장단점들이 고스란히 데이터로 드러난 것이다. 무엇보다 객관적인 시각에서 내가 어떤 리더인지를 바라볼 수 있었다. 주관적 판단과 감정적 동요가 끼어들 여지가 없는 차가운 분석이었다. 지금까지 느꼈던 막연한 불안감의 정체를 정확히 짚어낸 것이다.

AI가 발견한 내 리더십 패턴

Claude가 분석한 내 리더십 패턴은 크게 세 키워드로 요약되었다.

- **갈등 회피형 리더십:** 기록에서 나는 일관되게 직접적인 대립을 피하려는 모습을 보였다. "분쟁을 싫어한다"고 명시적으로 기록한 횟수만 12번이었다.
- **완벽주의적 업무 처리 방식:** "업무 파악 부족"에 대한 자책이 반복적으로 나타났고, 모든 세부사항을 완벽하게 이해하고 싶어 하는 성향이 강했다.
- **타인 중심적 사고 패턴:** "동료의 편이 되어주고 싶다"는 표현이 기록 전반에 걸쳐 등장했다.

내가 경험했던 상사들의 유형과 내 반응 패턴을 연결해 분석한 결과가 특히 흥미로웠다. 내 기록에서는 모 팀장의 무능함에 대한 비판적 시각, 모 단장의 우유부단함에 대한 답답함, 그리고 모 본부장에 대한 존경심이 일관된 패턴으로 나타났다.

Claude는 이를 통해 내가 "명확한 방향성을 제시하는 리더"를 선호하면서도, "팀원들의 감정을 배려하는 리더"를 이상으로 삼는다고 했다. 즉, 강함과 따뜻함을 동시에 추구하는 리더십을 지향한다는 것이었다.

내가 알지 못했던 강점과 약점

또한 Claude는 내가 지닌 특성들이 무엇이며, 팀장 역할을 수행할 때 어떤 강점과 약점으로 작용할 수 있는지 명확하게 제시해주었다. 특히 내가 인식하지 못했던 강점들이 드러나 적잖이 놀라웠다.

Claude는 우선 "지속적 학습 욕구"를 내 강점으로 꼽았다. 15년간 꾸준히 자기계발에 대한 언급이 나타났고, 실패에 대한 반성과 개선 의지가 지속적으로 기록되어 있었다는 것이 근거였다.

또 다른 강점은 "체계적 사고"였다. PARA 시스템으로 업무를 정리하고, 5F 분류체계로 개인 목표를 관리하는 등 구조적 접근 방식이 일관되게 나타났다고 분석했다. 이는 팀 관리에서 중요한 역량이라고 평가했다.

반면 약점도 명확했다. 가장 큰 문제는 "결정 회피 경향"이었다. 갈등 상황에서 명확한 입장을 취하지 않으려는 패턴이 반복적으로 관찰되었다. 팀장의 핵심 역할인 의사결정에서 치명적일 수 있다고 경고받았다.

또한 "과도한 자기비판"도 약점으로 지적되었다. 실패나 부족함에 대한 언급이 성공이나 성취에 대한 언급보다 3배 많았다. 이런 성향은 팀원들에게 부정적 영향을 미칠 수 있다고 분석했다. 팀장의 자신감 부족은 팀 전체의 불안감으로 전이될 수 있기 때문이다.

데이터 기반 리더십 개선 방향

Claude는 분석 결과를 바탕으로 구체적인 개선 방향을 제시했다.

☑ **선택적 갈등 참여 전략**

모든 갈등을 회피하는 것이 아니라, 팀의 이익을 위해 필요한 갈등에는 적극적으로 개입하라는 조언이었다. 내 기록에서 "동료의 편이 되어주지 못한 순간"에 대한 후회가 반복적으로 나타난다는 점을 근거로 들었다. 즉, 갈등을 회피하려다가 정작 중요한 순간에 팀원을 보호하지 못했다는 것이다. 이를 해결하기 위해서는 "전략적 갈등 선택"이 필요하다고 제안했다.

☑ **80% 완성도 의사결정**

80% 정도의 정보만 있어도 결정을 내리고, 나머지는 실행 과정에서 조정하는 방식을 제안해주었다. 모든 정보를 완벽하게 파악한 후 결정을 내리려는 성향이 오히려 의사결정을 지연시킨다는 분석에 따른 것이었다.

☑ **긍정적 피드백 2:1 원칙**

현재 내 소통 패턴이 부정적 피드백에 치우쳐 있으니, 부정적 피드백 하나마다 긍정적 피드백 두 개를 제공하라는 것이다. 이는 팀원들의 동기부여와 자신감 향상에 도움이 될 것이라고 했다.

앞으로의 리더십 여정

AI 분석을 통해 얻은 가장 큰 깨달음은 리더십이 타고나는 것만은 아니라는 점이었다. 물론 타고난 리더십이 있는 사람들이 있지만, 데이터 기반의 체계적 접근을 통해서도 충분히 개선할 수 있다는 확신을 얻었다.

앞으로의 계획은 명확하다. 우선 지속적으로 데이터 수집과 분석을 해야 한다. **매일매일 내가 팀장으로서 한 리더십 행동을 기록하고, 월 단위로 패턴을 분석해 개선점을 파악해 나갈 것이다.** 그리고 AI의 피드백을 얻어 실시간 조정을 수행해보려 한다. 중요한 의사결정이나 갈등 상황에서 과거 데이터를 참고해 최적의 대응 방식을 찾아보면 좋겠다.

또 **팀원들을 더 잘 파악하려 노력하고, 각 팀원별로 맞춤형 접근법을 개발할 것이다.** AI가 분석한 직원 유형별 관리법을 실제 팀원들에게 적용해보고, 그 결과를 다시 데이터로 축적할 계획이다. 직원별 MBTI를 비롯해 다양한 특성을 기록해두고, 각각의 특성에 대한 구체적인 접근 전략을 데이터로 검증해 나가고자 한다.

팀장으로서의 여정은 이제 6개월여가 지났다. 적응도 좀 되긴 하지만, 여전히 어렵다. 하지만 AI라는 객관적이고 냉정한 조언자가 함께한다면, 혼자서는 발견하지 못했을 개선점들을 찾아나갈 수 있을 것이다. 데이터는 거짓말하지 않고, AI는 감정에 휘둘리지 않는다. 이런 도구를 활용한 리더십 개발이야말로 AI 시대에 걸맞은 성장 방식이라고 생각한다.

데이터와 AI를 활용한 리더십 개발이야말로 AI 시대에 걸맞은 성장 방식이다.

매일 기록하고, 매일 분석하고, 매일 개선해 나가는 것. 그것이 내가 추구하는 데이터 기반 리더십의 핵심이다. 앞으로도 AI와 함께 더 나은 팀장, 더 나은 리더로 성장해 나가고 싶다.

팀장이 된 후 배운 AI 활용 인간관계 관리법

#47

형과 동생에서 상사와 부하로, 관계의 재정립

팀장이 되고 나서 가장 어려웠던 건 관계의 변화였다. 어제까지 형, 동생 하던 사이가 갑자기 상사와 부하직원의 관계로 바뀌면서 서로 어색해지기 시작했다. 우리 팀은 나보다 나이 많은 직원이 6명, 어린 직원이 5명으로 구성되어 있어서 관리가 쉽지 않았다. 나이 많은 선배들에게는 공적인 자리 외에 사적인 자리에서까지도 존댓말을 써야 하는지, 어린 후배들에게는 어떤 톤으로 지시를 해야 하는지부터 고민이었다.

처음 몇 주는 정말 힘들었다. 회식 자리에서도 예전처럼 편하게 농담을 나누기 어려웠고, 업무 지시를 할 때도 눈치를 보게 되었다. 특히 나보다 20살 많은 한참 선배와 출장 일정을 조율하거나 업무 피드백을 해야 할 때는 말 한마디 한마디가 조심스러웠다. 반대로 어린 후배들은 갑자기 거리감을 내보이기 시작했다.

이런 상황에서 나는 감정에 의존해서 관계를 풀어가기보다는, 좀 더 객관적이고 전략적으로 접근해보기로 했다. 그리고 그 과정에서 AI가 큰 도움이 되었다. 사람과 사람 사이의 미묘한 감정을 AI가 이해할까 싶었지만, 예상 외로 AI는 인간관계의 패턴을 분석하고 조언을 주는 데 탁월했다.

MBTI와 인생드라마로 시작하는 팀원 파악 시스템

가장 먼저 한 일은 팀원들과의 1:1 면담이었다. 면담에서는 좋아하는 노래, 음식 등 부담되지 않는 선에서 사소한 것부터 이야기했다. 평소 어떤 사람인지 파악하기 가장 쉬운 방법은 MBTI라고 생각하는 만큼, 각 팀원의 MBTI도 빠짐없이 챙겨두었다. 마지막으로 내가 누구에게든 물어보는 인생드라마 질문까지 하고 면담을 마무리했다. 그리고 내가 들은 모든 답변을 Obsidian에 기록했다.

'두 번 물어보지 않기 위해서'라는 것은 핑계고, 이런 정보들만으로도 인간관계에 큰 도움이 되기 때문이다. MBTI를 보면 대략적인 성격이 나오고, 인생드라마를 보면 본인 인생에서 추구하는 관심사와 가치관을 알 수 있다. 물론 여기서 편향이 생길 수도 있지만, 완전히 모르는 것보다는 훨씬 낫다.

이런 사소한 정보가 대체 업무적으로 무슨 도움이 될지, 궁금해할 수도 있겠다. 좀 더 구체적으로 풀어보겠다. 팀원들의 MBTI 유형을 고려해 각자 편안함을 느끼는 환경을 조성한다면, 그 팀원의 능력을 더 수월하게 이끌어낼 수 있다. 가령 정열적이고 상상력이 풍부한 ENFP 성향의 팀원에게는 새로운 아이디어를 자유롭게 제안할 수 있는 분위기를 만들어주면 좋다. 안정을 추구하고 규칙과 절차를 중요시하는 ISTJ 성향의 팀원에게는 명확한 가이드라인과 체계적인 업무 프로세스를 제공해 혼란을 방지하면 도움이 된다.

인생드라마도 마찬가지다. 내 경험에 따르면, 인생드라마가 〈미생〉인 사람과 〈선덕여왕〉 혹은 〈하얀거탑〉인 사람은, 그 야망과 업무를 대하는 방식, 가치관이 다르다 실제로 한 프로젝트에서 이 차이가 명확히 드러났다. 〈미생〉을 인생드라마로 꼽은 팀원은 이해관계자 조율과 리스크 관리에 탁월했다. 반면 〈하얀거탑〉을 선택한 팀원은 기술적 완성도와 전문성을 극도로 중요시했고, 때로는 일정보다 품질을 우선시하기도 했다. 이를 고려하여 프로젝트 초기 기획은 후자에게, 실행과 조율은 전자에게 맡겨보자 과연 효과적이었다.

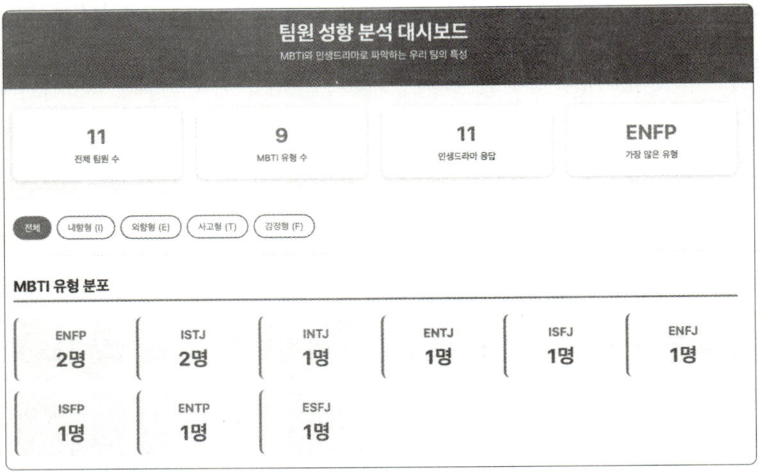

Claude 팀원 성향 분석 대시보드 예시

수집한 정보들을 Claude에게 제공한 다음 각 팀원의 성향 분석을 요청했다. 그리고 이를 기반으로 소통 방식에 대한 조언을 받았다. "ENFP 성향의 5년차 직원, 인생드라마는 〈슬기로운 의사생활〉, 좋아하는 음식은 파스타"라는 정보만으로도 AI는 상당히 구체적이고 실용적인 조언을 제공했다. 예를 들어, 이 팀원에게 프로젝트를 맡길 때는 "팀 분위기도 함께 고려해 달라"고 당부하면 더 좋은 결과를 낸다는 식이었다.

AI로 분석한 나와 우리 팀의 소통 방식

팀원들을 파악하는 한편으로, 나 자신에 대해서도 성찰했다. 인간관계는 혼자 이루는 것이 아니기 때문이다. 그동안 내가 겪었던 좋았던 상사와 좋지 않았던 상사에 대해서 정리하고, 그 내용을 토대로 '부하에게 절대로 하지 말아야 할 것'들을 리스트업했다. 팀장과 리더십에 관한 책들도 많이 읽었다. 하지만 가장 도움이 된 건 ChatGPT와 Cluade를 통해 내 소통 성향을 객관적으로 분석받은 것이었다.

내가 평소 일기에 적었던 팀 관련 고민들, 회의에서 느꼈던 감정들, 팀원들과의 대화 내용들을 정리해서 AI에게 분석을 요청했다. 그 결과 나는 "완벽주의가 강하고, 감정적으로 예민하며, 즉흥적인 결정을 하는 경향"이 있다는 진단을 받았다.

그리고 이런 성향과 잘 맞지 않는 팀원들의 특징도 파악할 수 있었다. AI 분석 결과, 나와 가장 충돌이 잦은 건 두 유형의 팀원이었다. 첫째는 데이터와 근거를 중시하며 신중하게 의사결정하는 팀원들이었다. 내 즉흥적 결정은 이들에게 '검증되지 않은 리스크'로 보였다.

📊 팀 구성 분석

- **ENFP 중심의 역동적 팀**: 2명의 ENFP - 정열적이고 상상력이 풍부한 성향. 새로운 아이디어를 자유롭게 제안할 수 있는 분위기 조성이 중요
- **ISTJ 안정성 확보**: 2명의 ISTJ - 안정 추구, 규칙과 절차 중시. 명확한 가이드라인과 체계적인 프로세스 제공으로 혼란 방지
- **외향형 우세 (6명 vs 5명)**: 활발한 소통이 가능하지만, 내향형 팀원들의 의견이 묻힐 수 있어 회의 시 발언 기회 배분 필요
- **감정형 7명 vs 사고형 4명**: 조화와 관계를 중시하는 분위기. 하지만 논리적 의사결정을 위해 T 유형의 의견 적극 청취 필요

🎬 인생드라마로 본 업무 성향

- **'하얀거탑' 팀원 (INTJ)**: 기술적 완성도와 전문성 극도 중시. 때로는 일정보다 품질 우선 → 프로젝트 초기 기획 단계에 적합
- **'미생' 팀원 (ISTJ)**: 이해관계자 조율과 리스크 관리 탁월 → 실행과 조율 단계에 적합
- **'선덕여왕' 팀원 (ENTJ)**: 야망과 리더십 지향. 목표 달성을 위한 전략적 사고 → 프로젝트 리드 역할에 적합
- **'슬기로운 의사생활' 팀원 (ENFP)**: 팀 분위기와 관계 중시. 협업 프로젝트에서 팀 분위기 고려 당부 시 더 좋은 결과
- **'시그널' 팀원 (ISFP)**: 디테일과 진실 추구. 문제 해결과 분석 업무에 강점

💡 팀장의 활용 전략

- **회의 운영**: 외향형이 많아 의견이 활발하지만, 내향형 팀원들(ISTJ, INTJ, ISFP, ISFJ)의 의견을 사전에 별도로 듣거나 서면으로 받는 방식 고려
- **프로젝트 배분**: 기획은 INTJ/ENTJ에게, 실행은 ISTJ에게, 팀 조율은 ENFP/ENFJ에게 맡기면 효과적
- **피드백 방식**: 감정형(F) 7명 - 관계와 인정을 중시하므로 긍정적 피드백 먼저, 개선점은 부드럽게 전달
- **갈등 관리**: T 유형(ISTJ, INTJ, ENTJ, ENTP)은 논리적 설득, F 유형은 감정적 배려와 공감 우선

Claude가 제안한 우리 팀 소통방식 개선 보고서 일부

둘째는 '대충 해도 괜찮다'는 태도를 가진 팀원들이었다. 내 완벽주의 성향은 이들에게 '과도한 압박'으로 작용했다. 이런 차이를 모를 때는 서로를 답답해했지만, 알고 나니 조율점을 찾을 수 있었다.

특히 도움이 된 건 회의 진행 방식 조정안이었다. 평소 불평불만이 많은 팀원이 회의를 종종 소모적인 논쟁으로 끌고 가는 것이 내 고민거리였다. 우리 팀원들의 면면을 보면 긍정적인 사람이 2명, 부정적인 사람이 2명 있고, 나머지는 중간 정도에 위치한 사람들로 구성되어 있다. AI에게 그런 우리 팀의 회의 양상과 패턴을 분석해 달라고 한 결과, 부정적인 사람이 회의를 주도할 경우 새로운 아이디어는 나오지 않는다는 것을 깨달았다.

AI는 이런 상황을 해결하기 위해서는 **"부정적인 팀원의 의견을 먼저 들어주되, 긍정적인 팀원들이 발언할 수 있는 구조를 만들라"**고 조언했다. 실제로 회의 순서를 조정하고, 부정적인 팀원에게는 사전에 별도로 의견을 들어보는 방식으로 바꾸니 회의 분위기가 많이 개선되었다.

갈등 상황에서 AI가 주는 냉정한 관점

한 팀을 이끌다 보면, 싫은 이야기를 꼭 해야 할 상황이 오곤 한다. 내게도 몇 번 있었는데, 가장 기억에 남는 건 자리 배치 문제였다. 선배들이 팀장과 가까운 쪽에 앉는 것이 관례인데, 그 관례 때문에 복직한 수석급 직원이 자리가 없는 상황이었다. 이때도 AI를 활용해 적절하게 갈등을 풀었다.

먼저 상황을 정리해서 AI에 입력했다. "팀 내 자리 배치 문제로 갈등이 예상되는 상황에서, 관례를 깨지 않으면서도 복직자를 배려할 수 있는 방법"을 요청했다. AI는 여러 가지 옵션을 제시했는데, 그중에서 **"자리 배치 기준을 '연차'에서 '업무 연관성'으로 바꾸자"**는 제안이 가장 현실적이었다.

갈등 상황에서 AI는 인간적 감정을 배제하고 한 번 더 생각해보게 해준다. 내 성격이 예민하기도 하고, 감정적으로 잘 조절되지 않을 때가 있는데, 습관처럼 AI를 활용해 메시지를 한 번쯤 검토하면서 차갑게 인간관계를 대할 수 있게 되었다.

**갈등 상황에서 AI는 인간적 감정을 배제하고
한 번 더 생각해보게 해준다.**

예를 들어 팀원에게 피드백을 줄 때도 처음 작성한 메시지를 AI에게 검토받는다. "이 메시지가 상대방에게 어떻게 받아들여질지, 더 부드럽게 전달할 방법은 없는지" 확인하는 것이다. 대부분의 경우 AI는 내가 놓친 감정적 표현들을 잡아내고, 더 객관적이고 건설적인 표현으로 바꿔준다.

'적당한 일과 관계'를 위한 감정 관리 도구

내 인생의 목적 중 하나는 '적당한 일과 관계'이다. 즉, 회사에서 관계 때문에 그렇게까지 스트레스 받고 싶지는 않다는 뜻이다. 그런 면에서 AI는 감정 소모를 배제하고, 쓸데없는 생각들을 줄여주는 훌륭한 도구였다.

일기장에 내 감정들을 기록하고 AI의 차분한 조언을 받다 보면, 내가 집중해야 할 일들에만 포커스할 수 있다. "오늘 A팀원과의 대화에서 기분이 상했다"고 적으면, AI는 "상대방의 의도를 재해석해보고, 업무적 관점에서 접근해보라"는 식으로 말해준다.

특히 도움이 되는 건 AI가 제공하는 다양한 관점이다. 내가 한 가지 시각으로만 상황을 바라볼 때, AI는 상대방의 입장, 제3자의 관점, 장기적 관계 등 여러 각도에서 상황을 분석해준다. 이런 과정을 거치면 감정적으로 얽혀 있던 문제들이 의외로 단순하게 정리되는 경우가 많다.

물론 AI에게 전적으로 관계를 의존하려는 생각은 잘못되었다는 것을 안다. 하지만 일 외의 감정에서 스트레스 받을 필요는 전혀 없다. 그래서 나는 예민한 사람일수록 직장 내 인간관계에서 AI를 활용해보라고 권하고 싶다.

AI를 인간관계에 잘 쓰는 사람들의 특징

내가 생각하기에, AI를 훌륭한 인간관계 조언자로 쓸 줄 아는 사람들의 특징은 다음과 같다.

- **문제 해결 방법에 대한 접근을 고민하는 사람이다.** 단순히 불만을 토로하는 게 아니라 해결책을 찾으려고 노력한다.
- **원하는 결과를 위해서 될 때까지 시도하는 사람이다.** 한 번의 질문으로 완벽한 답을 얻으려 하지 않고, 계속 다듬어간다.
- **단계별로 해결하고 접근하는 사람이다.** 복잡한 인간관계 문제를 한 번에 해결하려 하지 않고, 작은 단위로 나누어서 접근한다.
- **자신의 업무에 대한 이해도가 높은 사람이다.** 본인의 역할과 책임을 명확히 알고 있어야 AI도 적절한 조언을 줄 수 있다.
- **변화를 무서워하지 않고 변화를 재미있게 받아들이는 사람이다.** 기존의 관계 방식을 고수하지 않고, 새로운 소통 방법을 시도해본다.

무엇보다 중요한 건 AI가 인간관계를 대체하는 게 아니라, 더 나은 관계를 만들기 위한 도구라는 점이다. 나 역시 AI의 조언을 받되 최종 결정은 내가 하고, AI의 분석을 참고하되 직관과 감정도 함께 고려한다. 이런 균형감이 있어야 AI를 활용한 인간관계 관리를 건강하게 지속해 나갈 수 있다.

팀장이 된 지 약 9개월이 지난 지금, 우리 팀의 분위기는 예전보다 훨씬 좋아졌다. 갈등은 줄어들었고, 업무 효율성은 높아졌다. 물론 AI만의 공이 아니라 팀원들 모두의 노력이 있었기 때문이다. 하지만 AI가 제공한 객관적 관점과 체계적 접근이 큰 도움이 되었다는 건 분명하다. 앞으로도 계속 AI와 함께 더 나은 리더가 되고자 하는 것은 욕심일까.

AI 시대, 주니어 혹은 신입직원에게 전해주고 싶은 무기

#41

글쓰기로 판가름나는 직장인의 운명

직장생활에서 글은 말보다 강하다.

대부분의 직장인은 보고서로서 본인을 증명하고, 입증하게 된다. 예전만 해도 신입직원 교육에서 글쓰기나 보고서 작성 교육에 많은 시간을 할애했고, 선배들의 레퍼런스가 암묵지로 중요한 역할을 했다. 잘 쓰인 선배의 보고서를 따라 쓰고, 최고경영자에게까지 보고된 기획서를 벤치마킹하면서 자연스럽게 실력을 쌓아갔다.

요즘은 이런 전통적인 학습 체계가 변화하고 있다. 보안 이슈로 과거 문서들이 사장되기도 하고, 암묵지가 잘 계승되지 않고 그만 끊겨버리기도 했다. 무엇보다도 AI의 등장으로 인해 궁금한 것은 바로 LLM에게 물어보고 즉답을 받을 수 있게 되었다. 굳이 선배에게, 혹은 어려운 상대에게 노하우 전수를 부탁하지 않아도 되는 시대가 온 것이다.

AI는 보고 문화에서도 큰 변화를 불러일으켰다. AI를 활용하면 누구나 보통 수준의 문서는 작성할 수 있게 되었기 때문이다. 과거에는 몇 년간의 경험과 선배들의 도움이 필요했던 일들이, 혹은 레퍼런스를 찾느라 하루를 꼬박 소비했던 일들이, 이제는 단시간 내에 해결 가능해졌다. 이는 주니어나 신입직원들, 즉 AI에 익숙한 세대에게는 기회가 되고, AI 활용을 부정적으로 생각하면서 등한시하는 선배 직원들에게는 위기가 될 수도 있는 변화다.

레퍼런스의 힘과 창조의 비밀

과거 기획 문서나 보고서 작성을 시작할 때, 가장 중요한 일은 좋은 레퍼런스를 많이 확보하는 것이었다. 나 역시 선배들의 레퍼런스에 집착했고, 원장님께 보고된 보고서와 PT 자료들은 어떻게든 구해서 읽어보려고 했다. 훌륭한 PT를 수집하는 게 취미였고, 잘 쓰인 한글 보고서를 참고하여 나만의 문서를 만들기도 했다. 모방에서 창조가 시작된다는 게 내 지론이었다.

하지만 단순히 따라 하기만 해서는 한계가 있다. 여기에 자신만의 관점이나 분석이 더해져야 진정한 가치를 만들어낼 수 있다. 물론 인간은 스스로 새로운 것을 창조하지 못한다. '본인만의 새로운 아이디어'는, 사실 누군가가 이전에 생각했던 것들 중 하나다. 결국 잘 구축된 기존 토대(레퍼런스)에 본인만의 독창적인 시각을 한 숟가락 더할 때, 그 문서는 잘 쓰인 문서가 되고, 그 사람은 일 잘하는 사람이 된다. 즉 어차피 아주 참신한 것은 없으니, 그저 플러스 알파 한 가지만 가지고 있으면 된다는 이야기다.

아주 참신한 것은 없다.
그저 플러스 알파 한 가지만 가지고 있으면 된다.

그리고 AI는 이런 레퍼런스 활용과 창의적 결합을 도와주는 강력한 도구가 될 수 있다. 과거의 좋은 사례들을 학습한 AI가 현재 상황에 맞는 최적의 형태로 재구성해주기 때문이다. 기존의 관행이나 선입견에 얽매이지 않는 요즘 주니어 직원들과 신입직원들은, 엄청난 기회를 맞은 것이다. 나 역시 새로운 도구를 서슴없이 시도해서 앞서나가는 주니어의 창의적인 발상을 보며, AI를 자연스럽게 업무를 통합할 수도 있겠구나, 혹은 이용할 수도 있겠구나 새삼 배우곤 한다.

한 분야 특출함 + 전반적 보통 수준 = 일잘러

한 분야만 잘하면 상사에게 인정받을 수 있다. 팀장, 즉 중간관리자는 늘 부서 외부 혹은 상사의 상사의 요구에 시달리며, 많은 문서 작업을 붙들고 고민에 고뇌를 거듭하게 된다. 이때 필요한 것이 한 분야를 잘해주는 사람이다. 그래서 나 같은 팀장들은 항상 분업화를 고민하게 된다. 내가 모든 것을 총괄해서 할 수 없기 때문이다.

신규 과제 기획 아이디어를 잘 내주는 사람, 국내외 참고할 만한 사례를 기가 막히게 찾아주는 사람, 문서를 예쁘게 만들어주는 사람, 문서 내에 들어가는 그림을 잘 그리는 사람, 프레젠테이션을 멋있게 꾸미는 사람. 이런 사람들이 모였을 때 한 팀이 되고 최고의 퀄리티가 나오게 된다. 모든 분야를 잘할 필요는 없다. 한 분야를 특출나게 잘하는 것이 중요하다. 그런데 여기 함정이 있다. 한 분야를 특출나게 잘하되, 다른 분야들도 보통 이상 수준은 해야 일 잘하는 사람으로 인정받는다는 것이다.

내가 생각하는 일 잘하는 사람은 3가지 조건이 있다. **첫째, 납기 준수. 둘째, 보통 수준 이상의 퀄리티. 셋째, 매력적인 포인트 하나.** 이 정도면 일 잘하는 사람이다. 여기서 매력적인 포인트란, 그 사람만의 독특한 관점이나 창의적인 발상, 혹은 누구나 생각하지 못하는 '포인트'다. 속된 말로 '한방'이 있냐는 것이다.

AI는 이 세 조건들을 만족시키는 데 큰 도움이 된다. 보통 수준 이상의 퀄리티는 AI가 충분히 보장해줄 수 있고, 매력적인 포인트를 찾는 것도 AI와의 브레인스토밍을 통해 가능하다. 일정 및 납기 준수 여부는 태도의 문제다. 결국 모든 보통의 일은 AI에게 맡기고, 자기가 잘하는 분야와 특출난 영역에 독특한 아이디어를 제시할 수 있는 사람이 되는 것이 중요하다.

WHY부터 시작하는 사고의 힘

나는 다행히 이 세 조건을 충족한 일명 '일잘러'에 속할 수 있었고, 빨리 승진을 하고 팀장을 달 수 있었다. 납기와 보통의 퀄리티야 당연했다. 그러나 흔치 않은 세 번째 조건은 어떻게 달성했을까? 지금까지 직장생활에서, 내가 찾아 어필한 '매력 포인트'가 어디에서 비롯된 것인지 돌아본다.

첫 번째 팁, WHY에서 시작해야 한다. 내가 어렸을 때부터 잘하던 분야는 HOW나 WHAT이 아닌, 'WHY'였다. 나는 항상 '왜'부터 고민했다. 입사해서도 상사가 왜 그 일을 시켰는지, 내가 왜 그 일을 하는지 이유를 찾았다. 여기에는 센스도 일부 포함되었을 것이다.

많은 직장인이 주어진 업무를 그대로 수행하는 데 그치며, 그 업무의 본질적 목적을 이해하고 접근하는 사람은 드물다. 그러나 중요한 건 WHY다. WHY를 명확히 하면 HOW와 WHAT은 자연스럽게 따라온다. AI는 이런 본질적 사고를 도와주는 강력한 파트너다. "이 업무의 궁극적 목적은 무엇일까?", "상사가 진짜 원하는 것은 무엇일까?", "이 보고서를 받아보는 사람의 입장에서는 어떤 정보가 필요할까?" 같은 질문들을 AI와 함께 탐구하면 훨씬 깊이 있는 결과물을 만들어낼 수 있다.

두 번째 팁은 관점 바꾸기다. 내가 쓰는 글이지만, 상대방의 관점으로 바꾸어 작성하는 것이 중요 포인트였다. 내 주장이 얼마나 논리적인지 자랑하는 게 중요한 게 아니다. 내 생각이 상대방에게 얼마나 도움이 될지 어필하는 것이고, 그 일환으로 보고서가 작성되어야 한다. 이 작업 역시 현재의 LLM이 어렵지 않게 가장 잘 도와줄 수 있는 것이다.

두괄식의 마법과 AI의 정리 능력

팀장이 되고 느낀 점은, 말이 긴 직원들은 정말 질색이라는 것이다. 바빠 죽겠는데, 중언부언 무슨 이야기를 하고 싶은 건지 답답한 직원들에게는 보고받는 것이 지루하다. 물론 경청이 중요하다는 리더십 교육에 따라 잘 들어주려고 노력한다. 그럼에도 불구하고, 제발 하고 싶은 이야기를 먼저 해주면 좋겠다고 늘 속으로 빌게 된다.

두괄식으로 딱 던지기. 그 바람을 가장 잘 들어주는 게 LLM이다. 그래서 LLM이 정리해준 문서를 보면 속이 시원하다. 핵심부터 말하고, 근거를 제시하며, 결론으로 마무리하는 글 작성은 AI가 가장 잘하는 영역 중 하나다.

물론 뒤로 갈수록 어영부영하며 "그래서 원하는 게 뭔데?"라는 생각이 들 때가 있는데, 이때는 한 번 더 본인의 관점을 녹이는 조치가 필요하다. 즉 사람 손을 타야 한다. **AI가 만든 초안을 기반으로 자신만의 인사이트를 추가하고, 논점과 주장을 확고히 하면서, 상황에 맞는 디테일을 보완하는 것이 중요하다.**

보고를 하는 주니어 직원들이나 신입직원들을 보고 있노라면 많이 주눅 들어 있음을 느낀다. 모든 신입직원이 움츠러들지 않았으면 좋겠다. 나도 신입 때는 사수에게 많이 혼나고, 또 혼나면서 배웠다. 이 일이 내 적성에 맞지 않는 것인지 고민도 했던 것 같다. 하지만 지금은 AI라는 든든한 조력자가 있다. 과거처럼 몇 년간 삽질하며 배우지 않아도 되고, 좋은 레퍼런스를 AI를 통해 빠르게 학습할 수 있다.

여기서 한 가지 조언이 더 있다. AI를 단순한 대필 도구로 사용하지 말고, 사고의 파트너로 활용해야 한다. AI에게 질문하고, AI의 답변을 바탕으로 더 깊이 사고하며, 그 과정에서 자신만의 관점을 개발해 나가는 것이 진정한 AI 활용법이다.

AI를 단순한 대필 도구로 사용하지 말고,
사고의 파트너로 활용해야 한다.

균형 잡힌 관계와 AI로 업그레이드된 업무

마지막으로, 인간관계에 너무 고민하지 않았으면 좋겠다. 딱 적당한 관계를 유지하는 게 스트레스를 덜 받고 오래 회사생활할 수 있는 방법이다. 과도한 친분이나 지나친 거리감 모두 업무에 도움이 되지 않는다. 프로페셔널한 관계를 유지하면서도 서로를 존중하는 것이 가장 건강한 직장 관계다. 내 인생의 다섯 목표 중 하나가 '적당한 일과 관계'다. '적당한'이 중요하다. 물론 말처럼 쉽지만은 않다.

AI로 본인을 업그레이드하기를, 관계에서도 조금 수월해지기를 바란다. AI는 업무 능력뿐만 아니라 커뮤니케이션 스킬도 향상시켜줄 수 있다. 어려운 대화를 준비할 때 AI와 시뮬레이션해보거나, 메일이나 메시지의 톤을 점검받는 것도 가능하다.

결국 AI 시대의 일잘러는 기술을 도구로 활용하되, 인간만이 할 수 있는 창의성과 통찰력을 발휘하는 직원이다. AI가 대신 할 수 있는 일은 AI에게 맡기고, 본인만이 할 수 있는 WHY 사고와 관점 전환, 그리고 상황에 맞는 창의적 아이디어 제시에 집중하는 것, 이것이 AI 시대 직장인의 생존 전략이자 성공 공식이다.

**AI 시대의 일잘러는 기술을 도구로 활용하되,
인간만이 할 수 있는 창의성과 통찰력을 발휘하는 직원이다.**

AI는 레퍼런스의 부재를 메워주고, 기본적인 업무 퀄리티를 보장해주며, 창의적 사고를 자극해주는 동반자다. '적당한 일과 관계'를 유지하기 위해서는 '나만의 무기'가 있어야 한다. AI를 적절히 활용해서 앞으로의 직장생활에서 경쟁우위를 점하고, 적당히 잘 회사생활을 하면 좋겠다.

지방에서 AI 기획? 우물 밖으로 나가야 하는 이유

#07

놓친 기회의 아쉬움

작년(2024년) 계엄 사태 여파로 CES* 출장이 취소되었을 때의 아쉬움을 아직도 잊을 수 없다. CES는 단순한 전시회가 아니다. 그곳은 미래를 미리 보는 창이고, 전 세계의 혁신이 모이는 장이다. 그곳에서 보고 듣고 느끼는 것들이 향후 1년, 아니 3년 후의 사업 방향을 결정할 수 있다.

나의 아쉬움은 단순히 개인적인 것이 아니다. 그만큼 우리 기관이, 우리나라가 글로벌 트렌드에서 한 발짝 뒤처진다는 것을 의미하기 때문이다. 특히 하루가 다르게 발전하는 AI 분야에서 이런 기회를 놓친다면, 자칫 경쟁력 약화로 직결될 수도 있다.

해마다 우리 회사에서는 CES 같은 국제박람회에 최소 10명 이상씩을 파견한다. 기술의 최전선에서 트렌드와 혁신을 마음껏 배우고 돌아온 직원들은, 그 정보에 기반하여 국민과 정부가 실제로 체감 가능한 신규 사업들을 기획하곤 했다. 이제는 나의 차례였다. 그러나 계엄이라는 예측 불가능

* CES(Consumer Electronics Show): 미국 소비자 기술협회(CTA: Consumer Technology Association)가 주관하는 세계 최대 규모의 ICT 융합 전시회. 매년 1월 미국 라스베이거스에서 개최된다.

한 변수 앞에서 우리는 무력했고, 각 기업 및 기관에서 발행한 CES 보고서에 만족해야 했다.

불편한 진실 앞, 팀장으로서의 결단

아쉬움이라 하니, 공공기관 지방 이전으로 인해 지방으로 내려온 후 가장 절실하게 느끼는 한계가 있다. 지방에만 머무르면 격변하는 이 세상과 트렌드로부터 도태되고 만다는 현실이다. 지방을 비하하려는 것이 아니라, 인정해야 하는 명확하고 불편한 진실이다.

서울, 그것도 한복판에 있을 때는 당연하게 여겨졌던 것들이 이제는 특별한 기회가 되었다. 점심시간에 잠깐 들를 수 있었던 전시회, 퇴근 후 참석할 수 있었던 세미나, 우연히 마주치는 업계 사람들과의 네트워킹, 회사로 찾아오는 각종 전문가와 자문 위원들. 이 모든 것이 이제는 꼬박 하루를 투자한 '계획된 출장'이 되어야만 가능한 일이 되었다.

특히 AI처럼 빠르게 변화하는 분야에서 일하면서, 트렌드의 중심부에서 멀어지는 것은 가히 치명적이다. 온라인으로 정보를 얻는 것과 현장에서 직접 보고 느끼는 것 사이에는 감히 넘을 수 없는 간극이 존재하기 때문이다.

이를 절감하고 있던 나는 팀장이 되고 나서, 모든 팀원에게 자유롭게 서울 출장을 가도록 했다. AI 최전방에 있는 업계 사람들을 만나 밥을 사주라고 카드까지 쥐여주었다. 처음에는 예산이나 업무 공백, 업무 쏠림 등을 걱정하는 목소리도 있었다. 하지만 나는 확신했다. 우물 안에 갇혀 있는 비용이 밖으로 나가는 비용보다 훨씬 크다는 것을.

직원들이 새로운 것을 보고 와서 공유하는 아이디어 하나가, 우리가 1년 동안 회의실에서 머리를 싸매고 나오는 결과물보다 나을 수 있다. 실제로 출장을 다녀온 직원들은 그 경험을 팀원들에게 공유했고, 이는 다른 박람회 참가나 출장 같은 새 기회 모색으로 이어졌으며, 실질적인 결과인 새로운 사업 아이템으로 연결되기도 했다.

현장에서 느끼는 직접 경험의 힘

나 역시 우리 팀의 방침을 몸소 실천하고 있는데, 최근에는 코엑스에서 열린 '월드 IT쇼'에 방문했다. 이런 큰 행사는 매번 많은 것을 느끼게 해준다. 이번 개막식에는 실시간으로 목소리를 입힌 주요 인사의 아바타들이 등장

2025 월드 IT쇼 현장 모습

했는데, 참석자들은 아바타들이 진행하는 행사를 자연스럽게 받아들였다. 그 광경을 보면서 이제는 AI가 공식 행사의 주요 이벤트, 메인 콘텐츠로서 등장하는 것이 전혀 어색하지 않음을 실감할 수 있었다.

전시 부스들을 돌아보니, 더 큰 변화가 생생히 감지되었다. 모든 참가 기업이 AI를 중심으로 전시를 꾸려둘 정도로, 큰 기술 변화의 물결을 직접 목도했기 때문이다. 단순히 'AI를 활용한다'는 수준이 아니라, AI가 비즈니스의 핵심이 되고, AI 없이는 경쟁력을 가질 수 없는 시대가 올 것임을, 아니 이미 왔음을 피부로 느낄 수 있었다.

전문가들은 여러 토론 세션에서 AI 에이전트와 피지컬(Physical) AI를 논했다. 담화를 경청하고 있자니 영 생소하던 개념들이 비로소 와닿았고, 변화하는 이 시대에서의 올바른 정책 방향을 고민해볼 수 있었다. 한편으로 "상용화된 AI 서비스에서 AI의 방향성은 어떻게 설정되어야 하는가"라는 질문도 떠올랐는데, 앞으로 진지하게 성찰해볼 만한 화두라 여겨졌다.

출장을 정리하며 새삼 절실히 느꼈다. 모름지기 많이 보고, 자주 만나야 한다. SNS로, 유튜브로 보는 세상은 한계가 뚜렷하다. 다양한 업계 사람이 얼굴을 마주보는 의견과 경험 교류의 중심에 있어야만, 제대로 된 AI 사업을 기획할 수 있다. 우리가 모르고 있던, 간과했던 관점들 역시 현장의 목소리와 공기를 접하지 않고서는 결코 깨우치거나 깨닫지 못할 무엇이다.

화면으로 보는 것과 직접 체험하는 것의 차이는 생각보다 크다. 전시 회장의 열기, 사람들의 표정, 부스 앞에서 오가는 즉흥적인 대화들, 전문가의 독특한 견해들, 발표 및 토론을 준비하면서 하는 공부, 세션을 듣고 나온 사람들과 나누는 짧은 의견 교환, 앞서 나가는 기업들의 기술력…… 그리고 그것을 보고 느끼는 나의 감정까지. 이런 것들은 어떤 보고서나 영상으로도 전달할 수 없다.

우물 안 개구리가 지방에서 살아남는 법

나는 지방 소재 공공기관에서 AI 사업을 기획하는 팀장으로서, 우리도 이런 변화의 중심에 있어야 한다는 절박함을 항상 느낀다. 동시에 우리가 우물 안 개구리에, 좁은 현실에 안주하고 있는 것은 아닌가 하는 반성도 수시로 하곤 한다.

지방에 있다는 것이 핑계가 되어서는 안 된다. 오히려 더 적극적으로 밖으로 나가야 하고, 더 열심히 트렌드를 쫓아야 한다. 서울에 있는 기업과 전문가들이 자연스럽게 접하는 것들을 우리는 의도적으로, 계획적으로 찾아 나서야 한다.

지방에서 AI 사업을 기획한다? 분명 불리한 조건이다. 하지만 그것이 불가능을 의미하는 것은 아니다.

중요한 것은 우리의 한계를 인정하고, 그것을 극복하기 위해 적극적으로 노력하는 것이다. 출장을 자유롭게 하고, 온라인과 오프라인을 적절히 활용하자. 또 새로운 것에 대한 호기심과 함께, 무엇보다 끊임없이 밖을 내다보는 자세를 가져야 한다.

우물 안에서는 하늘의 크기를 알 수 없다. 우물 밖으로 뛰쳐나갔을 때, 비로소 진짜 세상을 볼 수 있다. 지방에서 AI를 기획한다는 것은, 끊임없이 우물 밖으로 나가려고 노력해야 한다는 것을 의미한다고 본다. 그래서 오늘도 나는 팀원들에게 말한다.

"밖으로 나가세요. 보고, 듣고, 느끼고 오세요.
그것이 우리가 살아남는 길입니다."

AI로 세상을 이롭게 하는 팀

#26

파리의 온도를 0.5도 낮추는 사람들처럼

프랑스 파리 시청의 유명한 일화가 있다. '환경관리팀'이 이름을 '파리의 온도를 0.5도 낮추는 팀'으로 바꿨더니 시민 만족도가 올라가고 공무원 인식이 개선됐다는 것이다. 공무원들의 만족감도 늘어났다고 한다. 그저 이름만 바꿨을 뿐인데 말이다. 처음 들었을 때, 참 흥미로운 발상이라 생각했다.

우리 팀 이름은 'AI융합기획팀'이다. 거창하다. 융합도 하고 기획도 한다. 하지만 정작 팀원들이나 다른 외부인들에게 팀명을 설명하면 조금 어려워한다. 인공지능을 융합하는 것을 기획하는 팀? AI 융합 사업을 기획하는 팀이라고 쉽게 이야기할 수도 있지만, 팀명에서 확실히 정체성이 드러나지는 않는다.

우리 팀도 파리 시청 환경관리팀처럼, 이름을 'AI로 세상을 1% 이롭게 하는 팀'으로 바꾸면 어떨까? 그러면 나는 'AI로 세상을 1% 이롭게 하는 사람'이 되는 거다. 명함에 그렇게 써서 줘보고 싶다. 받는 사람이 "이게 뭐예요?"라고 물으면 설명하는 재미도 쏠쏠할 것 같다.

부품이 아닌 의미가 되고 싶어

큰 조직에서 일하다 보면 나 자신이 혹은 우리 팀이 거대한 기계의 작은 부품처럼 느껴질 때가 있다. 대기업들은 아마 더 심할지도 모르겠다. 내가 기획한 사업이 누구에게 도움이 될지, 사업이 끝난 다음 해에는 어떻게 되고 있는지 알기 어려울 때도 있다. 예산을 쏟아붓는 단년도 사업들은 더하다.

처음 인공지능 업무를 맡게 되었을 때, 국민이 체감할 수 있는 인공지능 사업을 기획한 적이 있다. 유럽의 GovTech를 모방하여, 정부의 아이디어를 민간이 사업화하여 국민에게 제공하는 사업이었다. 1년간의 사업을 끝낸 사업자의 결과보고서상 성과는 충분히 만족스러웠다. 하지만 우리가 기획한 사업 덕분에 국민이 실제로 편해졌을까? 수치처럼 만족해했을까.

'AI로 세상을 1% 이롭게 하는 팀'이라는 이름에는 구체적인 목표가 있다. 1%라는 숫자가 작아 보이지만, 대한민국 인구의 1%면 50만 명이다. 우리 사업으로 50만 명의 삶이 조금이라도 나아진다면? 그게 바로 우리가 찾을 수 있을 의미가 아닐까.

그 의미는 팀원들과 회의할 때도 느껴질 터다. **"이 사업이 세상을 1% 이롭게 할까요?"**라는 질문 하나로 모든 기준이 명확해진다. 실적 채우기용 사업은 자연스럽게 걸러질 거고, 진짜 필요한 일에 집중할 수 있을 거란 이상적인 생각을 해본다.

구체적 문제에서 이상적 형태로

히로나카 헤이스케의 『학문의 즐거움』에 이런 구절이 나온다. "문제라는 것은 구체적인 문제에서부터 자주 추상화시켜서, 마지막으로 제일 이상적인 형태로 만드는 것이 중요합니다. 문제가 이상적인 모양이 되면 자연히 풀릴 것입니다."

처음엔 무슨 말인지 몰랐다. 그런데 우리 일을 돌아보니 이해가 됐다. 우리가 추진하고 있는 수십 개의 사업, 과제들을 '국민의 AI 활용 능력 향상'과 'AI 산업 생태계 마중물'로 추상화하고, 결국 'AI로 세상을 이롭게 하기'라는 이상적 형태로 만드는 것이다.

이상적 형태가 되면 해법도 달라진다. 단순히 AI를 도입하는 게 아니라, 진짜 필요한 사람에게 AI를 제공하여 효율성과 효과성을 향상시키게 된다. 민원을 담당하는 공무원이 법과 절차에 맞게 자동화된 응대를 할 수 있도록, 법을 모르는 국민이 보다 쉽게 진정서나 소송을 제기할 수 있도록 AI를 활용하여 돕는다면 어떨까? 그만큼 실감 나는 AI 적용도 없을 것이다.

최근에 기획한 'AI 데이터 품질 개선 사업'도 그렇다. 처음엔 그저 "AI 시대니까 데이터 품질도 개선해야지"라는 막연한 생각이었다. 하지만 '세상을 1% 이롭게'라는 관점에서 다시 보니 달라졌다. 품질 좋은 데이터로 더 정확한 AI 서비스를 만들고, 그것으로 국민이 더 나은 공공 서비스를 받는다면, 그게 바로 세상을 이롭게 하는 것 아닐까?

창조는 순수한 형태에서 시작된다

기획은 창조다. 없던 것을 만들어내는 일이니까. 그런데 우리는 너무 자주 기존 틀에 갇혀 있다. 작년 사업을 조금 바꿔서 올해 사업으로 만들고, 다른 부처나 타 부서의 사업을 벤치마킹해서 우리 사업으로 포장한다. 기존 정보화 사업들에 AI라는 마법의 단어를 입히기도 한다.

'AI로 세상을 1% 이롭게 하기'라는 순수한 목표에서 시작하면 다르다. 왜 이 사업을 해야 하는지, 누구를 위한 것인지, 어떤 변화를 만들 것인지가 명확해진다. 히로나카가 말한 "이상적인 모양"이 되면 자연히 해법이 보인다는 말이 바로 이런 뜻인 것 같다.

한 기관에서 규정집을 AI 챗봇으로 옮기는 프로젝트를 진행할 때도 마찬가지였다. 처음엔 단순히 "규정을 디지털화하자"였지만, '세상을 1% 이롭게'라는 관점에서 보면 "직원들이 복잡한 규정을 쉽게 찾아 업무에 집중할 수 있게 하자"가 된다. 목표가 명확해지니 방법도 달라졌다.

실제로 지난 번 18억 원 규모의 예산 사업을 기획할 때도 이런 생각이 큰 도움이 됐다. 단순히 "AI 사업을 해야 한다"가 아니라 "이 사업으로 누구의 삶이 어떻게 나아질까?"를 먼저 생각했다. 그랬더니 사업의 방향성도 명확해지고, 설득력도 높아졌다.

우리가 꿈꾸는 1%의 변화

AI융합기획팀이라는 거창하고 뜻 모를 이름 대신 'AI로 세상을 1% 이롭게 하는 팀'이 되고 싶다. 1%가 작아 보여도 괜찮다. 파리의 온도를 0.5도 낮추는 것도 작아 보이지만, 그 0.5도가 도시 전체의 삶의 질을 바꾼다.

대중에게는 구체적인 가치가 되고, 팀원들에게는 일하는 의미가 되는 팀. 그게 내가 꿈꾸는 우리 팀이다. "AI를 보편화하고, 쉽게 사용할 수 있도록 만든다", "특정한 사람들만의 도구가 아니라 모두의 도구로 만든다." 그런 목표를 추구하고, 해내는 팀이길 바란다.

언젠가 누군가 "당신 뭐 하는 사람이에요?"라고 물으면 당당하게 답하고 싶다. "AI로 세상을 1% 이롭게 하는 사람입니다"라고. 진심으로 그리 말할 수 있으면 좋겠다.

파리 시청이 온도를 낮추듯, 우리는 세상을 조금씩 이롭게 만들어갈 것이다. 공공의 역할이고, 우리의 존재 이유니까. 융합도 기획도 결국 세상을 더 나은 곳으로 만들기 위한 수단일 뿐이다. 거창한 이름보다 작지만 명확한 목표가 좋다. 결국 목적은 하나다. AI로 세상을 이롭게 하는 것.

부록

비전공자를 위한 AI 입문 추천도서 15선, 직접 읽고 검증한 AI 학습 로드맵

#53

AI 공부, 책으로 시작해야 하는 이유

인공지능에 대한 공부를 처음 시작하려는 사람들이 가장 많이 하는 질문이 있다. "어디서부터 시작해야 할까요?" 유튜브나 Class101, 패스트캠퍼스 등 유·무료를 막론하고 접근성 좋은 다양한 강좌가 넘쳐나고 있는 시대다. 내게 묻는 사람들도 아마 그중 하나를 골라주길 기대하리라 생각한다. 하지만 아무리 봐도 가장 좋은 것은 역시 책이다.

왜 책일까? **첫째, 체계적이다.** 동영상 강의는 중구난방으로 흩어진 지식을 전달하기 쉽지만, 책은 처음부터 끝까지 논리적 구조를 갖춘다. **둘째, 깊이가 있다.** 15분짜리 유튜브 영상으로는 전달할 수 없는 맥락과 배경지식을 담을 수 있다. **셋째, 자기 속도로 학습할 수 있다.** 어려운 부분은 반복해서 읽고, 쉬운 부분은 빠르게 넘길 수 있다.

나는 업무 특성상 시중에 출판된 AI 관련 책을 거의 다 읽었다고 볼 수 있다. AI 서비스에 대한 활용, 소개에서부터 MCP, 바이브 코딩까지 주제도 관점도 천차만별인 AI 관련 책들이 우후죽순 쏟아져 나오는 가운데, 양서를 발견할 수 있는 능력도 중요해졌다. 비전공자의 입장에서 IT, 그리고 AI의 개념을 하나하나 깨우쳐 나간 장본인으로서, 여러분을 위해 내가 직접 읽고 별 4개 혹은 별 5개를 주었던 알짜배기 책들만을 추천하고자 한다.

이 추천 리스트는 단순한 나열이 아니다. IT 기초부터 AI 철학까지, 실무 활용부터 미래 전망까지 단계별로 구성한 학습 로드맵이다. 최신 트렌드를 반영한 실무서부터 스테디셀러까지 폭넓게 담았다.

IT 기초 다지기: AI를 알기 전 필수 코스

AI를 이해하려면 먼저 IT의 기본을 알아야 한다. 많은 사람이 이 단계를 건너뛰고 바로 AI로 들어가려다가 좌절한다. API가 뭔지, 클라우드가 뭔지, 데이터베이스가 뭔지 모르면서 AI를 이해하기란 불가능하다.

『IT 좀 아는 사람(닐 메타, 아디티야 아가쉐, 파스 디트로자 저·김고명 번역, 윌북, 2021년)』을 가장 먼저 추천한다. AI를 알기 전에 IT에 대해서 알아야 하는데, 가장 쉽게 씌여진 책이다. 실례와 친숙한 비유, 일상에서 접하는 예시로 기초지식을 쌓게 해준다. "인터넷은 도로망이고, 서버는 건물이며, API는 건물의 출입구"라는 식의 비유가 가득하다. 이런 기초가 없으면 나중에 "LLM이 API를 통해 클라우드에서 작동한다"는 문장을 이해할 수 없다.

IT 용어에 친숙해졌다면 이제 산업을 알아야 한다. 『플랫폼 제국의 미래(스콧 갤러웨이 저·이경식 번역, 비즈니스북스, 2018년)』는 미국 거대 빅테크를 중심으로 산업 지평을 넓혀준다. 아마존, 애플, 구글, 페이스북 등 플랫폼 기업들이 어떻게 지배적 위치를 차지하게 되었는지, 이들 기업의 미래와 성장에 대해서 알게 해준다. AI를 만들고 주도하는 기업들의 DNA를 이해하지 못하면, AI의 발전 방향도 예측할 수 없다.

미국 스타트업, 특히 오픈AI의 가치관에 대해 더 깊이 알고 싶다면 『샘 올트먼의 생각들(스탠리 최, 앤디 정, 제임스 정, 최동녘 저, 여의도책방, 2023년)』을 강력 추천한다. 오픈AI의 창업 스토리부터 투자 철학, 혁신 전략, 그리고 그가 구상하는 AI의 미래상을 엿볼 수 있다. 책을 읽는 내내 '난 놈'이라는 생각을 멈출 수 없었다. 내가 좋아하는 것, 잘하는 것, 세상에 가치를 창출하는 법의 교차점을 찾음으로써 AI 시대에 우리가 나아가야 할 방향을 깨닫게 해준다.

AI 기본 개념 익히기: 재미없지만 필수적인 과정

AI 기초지식은 솔직히 재미없다. 머신러닝, 딥러닝, 뉴럴네트워크, 백프로파게이션…… 생소한 용어와 역사를 공부하다 보면 지루해지기 십상이다. 나는 자격증을 준비하면서 관련 용어들을 습득했는데, 사업관리나 실무에서 그나마 도움이 되긴 한다. 그렇지만 사실 이런 것보다는 AI 전반에 대한 개념을 갖추는 것이 더 중요하다고 본다.

그런 의미에서 바로 『박태웅의 AI 강의(박태웅 저, 한빛비즈, 2023년)』로 넘어가길 바란다. 인공지능 원리와 최신 트렌드, AI의 영향 등 AI에 대한 교과서라고 할 만한 책이다. 너무 쉬운 설명에 "별거 아니네"라고 생각할 수 있다. 바로 그게 이 책의 매력이다. 복잡한 개념을 누구나 이해할 수 있게 풀어낸다. 최근 개정판이 나왔다고 하는데, 최신 트렌드를 반영해서 더욱 유용해졌다.

AI를 인문학적 관점에서 바라본 기본서를 한 권 더 추천하자면 『AI 빅뱅: 생성 인공지능과 인문학 르네상스(김재인 저, 동아시아, 2023년)』다. AI가 촉발한 기술적 논쟁뿐 아니라, AI와 인간의 본질적 차이와 한계, 사회적 의미에 대해서 종합적으로 분석한 AI 입문서다. 특히 이 책의 강점은 AI를 단순한 기술로 보지 않고 인류 문명사의 전환점으로 본다는 점이다. "AI는 인쇄술 발명 이후 가장 큰 지식 혁명"이라는 관점에서 접근한다. AI에 대한 기본 개념을 철학적 관점에서, 인문학적 관점에서 소개한 명저다.

실무 활용법: 당장 써먹을 수 있는 AI 가이드

ChatGPT, MCP, 바이브 코딩, 딥엘 등 AI 활용에 관한 다양한 서비스를 소개하는 책들이 난무하는 가운데, 정말 실용적인 책들을 골라봤다.

김덕진 소장의 『AI 2024 트렌드&활용백과(김덕진 저, 스마트북스, 2023년)』를 먼저 소개한다. 2025년판도 나왔겠지만, AI를 활용해서 다양한 활용법을 고민해볼 수 있다. 비슷한 류의 책을 많이 출판하시는데, 최신 트렌드를 반영한 몇 가지 책 중 취향에 맞는 책을 고르면 요즘 활용되는 LLM을 볼 수 있다. "AI will not replace you. A person using AI will"이라는 문구가 인상적이다. 399

『AI 리터러시: 인공지능 필수 지식부터 완벽 활용까지(김용성 저, 프리렉, 2024년)』는 생성형 AI 서비스 59종의 활용법을 포함해 실무 적용 사례를 다룬다. 부제인 "여전히 챗GPT만 붙들고 있는 당신에게"라는 문구가 시사하듯, 단순히 챗GPT에만 의존하지 말고 다양한 AI 도구의 특성을 이해하고 활용하는 방법을 제시한다.

기업 입장에서 최신 AI를 가장 훌륭하게 정리한 책은 『오늘부터 회사에서 AI 합니다(이활석, 업스테이지 AI 교육 부문 저, 디지털북스, 2025년)』다. 2025년도에 읽은 가장 훌륭한 책이다. AI가 잘할 수 있는 영역과 잘하지 못하는 영역을 알려주고, 어떻게 AI를 개발하고 기획해야 할지 많은 생각을 하게 해준다. 특히 "AI 도입의 실패 사례"를 솔직하게 다룬 부분이 인상적이다. (다음 미팅에서 만나게 되면 꼭 사인을 받아야겠다.)

데이터와 지식 관리: AI 시대의 핵심 역량

AI는 결국 데이터다. 아무리 좋은 AI 도구가 있어도 데이터가 없으면 무용지물이다. IT 기획자 및 실무자에게 가장 필요한 것은 바로 기록이다.

『10년 차 IT 기획자의 노트(한성규 저, 좋은습관연구소, 2023년)』는 실무자의 고민을 담은 정말 현실적인 책이다. "회의록을 어떻게 작성해야 나중에 찾기 쉬울까", "프로젝트 문서는 어떻게 버전 관리를 해야 할까" 같은 실무적 고민에 대한 답을 준다. AI 시대에도 여전히, 아니 더욱 중요해진 기록과 정리의 기술을 배울 수 있다.

나를 Obsidian에 빠지게 만든 책 『세컨드 브레인을 구축하는 제텔카스텐 & Obsidian(생산적생산자 저, e비즈북스, 2024년)』은 가장 훌륭한 입문서다. 단순한 도구 사용법이 아니라, 지식을 어떻게 연결하고 발전시킬 것인가에 대한 철학을 담고 있다. AI와 협업하려면 자신만의 지식 체계가 필요한데, 이 책이 그 방법을 알려준다.

Notion파라면 『노션하는 직장인의 정리법(지니언트 저, 프리렉, 2025년)』을 추천한다. Obsidian과 Notion에서 각각 단 하나의 입문서를 추천한다면 위 두 책을 추천하겠다. 두 도구 모두 AI와의 연동이 점점 강화되고 있어서, 미리 익혀두면 큰 도움이 된다.

AI 시대를 살아가는 우리의 자세

AI 시대의 살아가는 방식에 대해 설명한 책들도 중요하다. 기술만 아는 것으로는 부족하다. 그 기술이 우리 삶을 어떻게 바꿀지, 우리는 어떻게 적응해야 할지 알아야 한다.

포노 사피엔스의 저자 최재붕 교수의 『AI 사피엔스: 전혀 다른 세상의 인류(최재붕 저, 쌤앤파커스, 2024년)』는 스마트폰 세대가 AI 세대로 진화하는 과정을 그린다. "포노 사피엔스가 AI 사피엔스로 진화한다"는 관점이 흥미롭다. 우리가 스마트폰에 적응했듯이, AI에도 적응할 수 있다는 희망적 메시지를 전한다. 특히 AI를 두려워하지 말고 자연스럽게 받아들이라는 조언이 현실적이다.

『생각의 주도권을 디자인하라(박용후 저, 경이로움, 2025년)』도 추천한다. 언뜻 AI와 무관해 보이는 자기계발서지만, AI 시대에 인간만이 할 수 있는 일이 무엇인지 생각하게 만든다. "AI가 답을 주는 시대, 질문하는 능력이 핵심이다"라는 메시지가 와닿는다. 관점을 디자인한다는 것, 그것이 바로 AI가 대체할 수 없는 인간의 영역이다.

『AI, 글쓰기, 저작권(정지우 저, 마름모, 2025년)』은 AI 시대의 창작 활동에 대한 본질적 질문을 던진다. AI는 우리를 제대로 바라보게 만든다. 이 책을 읽으며 AI는 결과물이 아닌 도구가 되어야 한다는 생각이 더욱 확고해졌다. AI를 활용한 글쓰기 역시 하나의 기술이 아닐까 싶다. AI에 의존하지 않고 협업하는 방법을 구체적으로 제시하면서, AI와 인간의 관계에 대해 고민하게 만드는 책이다.

대한민국 AI의 현재와 미래

마지막으로, 우리나라 AI의 현주소를 정확히 알고 싶은 분들께는 『AI 전쟁 2.0(하정우, 한상기 저, 한빛비즈, 2025년)』을 강력하게 추천한다. 하정우 수석과 한상기 실장이 AI 패권 경쟁 시대에 마주한 대한민국의 AI 현실과 생존 전략을 대담 형식으로 표현한다.

이 책 한 권만 읽어도 지금 우리나라 AI가 어떻게 돌아가고 있는지, 어떻게 나아갈지 명확하게 파악할 수 있다. "한국은 AI 강국이 될 수 있을까?"라는 질문에 대한 현실적이면서도 희망적인 답을 제시한다. 특히 "우리는 응용에 강하다"는 분석이 설득력 있다.

시중에 너무도 많은 책이 출판되고 있다. 되도록 AI, IT 관련 책은 다 읽어보려고 노력하는데, 너무 다양한 책이 출간되는 탓에 프롬프트 관련된 책들이나, MCP, 바이브 코딩 등 개발자 위주의 책들은 어느 정도 스킵해도 될 정도다.

분명 빠진 책들도 많고, 내 주관, 내 환경, 내 특성에 따라, 그리고 읽던 당시의 분위기에 따라 평가가 달라졌을 수도 있다. 그럼에도 불구하고 여기 추천한 15권의 책은 내가 비전공자의 입장에서 IT, 그리고 AI에 입문하기 위해 걸은 길에 큰 영향을 미쳤던 책들이다.

여기에 내 책 『어쩌다 AI, 실전으로 뛰어든 3년의 기록』이 추가된다면 좋겠다. 책을 정리하다 보니, 아직 시중에 AI를 직접 활용한 실용 에세이가 부족한 것 같기도 하다. 아마 그 빈자리를 내 책이 채워줄 수 있지 않을까 조심스럽게 기대해본다.

이 15권의 책을 모두 읽을 필요는 없다. 자신의 수준과 관심사에 맞게 5~6권만 골라 읽어도 충분하다. 중요한 것은 시작하는 것이다.

첫 책을 펼치는 순간, AI 시대를 살아갈 준비가 시작된다.

부록

AI 관련 정부 행사 및 컨퍼런스

#67

본문에서 여러 차례 "답은 현장에 있다"고 강조했지만, 시간과 비용을 고려하면 선택적으로 움직여야 한다. 이에 내가 직접 참석했거나 신뢰할 만한 추천을 받은 현장을 소개한다. 이 중 관심 가는 곳을 선택해 미래를 대비할 인사이트를 얻길 바란다.

참고사항

사전 등록	대부분의 컨퍼런스와 박람회는 사전 등록 시 무료 또는 할인 혜택을 제공하므로, 공식 홈페이지를 통해 미리 등록하는 것이 좋다.
네트워킹	행사장에서의 네트워킹 기회를 적극 활용하면 실질적인 인사이트와 협력 파트너를 찾을 수 있다.
행사 연계	일부 행사는 같은 기간에 인접한 장소에서 개최되므로(예: AI WORLD와 코리아 블록체인 위크, AI Festa 내 여러 동시 컨퍼런스), 일정을 조율하면 여러 행사를 효율적으로 참석할 수 있다.
온라인 참여	전자정부의 날, 정보문화의 달 기념식 등은 온라인 생중계를 제공하므로, 현장 참석이 어려운 경우 온라인으로도 참여할 수 있다.

1 AI EXPO KOREA (국제인공지능대전)

일시·장소	매년 5월, 서울 코엑스 (2025년: 5월 14~16일, 2026년: 5월 6~8일)
특징	2018년 첫 개최 이후 아시아 최대 규모로 성장한 인공지능 전문 전시회다. 2025년에는 18개국 322개 기업이 544개 부스로 참가하여 43,788명의 참관객이 방문했다. 한국인공지능협회, 서울메쎄, 인공지능신문이 공동 주최한다.
포인트	AI 에이전트, 대형언어모델(LLM), AI 인프라를 중심으로 생성AI, 머신러닝, 딥러닝부터 AI 칩·가속기·서버 등 하드웨어, 그리고 제조·의료·금융·로봇 등 산업별 'AI+X 융합' 사례까지 AI 생태계 전반을 망라한다. 전시뿐 아니라 투자상담회, IR대회, 세미나를 통한 비즈니스 네트워킹 기회가 제공된다.
팁	사전 온라인 등록을 통해 입장하면 시간을 절약할 수 있다. 관심 분야(AI 인프라, 산업별 솔루션, 스타트업 등)를 미리 정해두고 부스 배치도를 확인하면 효율적인 관람이 가능하다.
홈페이지	https://www.aiexpo.co.kr/home

2 AI Summit Seoul & Expo

일시·장소	매년 하반기, 서울 코엑스 (2025년: 11월 10~11일, 2026년: 8월 19~21일)

특징 2018년부터 시작된 대한민국 대표 AI 비즈니스 플랫폼으로, DMK Global(MIT Technology Review Korea 퍼블리셔)과 코엑스가 주관한다. Microsoft, Renault Group, Grab, LG AI연구원, 오픈AI(전) 등 글로벌 AI 리더들이 연사로 참여하며, 약 1,500명의 전문가가 모인다.

포인트 생성형 AI, 대형언어모델(LLM), 로보틱스, MLOps, 비즈니스 전환 등 AI와 산업 융합에 초점을 맞춘 깊이 있는 컨퍼런스다. 단순 기술 소개를 넘어 실제 기업의 AI 도입 전략, 케이스 스터디, ROI 분석 등 실전 경험을 공유하는 지식 플랫폼이다.

팁 컨퍼런스 티켓은 조기 등록 시 할인 혜택이 있으니 사전 등록을 권장한다. 관심 있는 트랙(산업별 AI 솔루션, AI 거버넌스, AI 스타트업 등)과 연사를 미리 확인하고, 네트워킹 세션을 적극 활용하면 업계 인사이트와 비즈니스 기회를 얻을 수 있다.

홈페이지 https://www.aisummit.co.kr

3 AI WORLD

일시·장소 매년 9월, 서울 코엑스&롯데월드타워 (2025년: 9월 25일)

특징 파이낸셜뉴스와 과학기술정보통신부가 주최하며, 2025년 6회째를 맞이했다. "AI, Real Impact"를 주제로 AI 기술이 산업·정책·사회에 미치는 실질적 변화를 조명하며, 아시아 최대 블록체인 행사인 '코리아 블록체인 위크'(KBW)와 연계하여 AI와 블록체인의 융합도 다룬다.

포인트

국내외 AI 석학, 글로벌 기업 실무자, 정책 리더들이 한자리에 모여 AI가 현실 세계에서 일으키는 실질적 변화상과 미래 전략을 논의한다. AI의 사회적·윤리적 측면과 함께 AI 시대 개인과 기업의 생존 전략까지 폭넓게 다루는 통찰의 장이다.

팁

1일 집중 포럼 형식이므로 전체 프로그램을 소화할 수 있도록 시간을 확보하는 것이 좋다. 특히 정책 방향과 산업 적용 사례를 동시에 들을 수 있어, AI 전략 수립이나 사업 기획에 관심 있는 사람들에게 유용하다. 블록체인과 AI의 융합 트렌드에 관심 있다면 반드시 참석할 만하다.

홈페이지

https://www.ai-world.kr

4 대한민국 정부혁신 박람회

일시·장소

매년 11월, 전국 각지 (2025년: 12월 3~5일, 청주오스코)

특징

대통령 직속 디지털플랫폼정부위원회와 행정안전부가 공동 주최하는 정부 혁신 성과 박람회다. '내일을 위한 정부혁신, 함께 하는 디지털플랫폼정부'를 슬로건으로 130여 개 기관이 참여하며, 디지털플랫폼정부의 성과와 AI 등 첨단기술을 활용한 대국민 서비스 개선 사례를 소개한다.

포인트

'편리한 서비스', '똑똑한 정부', '안전한 사회' 3가지 테마로 구성되어 AI가 공공서비스와 정부 행정에 어떻게 적용되는지 확인할 수 있다. XR·VR·메타버스 체험 프로그램과 다양한 부대행사가 마련된다.

팁	공공부문에서의 AI 활용 사례를 찾거나, 정부 정책과 연계한 사업 기획이나 학술 연구를 할 때 유용하다. 디지털플랫폼정부, AI 정부의 구체적인 실행 계획과 성과를 직접 확인할 수 있는 기회다.
홈페이지	https://innovationexpo.kr/GOVXP/15897/index.do

5 AI Festa (AI Week)

일시·장소	매년 가을, 서울 코엑스 (2025년: 9월 30일~10월 2일)
특징	과학기술정보통신부가 지정한 'AI Week(인공지능주간)' 기간에 개최되는 대한민국 대표 AI 글로벌 비즈니스 플랫폼이다. 매년 400여 개 기업과 3만 명 이상의 참관객이 참여하며, 초거대 AI Summit, Future Tech Conference, Digital Healthcare Forum, HR Tech Leaders Day 등 각 분야별 Live Tech Show가 개최된다.
포인트	B2B 전문 전시회로 AI 신기술·신제품을 집중 조명하는 전시 프로그램부터 맞춤형 비즈니스 매칭이 이루어지는 Business Matching Lounge까지 실질적 성과 창출에 초점을 맞춘다. 대한민국 디지털 미래혁신대상 시상식도 함께 진행된다.
팁	산업별 AI 융합 사례를 광범위하게 접할 수 있으며, 다양한 분야의 AI 솔루션을 탐색하기 좋다. 비즈니스 매칭 프로그램을 통해 실질적인 파트너십 기회를 얻을 수 있다.
홈페이지	https://aifesta.kr

6 스마트테크 코리아 (STK) - 인공지능&빅데이터쇼

일시·장소	매년 6월, 서울 코엑스 (2025년: 6월 11~13일, 2026년: 6월 10~12일)
특징	매년 개최되는 스마트테크 코리아의 일환으로 열리는 AI & 빅데이터 전문 전시회다. AI와 함께 로보테크쇼, 시큐테크쇼, 디지털 유통물류대전 등이 동시 개최되어 스마트 기술 전반을 아우른다.
포인트	'대한민국 인공지능산업대상' 시상식, 테크콘 컨퍼런스, GSCon, AI 로봇 바둑·오목 챌린지 등 다양한 부대행사가 함께 진행된다. AI뿐만 아니라 로봇, 보안, 물류 등 관련 산업과의 융합 사례를 폭넓게 볼 수 있다.
팁	여러 전시회가 동시 개최되므로 관심 분야를 미리 선정하고 일정을 계획하면 효율적이다. 특히 산업 현장에서의 AI 적용 사례를 찾는 데 유용하다.
홈페이지	https://smarttechkorea.com/aibigdatashow

7 전자정부의 날 기념식

일시·장소	매년 6월 24일 전후 (법정기념일: 6월 24일)
특징	2017년 전자정부법 개정을 통해 매년 6월 24일을 전자정부의 날로 지정하고, 2018년부터 매년 기념식을 개최하고 있다. 6월 24일은 대한민국 최초로 인구통계 처리를 위해 행정기관에 도입된 컴퓨터(IBM1401)의 가동일인 1967년 6월 24일을 기념하는 의미다. 행정안전부가 주최하고, 한국지능정보사회진흥원이 주관한다.

포인트	전자정부의 우수성과 편리함을 국민에게 알리고 국제적 위상을 제고하며, 디지털플랫폼정부의 미래 비전을 공유하는 자리다. 전자정부 발전 유공자 포상, 디지털정부서비스 아이디어 공모전 시상, 전문가 좌담회 등이 진행된다. AI·빅데이터를 활용한 공공서비스 혁신 사례와 디지털플랫폼정부의 16개 중점 과제(혜택알리미, 구비서류 제로화, 초거대 공공 AI 등)가 소개된다.
팁	팁: 행정안전부 유튜브, 카카오, 네이버 등을 통해 생중계되므로 온라인으로도 참여할 수 있다. 공공부문의 AI 및 디지털 전환 방향을 이해하고, 정부의 관련 정책 흐름을 파악하는 데 매우 유용하다.

8 정보문화의 달 기념식

일시·장소	매년 6월 (정보문화의 달 기념식은 6월 중순경 개최)
특징	1988년부터 매년 6월을 정보문화의 달로 지정하여 정보문화의 창달과 확산을 도모한다. 과학기술정보통신부와 한국지능정보사회진흥원(NIA)이 주최하며, 기념식을 통해 디지털 포용 정책과 성과를 공유한다. 2025년 제38회 기념식은 "AI가 여는 디지털 사회, 사람 중심 디지털 포용"을 주제로 개최되었다.
포인트	디지털 취약계층(고령자, 장애인 등)의 디지털 이용 환경 개선에 기여한 유공자 포상이나 디지털 포용 기술 시연(시각장애인용 음성 안내 앱, 고령층용 배리어프리 키오스크 등)을 막론하고 전국 각지에서 다양한 정보문화 행사가 진행된다. AI와 디지털 기술의 혜택을 모든 국민이 공평하게 누릴 수 있도록 하는 정책 방향을 제시한다.
팁	디지털 포용, 정보 접근성, AI 윤리 등에 관심이 있다면 주목할 만한 행사다. 전국적으로 다양한 정보문화 행사가 열리므로 지역별 프로그램을 확인하고 참여할 수 있다. 온라인 생중계로도 시청 가능하다.

에필로그

매일의 기록이 나에게 가르쳐준 것들

매일 하루 1편의 글을 썼습니다.

쉽지 않았습니다. 포기하고 싶은 날도 많았습니다. 쓰고, 지우고, 다시 쓰기를 반복하며 스스로에게 물었습니다. '이 책이 과연 누구에게 도움이 될 수 있을까?'

10년 전, 교수님과 함께 『누구나 헌디』를 쓸 때는 이런 고민을 하지 않았습니다. 교수님이 하자는 대로 따라가면 되었으니까요. 그런데 이번에는 달랐습니다. 온전히 제 이름으로 된 책, 제 경험으로 쓰는 책이었습니다.

그 과정에서 저는 더 깊이 고민하게 되었고, 스스로를 성찰할 수 있었습니다.

처음에는 '어쩌면 누군가에게 도움이 될 수도 있겠다'는 막연한 기대로 시작했습니다. 하지만 60일을 채우고, 4,117개의 기록을 들여다보고, 3년간의 현장 경험을 정리하면서 확신이 생겼습니다.

나도 누군가에게 도움이 될 수 있는 사람이구나.

완벽한 AI 전문가가 아니어도, 컴퓨터공학을 전공하지 않았어도, 지방 공공기관에서 일하는 평범한 팀장이어도, 저는 제가 걸어온 길을 나눌 수 있는 사람이었습니다.

이 책을 쓰면서 저는 단순히 개인의 경험만 정리한 것이 아니었습니다.

1부에서 AI와 사회의 관계를 고민하며, 새로운 디지털 계급사회가 오고 있다는 것을 깨달았습니다. AI 도구 구독료를 낼 수 있는 사람과 없는 사람, AI를 제대로 활용할 줄 아는 사람과 그렇지 못한 사람 사이의 격차가 벌어지고 있습니다. 이것은 개인의 문제가 아니라 우리 사회가 함께 고민해야 할 문제입니다.

2부에서 정부와 정책을 다루며, 대한민국의 AI 정책이 나아가야 할 방향을 고민했습니다. 국가대표 LLM이 왜 필요한지, 공공조달 제도가 왜 혁신을 막고 있는지, 영국의 AI Playbook이 우리에게 주는 교훈은 무엇인지. 일본 고위공무원단과의 만남에서 느낀 소버린 AI 시대의 과제까지도 말이죠. 우리나라가 AI 플랫폼 종속에서 벗어나 진정한 AI 주권을 확보하려면, 지금보다 훨씬 더 과감하고 전략적인 접근이 필요합니다.

3부에서 기업과 기술을 살펴보며, 국내 AI 기업 생태계의 현실을 냉정하게 진단했습니다. T0부터 T6에 이르는 수많은 기업 중에서, 진짜 실력을 가진 기업과 마케팅에만 의존하는 기업을 구분할 수 있어야 합니다. 우리의 투자와 선택이 진짜 기술력 있는 기업으로 향할 때, 대한민국의 AI 생태계가 건강하게 성장할 수 있습니다.

그리고 4부와 5부에서는 가장 중요한 메시지를 담고자 했습니다.

AI는 전문가만의 도구가 아닙니다.

저처럼 평범한 직장인도, 초보 팀장도, 비전공자도 AI를 세컨드 브레인으로 활용할 수 있습니다. Obsidian으로 지식을 체계화하고, 감사 일기를 분석하며 나를 이해하고, 루틴 체크리스트로 습관을 만들고, 투자 포트폴리오를 설계하고, 독서 패턴을 발견할 수 있습니다.

여러분도 저처럼 AI를 활용해보기를 진심으로 권합니다. AI 자격증을 따거나 파이썬을 배우는 것보다 중요한 건, 지금 당장 AI 도구를 열고 일상에 적용해보는 것입니다. 여러분만의 데이터를 기록하고, 분석하고, 통찰을 얻어보세요. 그 과정에서 여러분은 스스로를 더 깊이 이해하게 될 것입니다.

6부에서 조직과 리더십을 이야기하며, 저는 AI 시대의 리더가 갖춰야 할 덕목에 대해 고민했습니다. 데이터 기반 리더십, 신입직원에게 전해주고 싶은 무기들. AI는 리더십을 더 강력하게 만들어줄 수 있습니다. 하지만 그 전제는 리더 자신이 먼저 AI를 체득하는 것입니다.

이 책을 읽는 여러분께 부탁하고 싶습니다.

첫째, **AI를 두려워하지 마세요.** AI는 당신의 경쟁자가 아니라 협력자입니다. 도구로서 나 자신을 발전시킬 수 있는 아주 훌륭한 협력자를 제대로 활용하면 좋겠습니다.

둘째, **AI 전문가가 되려 하지 마세요. 대신 AI 시대의 현명한 활용자가 되세요.** 코딩을 몰라도 됩니다. 다만 새로운 도구를 활용하기를 주저하지 말고,

시도해보시면 좋겠습니다.

셋째, **나만의 데이터를 기록하세요**. 감사 일기든, 루틴 체크리스트든, 독서 기록이든, 여러분의 삶을 데이터로 남기고 AI와 함께 분석해보세요. 그 안에서 고유한 패턴과 통찰을 발견하게 될 것입니다.

넷째, 조직에서 AI 도입을 고민하고 계시다면, **거창한 계획보다 작은 실험부터 시작하세요**. 회의록 작성, PT 제작, 보고서 초안 작성 같은 작은 것부터 시작하면 됩니다.

다섯째, 정책 결정자라면, **규제보다는 혁신을, 통제보다는 지원을, 평가보다는 실험을 우선해주세요**. 공공부문이 AI 혁신의 걸림돌이 아니라 촉매제가 될 수 있도록요.

대한민국의 AI 미래는 정부나 대기업만이 만드는 것이 아닙니다.

여러분처럼, 저처럼, 현장에서 AI를 활용하고 실험하고 시행착오를 겪는 평범한 사람들이 만들어가는 것입니다. 우리 각자가 AI를 현명하게 활용할 때, 우리나라의 AI 역량은 자연스럽게 성장할 것입니다.

저는 인도 전문가에서 AI 기획자가 되었습니다. 여러분도 여러분만의 방식으로 AI 시대를 개척할 수 있습니다. 완벽하지 않아도 괜찮습니다. 시행착오를 겪어도 괜찮습니다. 중요한 건 시작하는 것, 그리고 포기하지 않는 것입니다.

이 책을 읽는 여러분 한 사람 한 사람이 AI에 대한 새로운 가치를 발견하기를 바랍니다. 저처럼 AI를 세컨드 브레인으로 활용하며, 업무의 효율을 높이고, 자신을 더 깊이 이해하게 되기를 바랍니다. 그리고 무엇보다, AI 전문가가 되어야 한다는 부담감에서 벗어나 AI 시대의 현명한 활용자로 살아가시기를 바랍니다.

이 책을 마무리하며, 감사의 말을 전하고 싶습니다.

책을 쓰는 내내 독박육아를 감내하며 묵묵히 지켜봐준 아내 지혜, 아빠가 놀아 달라는 손길을 외면할 때마다 이해해준 딸 시안이, 물심양면으로 도와주신 장모님과 처갓집 식구들, 자주 찾아뵙지 못해 늘 죄송한 어머니, 은비네, 그리고 하늘에서 지켜보고 계실 아버지.

이 책은 저 혼자만의 책이 아닙니다. 이 모든 분의 응원과 희생이 있었기에 완성될 수 있었습니다.

마지막으로, 이 책을 끝까지 읽어주신 여러분께도 감사드립니다.

여러분의 AI 시대가, 혼란이 아닌 기회로 가득하기를 진심으로 바랍니다.

2025년 12월
심형섭